법의 기초

The Elements of Law, Natural and Politic

by Thomas Hobbes

Published by Acanet, Korea, 2023

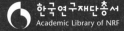
한국연구재단총서
Academic Library of NRF 학술명저번역 645

법의 기초

자연과 정치

The Elements of Law, Natural and Politic

토마스 홉스 지음

김용환 옮김

아카넷

일러두기

1. 이 책은 토마스 홉스가 지은 『법의 기초』를 퇴니스(Ferdinand Tönnies)가 편집하고 각주를 붙인 1889년 초판본에 골드스미스(M. M. Goldsmith)가 서문을 붙인 2판(1969년)을 대본으로 하여 번역한 것이다. 대본의 서지 사항은 다음과 같다.

   Thomas Hobbes, *The Elements of Law*, Edited with a Preface and Critical Notes by Ferdinand Tönnies, London, Simpkin, Marshall, and Co., 1889. 2nd Edition, published by Frank Cass and Company Limited, 1969.

   The Collected Works of Thomas Hobbes, (ed.) William Molesworth, vol. IV에 실린 *Human Nature, or the Fundamental Elements of Policy*(『법의 기초』 1부 1장~13장)와 *De Corpore Politico, or the Elements of Law*(『법의 기초』 1부 14~19장, 2부 1장~10장)도 비교하며 참조했다.

2. 편집자(퇴니스)가 붙인 각주는 [편집자 주]로 표시하며, 별도의 표시가 없는 한 모든 각주는 역자가 붙인 각주다.

3. 퇴니스가 붙인 각주 가운데는 이 책의 토대가 된 여러 문서(편집자 서문 참고)를 비교하며 단어의 단수와 복수 차이 표시, 전치사, 접속사 등 내용의 변화와는 무관한 오탈자에 관한 것이 대부분을 차지한다. 이런 각주는 번역에서 제외했으며, 중요하다고 판단되는 것만 편집자 주로 처리했다.

4. 본문 안에서 대괄호는 독자들에게 본문의 의미를 보다 유연하고 쉽게 전달하기 위해 단어나 문장을 역자가 추가한 경우에만 붙였다. 소괄호는 원문에 그렇게 표시된 것과 번역어에 이해를 돕기 위해 붙인 한자나 원어를 표기하기 위해 붙였다.

5. 문단 구분은 원문에 충실하게 따르되, 긴 문단의 경우 역자가 임의로 구분했다.

6. 원문에서 대문자로 표시된 것은(예를 들어, SENSE) 본문에서 진한 글자로 표기했다.

7. 본문에 나와 있는 성경 구절은 한국 천주교 주교회의에서 발행한 성경의 번역문을 따랐으며, 성경 안의 책 제목들은 가톨릭교회와 개신교의 용어가 조금씩 달라 두 경우를 필요에 따라 혼용하고 있다.

8. 고유명사의 경우 국립국어원 외래어 표기법을 따르되, 출신국 언어의 발음을 고려했다.

차례

옮긴이 해제 | 009

2판 서문 | 033

편집자 서문 | 061

헌정사 | 075

법의 기초

1부 자연적 인격체인 인간에 관하여

분별하는 기능 | 083

　1. 인간의 자연적 기능의 일반적 분류 | 083

　2. 감각의 원인 | 086

　3. 상상력과 그 종류 | 094

　4. 마음에 관한 여러 산만한 논의 | 101

　5. 개념, 추론, 담론 | 108

　6. 지식, 의견, 신념 | 119

[행동의] 동기가 되는 기능 | 126

　7. 기쁨과 고통: 선과 악 | 126

　8. 감각의 쾌락: 명예 | 132

9. 마음의 정념들 | 140

10. 분별하는 기능과 그 원인에 있어서 사람들 간의 차이 | 159

11. 초자연적 사물의 이름에 대해 사람은 어떤 상상력과 정념을 갖고
    있는가 | 166

12. 인간의 행동은 어떻게 숙고를 통해 정념에서 나오는가 | 178

13. 사람은 어떻게 언어를 통해 서로의 마음을 움직이는가 | 183

자연에서의 인간의 조건 | 191

14. 자연의 [공유] 재산과 자연권 | 191

15. 증여와 신약(信約)에 따른 자연권의 상실 | 199

자연법에 대하여 | 210

16. 몇 가지 중요한 자연법 | 210

17. 그 밖의 자연법 | 221

18. 하느님의 말씀에서 나온 자연법의 확인 | 233

19. 정치 체제의 필요성과 그 정의(定義) | 240

2부 정치적 조직체로서의 인간에 관하여

정부의 탄생과 종류 | 251

1. 국가 구성의 필수조건 | 251

2. 국가의 세 종류 | 267

3. 주인의 권력 | 280

4. 부권(父權)과 세습 왕국의 권력 | 287

5. 여러 정부의 불편에 대한 비교 | 296

종교적 쟁점들에 관한 결정은 통치 권력에 달려 있다 | 306

6. 백성은 종교에 관한 논쟁에서 자신의 사적인 판단에 따를 의무가 없다 | 306

7. 백성은 통치 권력에 의존하지 않은 종교에 관한 논쟁에서 [다른] 어떤 권위자의 판단에 따를 의무가 없다 | 329

8. 반란의 원인들 | 342

9. 통치 권력을 소유한 자의 의무 | 358

10. 법의 본질과 종류 | 367

찾아보기 | 377

옮긴이 해제

1. 홉스의 생애[1]

토마스 홉스(Thomas Hobbes, 1588~1679)는 서양 근대 정치철학의 문을 연 사람이다. 그는 대표작인 『리바이어던(*Leviathan*)』, '만인에 대한 만인의 투쟁', '자연상태', '사회계약론' 등과 같은 개념을 통해 일반인들에게도 잘 알려진 철학자 가운데 한 사람이다. 근대 이후 서양의 정치사상사를 이해하고자 할 때 그 첫걸음을 홉스에서 시작하는 것은 자연스러운 일이다. 근대국가 구성을 위한 원대한 꿈이 담긴 『리바이어던』은 홉스를 당대 최고

---

1 홉스의 삶과 작품들 그리고 당시의 시대적 상황에 대한 가장 정확하고 상세한 기록은 홉스의 전기를 쓴 Martinich A.P.의 *Hobbes: A Biography*, Cambridge University Press, 1999를 추천한다. 그 밖에는 김용환, 『홉스의 사회 · 정치철학』, 철학과현실사, 1999, 17~25쪽과 김용환, 『리바이어던─국가라는 이름의 괴물』, 살림, 2005, 23~41쪽을 참고할 수 있으며, 홉스의 초등교육과 대학교육에 관해서는 서양근대철학회 엮음, 『서양근대교육철학』, 「홉스: 시민교육의 모델 찾기」, 서울대학교출판문화원, 2021. 133~163쪽을 참고.

수준의 정치철학자로 만들었다. "홉스는 마키아벨리보다 더 분석적이며, 보댕(Jean Bodin)보다 더 간결하며, 데카르트(René Descartes)보다 더 역사적이며, 스피노자보다 더 통찰력이 있으며, 로크보다 더 일관성이 있으며, 아마도 이들 모두보다 더 근대적이었다."[2]

그의 철학 전체를 이해하는 일이 간단하지는 않지만, 그의 삶의 궤적과 작품을 통해 개괄해보는 일은 비교적 쉬운 일이다. 따라서 『법의 기초』의 번역문에 붙이는 이 해제를 통해서 독자들은 홉스의 삶과 사상 그리고 그의 작품에 대해 개괄적으로 이해할 수 있을 것이다.

그는 영국 서남부에 있는 브리스톨 근처의 맘즈버리(Malmesbury)라는 마을에서 태어났다. 비록 그는 스페인의 무적함대 아르마다(Armada)가 영국 서남부 해안으로 침공해온다는 소문에 '공포와 함께 태어난' 칠삭둥이였지만 그의 천재성은 일찍부터 눈에 띄었다. 시골 마을 초등학교에 부임해온 옥스퍼드 출신의 교사 로버트 래티머(Robert Latimer) 선생에게 그리스어와 라틴어를 배울 수 있었고, 이런 조기 언어 교육의 효과는 그의 철학 작품과 고전문학 번역 작품들 안에서 유감없이 발휘되었다. 15세에 옥스퍼드 대학으로 진학하기 직전에 홉스는 에우리피데스(Euripides)의 『메데이아(Medeia)』를 그리스어 원전에서 라틴어로 번역하여 래티머 선생에게 제출했다는 기록은 믿기 어려울 정도의 어학 능력을 보여주기에 충분했다. 그의 첫 번역 작품 『메데이아』는 훗날 홉스의 다른 작품에서도 몇 차례 언급되었는데, 『법의 기초』 2부 8장 15절과 『리바이어던』 30장 7절에서도 언급되고 있다.

홉스는 나이 15세에 자신의 스승 래티머 선생의 모교인 옥스퍼드 모들

---

2 김용환, 『리바이어던—국가라는 이름의 괴물』, 살림, 2005, 185쪽에서 재인용.

린 대학(Magdalen College)에 진학한다. 조기 입학으로 시작한 5년간의 대학 생활에 홉스가 그렇게 만족한 것 같지는 않다. 수업 대신에 종종 책방에 가서 천체 지도를 즐겨 보았고 까마귀를 잡으러 들판에 나가기도 했다. 그러나 대학교육이 그에게 남긴 영향은 적지 않았다. 수사학과 논리학 그리고 아리스토텔레스 철학 등은 홉스 철학의 중요한 부분을 이루고 있다. 홉스가 받은 옥스퍼드 대학교육의 최대 수혜는 학교장의 추천으로 윌리엄 캐번디시(William Cavendish) 가문과 평생의 인연을 맺게 된 것이라 해도 과언이 아니다. 후에 제1내 데빈셔 백작(1st Earl of Devonshire)이 된 윌리엄 캐번디시는 자기 아들인 윌리엄(2대 데번셔 백작)의 교육을 홉스에게 맡겼고, 이 가정교사의 직책은 중간에 잠시의 공백기를 제외하면 평생에 걸쳐 이어졌다. 홉스는 자신의 첫 번째 제자와 요즘 같으면 수학여행이라 할 수 있는 현장 학습(field trip)을 유럽으로 떠난다. 이런 여행은 당시 귀족들을 위한 교육과정의 하나였으며, 이를 통해 견문을 넓히고 해외 학자들과 교류할 수도 있었다. 이 첫 번째 여행에서 홉스는 갈릴레오 갈릴레이(Galileo Galilei)와 만났고, 그와의 조우를 통해 갈릴레이가 물리학에서 사용한 가설 연역적 방법(hypothetico-deductive methed)을 원형으로 '분해와 결합의 방법(resolutive-compositive method)'을 자신의 방법론으로 세우게 된다.

홉스는 자신의 첫 번째 제자가 젊은 나이에 요절하는 바람에 잠시 캐번디시 가문을 떠나게 된다. 잘 알려지지는 않았으나 이 시기에 홉스는 당대 최고의 법률가이자 철학자였던 프랜시스 베이컨(F. Bacon)의 개인 비서로 일하기도 했으며, 다른 귀족의 자제와 두 번째 유럽 여행을 했다. 이 여행을 통해 홉스는 유클리드 기하학의 세계를 처음 접하게 되며 기하학의 명료한 논증 방식에 매료되기도 했다. 이런 잠시의 공백기를 거쳐 홉스는 다시 첫 번째 제자의 아들인 윌리엄 3세의 교육을 위해 캐번디시 가문으로 돌아간다. 이 윌리엄 3세와 떠난 세 번째 유럽 여행에서 홉스는 파리에 머물며 메르센(Marin Mersenne)이나 가상디(Pierre Gassendi) 그리고 데카르트와도 교류한다.

홉스가 영국을 떠나 대륙으로 건너간 네 번째 여정은 앞의 세 번에 걸친 수학여행과는 다른 정치적 망명길이었다. 영국 '시민전쟁'(1642~1651)이 일어나기 전, 마치 폭풍 전야 같았던 1640년 가을 홉스는 왕권을 옹호하던 사람들이 의회주의자들에 의해 체포되는 상황에서 신변의 위협을 느꼈을 것이다. 그는 가장 먼저 프랑스로 떠난 망명객 중 하나였다. 그리고 파리에서 10년에 걸쳐 망명객으로 생활하며, 훗날 찰스 2세가 된 웨일즈 왕자에게 수학을 가르치기도 했다. 그러나 무엇보다도 자신의 대표작 『리바이어던』을 이 기간에 집필할 수 있었다. 『리바이어던』은 1651년 런던에서 출판되었고, 그 이듬해에 홉스는 영국으로 돌아오게 된다.

자신의 안전이 완전히 확보되지 않았지만 64세의 고령인 홉스는 주저 없이 『리바이어던』과 함께 귀국을 결심했을 것이다. 비록 찰스 2세가 왕위에 올랐으나 의회주의자인 올리버 크롬웰(O. Cromwell)이 실권을 쥐고 있었다. 『리바이어던』이 찰스 2세에게 증정되었으나 그 내용은 크롬웰에게 잘 보여서 자신의 안전을 확보하기 위해 저술된 것이라는 의심도 동시에 받았다. 귀국 이후 홉스의 삶은 많은 저술을 출판하는 생산적인 시기를 보낸 동시에 학문적으로는 여러 사람과 벌인 논쟁과 토론 때문에 평온하지만은 않았다. 그중 대표적인 논쟁은 대학 교육과정이나 수학적 문제를 가지고 옥스퍼드 대학교수 세스 워드(Seth Ward), 존 월리스(John Wallis) 등과의 논쟁, 자유 의지 문제를 가지고 1640년대에 비공개적으로 벌였던 성공회 감독 존 브램홀(J. Bramhall)과의 재발된 논쟁 그리고 물리학자 하위헌스(Christiaan Huygens)[3], 화학자 로버트 보일(R. Boyle)과의 논쟁 등을 들 수 있다.

1665년에는 전염병이 대규모로 확산이 되었고, 엎친 데 덮친 격으로 1666년에는 런던에 대화재가 발생했다. 이런 사회적 재앙과 재난은 민심의 동요를 불러일으켰고, 그 책임을 누군가에게 돌려서 희생양으로 삼을 수 있는 여건이 만들어졌다. 가톨릭 신자들, 무신론자나 이단이라 불리는 사람들과 더불어 홉스는 손쉬운 공격의 대상이 되었다. 무신론과 신성모독에 반대하는 청원이 하원 의회에 제기되었고, 『리바이어던』은 조사의 대상이 되었다. 실제로 조사가 이루어지지는 않았으나 홉스는 자기 입장을 변호하기 위해 1668년 「이단과 그에 대한 처벌에 관한 역사적 설명」이라는 변론서를 출판하게 된다. 80세라는 고령에 이른 홉스가 이런 정치적·사회적 압력을 감당하기에는 힘에 부쳤을 것이다.

91세라는 장수를 누린 홉스의 인생에서 마지막 10년은 단순히 죽음을 기다리는 나약한 노인네의 삶은 아니었다. 1670년 아직 유명해지지 않았으나 독일의 젊은 철학자 라이프니츠(Gottfried Leibniz)는 82세라는 노년의 대철학자 홉스에게 찬사와 존경의 마음을 담아 자연철학·법철학·정치철학의 주제에 관한 의견 교환을 기대하면서 여러 통의 편지를 썼다. 물론 전달되지 않은 편지도 있었으나 홉스가 답장을 보내지는 않았다. 비록 서신 교환이 이루어지지는 않았지만, 라이프니츠의 서신들이 보여주는 상징적 의미는 홉스 철학이 고향 영국보다는 유럽 대륙에서 더 높이 평가받았다는 것을 보여준다.

---

3 1662년에 홉스는 하위헌스에게 편지를 받는다. 이 첫 번째 편지에는 홉스의 이론에 대한 하위헌스의 비판이 담겨 있었으나 홉스의 수학적 역량에 대해 부정적 평가를 하지는 않았다. 그러나 홉스의 답신을 받은 후에 보낸 두 번째 편지에서는 홉스에 대해 실망감을 감추지 않았다. Martinich A.P. *Hobbes: A Biography*, Cambridge University Press, 1999. 307쪽 참고.

1675년 호메로스(Homeros)의 『오디세이아(*Odysseia*)』 전권이 출판되었고, 1676년에는 『일리아드(*Iliad*)』가 번역 출판되었다. 그리고 죽기 1년 전인 1678년에는 『자연철학에 관한 10개의 대화록(*Decameron Physiologicum*)』이 출판되었다. 1679년 10월 중순 홉스는 극심한 고통을 수반한 배뇨곤란을 앓고 있었고 이를 극복하기에는 너무 고령이었다. 평생을 섬긴 데본셔 백작의 저택 하드윅 홀(Hardwick Hall)에서 12월 4일 세상을 떠났으며, 그곳에서 얼마 떨어지지 않은 올트 허크널(Ault Hucknall) 작은 교회 제단 앞에 묻혔다.

2. 홉스 철학의 기본 내용

1) 방법론과 자연철학[4]

'새 술은 새 부대에 담아야 한다'는 말처럼 홉스는 자신의 철학을 새로운 방법론 위에 세우려 했다. 그는 갈릴레이를 만나 물리학에서 성공적이었던 '가설 연역적 방법'에 눈을 뜨게 되고, 유클리드 기하학을 통해 논증의 엄밀성에 대해 확신하게 되었다. 그리고 갈릴레이가 천문학을 가르쳤던 이탈리아 파도바 대학을 중심으로 활동하던 '파도바의 아리스토텔레스 학파'가 사용한 '분해와 결합의 방법'을 빌려서 자신의 철학에 적용했다. 홉스는 자연철학뿐만 아니라 자신의 철학 전체에 이 방법론을 적용했다. 분

---

4 홉스 철학 전반에 관한 입문 수준의 설명은 서양근대철학회 엮음, 『서양근대철학』, 창비, 2001. 194~199쪽 참고.

해와 결합의 방법이란 간략히 말하면, 분석과 종합의 방법이라 할 수 있다. 이를테면 고장난 시계를 고치려고 할 때 먼저 시계를 분해하는데, 더는 분해할 수 없는 최소 단위의 부품까지 분해한 후에 고장난 부품을 교환한 후 한 단계씩 정확하게 다시 결합하여 시계가 작동하도록 하는 것과 유사하다. 논리적 추론의 출발점으로 적합한 것은 가장 확실하고 더 이상의 논증이 필요치 않은 '명석 판명한' 확실하고 기초가 되는 개념이나 명제에서 시작하는 것이 좋다. 이것이 분해의 방법이며 어떤 개념에 대한 정의가 바로 이렇게 해서 얻은 결과다. 그런 다음에 하나씩 논리적 비약 없이 추론을 통해 알려지지 않은 결론에 이르는 것이 결합의 방법이다. 기하학에서 그 자체로 자명한 원리인 공리를 추론의 출발점으로 하여 정리와 정의에 이른다. 정리와 정의는 기하학에서 모든 추론의 토대이며, 분석적인 방법을 통해 확보된 전제다. 이것으로부터 연역적 논증을 통해 결론에 이른다. 홉스는 이 분해와 결합의 방법론을 자신의 모든 철학에 그대로 적용 가능하다고 믿었다.

홉스의 자연철학을 이해하는 데 가장 중요한 두 개의 열쇠(key words) '물체(body)'와 '운동(motion)' 개념이다. 자연, 인간, 사회라는 세 가지 대상은 모두 물체로 이루어진 집합이다. 이 물체는 운동을 통해 변화하고 생성, 소멸하는 과정을 겪는다는 점에서 홉스는 철저한 유물론자이며 운동론자다. 유물론의 시각에서 자연에 존재하는 모든 사물을 자연적 물체(natural bodies)로 보았고, 그 연장선상에서 인간의 몸(human body)도 물체의 운동과 같은 방식으로 설명할 수 있다고 보았다. 그리고 마지막으로 사회나 정치 체제도 인위적으로 만들어진 물체(artificial body)로 이해하고 있다. 외부에서 자극을 받은 물체는 관성의 법칙에 따라 운동을 하듯이 사람의 몸도 자극과 반응 운동을 하는데 이를 코나투스(conatus)라고 부른다.

예를 들면 사람의 욕망과 같은 심리적 운동도 마음 안에서 일어나는 코나투스 운동과 다르지 않다. 따라서 홉스의 철학은 마치 일이관지(一以貫之)하듯 자연, 인간, 사회가 하나의 관점과 하나의 방법론으로 모두 설명될 수 있다는 확신에 근거하고 있다.

그러나 홉스가 이해한 물체의 운동은 아리스토텔레스로부터 중세의 아퀴나스 등으로 계승된 목적론적 운동이 아니다. 홉스가 보기에 모든 운동에는 목적도 의지도 그 안에 포함되어 있지 않으며, 오직 기계적인 활동뿐이다. 자연 세계에서 이 물리적 운동을 가장 성공적으로 설명한 갈릴레이를 자연철학의 문을 연 사람으로 찬사를 보냈으며, 인간의 몸에 관해서도 물체와 운동으로 설명하는 데 성공한 동시대의 영국인 의사 윌리엄 하비(William Harvey)에게 그 공을 돌린다. 그는 우리 몸의 혈액이 순환 운동함으로써 생명이 유지된다는 것을 처음으로 밝힌 사람이다. 이 두 분야와 비교할 때 사회적 물체, 즉 사회와 국가라는 인위적 물체를 운동론의 관점에서 설명한 이는 홉스 자신보다 앞선 이가 없다며, 자신이 최초라는 자긍심을 표현하고 있다.

2) 도덕철학[5]

인간의 감정이나 욕망은 가능한 억제하거나 제거하는 것이 옳다는 전통은 플라톤과 아리스토텔레스 이래로 오랫동안 유지되어 온 도덕적 합리주의의 기본 태도다. 그리스도교에서 인간을 죄인으로 보는 근거도 욕망과

---

5 홉스의 윤리학에 대한 자세한 논의는 서양근대철학회 엮음, 『서양근대윤리학』, 창비, 2010, 47~76쪽 참고.

자유 의지를 인간이 소유하고 있고 그것을 잘못 사용하는 데서 찾고 있다. 그러나 16세기 르네상스 운동은 인간의 자유와 해방을 기치로 내세우며 시작했고, 17세기 근대인들은 균형 잡힌 인간의 이해를 위해 이성만이 아니라 욕망과 정념의 중요성에도 주목했다. 홉스는 그 선두에 서서 인간의 욕망과 욕구, 그로부터 발생하는 온갖 종류의 정념들을 결코 부끄러워하거나 극복해야 할 대상이 아니라는 점을 강조하고 있다. 근대를 이끌어 간 개인주의, 자유주의, 자본주의 이념을 실현하는 데 가장 적합한 인간형은 욕망과 욕구를 중립적 가치로 보는 홉스적인 인간이라 할 수 있다. 홉스는 이성과 비교해서 폄하되던 감정과 욕망의 권리를 회복시킨 근대인의 모범을 보여주고 있다.

홉스 도덕철학의 전제는 바로 이런 욕망과 욕구의 운동이 우리 몸 안에서 일어나는데 이는 외부에서 오는 어떤 자극에 대한 반응으로 이해하는 데서 출발한다. 이 작은 운동을 홉스는 시도(endeavor)라고 부르는데 이는 물리적 운동의 시작을 의미하는 코나투스와 같은 뜻으로 사용하고 있다. 이 심리적인 작은 운동은 자체로 선하지도 악하지도 않다. 우리 마음 안에서 일어나는 여러 가지 욕망 운동의 결과가 여러 가지 정념들이며, 이 욕망 운동에는 기본적으로 두 가지 방향, 즉 물리 세계에서 작용과 반작용 운동처럼 상반되는 두 방향으로 운동한다. 그것이 욕구(desire)와 혐오(aversion)라는 정념의 운동이다. 이 심리적 운동이 어떤 대상으로 접근하려는 지향성을 가진다면, 즉 자신에게 쾌락과 기쁨을 줄 것으로 예상되는 방향으로 운동하는 것은 욕구다. 반대로 그 대상이 자신에게 고통을 줄 것으로 예상되거나 자기 존재의 보존에 위협적인 것으로 보이면 회피하려고 운동을 하게 되는데 이것이 혐오의 감정이다. 사람은 누구나 쾌락은 추구하고 고통은 피하려고 한다. 이 쾌락과 고통이 모든 행위의 방향을 결정하는 기본적인 요소가 된다.

어떤 대상이 본래부터 선하거나 악한 것이 아니라 그 대상이 욕구의 감정을 일으키면 선이라 하고, 혐오의 감정을 갖게 하면 악이라 규정할 수 있다. 같은 대상이라도 시간과 장소에 따라 욕구와 혐오의 감정이 달리 나타날 수도 있다. 사랑과 미움도 마찬가지다. 이렇듯 절대적인 최고선(summum bonum)의 존재를 부정하고 상대적 선과 가치만을 인정하는 홉스의 도덕철학은 쾌락주의이자 윤리적 상대주의라고 할 수 있다. 홉스는 『법의 기초』 1부 7~9장 그리고 『리바이어던』 6장과 8장에서 다양한 정념들에 관한 정의를 내리고 있다. 홉스의 이 정념들에 관한 논의는 동시대의 데카르트가 저술한 『정념론(Les passions de l'âme)』(1649)이나 스피노자가 죽은 후인 1677년에 출판된 『에티카(Ethica)』보다 앞서고 있다. 홉스는 정념들에 관한 근대적 논의의 모범을 보여주고 있다.

3) 정치철학[6]

서양 철학사에서 홉스의 업적으로 가장 주목을 많이 받은 부분은 그의 정치론이라 할 수 있다. 그의 대표작 『리바이어던』 안에는 인간론, 도덕론, 정치론, 종교론 등이 포함되어 있지만, 이 작품이 서양 정치사상사의 고전이 된 것도 바로 정치론 때문이다. 홉스의 정치철학에서 핵심이 되는 개념을 말한다면, 자연상태(state of nature), 자기 보호(self preservation), 자연법, 평화 애호주의(pacificism), 사회계약론 그리고 절대왕권론 등을 들 수 있다.

---

6 홉스 정치론에 대한 보다 자세한 설명은 서양근대철학회 엮음, 『서양근대철학』, 창비, 2001, 201~207쪽 참고.

자연상태는 홉스 정치론을 시작할 때 출발점이 된다. 통치자가 없는 무정부 상태와 같은 상황에서 인간이 직면하는 삶의 조건을 극적으로 표현하기 위해 동원된 개념이 바로 자연상태. '만인에 대한 만인의 투쟁', '인간은 인간에 대해 늑대(homo homini lupus)', '인간의 삶은 고독하고 짧다'라는 말은 모두 홉스가 자연상태를 설명하기 위해 사용한 말들이다. 이런 자연상태는 실제로 존재하는 상황이라기보다는 시민사회와 비교되는 하나의 가설적 상황으로 보아야 한다. 사람을 포함해서 존재하는 모든 것은 자기 보호를 존재의 목적으로 삼고 있다. 그런데 자연상태는 전쟁 상태(state of war)와 비슷한 상황이기 때문에 끊임없이 서로 투쟁해야만 하고 그런 상황에서 자기 보호라는 존재 목적을 확보할 수는 없다.

법이나 도덕 같은 사회 질서를 유지할 수 있는 장치가 전혀 없는 이런 자연상태에서도 천부적인 자연법은 존재한다. 자연법은 하느님의 불변하는 명령이며, 인간의 이성으로 파악할 수 있는 양심의 소리이자 최고의 도덕률과도 같다. 따라서 사람이 전쟁과 같은 자연상태에서 벗어나기 위해서는 가장 먼저 자연법의 명령에 따라야만 한다. 자연법은 실정법과 달리 우리가 반드시 따라야 할 강제성을 갖고 있지는 않으나 도덕적 의무는 가지고 있다. 홉스의 이런 자연법 사상은 로마법 이래 전승되어 온 자연법의 전통을 따르고 있다. 그리고 그는 동시대의 법학자들인 휴고 그로티우스(Hugo Grotius, 1583~1645)나 사무엘 푸펜도르프(Samuel Pufendorf, 1632~1694)[7] 등의 자연법 이론가들에 대해서도 언급하고 있다.

홉스는 『법의 기초』에서는 17개의 자연법을, 『시민론』은 20개 그리고 『리바이어던』에서는 19개의 자연법을 열거하고 있다. 여러 개의 자연법 가운

---

7 독일의 법률가이며 홉스와 그로티우스의 자연법 이론에 대한 주석가로 유명하다.

데 공통으로 가장 중요한 제1의 자연법은 '평화를 추구하라'는 명령이다. 비록 홉스가 『법의 기초』 1부 14장 14절에서는 이 명령을 제1자연법이라고 적시하지는 않았으나, "이성은 모든 사람에게 자신의 선을 위해 그것을 달성할 수 있는 희망이 있는 한 평화를 추구하라고 명령"한다. 자연법은 이성의 명령과도 같다는 의미에서 홉스는 실제로 평화 추구를 자연법의 제1명령으로 간주하고 있다. 홉스가 평화를 최우선적인 가치로 강조하는 데는 혼란스러웠던 당시 영국의 정치 상황과도 연관이 있겠지만 '공포와 함께 태어난' 그의 태생과도 뿌리를 같이 하고 있다. 전쟁의 공포와 그로부터 파생되는 폭력적인 죽음에 대한 공포는 평화에 대한 욕구를 더욱 필요로 했을 것이다. 나는 홉스의 이런 평화 사상에 '평화 애호주의'라는 이름을 붙였다.

사회계약론은 홉스 정치철학의 꽃이라 할 수 있다. 자연상태에서 벗어나 시민사회로 진입하기 위해 반드시 건너야 할 통과 과정에 사회계약론이 놓여 있다. 자연상태에서 모든 사람은 천부적인 자연권(natural rights)을 소유하고 있다. 그리고 이 평등한 조건이 오히려 자기를 보호하는 데는 치명적인 조건이 될 수밖에 없다. 왜냐하면 자연상태에서는 누구라도 자기에게 위협적인 대상을 제거할 수 있는 권리와 자유가 보장되기 때문이다. 이것이 만인에 대한 만인의 투쟁이 반복되는 이유다. 최악의 결과로 공멸할 수도 있다. 이를 피하기 위해서는 자연권의 상당 부분을 상호 양도해야 하며, 양도된 권리들을 제3의 공동 권력자, 즉 통치권자에게 양도하는 계약을 맺어야 한다. 이렇게 해서 통치권자와 신민의 관계가 만들어지며, 통치권자가 지니는 권력의 정당한 근거는 신민들과의 계약을 통해서만 확보될 수 있다. 이렇게 해서 만들어진 통치권자와 신민은 상호 간에 의무를 지니게 되는데, 신민은 통치권자의 명령에 절대적으로 복종해야 할 의무가 있으며, 통치권자는 신민의 생명과 재산의 안전을 보호할 의무가 발생한다. 보호와 복종의 안정적 균형을 유지하는 것이 정치적 계약의 최고 목적이라 할 수 있다.

통치권자의 안정적인 권력 확보는 오직 계약을 통해서만 가능하며, 이런 경우에만 통치권은 절대적 힘을 지니게 된다. 이 때문에 홉스를 절대왕권론자로 규정하는데, 이는 그 배후에 시민사회의 토대가 되는 사회계약론이 자리 잡고 있다는 사실을 간과해서는 안 된다. 홉스가 통치권을 절대화한 목적은 안정적인 통치권의 확보와 이를 통한 평화의 보장에 있다.

4) 종교철학[8]

호비즘(Hobbism)은 17세기 당시부터 형성되어 18세기까지 이어진 홉스 철학에 대한 해석과 평가에 붙여진 이름이다. 홉스가 유물론자, 쾌락주의자, 이기주의자 그리고 무신론자라는 해석이 호비즘의 주요 내용이다. 이 가운데 앞의 세 가지는 홉스도 반대 없이 동의했을 평가다. 그러나 무신론자라는 혐의에 대해서는 억울하다며 강하게 반론을 제기했다. 이는 마치 그가 자유주의자(libertarian)이지만 자유분방한 사람(libertine)이라 불리는 것에 대해서는 동의하지 않은 것과 같다.

비록 홉스가 이해한 신에 대한 관념이 통상적인 일신론의 견해와 일치하지는 않더라도 그를 무신론자로 부르는 것은 공정하지 않다. 1647년 홉스는 위중한 병을 앓고 있었고, 친구 메르센 신부는 그를 가톨릭으로 개종

---

8 홉스의 종교철학에 대한 자세한 설명은 서양근대철학회 엮음, 『서양근대종교철학』, 창비, 2015, 98~125쪽 참고.

하고 성사를 보도록 권유했다. 이를 거절한 홉스는 영국 성공회 의식에 따라 성사(sacrament)를 보았다. 그에게 신은 이해 불가능하고, 지각 불가능하며, 정의하는 것이 불가능한 존재다. 그는 신을 존재 증명의 대상으로 보지 않았으며, 단지 찬양과 경배의 대상으로 보았다. 종교에 관해서도 『리바이어던』6 · 11 · 12장에 걸쳐 다루고 있으며, 성서 전체에 대한 해석은 『리바이어던』의 절반에 가까운 3부(그리스도 왕국에 관하여)에서 다루고 있다.

홉스 종교철학 내용 중 정치론과 관련해서는 두 가지 점을 강조할 수 있다. 하나는 성서를 계약론적 관점에서 해석하고 있는 점이며, 다른 하나는 '교회에 대한 국가 우위론'이라 할 수 있다. 아브라함과 하느님이 맺은 계약부터 이스라엘 백성의 지도자들은 하느님과의 직접 계약을 통해 통치권의 근거를 확보했다. 그리고 사무엘이 정치 지도자를 세운 이후 이스라엘은 신정 정치에서 대리자인 왕을 세워 통치하는 고대 국가 체제로 바뀌게 된다. 이스라엘 백성과 그들의 신, 하느님과의 관계는 보호와 복종의 관계이며, 신과 백성이 맺는 신약에 그 근거가 있다. 홉스는 정치적 계약의 정당한 근거를 이스라엘의 역사인 성서에서 찾고 있다.

홉스 정치철학의 중심에는 이른바 에라스투스주의(Erastianism)라 불리는 '교회에 대한 국가 우위론'이 있다. 이는 교회를 국가의 통치권 아래 두어야 한다는 이론이다. 즉 종교적 갈등이나 교파 간의 다툼을 해결할 수 있는 최종적인 권위는 통치권자에게 있어야 한다는 주장이다. 대부분의 정치적 갈등이나 분쟁, 심지어 영국 시민전쟁의 배후에 고위 성직자와 교회 그리고 여러 종파가 깊숙이 개입되어 있었다는 역사적 사실을 직시한 홉스는 이런 문제를 한꺼번에 해결할 수 있는 방법으로 '교회에 대한 국가 우위론'을 내세우게 된다. 이런 주장은 후에 로크를 통해 정치와 종교의 분리를 통해 완화된다.

3. 『법의 기초』의 출판 배경과 세 작품 비교

사람은 시대의 산물이다. 전쟁이나 대형 재난 같은 사회적 경험을 겪은 사람에게 그 경험은 때때로 깊은 상처로 남게 되고, 그 상흔은 그의 삶이나 생각의 형성에 많은 영향을 미친다. 영국 시민전쟁이 일어나기 직전 바다 건너 프랑스로 망명을 떠난 홉스는 외국에서 조국의 혼란을 바라보며 내전 이후 새로운 나라의 기초를 어떻게 세울 것인가 고민했을 것이다. 망명을 떠나기 직전인 1641년 필사본으로 만든 『법의 기초』를 주위 지인들에게 회람한 것은 내전으로 치닫고 있던 당시의 급박한 정치 상황과 이를 보는 그의 급한 마음을 읽기에 충분하다.

바움골드(Devorah Baumgold)는 홉스가 『법의 기초』를 필사본으로 만들고 소수 인원에게만 읽도록 한 것은 그의 '전략적 선택(strategic choice)'이라 평가하고 있다.[9] 왕권주의와 의회주의의 충돌 와중에 왕권주의를 옹호하는 자신의 글을 대중에게 알리기보다는 왕권주의 성향의 소수 엘리트에게만 제한적으로 공개한 일은 상대편의 공격 위험을 최소화하는 전략적 선택일 수 있다.

바움골드의 이런 해석과 같은 선상에서 또 하나의 전략적 선택이라 볼 수 있는 것은 『법의 기초』에 이어 두 번째 정치론으로 출판한 『시민론(De Cive)』이다. 『법의 기초』가 초고 형태로 회람된 이후 1641년 11월경 홉스는 프랑스로 망명길에 올랐고, 그 이듬해인 1642년 4월 파리에서 라틴어로 쓴 『시민론』을 출판했다. 이 초판 『시민론』 역시 홉스의 전략적 선택으로 해석

---

9 Baumgold Devorah(ed.), *Three-Text Edition of Thomas Hobbes's Political Theory*, Cambridge University Press, 2017, p.XII.

할 수 있는데, 그 근거는 홉스 자신의 설명에서 찾을 수 있다. 홉스는 『시민론』을 직접 영어로 번역하여 1647년에 2판을 출판하는데, 여기에 「독자를 위한 저자의 서문(The Author's Preface to the Reader)」을 붙인다. 이 서문에서 홉스는 대중적 관심에 노출되지 않고자 100권 미만의 『시민론』을 출판해서 몇 명의 친구에게만 배포했다고 밝히고 있다.[10]

시간상 얼마 되지 않는 간격을 두고 두 권의 정치론을 발표하고, 9년 뒤에 홉스는 자신의 대표작인 『리바이어던』을 세상에 내놓게 된다. 시민전쟁이 임박했을 때, 그리고 프랑스로 망명을 간 직후에 연달아 내놓은 홉스의 두 저술과 10년의 망명 생활을 정리하며 시민전쟁의 상처를 치유하고 난세를 바로 잡을 새로운 통치권자의 이상을 담은 『리바이어던』은 혼돈의 시대가 낳은 작품이라 할 수 있다. 원래 홉스가 마음에 품었던 저술 기획은 철학 3부작이라 불리는 물체론(De Corpore, 1655), 인간론(De Homine, 1658), 시민론(De Cive, 1642)을 순서대로 저술하는 것이었다. 기획 의도와는 다른 순서로 저술하게 만든 것은 국내의 혼란스러운 정치적 상황이었다. 이와 관련해서는 홉스 자신이 『시민론』의 「독자를 위한 저자의 서문」에서 정확하게 진술하고 있다. '물체와 물체의 일반적 속성', '인간과 인간의 고유한 기능과 감정', '국가와 신민들의 의무'가 그 주제들이었다. 그러나 내란의 광풍이 불어오고 군주와 신민 간의 의무와 복종의 관계를 둘러싼 논란이 뜨겁게 달아올랐다. 이것이 홉스가 "모든 문제를 뒤로 미루고 세 번째 영역을 완성하여 출간하게 된 원인"이 되었다.[11]

---

10 토마스 홉스, 이준호 옮김, 『시민론: 정부와 사회에 관한 기초철학』, 「독자를 위한 저자의 서문」, 서광사, 2013, 28쪽. Martinich A.P., *Hobbes: A Biography*, Cambridge University Press, 1999, 178쪽

11 토마스 홉스, 이준호 옮김, 같은 책, 26쪽.

『법의 기초』는 2부 29개의 장으로 구성되어 있고, 『시민론』은 3부 18개의 장으로 구성되어 있다. 『시민론』에는 다른 두 작품에 담긴 인간에 관한 논의는 배제된 채 오직 정치론(1부·2부)과 하느님의 왕국(3부)만 다루고 있다. 『리바이어던』은 모두 4부 47개의 장으로 구성되어 있다. 이 세 작품 사이의 관련성이나 배경에 대해서는 이미 많은 연구자가 주목한 주제다.

근대 정치 사상가로서 홉스의 정치철학을 이해하려고 할 때 가장 먼저 읽는 작품은 대부분 그의 대표작 『리바이어던』인데, 이는 자연스러운 일이다. 그러나 『리바이어던』은 독립적인 작품이 아니다. 『법의 기초』와 『시민론』이 없었다면 『리바이어던』은 지금 우리가 보는 정도의 완성도 높은 작품이 될 수 없었을 것이다. 왜냐하면 『리바이어던』의 기본 구조와 중요 내용은 대부분 『법의 기초』나 『시민론』에서 이미 설계되어 있기 때문이다. 그래서 홉스 연구자들은 그의 정치철학 3부작을 나란히 놓고 비교하면서 읽기를 권했고, 그래야 홉스의 사상이 어떻게 변화하고 발전되어 갔는지를 볼 수 있다고 한다. 이 세 작품 간의 구조와 내용상 유사성을 비교하는 일은 『법의 기초』에 붙인 퇴니스의 편집자 서문(The Editor's Preface)과 같은 책 2판 서문(New Introduction)을 붙인 골드스미스(M. M. Goldsmith)의 설명으로 어느 정도 충분하리라 본다.

2017년 바움골드는 홉스의 정치론 작품 세 권을 한 권으로 묶어 병렬로 편집하여 출판했다. 이런 특이한 방식의 편집 의도는 "홉스 사상의 발전 과정을 구체적으로 따라갈 수 있도록 하는 데" 있다.[12] 홉스 정치론의 삼부작을 나란히 놓고 각 권의 장과 절을 비교하며 읽을 수 있도록 했는데, 이는 미래의 홉스 연구자들에게 그의 정치철학 전체를 전지적 관점에서 이해

---

12 Baumgold Devorah, 위의 책, p.IX.

하는 데 큰 도움이 될 것이다. 홉스 정치철학을 조금 더 세밀하게 탐구하고자 하는 미래의 독자들을 위해 바움골드가 편집한 위의 책의 서문에 있는 열람표를 소개하고자 한다. 이 표는 홉스의 세 작품을 주제별로 해당되는 장을 비교해 놓은 것인데 향후 홉스의 세 작품을 읽을 때 작품들 사이에 어떤 공통점과 차이점이 있는지를 찾는 데 도움이 될 것이다.[13]

1부 인간 본성론

주제 1. 지각과 사유의 물리적 구조

　　　『법의 기초』2~4장 | 『리바이어던』1~3장

주제 2. 지식, 이성 그리고 학문

　　　『법의 기초』5·6장 | 『리바이어던』4·5·7·9장

주제 3. 정념들 그리고 서로 다른 인격 유형들: 소통, 의지

　　　『법의 기초』7~10장, 12·13장 | 『리바이어던』6·8·10·11장

주제 4. 자연스러운 종교적 신념

　　　『법의 기초』11장 | 『시민론』15장 | 『리바이어던』12·31장

2부 정부론

주제 5. 자연상태와 자연법

　　　『법의 기초』14~18장 | 『시민론』1~4장 | 『리바이어던』13~15장

주제 6. 정치적 신약

　　　『법의 기초』19장 | 『시민론』5장 | 『리바이어던』16·17장

주제 7. 통치권자의 권리와 정부의 형태

13　Baumgold Devorah, 위의 책, pp.XVII~XVIII.

『법의 기초』 20 · 21 · 24장 | 『시민론』 6 · 7 · 10장 | 『리바이어던』 18 · 19장

주제 8. 가문, 부권적 지배와 전제적 지배: 백성의 자유

『법의 기초』 22 · 23장 | 『시민론』 8 · 9 · 11장 | 『리바이어던』 20 · 21장

주제 9. 통치의 기술

『리바이어던』 22~24장

주제 10. 반란의 원인과 통치자의 의무

『법의 기초』 27 · 28장 | 『시민론』 12 · 13장 | 『리바이어던』 29 · 30장

주제 11. 법, 범죄 그리고 조언

『법의 기초』 29장 | 『시민론』 14장 | 『리바이어던』 25~28장

3부 종교

주제 12. 종교

『법의 기초』 11장 | 『시민론』 15~18장 | 『리바이어던』 31~47장

4. 홉스 작품의 국내 번역사

홉스의 정치철학 3부작(『법의 기초』, 『시민론』, 『리바이어던』)이 국내에서 언제 번역 출판되었는지에 대해 간략하게 언급하는 일은 『법의 기초』를 번역하는 일이 어떤 의미를 갖는지 설명하는 데 필요하다. 3부작의 국내 번역은 원전의 출판 순서와는 반대로 이루어졌다. 『리바이어던』이 가장 먼저 번역 출판되었는데, 그 역사는 꽤 오래전의 일이다. 1982년 한승조 교수는

『리바이어던』의 1부와 2부를 번역하여 출판했는데, 삼성출판사의 『세계사 상전집』 9권에 실려 있다. 이 번역본은 완역이 아니라 3부와 4부가 빠진 절반의 번역에 그치고 있으며, 오래전 번역이라 익숙하지 않은 한자어가 많이 동원되어 있다. 그런 탓에 독자가 읽기에는 가독성이 떨어진다. 그 후 1984년 이정식 교수의 번역으로 『리바이어던』 완역판이 박영사에서 나왔다. 이 번역본은 문고판 형식으로 네 권에 나뉘어 출판되었다. 이 번역 역시 한자 세대에는 익숙하나 오늘날 독자에게는 이해하는 데 어려움을 줄 수 있다. 문고판의 작은 글씨라 읽는 데도 어려움이 있으며, 대부분 직역에 그치고 역자의 주석이 없는 상태에서 독자들이 홉스의 대표작을 읽고 이해하기란 쉽지 않다.

그 후 『리바이어던』은 1988년 최공웅, 최진원 교수의 공역으로 동서문화사에서 출판되었다. 이 책은 2021년 3판이 나왔다. 한 권의 책 안에 『리바이어던』 전부를 담았으며, 상세한 각주와 다양한 그림, 사진으로 독자의 이해를 돕고 있다. 2008년 진석용 교수의 번역으로 네 번째 번역본이 나남 출판사에서 출판되었다. 전체 4부로 이루어진 『리바이어던』을 1·2부와 3·4부로 나누어 두 권으로 출판했다. 가장 현대적인 번역이라 한글 세대도 읽기에 부담이 없고 풍부한 역자 주석은 작품 이해에 큰 도움을 제공하고 있다.

이처럼 『리바이어던』은 국내에서 번역판으로 네 번 출판되었는데, 공교롭게도 번역자는 모두 정치학이나 법학 전공자들이었다. 이 네 번역에 대한 평가는 보는 사람마다 다를 수 있겠다. 흠결 없는 번역은 있을 수 없다. 그러나 앞의 두 번역은 최초의 한국어 번역이라는 점에서, 네 번째 번역은 풍부한 각주와 가독성이 높은 번역이라는 점에서 그 흠결들을 상쇄할 수 있다.

『리바이어던』에 이어 두 번째로 번역된 홉스의 작품은 『시민론』이다. 이 책은 이준호 박사의 번역으로 서광사에서 2013년에 출판되었는데, 라틴어 원전을 번역한 것이 아니라 홉스 자신의 영역본인 『정부와 사회에 관한 철학적 기초(*Philosophical Rudiments Concerning Government and Society*)』를 번역한 것이다.[14] 이 책은 분량으로만 보면 『리바이어던』보다 적지만 '작은 『리바이어던』'이라 불러도 좋을 만큼 내용 면에서는 홉스 정치철학의 정수를 보여주기에 부족함이 없다. 버나드 거트(Bernard Gert)에 따르면, 문학적인 관점에서 『시민론』이 홉스의 대표작인 『리바이어던』의 산문체 글에는 못 미치나 철학적인 관점에서는 『리바이어던』보다 앞선다고 한다.[15]

이제 홉스 정치철학 3부작에서 우리말 번역을 기다리는 것은 『법의 기초』뿐이다. 어찌 보면 아직 이 책이 번역되지 않은 채 남아 있다는 것은 나에게 일종의 행운이라 할 수 있다. 이 책을 번역하는 일은 단지 한 권의 책을 우리말로 옮기는 일에 그치지 않고 홉스 정치철학 3부작의 완역을 의미하기 때문이다. 『법의 기초』를 번역하는 일은 홉스 전공자인 나에게 남겨진 마지막 의무처럼 생각되었다. 분량으로 보면 『법의 기초』는 세 작품 가운데 길이가 가장 짧은 작품이다. 그러나 이 책은 뒤에 나올 두 책의 기초 자료(low material)이자 기본 설계도라 할 수 있다. 형식이나 내용에서 『법

---

14 이준호 박사가 사용한 원전은, Gert Bernard(ed.), *Man and Citizen*(Thomas Hobbes), Humanities Press, The Anchor Books, 1972이다. 거트가 편집한 이 책에는 『인간론』의 일부인 10장에서 15장이 포함되어 있다. 라틴어판 『시민론』을 영역한 이 작품이 홉스 자신의 번역이라는 해석과 다른 사람의 번역이라는 해석이 공존하고 있다. 그러나 홉스의 번역으로 보는 게 더 타당할 것으로 판단된다. 그 근거 중 하나는 홉스가 영어로 쓴 『리바이어던』을 라틴어로 자신이 번역하여 1668년에 출판했듯이, 라틴어로 먼저 저술한 『시민론』을 영어로 번역하는 것은 홉스의 의도로 보이기 때문이다. 더욱이 『시민론』의 2판에서 『독자를 위한 저자의 서문』을 덧붙인 것도 자신의 번역에 붙이는 것이 자연스럽기 때문이다.

15 Gert Bernard(ed.), 같은 책, 3쪽.

의 기초』는 『시민론』과 『리바이어던』의 밑그림과 같다. 비유적으로 말하면, 『법의 기초』가 기본 설계도라면 『시민론』은 중간 설계도, 『리바이어던』은 실시 설계도라 할 수 있다.

　여기서 책 제목과 관련해서 한 가지 언급하고 넘어가야 할 것이 있다. 원제목인 *The Elements of Law, Natural and Politic*을 직역하면 '법의 기초들, 자연법과 정치법'이다. 그러나 이런 번역은 책의 전체 성격과 내용을 법체계 중심으로 축소시킬 위험이 매우 크다. 이 책의 1부 1장 1절에서 밝히고 있듯이 이 책의 탐구영역은 "인간의 본성, 정치 체제 그리고 법에 관한 지식"에 달려 있다고 한다. 다시 말해 이 책의 논의 주제는 『리바이어던』의 기본 설계도답게 다양하다. 홉스는 전체 29개의 장 가운데 1부 13개의 장을 인간의 자연적 기능인 감각과 지각 그리고 정념들에 관한 논의에 할애하고 있다. 자연법에 관한 논의는 1부 16 · 17 · 18장에서만 다루고 있다. 그리고 법의 본질과 종류에 대한 논의는 맨 마지막 2부 10장에서만 언급되고 있다. 그리고 2부 9개의 장에서는 정치 체제에 관한 여러 가지 논의를 하고 있다. 따라서 책의 전체 제목을 자연법과 정치법 대신에 더 포괄적인 자연과 정치로 옮기는 것이 더 적절할 것으로 보인다.

5. 홉스의 작품 연대기

1629년(41세): 투키디데스(Thucydides)의 『펠로폰네소스 전쟁사』를 번역 출판

1637년(49세): 『간추린 수사학의 기술(*Brief of the Art of Rhetoric*)』을 출판. 이 책은 아리스토텔레스의 『수사학(*Rhetoric*)』을 제자 교재용으로 번역한 것이며, 최초의 영어 번역본이다.

1640년(52세): 『법의 기초』가 필사본 형태로 회람되고, 1650년에 두 부분으로 나
　　　　　　　뉘어 출판

1641년(53세): 데카르트의 『성찰(*Meditation*)』에 대한 세 번째 반박(Objection)이
　　　　　　　『성찰』에 포함되어 출판

1642년(54세): 라틴어판 『시민론』이 출판. 홉스 자신의 영역판은 1651년에
　　　　　　　Philosophical Rudiments Concerning Government and Society
　　　　　　　라는 제목으로 출판

1651년(63세): 『리바이어던』 출판

1655년(67세): 『물체론』 출판

1658년(70세): 『인간론』 출판

1666년(78세): 『영국 관습법에 관한 대화(*A Dialogue between a Philosopher and a
　　　　　　　Student of the Common Laws of England*)』가 저술되고, 1681년 사후
　　　　　　　에 출판

1670년(82세): 『비히모스(*Behemoth*)』의 저술이 완성되었으나, 1682년 사후에 출판

1673년(85세): 호메로스의 『오디세이아』를 번역하여 출판

1676년(88세): 호메로스의 『일리아드』를 번역 출판

2판 서문

1889년 F. 퇴니스(Ferdinand Tönnies, 1855~1936)는[16] 홉스가 쓴 두 개의 작품을 편집하여 출판했다. 그가 편집한 『법의 기초: 자연과 정치(*The Elements of Law, Natural and Politic*)』[17]는 홉스의 초고를 토대로, 『비히모스: 장기의회(*Behemoth: or The Long Parliament*)』는 홉스의 유작[18]을 토대로 한

---

16 페르디난트 퇴니스는 독일의 사회학자로 독일 사회학회 창설자이자 초대 회장이었다. 그는 사회를 공동사회(Gemeinschaft)와 이익사회(Gesellschaft)로 구분하여, 인간관계와 사회적 결합 관계를 고찰한 것으로 유명하다.

17 *The Elements of Law*를 『법의 기초』로 번역하려고 한다. 법의 요소 또는 법의 토대 등으로 번역도 가능하지만, 역자는 그동안 『홉스의 사회·정치철학』(철학과현실사, 1997) 능 여러 저술이나 논문에서 『법의 기초』로 사용해왔다. 이 작품은 홉스가 쓴 첫 번째 정치론이자 이후 저술하는 『시민론』이나 『리바이어던』의 기초 작업이라는 의미에서 『법의 기초』로 옮기는 것이 적절할 것으로 판단된다. 그러나 문맥에 따라 요소 또는 토대로 옮긴다 해도 의미상의 차이는 발생하지 않기에 독자에 따라 유연하게 사용하는 것은 무방하리라 판단된다.

18 『비히모스』는 1666년에서 1668년 사이에 완성되었으나 홉스 사후인 1682년에 출판되었다. 윌리엄 몰스워스(W. Molesworth)가 편집한 홉스 전집(*The English Works of Thomas Hobbes of Malemsbury*, 1839~1845. 이하 E.W.로 표기함) vol. IV, 411쪽에 실린 1679년

최초의 현대적이면서도 비판적인 편집본이다. 지금까지는 이것들이 유일하다.

홉스가 나이 80세가 되던 1668년까지 쓴 『비히모스』는 영국 시민전쟁에 관한 것으로, 그의 마지막 논란거리가 된 글이었다. 네 개의 대화편을 통해 그는 대반란 사건을 검토하면서 자신의 학설을 거듭 주장하고 있다.[19]

홉스의 [정치적] 학설에 대한 가장 초기 진술은 『법의 기초』다. 1640년에 완성된 이 책은 그가 쓴 최초의 체계적이고 정치적인 작품이었다. 분란이 곧 임박해 있었다. 단기의회(Short Parliament)[20]에서 논쟁거리가 된 권리문제는 통치권의 권리와 분리될 수 없는 일부분이라는 것을 논증하는 이 "영어로 쓴 작은 논고(little treatise in English)"[21]는 1640년 5월 9일 자로 적혀 있는데, 이는 단기의회가 해산된 지 4일 뒤였다. 11월에 장기의회가 소집되었을 때 홉스는 [망명으로] 영국을 떠났다. 그때 그는 52세의 철학자였고,

---

6월 19일 자 홉스의 편지에 따르면, 홉스는 찰스 2세에게 출판 허락을 요청했으나 거절당했다고 기록하고 있다. 홉스가 『리바이어던』에 이어 『비히모스』를 책 제목으로 선정한 이유는 당시 최대의 권력 기구인 국가(통치권자)와 교회(성직자)를 상징적으로 표현하기 위해서다. 『리바이어던』과 『비히모스』는 모두 구약성서 「욥기」(40장)에 나오는 무적의 힘을 가진 상상의 동물 이름이다.

19 원문에서는 70세로 표기되어 있으나 이는 2판의 서문을 쓴 골드스미스의 착오다. 영국 시민전쟁은 1641년에 시작하여 1648년 찰스 1세의 처형을 거쳐 1651년 우스터(Worcester) 전투에서 의회주의자들이 승리함으로써 끝난 내전을 말한다. 대반란(the Great Rebellion)도 이 시민전쟁을 의미한다.

20 단기의회(the Short Parliament)는 영국 왕 찰스 1세가 소집한 의회로 1640년 4월 13일에 열려서 5월 5일까지 3주간의 짧은 회기로 마친 의회다. 반면 장기의회(the Long Parliament)는 단기의회에 이어 1640년부터 11월에 찰스 1세가 소집한 이후 1660년까지 지속된 의회를 지칭한다.

21 이 인용어는 홉스 자신이 옥스퍼드 대학 수학 교수인 월리스(John Wallis)에게 편지 형식으로 보낸 글 「토마스 홉스의 명성, 충성심, 태도 그리고 종교에 관한 고찰(Considerations upon the Reputation, Loyalty, Manners, and Religion of Thomas Hobbes)」에서 인용되었다. E.W. vol. IV, 414쪽.

그가 영국을 떠난 [여러 이유 중의 하나는] 왕[권]을 옹호하는 글을 쓴 사람들에 대해 의회가 적대적인 행위를 하지 못하도록 하기 위해서였다. 그는 "[여러 망명자 중] 최초의 망명자"가 되었다.[22]

그는 자신을 뉴게이트(Newgate)[23]에 있는 감옥에 보내 칼(枷)을 채울지 모른다는 두려움보다는 소심하게도 스트래퍼드(Strafford)나 라우드(Laud) 경[24]을 런던탑에 가두거나 지옥 같은 지하 감옥에 보내려고 훨씬 더 애쓰는 영국 하원의 [행위를] 더 두려워했다. 처벌을 예상하면서도 홉스는 자신의 이 논고에 대해 아주 높이 평가하며, 이 작품이 정치학의 토대를 놓았다고 주장했다. 그의 견고한 논증 구조는 정치적 괴물 같은 의회주의자들을 흩어지게 하는 데 있었다. 그러나 존 핌[25]과 그의 동맹자들은 심지어 [홉스의] 가장 결정적인 반박에도 거의 흔들리지 않았다. 그들은 자신들의 생각을 실행에 옮기는 데 너무나 분주한 나머지 홉스의 논박을 알아차릴 수 있었다 하더라도 그의 아이디어를 수용하지는 않았을 것이다.

1640년 가을, 영국은 시민전쟁을 향해 치닫고 있었다. 스코틀랜드 사람들은 [성공회]의 주교제도를 폐지하기 위해 동맹을 맺었고 왕에게 반기를 들었다. 찰스 1세는 반란을 진압하기 위해 두 번씩이나 시도했으나 모두 실패했다. 단기의회는 스코틀랜드 사람들의 불만—불법적인 과세, 독단적

---

22 E.W. vol. IV. 414쪽.
23 런던에 있는 지명으로 1188년부터 1902년까지 유지되었던 공공 감옥소를 지칭한다.
24 스트래퍼드는 영국 시민전쟁 시기에 찰스 1세를 지지했던 토마스 웬트워스(Thomas Wentworth)다. 제1대 스트래퍼드 백작을 수여받았으나 의회에 의해 탄핵, 처형되었다. 라우드 경(Lord Laud)는 영국 성공회 성직자로서 캔터베리 대주교직을 역임하기도 했다. 의회에 의해 런던 타워에 수감되었다가 1645년 1월 참수되었다.
25 존 핌(John Pym, 1584~1643)은 영국 시민전쟁 시기에 활동한 정치가다. 찰스 1세에 대항하는 의회주의의 입장에서 이를 대변한 사람이다. 영국 의회민주주의의 초석을 놓는 데 기여했다.

인 정부, 특권 재판소(prerogative courts) 및 부패한 교회—을 고려하기에 앞서 그들을 복종시키는 데 필요한 재정 집행을 [왕을 위해] 의결해주지 않았다. 같은 해 11월 3일에 소집된 장기의회가 [왕을 위한 의결에] 덜 고집스러웠을 것으로 추정할 만한 근거는 없었다.

홉스가 망명을 떠났을 때, 그는 단지 여러 사람과 돌려 보기 위해 초고 형태로 『법의 기초』를 출판했다. 1649년과 1650년에 두 개의 별도 소책자로 분리되어 손상된 복사본이 런던에서 인쇄되었는데, 아마도 이 일에 홉스가 관여한 것 같지는 않다. 이들 부정확한 판본에서 여러 복사본이 인쇄되었는데, 그것들은 홉스의 도덕과 정치 작품집(*The Moral and Political Works of Thomas Hobbes*, 1750)[26]과 윌리엄 몰스워스의 홉스 전집(*The English Works of Thomas Hobbes of Malmesbury*, 1839~1845)[27]에 포함되어 있었다. 오직 퇴니스가 『법의 기초』를 [편집] 출판하고 나서야 비로소 우리는 이 책의 원본 형태에 접할 수 있게 되었다. 퇴니스의 편집본은 인쇄된 판본뿐만 아니라 홉스 자신이 작업했던 것으로 보이는 초고 형태의 복사본 등을 토대로 해서 편집된 판본이다. 퇴니스가 붙인 각주들은 홉스가 수정한 내용을 잘 보여주고 있는데, 그중 몇 개는 중요한 것들이다.

『법의 기초』는 홉스가 어떤 마음으로 이 작품을 썼는지 우리가 알 수 있도록 해주고 있다. 왜냐하면 이 작품은 이후에 쓴 그의 정치적 작품들에 대한 최초의 해석이기 때문이다. 많은 경우 같은 구절이 『법의 기초』에서

---

26 1750년에 출판된 최초의 홉스 전집이라 할 수 있다. 이 책에는 『리바이어던』, 『비히모스』, 『물체론』, 『인성론』 등이 포함되어 있다.

27 가장 대표적인 홉스의 전집이다. 모두 11권으로 이루어져 있다. 라틴어 전집 다섯 권은 별도로 출판되었다. 여기서 인용되는 모든 E.W.는 1992년에 Routledge/Thoemmes Press에서 출판한 편집본에 따른다.

시작해 『시민론』을 거쳐 『리바이어던』에 이르러 그 최종 형태까지 추적될 수 있다. 예를 들면, 홉스는 어떻게 인간이 다른 사회적 동물들과 다른가에 관해 『법의 기초』 1부 19장 5절에서 설명하고 있다. 벌들은 자연스럽게 사회를 구성하고 있는데, 사람은 왜 그렇게 하지 못하는가? (1) 동물들은 지위를 놓고 서로 다투지 않는다. (2) 동물들은 자신의 선과 공동선을 구분하지 않는다. (3) 동물들은 사회 안에서 [어떤 구조적] 결함을 찾아낼 능력이 없다. (4) 동물들은 말을 할 수 없기에 반란을 일으킬 수도 없다. (5) 동물들은 고통 때문에 혼란스러울 수는 있어도 부적합한 행동 때문은 아니다. (6) 동물들은 자연스럽게 서로 일치하지만, 인간만은 계약을 통해 인위적으로 일치를 이룬다.

이와 같은 설명이 그대로 유지된 채 같은 이유를 가지고 『시민론』 5장과 『리바이어던』 17장 모두에서 단지 소소한 몇 글자와 강조점만 바뀐 채 다시 언급되고 있다. 뒤의 작품들 『시민론』과 『리바이어던』은 단지 내용이 유사할 뿐만 아니라 구조에서도 비슷하다. 따라서 『법의 기초』는 『시민론』과 『리바이어던』의 첫 번째 초고로 간주되어야만 한다.

철학의 기초 3부 가운데 『시민론(*Elementorum Philosophiae, Sectio Teria, De Cive*)』은[28] 1642년 파리에서 출판되었다. 홉스는 책의 헌정 날짜를 1641년 11월 1일로 적고 있다. 『시민론』은 1630년대 후반 홉스가 계획했던 철학 체계의 세 번째 부분인 사회에 관한 것이었다. 첫 번째 부분은 물체와 그 속성에 관한 것이었고, 두 번째 부분은 인간에 관한 것이었다. 그의 이

---

28 원래 홉스가 기획했던 철학의 기초 세 영역은, 1부 물체론(on natural body), 2부 인간론(on human body) 그리고 3부 정치론(on artificial body)이었다. 이를 순차적으로 저술할 계획이었으나 1640년 전후 영국 정치사회의 혼란은 홉스의 저술 계획과는 달리 정치론(*The Elements of Law*와 *De Cive*)부터 저술하도록 만들었다.

[저술] 계획은『인간론』이 출판된 1658년에 이르러 완성된다.『물체론』은 이보다 3년 앞선 1655년에야 세상에 나왔다.

　『시민론』을 먼저 끝냈는데, 그 이유는 홉스가 (1647년에 나온『시민론』의 2판 독자를 위한 저자의 서문에서) 설명했듯이 "온 나라가 왕의 통치권과 백성들의 정당한 복종에 관한 문제들로 들끓었기 때문이다. 이 문제는 전쟁으로 치닫는 실질적인 전조현상들이었다."[29]『시민론』은『법의 기초』를 라틴어로 쓴 확장된 개정판이라 할 수 있다. 홉스는『법의 기초』의 앞부분 13개 장의 주제인 인성론(human nature)을『시민론』에서는 제외했다. 그 주제는『인간론』에서 다루고자 했을 것이고, 지각의 문제에 관해서는 특별히 광학 이론을 통해 자신의 작업을 완성 하고자 했다.

　그는 어떻게 외부의 사물들이 [우리의] 감각에 영향을 주며, 욕구와 혐오의 감정을 일으키는지를 설명하고자 했다. 홉스는『법의 기초』14장에서 다루고 있는 주제, 즉 자연상태를 기술하는 것에서부터『시민론』1장을 시작하고 있다. 이어서『법의 기초』[15~17장] 세 개의 장과『시민론』에서 길이가 긴 [2·3장] 두 개의 장을 통해 자연법을 다루고 있으며, 그런 후에 [『법의 기초』18장,『시민론』4장] 각각 한 개의 장을 할애하여 성서가 어떻게 자연법을 보증하는가에 관해 다루고 있다. 이는『법의 기초』1부 19장과『시민론』5장이 시민 정부의 발생 원인과 그 출발점을 다룬다는 점에서 일치한다는 것을 보여준다.

　시민사회를 구성해야 할 필요성에 이르러서 홉스는 하나의 왕국이 어떻게 수립될 수 있는지(『법의 기초』2부 1장,『시민론』6장), 정부의 형태(『법의 기

29　토마스 홉스, 이준호 옮김,『시민론: 정부와 사회에 관한 기초철학』, 서광사, 2013, 26쪽.『시민론』의 인용은 이준호가 옮긴 것을 기본으로 하되 필요하면 역자가 독자적으로 번역하여 사용한다.

초』2부 1장, 『시민론』 6장), 전제적 지배와 가부장적 지배(『법의 기초』 2부 3 · 4장, 『시민론』 8 · 9장) 그리고 다양한 정부 형태 간의 비교(『법의 기초』 2부 5장, 『시민론』 10장) 등에 관한 논의를 계속하고 있다. 『법의 기초』는 계시종교와 복종 사이의 관계에 대해서도 두 개의 장(『법의 기초』 2부 6 · 7장)을 할애하고 있다. 홉스는 『시민론』의 짧은 장(11장)에서 성서가 말하고 있는 것을 확인하는 데 그치고 있지만, 계시종교를 다루는 일은 3부의 15~18장까지 미루어 두고 있다.

이처럼 『시민론』은 잠시 곁으로 벗어나갔다가 다시 『법의 기초』의 계획으로 되돌아가고 있다. 이 두 책은 반란, 왕국의 와해, 통치자의 의무, 법의 종류와 본질 등에 관해서도 다루고 있다. (『법의 기초』 2부 8~10장, 『시민론』 12~14장)

다루고 있는 주제들의 순서, 언급된 내용 사이의 밀접한 유사성, 거의 같은 장과 장 사이의 일치성, 때로는 문단과 문단 그리고 심지어는 문장과 문장의 일치는 결국 『시민론』이 『법의 기초』의 라틴어 확장판이라는 사실을 보여주고 있다. 이 두 책의 가장 주된 차이점은 홉스가 『시민론』에서는 인성론 부분을 생략했고, 『시민론』의 끝부분에 가서는 종교에 관한 논의를 확대했다는 점이다. 『시민론』과의 연관성은 1649~50년에 불완전한 채로 『법의 기초』의 앞부분을 출판한 출판업자에 의해 더 잘 드러나게 되었다. 프랜시스 보먼(Francis Bowman)은 앞의 13개 장을 『인간 본성 또는 정치 체제의 기본요소(Humane Nature: or, the fundamental Elements of Polices)』라는 제목으로 별도 출판했다.[30] F.B.로 서명된 서문에서 보먼은 홉스가 철

---

30 이 책은 홉스의 전집, E.W. vol Ⅳ(pp.1~76)에 수록되어 있다. 『인간 본성 또는 정치 체제의 기본요소들: 널리 알려지거나 주장된 것이 아닌 그런 철학적 원리에 따라 원초적인 원인들로부터 인간 영혼의 기능, 활동 그리고 정념들에 의해 발견된 것』이라는 긴 제목을 갖고 있으

학의 체계를 세 부분으로, 즉 물체론, 인간론, 시민론으로 나누어 저술했나는 섬을 밝혔다. "철학의 세 부분 중 맨 마지막 부분은 이미 해외에서 라틴어로 출판했다. 이제 두 번째 부분을 세상에 내놓는다."[31]

『리바이어던』역시 『법의 기초』와 아주 긴밀한 관계가 있다는 것을 보여주고 있다. 이 두 책은 인간 본성에 관한 여러 개의 장으로 시작하는데, 『법의 기초』1부 1~13장, 『리바이어던』1~12장이 여기에 해당이 된다. 처음 시작하는 장들(『리바이어던』1~3장, 『법의 기초』1부 2~4장)에서 감각, 상상력 그리고 관념의 연합 등을 다루고 있다. 이 두 곳에서 홉스는 감각을 설명하기 위해서는 인과율(principle of causation)을 따르고, 상상력에 관한 설명은 관성의 법칙(principle of inertia)에 따르고 있다. 뒤이어 사고에 관한 두 개의 장(『법의 기초』1부 5~6장, 『리바이어던』4~5장)에서는 말(words), 담화(speech), 이름 붙이기(naming), 지식, 추론과 학문 등을 논하고 있다.

그 다음 일련의 장들에서는 마음의 기능들, 즉 정념, 쾌락과 고통, 명예, 사람의 정신이 작용하는 방식에서 차이가 나는 원인 등에 주목하고 있다(『법의 기초』1부 7~13장, 『리바이어던』6~12장). 그리고 자연종교에 관해서도 한 장을 할애하고 있다.[32] 『리바이어던』에서의 주된 차이점은 홉스가 논의의 순서를 약간 재조정했고, 두 개의 장을 새로이 끼워 넣었는데 하나는 권력에 관한 것이고, 다른 하나는 사람이 어떻게 행동하는가 하는 태도

며, 출판업자 보먼이 쓴 「독자를 위한 서문」도 붙어 있다. 그리고 E.W. vol IV(pp.77~227)에는 『법의 기초』1부 나머지 6개의 장과 2부 10개의 장이 하나로 묶여서 'De Corpore Politico or the Elements of Law, Moral and Politic'이라는 제목으로 수록되어 있다.

31 해외에서 라틴어로 출판했다는 것은 1642년 파리로 망명을 간 후 그곳에서 출판한 『시민론』를 말한다. E.W. vol. IV, p. xi. 두 번째 부분은 "인간 본성 또는 정치 체제의 기본요소"를 말한다.
32 『법의 기초』11장, 『리바이어던』12장 참고.

(manner)의 차이에 관한 것이다.[33]

『리바이어던』의 그다음 세 개의 장(13~15장)에서는 자연상태와 자연법을 논의하고 있는데 이는 『법의 기초』의 이어지는 장들(14~17장)과 나란히 병행하고 있다. 그러나 『리바이어던』에서는 자연법이 어떻게 성서를 통해 확인되는지에 관한 장이 없다. 계시종교에 관한 논의는 『리바이어던』의 거의 절반에 가까운 3부와 4부를 위해 보류하고 있다. 『리바이어던』 16장은 1부와 2부 사이에 끼워져 있는데, 이 장에서는 '인격화(personation)'라는 또 하나의 새로운 주제를 다루고 있다. [이 주제] 이후 『법의 기초』의 계획은 왕국(국가)의 [생성] 원인, 사회계약, 정부의 형태, 전제적 통치와 가부장적 지배 그리고 다른 형태의 정부들 사이의 비교 등을 논의하는 장들에서 다시 등장하고 있다.

홉스는 『법의 기초』의 6개 장(1부 19장과 2부 1~5장)을 『리바이어던』에서는 4개의 장(17~20장)으로 압축하고 있다. 다시 한번 『리바이어던』은 논의 주제를 바꾸는데, 종교, 복종과 하느님의 왕국에 관한 주제들은 책의 마지막 부분으로 순서가 옮겨진다. 그리고 『리바이어던』 21~25장에서는 자유, 법인체, 공직 그리고 조언(counselling) 등을 다루고 있다. 그런 후 『법의 기초』의 순서를 바꾸어 반란이나 통치자의 의무에 관한 논의(『리바이어던』 29 · 30장, 『법의 기초』 2부 8 · 9장)에 앞서 법률, 범죄와 처벌 같은 광범위한 논의를 먼저 하고 있다. (『리바이어던』 26~28장, 『법의 기초』 2부 10장)

『법의 기초』에서 『리바이어던』으로 발전해가는 과정에서 가장 분명한 변화는 홉스가 종교 문제에 상당히 많은 관심을 쏟고 있다는 점이다. 『법의 기초』에서는 단지 몇 개의 장에 그쳤다. 그리고 2년 뒤 『시민론』에서는 종

---

33 『리바이어던』 10 · 11장 참고.

교에 관해 두 배 이상의 많은 분량을 할애했다. 『리바이어던』에서는 그 문제가 책의 절반 가까이 불어났다.[34] 종교가 영국인들을 갈라놓는 데 있어서 보다 중요한 요인이 되었을 때, 홉스는 꼭 그렇지 않다는 것을 증명하기 위해 더 많은 지면을 할애했다. 믿음과 복종은 구원에 필요한 모든 것이다. 하느님이 요구하고, 예수가 [따를 것을] 명령한 복종은 그리스도교 왕국에서는 통치자를 향한 복종인데, 이는 [달리 말해] 확립된 법에 따라 만들어진 그리스도인의 예배 형식을 따르는 일이다.

『법의 기초』와 『리바이어던』은 같은 계획을 각기 다른 방식으로 추구하고 있다. 두 책은 각각 인간 본성에 관한 장들로 시작하고 있다. 비록 사람의 특성에 관해 아주 간략하게 언급되어 있기는 하지만 인간 본성에 관한 장은 『시민론』에서는 빠져 있다. 그 이유는 분명하다. 『시민론』은 홉스의 철학 체계 안에 속해 있으며, 아직 완성되지는 않았으나 인간론은 그의 철학 체계의 한 중요한 부분으로 계획했었다. 더 나아가 『시민론』에서 인간 본성을 논의하는 일은 홉스의 철학적 계획과도 일치하지 않았다.[35] 『법의 기초』와 『리바이어던』에서는 그 문제[철학적 계획과의 일치 문제]가 존재하지 않았다. 『시민론』과는 달리, 이 두 책에서는 인간의 본성에 대한 설명을 나중으로 미룰 수가 없었다. 『시민론』의 정치적 논증은 인간 본성에 관한 설명에 토대를 두고 있고, 이어서 인간 본성은 물체에 대한 설명에 토대를 두고 있다.

---

34 홉스는 종교와 관련된 문제들에 관해서 『법의 기초』에서는 2부 6·7장, 『시민론』에서는 3부 15~18장, 『리바이어던』에서는 1부 12장, 그리고 책의 절반 이상인 3부와 4부에 걸쳐 다루고 있다.

35 여기서 철학적 계획과 일치하지 않았다는 말은 홉스의 저술 계획, 즉 물체, 인간, 사회를 삼부작(trilogy)으로 저술하는 것을 의미한다. 『시민론』에서 인간 본성에 관한 논의를 한다는 것은 그 계획과 일치하지 않는다. 따라서 『시민론』에서 인간론을 생략하는 것은 자연스럽다.

앞의 두 부분[물체론과 인간 본성론]을 연결하기 위해 홉스는 감각과 외부 세계 사이의 관계 또는 외부 사물이 정신에 미치는 영향들 사이의 관계 문제를 해결해야만 했다. 『법의 기초』나 『리바이어던』에서는 그 설명이 그렇게 과학적일 필요는 없었다. 거기서 홉스가 필요했던 것은 인간 본성에 관해 단순화된 자신의 해석 정도였다. 그는 초반에 감각과 상상력에 대해 과학적 설명을 하고 있는데, 이는 우리 몸의 어떤 특정한 기관에 영향을 주는 외부 사물들이 일정한 내부 운동을 일으켰다는 것이다. 이들 내부 운동에는 관성의 법칙이 적용되었다. 그런 후 홉스는 자연상태, 자연법 그리고 사회의 구성에 관한 논의에 앞서서 사람의 내적·외적 작용을 설명하는 일에 주의를 기울일 수 있었다.

그러나 만일 『시민론』과 『리바이어던』이 구조적으로나 본질상으로 『법의 기초』와 유사하다면, 앞의 두 권은 『법의 기초』를 개정하고 확대한 확장판이라 할 수 있다. 때때로 홉스는 자기 생각을 바꾸었다. 자기 이론들을 수정하면서 그는 종종 그 이론들을 개선하기도 했다. 그가 변경한 두 부분 중 하나는 자연법에 관한 것이고, 다른 하나는 사회계약에 관한 것이다.

대부분의 자연법은 『법의 기초』에서 『리바이어던』에 이르기까지 사실상 변경되지 않은 채 유지되었다. 기본적 자연법은 『법의 기초』에서 다음과 같은 정의를 통해 명확하게 언급되고 있다(1부 15장 1절). "그러므로 이성 이외에 다른 자연법은 없으며, 평화를 확보할 수 있는 곳에서는 평화의 길을, 그것을 얻을 수 없는 곳에서는 [자기] 방어의 길을 우리에게 밝히는 것 외에 **자연법**의 다른 가르침들은 없다." 『시민론』 2장 1절에서 말하길, '가능할 때는 평화를 추구하되, 만약 그렇지 못하면 전쟁을 준비하라. 이것이 가장 첫 번째이자 기본적 자연법이다.' 『리바이어던』 14장에서 홉스는 자연법을 조금 더 명백하게 하고 있고 자연권(right of nature)을 강조했다. 자연법은 이성의 일반적인 규칙이다. "모든 사람은 얻을 수 있다는 희망이 있는 한 평화를 시도해야만 하며, 평화를 얻을 수 없을 때는 전쟁의 모든 도움과 이로움을 추구하고 사용할 수 있다." 이 규칙의 앞부분에 가장 첫 번째이며 근본적인 자연법이 포함되어 있는데, 이는 '평화를 추구하라 그리고 그것을 따르라'이다. 뒷부분은 자연권을 요약하고 있는데, 그것은 "모든 수단을 통해 우리 자신을 방어할 수 있다"이다.[36]

『시민론』에서 보여준 것처럼 『리바이어던』도 자연법을 그대로 유지하고 있다. 첫 번째 자연법은 이 두 책 모두에서 첫째이자 근본적 자연법으로 불리고 있다. 이것으로부터 그 밖의 다른 자연법들이 파생되었다고 말하고 있다. 『리바이어던』에는 모두 18개의 자연법이 나열되어 있는데, 모두 『시민론』의 첫 18개의 "특별한" 법 또는 자연법의 교훈과 같은 순서를 따르고 있다. (그러나 『리바이어던』에서는 자연법을 셀 때 근본적 자연법을 포함하고 있는 것에 비해 『시민론』에서는 제외하고 있고, 단지 특별한 법들만 세고 있다. 그래서 서로 대응하는 자연법의 숫자가 『리바이어던』에서 하나가 더 많다. 다섯 번째 자연법이 『시민론』에서는 네 번째다.)

『시민론』은 『리바이어던』에서 빠뜨린 두 개의 자연법을 계속해서 명확하게 말하고 있는데, 그중 하나는 재판관이 소송 당사자들과 계약을 맺어서는 안 된다는 것을 규정하고 있고, 다른 하나는 술독에 빠진 사람처럼 어떤 특정한 사람을 파멸시키는 일을 금지하고 있다(『시민론』 3장 25절). 『리바이어던』 (15장)에는 술독에 빠진 사람처럼 스스로 무력해지는 행위를 금지

---

36 토마스 홉스, 진석용 옮김, 『리바이어던』, 나남, 2008. 177쪽. 이하 『리바이어던』의 모든 인용문의 쪽수는 진석용의 번역본을 기준으로 한다. 다만 번역문은 필요에 따라 수정해서 사용한다.

하는 법이 있을 수 있다고 언급하는 구절이 들어 있다.[37] 그리고 시민사회와 관련된 자연법과는 상관없는 법들까지 계속해서 선언하고 있다.

자연법은 『시민론』에서 『리바이어던』에 이르기까지는 거의 변하지 않았다. 그러나 홉스가 『시민론』을 구성하면서, 심지어 그보다 앞서 『법의 기초』를 재검토하면서 시도한 변화는 조금 더 본질적인 것들이었다.

홉스가 자연법을 처음 구성할 때 그는 사람들이 사회 이전의 가설적인 조건[38]에서 계약과 신약(信約)을 맺는 일에 참여할 수 있다고 가정했다. 자연상태에서 사람들은 포기하고 싶지 않을 것들과 권리를 확보하고자 한다. 만일 사람들에게 이런 권리를 유지하는 일이 허용되지 않는다면, 그들은 사회에 발을 들여놓지 않을 것이다. 따라서 홉스는 하나의 규칙을 제시하고 있는데(『법의 기초』 1부 17장 3절), 이는 사람들이 자연상태에서 확보했던 어떤 권리도 유지할 수 있도록 허용하는 규칙이다. 홉스가 인정한 바와 같이, 그 권리들은 신약을 맺은 상대방에 대항해서 갖는 단지 계약상의 권리일 수 있다.

우리가 자연상태에서 살고 있고 계약을 맺는다고 가정해보자. 농사의 소출 일부를 나에게 주겠다는 당신의 약속과 신의에 대한 보답으로 나는 당신이 봄철 파종하는 일에 도움을 줄 수 있다. 여름 중간에 사회에 발을 들여놓았다고 해보자. 그러면 내가 내 몫의 소출을 손해보는 일은 공정한가? 이 예에는 하나의 가정이 숨겨져 있다. 우리는 당신과 내가 이 땅과 거

---

37 『리바이어던』 15장, 212쪽. 만취 상태나 다른 무절제한 것들도 자연법이 금지하고 있으나 여기 『리바이어던』에서는 언급할 필요가 없고, 적당하지도 않다고 말하고 있다.

38 자연상태(state of nature)는 실제로 존재했던 역사적 상황이 아니라 시민사회의 필요성을 설명하기 위한 논리적 전제로 요청된 가설적 상황이다. 『리바이어던』 13장에서 자연상태에 관해 자세하게 설명하고 있다. 덧붙여 이에 대한 해석은 김용환, 『홉스의 사회·정치철학』, 철학과현실사, 1999, 152~155쪽 참고.

기서 나오는 수익에 대해 어느 정도의 권리를 가지고 있다고 가정했다. 그러나 무엇이 우리에게 이런 재산권을 부여하는가? 사실 우리는 어떤 절대적 소유권을 주장하지 않았으며, 개별적인 사유재산권이 천부적이라거나 필수적이라고 선언하지도 않았다. 그러나 우리는 일종의 소유권을 가정하고 있다. 우리 마음대로 재산을 처분하거나 수확을 나눌 수 있는 권리에 대해서는 아무런 문제가 없다. 자연권에 따라 우리는 그렇게 할 수 있는데, 왜냐하면 "모든 사람은 천부적으로 모든 사물, 다시 말해 그가 나열하는 것이 무엇이든 소유하고, 사용하고, 하고자 하고 또 할 수 있는 모든 것을 향유할 수 있는 권리를 가지고 있기 때문이다"(『법의 기초』 1부 14장 10절).

　　우리가 서로 간에 합의에 이를 수 없는 이유는 없다. 그 합의에 따라 나는 당신의 권리를 인정하고, 그에 대한 나의 자연권을 포기하거나 최소한 당신으로부터 동등한 이익을 얻는 조건으로 나의 자연권을 행사하지 않기로 동의한다. 이런 도식에 따라 재산권은 일련의 합의에 따라 자연상태에서도 확립될 수 있는데, 이런 합의에 따라 개인들은 각자의 권리를 상호 간에 인정하게 되고, 각자의 재산에 대한 자신들의 자연권을 상호 포기하게 된다. 그뿐만 아니라 푸펜도르프는 재산권의 기원에 관해 [홉스의] 바로 이 설명을 채택하고 있다(『자연법과 국가법에 관하여』 4권 4장 4~6절). 로크는 이런 설명을 옹호할 수 없는 것으로 보았고, 불완전한 사적 계약의 함정에 의존하지 않는 다른 대안을 제시할 수 있다고 생각했다(『정부에 관한 두 논고』 2권 5장 25~30절).

　　재산권이 개인들 간의 합의에 근거하고 있다는 것은 홉스의 이 도식이 갖는 약점이다. 그것이 무엇이건 간에 우리가 하고자 하는 합의를 맺었다고 해보자. 이 합의는 우리 자신 외에는 아무도 구속할 수 없다. [따라서] 계약 당사자가 아닌 사람은 누구라도 우리의 소출을 빼앗거나 당신의 땅을 처분하거나 심지어 그가 할 수만 있다면 우리를 죽이거나 노예로 만들수 있는 그의 자연권을 보유하고 있다.

홉스는 이 문제를 틀림없이 알아차렸다. 애초에 그는 신약에 따라 자연상태에서 사물을 획득할 수 있는 권리와 사회 안에 들어와서도 그 사물을 확보할 수 있는 권리를 허용했었다. "그러므로 처음 평화를 만들 때, 자연법은 모든 사람이 한때 합법적으로 그리고 다툼 없이 소유하거나, 단독으로 사용했던 것을 계속 유지해야 한다고 가르치고 있다."(『법의 기초』 1부 17장 3절 각주) 홉스는 이 부분을 삭제하고 다음의 자연법으로 대체했다. "다른 것: 평화에 첫발을 내딛는 사람들은 그들이 획득했던 것을 계속 유지한다." 그러나 그는 이것 역시 삭제하고 공평에 관한 전반부의 규칙만을 남겨두고 있다. "어떤 사람이 보유할 것을 요구하는 권리가 무엇이든지, 다른 모든 사람도 똑같은 권리를 보유하도록 그가 인정해야 한다."(『법의 기초』 1부 17장 2절)

자연상태에서도 사람들은 권리를 확보할 수 있다는 홉스의 가정은 『시민론』에서도 유지되고 있다. 『법의 기초』에서 공평의 문제를 다룬 이 부분은(1부 17장 2절) 사람들이 보유하고 있는 어떤 기본적인 권리들을 명시하고 있는데, 그 권리는 자기 방어권, 생존을 위해 필요한 불, 물, 공기 그리고 공간 등 생명에 필수적인 것은 무엇이나 사용할 수 있는 권리를 말한다. 게다가 우리가 살펴본 바와 같이, 사적 권리도 확보되고 유지될 수 있다. 왜냐하면 자연법은 오직 평화와 일치하지 않는 권리만을 포기하도록 사람들에게 요구하기 때문이다.

『시민론』(3장 14절)에서는 이 부분이 겸손(modesty)에 관한 자연법 조항으로 되었다. 사람들은 여전히 살아가는 데 필요한 필수품에 대한 권리를 유지할 수 있으며, 심지어 사회에 들어와서도 사적 권리를 확보하는 일이 허용되었다. 그러나 자연법은 다른 사람에게 같은 권리를 허용하지 않으면서 자신만을 위한 권리 주장은 하지 말도록 명령한다. 자연상태에서 획득한 사물들을 계속 간직할 수 있는 권리는 유지되나 강조되지는 않는다.

이제 또 다른 규칙 하나는 공평(equity)에 관한 자연법이라 불리는데(『시민론』 3장 15절), 이 법은 사람들에게 권리를 나누는 일에 있어서 다른 사람을 평등하고 공평무사하게 다룰 것을 명령하고 있다. 다른 사람에게 혐오감을 표시하거나 모욕하는 것은 이 자연법을 위반하는 것이다.(『시민론』 3장 12절, 『법의 기초』 1부 16장 11절) 결과적으로 사람을 편파적으로 대하는 편애주의(favouritism)는 금지되어 있다. 『시민론』에 있는 공평에 관한 새로운 규칙은 비난, 욕설 그리고 조롱에 반대하는 규칙에 이어서 『법의 기초』에 있는 규칙을 개정한 해석이다. 이 규칙(『법의 기초』 1부 16장 12절)은 시장에 오는 모든 사람에게 자유로운 접근을 가능하게 하는 고전적인 자유 시장 원리 중 하나를 확립하고 있다. "사람들 서로 간에 차별 없이 장사하고 거래하는 것을 허용하는 것 또한 자연법의 하나다."

『법의 기초』에서 [홉스가 말하길] 사람들은 자연상태 내에서도 재산 획득이 기대되며, 시장 접근의 자유 역시 허용할 것을 요구하고 있다. [그러나] 홉스가 『시민론』을 마칠 무렵, 주로 재판관이나 중재인을 대상으로 한 규칙이 대두되면서 시장에 대한 자유로운 접근(권)은 사라졌으며, 자연상태에서 확보한 권리의 중요성도 불분명해졌다. 『리바이어던』 15장에서는 이런 경향을 확인해주고 있다. 자연상태에서 확보한 권리들은 언급되지 않고 있다. 오만함(arrogance)을 반대하는 자연법은 사람이 다른 사람에게는 거부하는 모든 권리를 자신에게만 부여하는 것을 금지하고 있다.

여기서 언급된 권리는 살아가는 데 필수적인 것들이다. "평화를 추구하는 모든 사람이 어떤 **자연권**(Rights of Nature)을 내려놓는 일이, 즉 하고 싶은 것은 모두 할 수 있는 자유를 갖지 않는 것이 필수적인 것처럼, 인간의 생명을 [유지하기] 위해 어떤 것들을 유지하는 일은 필수적이다. 즉 자신의 몸을 지배할 수 있는 권리, 공기, 물, 운동, 장소의 이동 등을 누리는 일 그리고 그 밖에 그것 없이는 생존하거나 잘 살 수 없는 모든 것들을 확보하는 일은 필수적이다." 『시민론』에서처럼, 『리바이어던』에서도 공평은 편파적인 재판관이 되는 것을 금지하고 있으나 그 공평성이 시장에 자유롭게 접근할 수 있음을 의미하는 것은 아니다. "만일 한 사람에게 사람들 사이의 [분쟁을] 심판하는 일이 맡겨진다면, 그가 사람들을 공평하게 다루어야 한다는 것은 자연법의 가르침이다."

홉스가 자연법을 개선했을 때 그는 이것들을 조금 더 명백하고도 추상적인 것으로 만들었다. 자연권 즉 모든 사물에 대해 갖는 권리는 더 두드러지게 되었다. 홉스는 자연상태를 '만인에 대한 만인의 투쟁'이라고 조금 더 분명하고도 급진적으로 말하면서, 자연상태에서 확보한 권리들에 관해서는 언급을 배제했다. 재산, 예술, 상업 등은 오직 사회 안에서만 존재할 수 있다. 자연상태에서 인간은 실질적인 권리를 소유할 수 없으며, 단지 자신이 얻을 수 있는 것에 대해 효력도 없는 권리만을 가질 수 있고, 그것마저도 유지할 수 있는 한에서만 그러하다. [따라서] 우리는 다음과 같이 추론할 수 있다. 사람들이 사회를 구성했을 때 그들은 특정한 권리를 고집하는 대신에, 자신을 온전히 보호할 수 있는 장치를 마련할 수 있음에 감사해야 할 것이다. 그래서 홉스는 시장에 대한 자유로운 접근[권]을 무시하고, 재판관은 불편부당해야 한다는 '공평'[의 권리]로 그것을 대체했다. 동시에 그는 나눌 수 없거나 공통으로 사용될 수 없는 물건의 사용권 또는 소유권을 분배할 때 활용될 수 있는 제비뽑기 형식의 구체적인 결론을 자연법으로 바꾸었다(『법의 기초』 1부 17장 5절, 『시민론』 3장 18절).

또 하나의 자연법이 『시민론』에는 빠져 있다. 홉스는 1640년의 특수한 상황, 즉 왕의 고문관은 누가 되어야 하는가 하는 물음을 반영한 규칙 하나를 『법의 기초』(1부 17장 8절)에 포함시켰다. 존 핌과 의회주의자들은 옳은 일과는 한참 거리가 먼 주장을 했는데, 이들은 자연법에 반하는 자신들의 행동을 왕이 충고로 듣고 받아들여야 한다고 요구했다. "아무도 자신의 충고나 조언을 스스로 기꺼이 듣고 싶어 하지 않는 어떤 사람에게 [그것을] 강요하거나 억압할 수 없다. 이것 또한 자연법이다." 그러나 홉스는 조언에 관한 주제를 완전히 배제하지는 않았다. 왜냐하면 『리바이어던』 25장 전체를 이 주제에 할당했기 때문이다.

끝으로 『법의 기초』(1부 17장 6절)에서 논의된 조정자(arbitrator)는 임명되어야 한다는 규칙의 결과들이 『시민론』과 『리바이어던』에서는 일련의 규칙으로 격상되었다. 조정자는 분쟁을 결정하는 데 있어서 관련 당사자들로부터 신뢰를 얻어야만 한다. 따라서 그는 (1) 분쟁과 이해관계가 있어서는 안 된다. 왜냐하면 관련되어 있다면 그는 분쟁의 한 당사자가 되기 때문이다. (2) 조정자는 분쟁 당사자 가운데 다른 쪽보다 어느 한쪽을 더 선호하기 위해서 그쪽과 약속을 하거나, 심지어 자신의 결정이 공정할 것이라는 약속도 해서는 안 된다. (3) 그는 양 당사자의 동의 없이는 스스로 분쟁의 재판관이 되어서는 안 된다(『법의 기초』 1부 17장 7절).

이 구절과 [상응하는] 『시민론』에서는 일련의 자연법을 배치하고 있다. 16번째 자연법: '누구도 자신과 관련된 문제의 재판관이 되어서는 안 된다'(『시민론』 3장 21절). 17번째 자연법: '재판 당사자 중 이긴 쪽에서 어떤 혜택, 즉 그것이 재물 또는 명예 같은 것이라도 얻기를 기대하는 사람은 재판관이 되어서는 결코 안 된다'(『시민론』 3장 22절). 19번째 자연법은 계약을 금지하는 조항을 반복하고 있다(3장 24절). 『시민론』 3장 23절에서 '재판관은 다툼이 있는 사실에 관해서 증언을 들어야 한다'는 새로운 규칙을 첨가하고 있다. '어느 누구라도 분쟁 당사자의 동의 없이는 스스로 재판관이 될 수 없다'는『법의 기초』의 세 번째 조항은 사라지고 없다. 이 조항은 없어도 되는 군더더기 조항이다. 왜냐하면 양 당사자들이 조정자를 지정한다는 것은 그의 판단에 따르기로 동의했다는 것을 의미하기 때문이다.『리바이어던』 15장에서 홉스는 이들 자연법 가운데 단지 한 개의 자연법만을 폐기하고 있는데, 그것은 '재판관은 양 당사자들에게 어떤 약속도 해서는 안 된다'는 규칙이다.

[세 작품에서 보인] 자연법에 관한 홉스의 구성을 비교해보면,『법의 기초』가『시민론』과『리바이어던』을 얼마나 면밀하게 미리 보여주고 있는지 알 수 있다.[39]『리바이어던』에 나열된 19개의 자연법 중 적어도 10개 이상은『법의 기초』에서 구성된 자연법에서 직접 유래한 것이며, 이것들은『시민론』에서도 그대로 나타난다.『리바이어던』에 있는 4개 이상의 규칙은 모두『시민론』에서도 나오는데 이것들은『법의 기초』에서 모두 파생된 것들이다. 하나는 정의(definition)이고,[40] 다른 셋은 논증의 결과들(corollaries)이다. 이제 2개의 규칙이 남는데,[41] 이것들은『시민론』에서도 나타나고 있다. 하나는『시민론』에서 새로이 등장한 것이고 다른 하나는 원래『법의 기초』에 있던 것이 실질적으로 변경된 것이다. 자연법에 관한 홉스의 생각 대부분은 그가『시민론』을 마칠 무렵 이미 완성된 것으로 보인다. 사실 몇 가지

---

39 자연법의 조항을『시민론』에서는 20번까지,『리바이어던』에서는 19번까지 열거하고 있다.
  『법의 기초』에서는 숫자로 표시되어 있지 않으나 17개 정도로 볼 수 있다.
40 14번째 자연법인 장자 상속권에 대한 정의를 말한다.『리바이어던』 210쪽.
41 18번과 19번 조항인데, 19번 조항은 증언에 관한 것으로『법의 기초』에는 없고『시민론』에서 처음 언급하고 있다.『리바이어던』 211~212쪽.

더 중요한 변화는 이미 『법의 기초』 초고에서 이루어지고 있었다.

　그러나 홉스는 자연법이 독자적인 강제력이 있는 것으로 생각하지 않았다. 자연상태에서 각자는 독립적으로 판단하고자 한다. 다른 사람으로부터 위험에 처해 있을 때 각자는 자신을 보호하는 데 필요한 것이 무엇이며, 어떻게 자연법이 해석되어야 하는지를 스스로 결정하고자 한다. 자연법을 안다고 해서 사람들이 자연상태에서 벗어나는 것은 아니며, 심지어 각자가 자연법에 복종하겠다고 약속하는 일도 충분치 않다. 사람들이 자연상태에서 벗어날 수 있는 유일한 길은 사회를 구성함으로써, 그 안에서 사람들이 위세에 눌려 복종하게 만드는 공동의 권력[왕권]을 세우는 길뿐이다. 홉스는 사회가 만들어질 수 있는 두 가지 방법을 생각하고 있는데 하나는 제도를 통한 설립(institution)이고, 다른 하나는 획득(acquisition)을 통한 설립이다. 획득을 통한 왕국 또는 지배권의 [확보]에는 정복을 통해 생기거나, 부권이나 모권 또는 치안 권한에서 비롯된 [그런] 권위를 포함하고 있다. '획득'에 관한 홉스의 설명은 『법의 기초』에서 『리바이어던』에 이르기까지 거의 바뀌지 않았다. 제도적 설립에 관한 그의 설명은 실질적으로 변하고 있다.[42]

　『법의 기초』에 따르면, 사람들은 한시적인 의지의 일치 그 이상을 이루어야 하며, 한 사람 또는 한 집단의 의지 안에 포함된 많은 의지의 **연합**(union)을 이루어야만 한다. "연합을 이루는 일은 다음과 같다: 모든 사람은 신약에 따라 동일한 한 사람 또는 하나의 동일한 평의회의 [명령에 따를] 의무를 스스로 지는데, 그 의무란 언급된 한 사람 또는 평의회가 지정하고 결정하는 행동들은 실행하고, 금지하거나 행동하지 말라고 명령한 행동은

---

42 『시민론』 5장 12절 113~114쪽, 『리바이어던』 17장 233~234쪽 참고.

하지 않고 따르는 의무다"(『법의 기초』 1부 19장 7절). 만일 사람들이 평의회에 자기 스스로 의무를 지운다면, 이들은 한 걸음 더 나아가 평의회의 다수 의견을 평의회 [전체]의 명령으로 인정하는 신약을 맺는 것과 같다.

연합을 이루기 위해서는 사람들이 단지 통합할 의지를 갖고 만나는 것 그 이상의 행동을 해야 한다. 그들은 통치권을 세워야만 한다. 이와 같은 강제력 없이는 각각의 개인들은 자기 멋대로 행동할 수 있는 자유로운 상태로 남아 있게 된다. 그들이 반드시 해야 할 일은 다음과 같다. "모든 사람이 어떤 것에 명시적으로 동의하는 일인데, 이 동의를 통해 그들은 자신들의 목적에 조금 더 가까이 다가갈 수 있다. 동의한다는 것은 다음의 것 외에 다른 것을 상상할 수 없다. 즉 그들은 전체 구성원 가운데 다수 편의 의지를 인정하거나 또는 그들 [전체]에 의해 결정되고 지명된 어떤 일정한 사람들 중의 다수 의지를 인정하거나 또는 마지막으로 어떤 한 사람의 의지가 모든 사람의 의지를 대신하는 것으로 간주하고 인정하는 것이다"(『법의 기초』 2부 1장 3절).

이렇게 함으로써 사람들은 민주주의나 귀족정치, 과두정치 또는 군주제를 세울 수 있고, 그들은 통치자를 세우고 스스로 백성이 되었다. 자신의 평화와 이익을 생각해서 각자는 자기 스스로 통치자에게 예속시켰다. 그는 할 수 있는 한 통치자에게 저항할 수 있는 권리를 [그에게] 양도한다. 그는 [국가] 전체의 방어에 공헌하는 일에도 동의한다. 따라서 통치자는 정의의 칼과 전쟁의 칼 모두를 가지게 되며, 결과적으로 입법·사법·행정권을 갖게 된다(『법의 기초』 2부 1장 3~13절).

홉스는 사회를 구성한다는 것이 무엇인지 규정하면서 각 유형의 통치자가 어떻게 세워질 수 있는지에 대해 계속해서 기술하고 있다. 그는 『법의 기초』를 저술할 때, [제도를 통해] 설립된 첫 번째 [정부] 형태는 반드시 민주제여야 한다고 믿었다. 귀족제와 군주제는 [통치권자로] 임명된 한 사람 또는 소수의 사람이 요구되며, [통치권자를 위한] 선거는 다수의 투표에 의해 결정되어야만 한다. 홉스는 투표가 만장일치에 이를 수 없다고 생각했다. 그렇다고 해도 민주제는 가장 먼저 존재해야만 한다. 왜냐하면 "다수의 투표가 나머지 [소수의] 투표를 포함한다면 그곳에는 실제로 민주주의가 존재하기 때문이다"(『법의 기초』 2부 2장 1절). 이 원초적 민주제에서 통치자는 그와 백성들 사이의 신약이나 통치자 자신과의 계약을 통해 세워지는 것이 아니라, 개인들 각각의 신약을 통해 세워지게 된다. "모든 사람이 함께 자기 자신의 평화와 방어의 이익을 위해서 그리고 그것을 고려하면서, 기꺼이 특정한 시간과 장소에서 모여, 전체 중의 다수 또는 그 구성원 중의 다수가 결정하고 명령하는 것은 무엇이나 지지하고 복종하겠다는 신약을 맺는다"(『법의 기초』 2부 2장 2절). 민주주의에서 귀족정치나 군주제로 넘어가는데 이는 지명된 평의회나 개인에게 권위를 양도하는 법령을 통해서다.

홉스가 『시민론』에서 설명하고 있는 것도 실질적으로 [이와] 유사하다. 모든 사람을 위해 하나의 의지를 확보하는 것은 필요하다. 각 사람은 자신의 의지를 군주나 평의회의 의지에 복종해야만 하고, 그렇게 함으로써 군주의 의지나 평의회의 의지가 모든 사람의 의지로 여겨질 수 있다(『시민론』 5장 6절). 그런 연합이야말로 도시국가, 시민사회 또는 사회적 인격체라 불린다(『시민론』 5장 9절). 이 연합은 임명된 사람이나 평의회의 의지에 저항하지 않기 위해 다른 사람들과 협정을 맺어 스스로 [복종을] 의무화함으로써 만들어진다(『시민론』 5장 7절). 이 말은 다른 어떤 사람이 아니라 군주 또는 평의회에 협조할 것에 그가 동의한다는 것을 의미하며(『시민론』 5장 7절), 특별히 처벌받게 될 사람을 돕지 않는다는 것을 의미한다(『시민론』 6장 5절).

다시 한번 홉스는 원초적 민주제를 옹호하는 논증을 펼친다. 사회를 구성하기 위해 모이는 군중들 모든 각자가 맨 먼저 동의하는 것은 다수의 의지를 모든 사람의 의지로 받아들이는 것이다. 만일 누가 이에 동의하지 않는다면 그는 자연상태에 남아 있는 것이며, 그를 제외한 다른 사람들은 도시(국가)를 구성하게 된다(『시민론』 6장 2절). 사람들이 만나서 모이는 바로 그 행위 안에 민주주의가 들어 있다. 따라서 향후 모임의 시간과 장소를 계속해서 지정하는 한 그들은 민주주의 제도 안에 머물게 된다(『시민론』 7장 5절). 민주주의는 군중들 안에 속해 있는 개인들의 동의에 따라 이루어지며, 이는 마치 각각의 개인들이 '만일 당신이 나의 권리를 위해 당신의 권리를 양도한다면, 나도 당신을 위해 나의 권리를 사람들에게 양도하겠소'라고 말해야 하는 것과 같다(『시민론』 7장 7절). 귀족제와 군주제는 민주제에서 파생된 것들이다(『시민론』 8장 11절).

이 설명 안에는 몇 가지 주목할 만한 개선점이 들어 있다. 첫째, 홉스는 연합을 의미하기 위해 구성원 모두의 의지를 대신하는 하나의 단일 의지를 소유한 법률적 실재(legal entity)인 '인격체'라는 개념을 도입하고 있다. 둘째, 약속된 계약과 그 의미가 조금 더 정교하게 형식화되었다. 셋째, 홉스는 계약 당사자들이 이중적 의무를 지게 된다는 것을 설명하기 위해 한 절을 할애했다. 각자가 상호 계약을 맺음으로써 계약 당사자들 사이에는 의무의 족쇄가 만들어지게 되는데 이는 계약자들 사이의 만장일치를 통해서만 생각대로 벗어날 수 있게 된다. 그뿐만 아니라 그들이 자신의 권리를 통치자에게 양도한 이후로는 통치자가 허락하지 않는다면 만장일치로 이룬 상호 간의 의무 면제조차 할 수 없게 된다(『시민론』 6장 20절).

『리바이어던』에서 홉스는 조금 더 많은 변화를 주고 있는데, 그 하나는 '인격화'[43]에 대해 확장된 논의를 도입하는 것이었다. 16장 전체는 '인격체'란 무엇이며, 거기에는 어떤 종류들이 있으며, 그 '인격체'가 무엇을 대표하며, 어떻게 권위를 부여받게 되는지와 그 권력이 무엇인지 등에 관해 잘 보여주고 있다.

국가란 [백성을] 대표하는 인격체[군주 또는 의회]에게 무제한으로 권위를 부여하는 개인들의 집합으로부터 생긴다. 그들은 "각자의 소유물인 자신의 인격을 한 사람 또는 사람들의 회의체[의회]가 소유하도록 지명하며, 공동의 평화와 안전에 관한 모든 일에 있어서 자신의 인격을 소유한 그[군주]가 어떤 행동을 하거나 또는 [백성에게 어떤] 행동을 하게 만들던 간에 모든 각각의 [백성]은 그 행동의 장본인(Author)[44]임을 스스로 인정하는 것이다"(『리바이어던』 17장). 이런 권위를 부여받은 대표자가 존재해야 국가가 존재한다. 그런 권위 있는 대표자가 없는 곳, 즉 통치권이 없는 곳에는 국가도 없다. 홉스는 국가에 대한 정의에서 통치자를 설명하기 위해 인격화[역할 맡아 하기] 이론을 활용하고 있다. 국가란 특별한 경우의 '체제(system)'를 이르는 말이다(『리바이어던』 22장).

각각의 사람들 사이에 맺는 신약은 '권위 부여하기(authorization)'라는 신약으로 다시 언급되고 있다. "마치 모든 사람이 모든 사람을 향해 말하는 것처럼, '나는 내가 가지고 있는 자기 통제권을 포기하고 한 사람 또는 회의체[의회]에 그 권위를 부여하되, 다만 당신도 당신의 권리를 포기하고, 같은 방식으로 그[군주]의 모든 행동의 권위를 인정한다는 조건에서만 그

---

43 personation은 '인격화'로 옮기고 있으나 다른 말로 대신한다면 '역할 맡아 하기'라 할 수 있다. 배우가 주어진 어떤 역할을 한다는 것은 마치 극 중의 인물을 대신해서 하나의 인격체처럼 연기하는 것을 뜻한다. 연극에서 페르소나(persona)가 의미하는 것과 유사하다.

44 Author를 장본인 또는 본인으로 옮기는 뜻은 권리의 주체이자 책임을 부담하는 당사자의 의미를 더 드러내기 위한 것이다. 좀 더 이해하기 쉽게는 연극의 대본을 쓴 작가(author)와 그 대본대로 연기하는 배우와의 관계로 보아도 좋다. 백성이 장본인이고 작가이며, 군주는 대리인이며 배우다. 권위(authority)라는 말도 장본인, 본인, 작가와 뿌리를 같이 하고 있다.

렇게 한다'"(『리바이어던』 17장). 여기서 우리는 조건부 권위 부여하기를 보게 되는데, 각자는 다른 사람도 똑같이 그렇게 한다는 조건 아래 지명된 사람[군주]이나 회의체[의회]에 권위를 부여한다. 여기서는 원초적 민주제가 필요 없다. 동일한 대표자에게 권위를 부여하는 모든 사람은 [권위 부여 행위의] 결과로 생긴 그 사회의 모든 구성원이다. 그 대표자에게 권위를 부여하지 않는 사람은 구성원 자격이 없다. 정의에 따라 백성들은 사회를 구성하기로 만장일치로 동의했으며, 그 대표가 되는 인격체에게 권위를 부여하게 된다.

홉스는 『리바이어던』에서 원초적 민주제에 관해 전혀 언급하고 있지 않으며, 그런 이론을 위해 더 필요한 것도 없다. 한 곳에서 홉스는 그 이론을 분명하게 부인하고 있다. "절대적 자유를 소유한 사람은 마음만 먹으면 모든 사람을 대표하기 위해 한 사람에게 권위를 부여할 수 있으며, 또한 어떤 형태이든 여러 사람으로 구성된 회의체에도 그런 권위를 부여할 수 있다. 따라서 그들이 좋다고 생각되면 다른 대표자와 마찬가지로 한 군주에게 스스로 절대적 복종을 할 수 있다"(『리바이어던』 19장).

그렇지만 원초적 민주제 이론의 흔적은 남아 있다. 『법의 기초』와 『시민론』 두 책 모두에서 홉스는 우선 어떻게 사회를 구성할 수 있는지에 대해 일반적인 진술을 하고 있다. 뒤이어 다수결의 투표를 수용하겠다는 각자의 신약으로부터 필연적으로 구성된 최초의 통치 형태인 민주제가 어떻게 생겨나는지에 대해 상세한 설명을 하고 있다. 『리바이어던』에서 홉스는 사회를 구성하는 데 꼭 필요한 명확한 신약을 그의 일반적인 설명 안에 포함시키고 있다. 이런 신약을 활용함으로써 자연상태에 있는 사람들은 자신들이 원하는 어떤 통치 형태를 만들 수 있다.

그러나 『리바이어던』 18장 시작 부분의 두 번째 줄에는 여전히 국가가 어떻게 세워지는지를 설명하는 부분이 남아 있다. "다수결에 의해 한 사람 또는 회의체에 모든 사람의 인격을 대표할 수 있는 권리를 부여하고 (다시 말해 대표자가 되게 하고), 그 사람[군주] 또는 회의체에 찬성 투표를 한 사람이나 반대 투표를 한 사람이나 모두 똑같이 군주 또는 회의체의 행위와 판단을 자기 자신의 행위와 판단으로 인정하겠다는 것을 다수의 사람이 합의하고 모든 사람이 각자 신약을 맺을 때 국가는 성립한다." 앞서 인용한 홉스의 이전 형식과는 달리 이 문단은 원초적 민주제를 함축하고 있다. 어떤 특정한 대표자에게 권위를 부여하는 신약을 교환하는 대신 그들은 다수가 선택하는 어떤 대표자에게 권위를 부여하는 신약을 맺는다. 국가는 하나가 아니라 세 단계를 거쳐 구성된다. (1) 사람들은 다수에 의해 선택된 대표자에게 권위를 부여하는 신약을 맺는다. (2) 다수는 한 대표자를 지정한다. (3) 각 사람은 그 대표자에게 권위를 부여한다.

그러나 나는 홉스가 이와 같은 복잡한 구조를 마음에 두고 있었다고는 믿을 수 없으며, 다른 곳에서 이를 제안한다고도 생각지 않는다. 더욱이 첫 단계는 사실상 원초적 민주제를 창출해내고 있다. 다수의 결정을 수용하겠다고 동의함으로써 각 사람은 실질적으로 그 다수를 대표자로 인정하는 것이다. 세 단계 구성은 변칙적이며, 첫 번째 단계는 사회를 구성하기에 충분한 것으로 보인다. 홉스는 민주제에 권위를 부여함으로써 국가가 만들어지는 특별한 경우에 관해 기술하고 있다.

만일 홉스가 세 단계의 구성을 마음에 두고 있었다면 그는 여기 외에 어디에서도 그것을 드러내 말하고 있지 않다. 만일 그가 원초적 민주제를 유지하고자 했다면, 그는 자신의 정의에 따라 대표자에게 권위를 부여하는 '신약'을 통해 원초적 민주제를 세우기보다는 아주 독특하게 했을 것이다. 원초적 민주제는 그 신약을 맺는 일에 '동의'하는 방식, 즉 특별한 방식으로 그렇게 하는 대신에 묵시적으로 민주제를 인정하는 방식에 따라 세워졌을 것이다.

또 다른 설명이 있는데, 홉스는 [국민을] 대표하는 한 통치권자에게 권한을 부여하는 일련의 신약들, 즉 각각의 단일 신약 세트(a single set of covenants)를 마음에 두고 있었다. 그러나 그는 원초적 민주제 이론의 잔재를 끼워 넣거나 제거하는 데 실패했다. 그 [원초적 민주제의] 공식은 원초적 신약(original covenant)을 확장한 것처럼 보인다. 이는 모든 사람이 같은 대표자에게 권위를 부여하는 일이 필요하다는 것을 부정하는 것처럼 보인다. 홉스의 오류는 이중적으로 불운한 일이었는데, 이 공식을 세련되지 못하게 뒤섞어 놓았을 뿐만 아니라 만장일치를 요구하는 일은 동어반복적이다.

『법의 기초』부터 『시민론』과 『리바이어던』에 이르기까지 이들 사이의 구성을 비교하면서 여러 가지 주제를 추적함으로써 『리바이어던』과 『시민론』의 상당 부분이 『법의 기초』에서 추론되어 나온 것임이 드러났다. 일련의 재해석 과정의 끝머리에 『리바이어던』이 있다. 이 작품은 대표작이자 10년 동안 다시 생각하고, 검토하고, 추가하고, 세련되게 만든 결과물이다. 『리바이어던』을 걸작으로 만든 것은 분명 국가를 인간의 신체와 비교하는 것과 같은 유기적인 유비 추론을 활용했다는 데 있지 않다. 『리바이어던』에서 그런 비교는 드물게 사용된 문학적 장치에 불과하다. 그런 비유는 『리바이어던』의 서문에서 잠시 등장하고 그 후 종종 다시 나타나고 있다.

예를 들면, 22장에서 국가 체계는 몸의 근육과 같다고 말하고 있으며, 23장에서는 공직 대리인(public minister)을 우리 몸의 장기 기관에 비유하고, 24장에서 국가의 영양과 생식에 관하여, 29장에서는 국가의 질병을 논하고 있다. 심지어 홉스는 24장에서 유기적인 비교를 광범위하게 활용하면서, 그는 기관(器官)과 유사한 공무원이나 공공 기관과 대비되는 유기적인 유사성을 모두 찾으려고 시도하지는 않는다. 장기 기관과의 대비를 활용하는 모습은 에드워드 포셋(Edward Forset)의[45] 『자연적 신체와 정치적 신체에 관한 비교론(A Comparative Discourse of the Bodies Natural and Politique)』 또는 이보다 좀더 세련된 솔즈베리의 요한(John of Salisbury)의 『정치인(Policraticus)』[46]을 참고하기를 바란다. 유기적인 유비 추론을 사용하는 것은 홉스가 문체를 연마하는 방법 중의 일부이며, 자기 말을 강화하고, 더 매끄럽고, 더 선명하게 만드는 여러 가지 방법 가운데 하나일 뿐이다.

그러나 『리바이어던』을 위대한 작품이 되게 만드는 이들 특성은 때때로 어려움을 겪게 만든다. 그것을 이해하기 위해서, 그리고 홉스의 천재성을 이해하기 위해서 우리는 『법의 기초』로 돌아갈 필요가 있다. 앞선 작품이 좀 더 짧은데 이는 1640년대의 종교적 논쟁에 대해 져야 할 부담이 없기 때문이다. 『법의 기초』는 『리바이어던』보다 더 간결하며, 종종 『리바이어던』이 압축한 핵심 요점을 표현해내고 있다. 1640년의 정치적 상황을 알려주는 일에 도움을 주는 것과는 별도로 『법의 기초』는 홉스의 가장 초기 작품 가운데 하나이자 시민전쟁을 다룬 최고의 소책자이며 홉스 최초의 체계적인 정치적 작품이다.

1968년 6월 16일 런던에서

M. M. 골드스미스

---

45 포셋(1553~1630)은 영국의 정치인이자 저술가이며 극작가로도 알려져 있다. 전통적인 군주제 옹호론자다.
46 요한(1110년대~1180)은 『정치인』이란 제목의 책을 저술한 영국의 작가이자 정치인이다.

편집자 서문

　이 책은 본래 두 개의 분리된 논고 형태로 알려진 것을 한 권으로 합친 것인데, 『법의 기초』 1부 13개의 장을 포함하고 있는 첫 번째 논고에는 다음과 같은 제목이 붙어 있다. 「인간 본성 또는 정치 체제의 기본요소들: 일반적으로 알려져 있지 않거나 주장되지 않은 그런 철학적 원리에 따라 인간 영혼의 기능, 활동 그리고 정념들에 대해 원초적인 원인으로부터 발견한 것」. 두 번째 논고는 첫 번째 논고의 나머지 부분과[47] 『법의 기초』 뒷부분을 포함하고 있는데, 제목은 다음과 같다.

　「정체론(De Corpore Politico: political body) 또는 법의 기초: 도덕과 정치,

47　E.W. vol. IV는 '세 개의 논고가 있는 홉스의 3부작'이라는 제목이 붙어 있다. 첫 번째 논고는 『인간 본성론』이고, 두 번째 논고는 *De Corpore Politico*로 알려진 『정체론』, 그리고 세 번째는 『자유와 필연에 관하여』다. 앞의 두 논고는 각기 분리되어 출판되었는데, 첫 번째 논고는 1장에서 13장까지로 구성되어 있고, 두 번째 논고는 첫 번째 논고의 14장부터 19장을 포함해서 정체론 10개의 장으로 구성되어 있다. 퇴니스는 이처럼 별도의 논고로 출판된 것을 하나로 묶어 1부와 2부로 구분하고 편집하여 한 권의 책으로 묶어서 출판했다.

이를테면 자연법, 서약과 신약 그리고 정부의 변화와 혁명을 포함한 여러 종류의 정부에 관한 도덕적 표제들에 관한 논의들」.

이 두 논고는 1650년에 처음으로 출판되어 세상에 나왔으며, 앞부분인 『인간 본성론(Human Nature)』의 2판은 그다음 해에 나왔다.[48] 이 논고에는 F. B.라는 머리글자로 서명된 「독자를 위한 서문(To the Reader)」이 붙어 있는데, 저자인 홉스가 친구에게 출판을 맡겼고, 이 논고가 홉스 철학 체계의 두 번째 부분에 해당된다는 것을 언급하고 있다.[49] 세 번째이자 마지막 부분은 이미 알려진 바대로 라틴어로 쓴 책, 『철학의 요소, 시민론(Elementa Philosophica de Cive)』이다.[50] 동시에 「독자를 위한 서문」을 쓴 이 [프랜시스 보먼]는 말하길, [홉스의] 헌정사에는 몇 가지 수정이 바람직하다고 생각되는 부분이 분명 있는데, 이와 관련해서 "저자의 의견을 갑작스레 얻을 수 없었고" 따라서 "그 이후 아무런 일도 일어나지 않은 것처럼", 우리가 발견한 1640년 5월 9일 자의 필사본이 그대로 출판되었다.[51] 이제 이 헌정사는 거의 의미 없게 되었고, 애초 계획된 전체 작품이 아니라 인간 본성에 관한 미완의 글 앞부분에 붙여진 것에 불과하게 되었다.

---

48 [편집자 주] 다음은 언급할 만한 가치가 있다. 대영박물관에 있는 '왕의 팜플렛'이라 불리는 하나밖에 없는 수집품 안에서 발견된 몇 권의 『인간 본성론』 사본은 초판의 연도가 노련한 전문가의 손에 의해 1649년으로 바뀌었고 2월 2일 자로 추가 기록되었다. 2판은 1650년 12월 30일 자로 변경되었다. De Corpore Politico의 사본은 1650년 5월 4일 자로 추가 기록되었다.

49 F. B.라는 약자는 프랜시스 보먼(Francis Bowman)의 이름 첫 글자다.

50 [편집자 주] 이 책 『시민론』은 1642년 파리에서 출판되었는데, 당시에 붙여진 제목은 '철학의 요소 제3부'였다. 그 후 1647년 12월에는 독자를 위한 서문과 함께 암스테르담에서 출판되었는데, 이 서문에는 저자가 작업하고 있는 전체 계획을 알리는 내용이 포함되어 있다. 그러나 철학의 요소 제1부인 『물체론』은 1655년 런던에서 출판되었고, 제2부 『인간론』은 몇 년 뒤인 1658년 런던에서 출판되었다.

51 E. W. vol. IV, p. xi, 「독자를 위한 서문」.

두 번째 논고인 『정체론(De Corpore Politico)』—이 작품 역시 독자를 위한 서문이 있는데 이번에는 서명도 없다—은 작품 전체가 갖는 애초의 통일성에 대해 어떤 언급도 하지 않고 있다. 다만 예외적으로 『정체론』의 '첫 번째 부분'은 홉스가 저술한 첫 번째 『인간 본성론』에 의존하고 있다고 언급되어 있으나[52] 이 두 논고와 『시민론』과의 관계에 대해서는 다시 언급되지 않고 있다. 영어로 저술된 『정체론』은 그 논증에 있어서는 라틴어로 저술된 『시민론』과 일치하고 있다. 비록 후자[『시민론』]는 어느 상세한 부분에서 많이 고쳐졌고 이 책의 3부를 차지하고 있는 종교적인 문제들에 대한 충분한 고찰을 통해 크게 확대되고 있다. 1부와 2부는 각각 '자유(Libertas)'와 '통치권(Imperium)'을 다루고 있다. 그러나 저자 자신은 한 번도 인간 본성에 관한 13개의 장을 [후일에 출판할] 『인간론』을[53] 예상해서 그의 철학의 두 번째 시스템으로 구성할 의도를 가질 수 없었다.

1640년 이전에 홉스가 광학에 관한 연구와 함께 많은 부분을 인간 본성에 관한 것으로 채우면서 이 부분[인간 본성론]을 이미 다른 토대 위에 배치해놓았음을 보여주는 약간의 증거들은 있다. 만일 홉스가 『정체론』을 통해 이미 충분히 반영된 작품으로 『시민론』을 염두에 두었다면 바로 1년 뒤(1651년)에 출판된 『시민론』의 영역본을 준비하지 않았을 것이다. 사실은 이러하다. 이 『법의 기초』 전체 작품은 철학 체계를 세우겠다는 계획에 대한 고려 없이 이와 독립적으로 작성되었다. 아마도 이 작품을 저술할 당시에 홉스의 마음에는 철학 체계에 관한 생각이 아직 자리 잡고 있지 않았을

---

52 『정체론』의 「독자를 위한 서문」에서 밝히고 있다. E. W. vol. IV, p.80.
53 『인간론(De Homine)』은 1658년에 출판되었다. 『법의 기초』 1부 13개의 장에서 다루고 있는 인간 본성에 관한 논의는 미래에 저술할 『인간론』의 내용을 담고 있다. 따라서 홉스가 인간론을 미리 계획했다고 추정할 수 있는 근거가 없다는 퇴니스의 주장에는 동의할 수 없다.

것이다.[54] 더 나아가 홉스가 한때 "다만 사회 정체에 관한" 자신의 학설(분명하게 '정체론'을 의미하고 있다)에 대해 "찬사와 함께"[55] 존경하는 마음으로 기뻐했던 그 사람이 누군지 알지 못한다고 밝혔다는 점을 고려할 때, 우리는 다음과 같이 추론할 수 있다. 위에서 인용한『인간 본성론』의 서문에 나오는 진술, 즉 이 책은 "저자로부터 위임받아" 출판되었다는 말은 근거가 없으며, 아마도 제삼자의 손을 거쳐 전해진 단순한 보고에 따른 진술이거나, 당시 파리에 머물고 있던 홉스가 광범위하게『법의 기초』의 나머지 부분(1부 14장에서 20장과 2부 전체)을 다루고 있는 라틴어 작품『시민론』의 서론 형식으로『인간 본성론』에 포함된 13개의 장을 분리해서 출판할 때 그에 대해 특별히 반대할 수 없었을 것이다.

추가해서 말한다면, 두 명의 옥스퍼드 교수에게 행한 변론이 담긴 팸플릿에서 인용한 구절은 세스 워드를 지목하고 있는데 그는 당시 홉스의 신랄한 적대자였고, 「찬사」라는 글의 저자였다.(홉스는 워드에게 말하길, "누군

---

54 홉스가 자신의 철학 체계를 세 개의 영역으로 세우겠다는 계획은 퇴니스의 판단보다는 이미 그 이전, 즉 1630년대에 확립된 것으로 보인다. 1636년 제3차 유럽 여행(제자와 동행하는 일종의 수학여행)에서 돌아온 이후 홉스는 자신의 철학 체계를 '자연, 인간, 사회'의 세 부분으로 구성하겠다는 계획을 세웠다. 자연적 물체(natural bodies), 인간의 몸(human bodies) 그리고 인공적 물체(artificial bodies)로서의 사회는 모두 물체론에 토대를 두고 있다. 따라서 퇴니스의 설명은 정확하지 않아 보인다. 김용환,『홉스의 사회 · 정치철학』, 철학과현실사, 1999, 21쪽. Martinich A.P. *Hobbes: A Biography*, Cambridge University Press, 1999, p.118 참고.

55 [편집자 주] 1656년 홉스가 두 명의 옥스퍼드 대학 교수인 워드와 월리스에게 보낸 소책자에서 인용. E.W. vol VII, p.336.
    [역자 주] 두 교수는 세스 워드(Seth Ward)와 존 월리스(John Wallis)인데 이 두 사람은 모두 성직자이자 옥스퍼드 대학의 수학 교수였으며, 홉스와 수학적 문제를 두고 논쟁을 벌였다. 위의 인용문은 홉스 전집 7권에 있는 'Six Lessons to the Savilian Professors of the Mathematics'에서 5번째 교훈에 나오는 말이다. 홉스는 이곳에서 자신의 정치론이 대학에서 교육되어야 할 필요성에 대해『리바이어던』2부 마지막 부분을 언급하며 강조하고 있다.

가가 확실하다고 나에게 말해주었지만 나는 당신이 찬사를 했는지 안 했는지 확신하지 못한다."[56] 이런 추정은 탁월한 고문서 전문가이자 홉스의 친구인 앤서니 우드(Anthony Wood)[57]에 의해 확인된다. 우드는 자신의 저서 *Athenae Oxonienses*(3권, 1209단, 필립 블리스 편집)에서 말하길, 세스 워드는 『인간 본성론』의 앞에 붙인 「독자를 위한 서문」을 당시 옥스퍼드의 출판업자였던 프랜시스 보먼의 이름으로 썼다. 우드는 바로 '그 친구'였다고 우리는 추정할 수 있다. 비록 출판 문제에 관해서 그와 홉스 사이에 소통이 있었다고 추정할 수는 없지만, 그의 권한에 의해 『법의 기초』의 두 번째 부분뿐만 아니라 앞부분도 출판사에 넘길 수 있었다.

홉스의 또 다른 후기 작품들 안에는 이 『법의 기초』에 대해 언급한 곳이 있는데, 예를 들면 「토마스 홉스의 명성, 충성심, 태도 그리고 종교에 관한 고찰」(E.W. vol. IV, p. 414)이다. 이 글에서 홉스는 1640년에 통치권자의 권력과 권리에 관해 "영어로 작은 논고"를 썼는데 "이것이 비록 출판은 되지 않았으나 많은 신사 [학식 있는 지식인 계층]들이 초고 필사본을 가지게 되었다. 이런 계기로 저자에 대해 많은 이야기가 오고 갔으며, 왕은 의회를 해산하지 않았는데 그것이 그의 생명에 위험을 초래했다."[58]

현재의 편집자(퇴니스 자신)는 이들 초고 필사본 가운데 우리에게 전해

---

56 E.W. vol. VII, p.336
57 우드(1632~1695)는 영국의 고문서 수집가이자 연구자였다. 그의 대표적인 작품은 *Histories and Antiquaries of the Universities of Oxon*과 *Athenae Oxonienses*인데 후자는 1500년부터 1690년까지 옥스퍼드 대학에서 교육받은 모든 작가와 주교들에 관한 간략한 역사를 기록한 것이다.
58 E.W. vol IV, p.414. 여기서 홉스는 왕이 가지고 있는 권력(power)과 권리(right)의 불가분리를 주장하고 있다. 홉스는 찰스 1세에 대해 옹호하는 글을 쓴 몇 안 되는 사람 중의 하나였다.

진 최상의 것을 (1878년에 처음으로, 그 후 최근까지 여러 차례) 세밀하게 살펴보고 조심스럽게 대조해보았다. 이 일을 통해 편집자는 이 작품의 인쇄본에 많은 오류와 누락된 부분이 있음을 알게 되었다. (몰스워스의 편집본 이전에 몇 개의 인쇄본이 있는데, 이 가운데 1750년 런던에서 나온 *The Moral and Political Works of Thomas Hobbes*라는 제목이 붙은 2절 판 [크기의] 책 안에 포함된 것이 가장 상태가 좋다.) 특히 「인간 본성론」으로 알려진 부분에서 그러하다. 두 번째 논고인 「정체론」은 분명 상태가 더 좋은 복사본을 따랐고 훨씬 더 조심스럽게 인쇄되었다. 이런 상황에서 초고 필사본의 권위에 근거해서 원본 형식으로 『법의 기초』의 온전한 새로운 편집본을 출판하는 일은 철학자 자신에게도 합당할 뿐만 아니라 독자들에게도 유용하다는 것이 증명되리라는 생각이 든다.

현재 이 책의 토대를 이루는 문서들은 다음과 같다. (A) Harl. 4235,[59] (B) Harl. 4236, (C) Egert. 2005,[60] (D) Harl. 6858, (E) Harl. 1325. 이것들은 모두 대영박물관에 소장되어 있다. 그리고 (H) 문서는 홉스와 관련된 하드윅 (Hardwick) 문서 중에 한 권이 보관되어 있다.[61] 모든 사본은 하나 같이 법의 기초: 자연과 정치라는 동일한 제목이 붙어 있으며, 사본 (D)를 제외하

---

59 Harl.은 The Harleian Collection of Manuscripts를 뜻한다. 1753년 영국 의회가 구입했으며, 대영박물관(현재는 영국 국립도서관)에 소장되어 있는 문서집이다. 뒤에 붙은 숫자는 문서 번호다.

60 Egert.는 The Collection of Egerton Manuscripts를 뜻하며, 1827년 브릿지워터 백작인 프랜시스 헨리 에저틴(Francis Henry Egerton)의 유증 또는 그가 남긴 기금으로 구입된 문서집이다.

61 [편집자 주] 나는 데번셔 공작의 친절함에 대해 많은 빚을 지고 있다. 그분은 나를 1878년에 이 문서들을 검토하도록 허락해주었다. [역자 주] 하드윅 홀은 데번셔 공작 가문의 저택 이름이다. 홉스가 말년을 보낸 저택이기도 하며, 이 저택에서 멀지 않은 곳, 올트 허크널에 홉스의 무덤이 있다.

면 모든 문서가 같은 범위의 목차로 구성되어 있다. 문서 (D)는 13개의 장으로만 구성되어 있는데, 이는 『시민론』이 출판되고 널리 알려진 이후에 만들어진 문서로 추정된다. 이들 문서집(MSS) 중에서 문서 (A)는 권위의 관점에서 볼 때 최고의 자리에 있다는 것은 의심의 여지가 없다.

이 자료에는 헌정사의 서명을 포함해서 [내용이] 추가된 것뿐만 아니라 수정된 여러 곳 등 저자 자신이 손을 댄 흔적이 많이 남아 있다. 몇 군데 추가된 곳이 문서 (B)에는 발견되지 않고 있다. 문서 (B)는 다른 관점에서 보면 문서 (A)의 충실한 복사본이다. 소소한 문제만 수정되어 있고 어떤 구절은 개선되기도 했다. 좀 더 오래되고 덜 정확한 문서를 베낀 것으로 생각되는 문서 (C)는 위에서 언급된 문서집(MSS)에서 보다 폭넓게 시작하고 있다. 대영박물관 문서 중 끝의 두 개인 (D)와 (E)는 분명 현재 그대로 문서 (A)에서 복사했다. 이 경우는 저자 자신이 소유하고 보관했던 사본인 하드윅 문서 (H)와는 아주 다른데, 다른 문서들은 오히려 필사되기는 했어도 인쇄되지는 않았음에도 출판된 책의 사본으로 사용되도록 의도된 것들이었다.

홉스 시대에도 책을 출판한다는 것이 흔한 일은 아니었다. 이 하드윅 문서 (H)는 나의 비판적 각주들을 통해 여러 가지 언급한 바와 같이 작품의 실제 성장과 발전의 흔적을 보여주는 독특한 가치를 지니고 있다. 또한 나는 이들 각주를 통해 중요한 논점에 대해 완전하고 정확한 설명을 제공했다. 그 논점이란 문서들이 중요한 지점[문장이나 문단]에서 서로 다를 뿐만 아니라 몰스워스 편집본이 잘 나타내고 있듯이 인쇄되었거나 다듬어지지 않은 문장이 이들 문서집의 서로 다른 해석에서 출발하고 있다는 점이다. 한편으로 문서 (C), 문서 (H), 다듬어지지 않은 원문 사이에, 그리고 다른 한 편으로 나머지 문서집과 이 책[퇴니스의 편집본] 사이에는 일치하는 곳이 많이 있다는 것을 보게 될 것이다.

여기서 나는 다음과 같은 사실에 대해 반드시 언급해야만 한다. 즉 하드윅 문서를 [나보다] 먼저 검토함으로써 현재 이 책이 원본과 같다는 것을 독자적으로 인정한 사람 그리고 홉스의 정치적 교설의 발전에 대한 바른 이해를 위해서는 이 책의 두 부분을 하나로 묶어 훗날 홉스가 언급한 「영어로 쓴 작은 논고(little treatise in English)」가 된다는 사실이 얼마나 중요한가를 이해한 것도 모두 로버트슨(G. C. Robertson) 교수였다는 사실이다 (대영백과사전 9판, 로버트슨 교수의 글 '홉스'를 참고). 또한 내게 허락된다면, 나는 이 주제에 대한 그의 권위를 언급함으로써 나의 이 서문 작업을 향해 로버트슨 교수가 내게 아낌없이 베풀어준 관대한 용기와 도움에 대해서도 감사의 마음을 표하고 싶다.[62]

이 책 자체의 목적에 대해 여기서 언급할 필요는 없다. 다만 이 책은 홉스가 가장 초기에 저술한 가장 짧은 작품이지만 동시에 아주 성숙한 생각을 담고 있으며, 내가 이미 지적한 바와 같이 저자는 3부로 이루어진 철학 체계 안에 [이 책을] 포함시켰을 뿐만 아니라 그의 유명한 『리바이어던』에서도 [이 책과] 동일한 기본 계획에 따라 논의했다. 그러나 『리바이어던』에서 그는 특별히 교회법과 절대국가와의 관계에 대해 관심을 가졌다. 이 초기의 논고(『법의 기초』)에서 논증적인 목적이 온전히 발전되지 못했다는 사실과 국가를 확장된 인체(human body)로 보려는 생각은 거의 예고되지 않았

---

62 로버트슨 교수는 1886년 *Hobbes*라는 책을 출판했으며, 이 책 서문에서 데번셔 공작에게 하드윅 문서 열람에 대해 사의를 표하고 있다. 홉스 연구를 둘러싼 로버트슨 교수와 퇴니스 교수의 관계에 대해서는 1904년에 출판된 레슬리 스티븐(Leslie Stephen)의 책에도 언급되어 있다. L. Stephen, *Hobbes*, Thoemmes Antiquarian Books, Bristol, 1991, p.12, p.55 각주.

다는 사실은 길이가 세 배 이상인 『리바이어던』과 [이 짧은] 논고의 비교를 매우 유익하고 흥미로운 작업으로 만들었다. 그리고 몇몇 비평가들이 인간의 본성을 다루는 이 초기 연구의 일부를 저자의 작품 가운데 최고라고 선언했다는 점도 주목할 가치가 있다. 이런 평가는 조지프 에디슨(Joseph Addison)[63]의 의견이었는데 나는 이것을 『대영백과사전(Encyclopaedia Britannica)』 8판 앞에 붙여진 듀걸드 스튜어트(Dugald Stewart)의[64] 첫 번째 논문을 통해 알게 되었다. 그리고 다른 유능한 판사들도 동일한 논고(『법의 기초』)에 대해 최고의 찬사를 보냈다.

나는 홉스와 동시대인이자 정치철학 분야에서 상당한 공헌을 한 저술가인 제임스 해링턴(James Harrington)[65]의 말을 예로 들 수 있다(『대중 정부의 특권』 1권 8장). 그는 "홉스가 내게 가르쳐준 것을 드러내기 위해 나는 그가 위대한 저술가들의 정치학에 대해 경멸한 만큼 그의 정치학에 대해서 반대했다. 그럼에도 나는 그 밖의 다른 많은 부분에서 홉스가 현재 세계 최고의 작가이며 미래 시대에도 그렇게 평가될 것으로 굳게 믿는다. 그리고 인간의 본성, 자유와 필연에 대한 그의 논문들은 가장 위대한 새로운 빛이며, 내가 따라왔고 또 따라야 할 빛"이라고 말했다. 여기에 디드로(Denis Diderot)의 판단을 덧붙일 수 있다. 디드로는 큰소리로 "내게 로크는 산만

---

63 에디슨(1672~1729)은 영국의 수필가, 극작가, 시인이자 정치인이다. 홉스와 같은 고향인 맘즈버리 출신의 국회의원이었으며, 《스펙테이터(The Spectator)》라는 일간 신문을 리처드 스틸(Richard Steele)과 공동으로 창간했다.

64 스튜어트(1753~1828)는 스코틀랜드의 철학자이며 수학자다. 스코틀랜드 계몽주의를 알리는 데 공헌했다.

65 해링턴(1611~1677)은 명문 귀족 가문의 출신이며, 영국의 정치 사상가다. 그의 정치적 성향은 이상적인 공화주의자였으며, 권력의 분립과 선거 제도를 통한 안정적인 공화제를 주창했다. 그의 대표작은 The Commonwealth of Oceana이며, 이 작품은 당시 집정관 올리버 크롬웰에 의해 압수되기도 했다.

하고 허술하게 보입니다"라고 말하고 있다. "토마스 홉스와 비교할 때 브뤼에르(Bruyère)와 라 로슈푸코(la Rochefoucauld)는 보잘것없고 작을 뿐! 당신의 인생 전체에 관해 읽고 논평할 수 있는 책은 '인간 본성에 관한 논고'입니다"(디드로, 전집, Asserat 편집, t. 15, p.124). 그리고 다른 구절에서 디드로는 이 논고를 교과서로 사용할 것을 추천하고 있다. "이 책[논고]은 논리와 이성이 만든 걸작이다"(전집, t. 3, p.466). 『정체론』과 관련하여, 이 책이 출판된 바로 직후에 긴 요약본이 그 시대의 정기 간행물 가운데 하나인 『메르쿠리우스 폴리티쿠스(*Mercurius Politicus*)』(Jan. 2 and 9, 1651, NOS. 31 to 34)에서 인쇄되었다는 것은 언급할 만한 가치가 있다.[66]

문제의 이 저널이 크롬웰의 영향권 아래 있었고, 그의 "권한에 의해" 출판되었다고 언급되는 한 이 저널이 특정 역사적 관심사를 담고 있다는 것은 사실이다(앤서니 우드, *Athenae Oxonienses*, 3권, 1182단, 필립 블리스 편집). 그리고 작가인 마차몬트 니덤(Marchamont Needham)은 항상 권력자들을 위해 집필한 사람인데, 먼저 장로교 교인을 위해 글을 쓰고, 나중에 찰스 1세, 그다음 [잉글랜드] 코먼웰스(Commonwealth)를 위해서,[67] 그리고 왕정복고(Restoration) 후에는 다시 왕을 위해 글을 썼다.[68]

---

66 『메르쿠리우스 폴리티쿠스』는 1650년 6월부터 1660년 5월 왕정복고 때까지 매주 출판된 잡지다.

67 여기서 코먼웰스는 1649년에서 1660년까지 올리버 크롬웰과 그의 후계자가 통치하던 시기의 공화정을 의미한다. 1660년 찰스 2세가 왕위에 올라 군주제가 부활한 것을 왕정복고라 한다.

68 [편집자 주] 니덤은 『언급된 잉글랜드 코먼웰스의 사례』(1649)라는 제목의 책을 저술한 작가다. 이 책의 2판은 1650년에 나왔는데, [프랑스 고전학자인] 클라우디우스 살마시우스(Claudius Salmasius)의 『왕권의 방어』와 홉스의 『정체론』의 요약본을 함께 실었다. [그런데] 다음과 같은 사실을 잊어서는 안 된다. 즉 『토마스 홉스의 명성, 충성심, 태도 그리고 종교에 관한 고찰』(E.W., vol Ⅳ, p.415, p.423)에서 홉스는, 자신이 잉글랜드로 안전하게 돌아

『법의 기초』의 현재 편집본 안에 포함이 되어 있는 몇몇 소품에[69] 관해 몇 마디 할 말이 남아 있다. 그것들은 아직 인쇄되지 않았으며 지금까지 위대한 철학자[홉스]가 쓴 것으로 알려지지 않았지만, 홉스의 다른 작품에 익숙한 사람이라면 간단한 조사만으로도 그 소품의 저작권이 홉스에게 있다는 것을 충분히 알 수 있다. 이 두 부록 중 앞의 작품은 철학의 특정한 기본 개념과 감각 지각, 특히 시각의 원인에 관한 간결한 소론이지만 그 자체로 완성된 글이다. 그리고 이 작품은 물체에서 나와 눈이나 다른 감각 기관으로 움직이는 공간운동(local motion)이라는 홉스가 새롭게 수용한 생각을 당시의 일반적인 입자설과 연결시키고 있는데, 입자설이란 물체로부

오는 것을 담보하기 위해 『리바이어던』을 쓴 것이 아니라 재산이 압수당하는 것을 막기 위해 의회와 타협했거나 타협할 의향이 있던 여러 신사[귀족들]의 행동을 정당화하거나 지도하기 위한 것이라고 스스로 주장하고 있지만, 이 시기에 철학자 자신[홉스]은 『리바이어던』의 [마지막 부분인] 「재검토와 결론(Review and Conclusion)」을 출판함으로써 헝클어진 일들의 새로운 질서[시민전쟁 이후 등장한 크롬웰]와 평화로운 관계를 이루고 있었다. 홉스의 입장에서 보면, 그가 "올리버 크롬웰이나 그의 편 누구로부터 어떤 이익도 추구하지" 않았다는 것을 우리에게 확인시켜 주고 있으며, "(의회의 호의를 얻기 위해 『리바이어던』을 쓴 경우라면) 크롬웰과 그 당은 반대로 자신에게 왜 고마워하지 않았는가?"라고 묻고 있다. 홉스는 이 말을 여러 번 반복해서 언급했다. 크롬웰이 호국경(Protectorship)이 되었을 때 홉스에게 "비서관직을 제안했다"라고 적대자들(J. Dowell, *Leviathan heretical*, 1683)이 퍼뜨린 소문에 대한 반박으로도 활용했을 수 있다. 한편 [홉스의] 자서전에 있는 라틴어 2행으로 쓴 약간 풍자적인 구절에 따르면, 노인[홉스 자신]은 자신이 귀향한 후에 부여된 특정한 예우를 설명하는 것 같다. "[왕의] 권리를 방어하려는 왕실의 갈대 [같은 사람]을, 누가 그의 잘못을 왕권을 추구하는 것으로 바꿀 수 있는가?"(Regia conanti calamo defendere iura. Quis vitio vertat regia iura petens?) 그리고 의심할 여지없이 홉스는 왕권신수론의 정통한 옹호자들과 자신 사이에는 상당한 간격이 있다는 것을 충분히 의식하고 있었다. 그러나 오늘날까지 그의 많은 비평가는 그 차이를 인식할 수 없었다.

69 퇴니스가 편집한 『법의 기초』에는 홉스 정치철학과 무관한 두 개의 소론이 별도의 부록으로 함께 출판되었다. 부록 1은 「제1 원리에 관한 소론(A Short Tract on First Principles)」이며, 출처는 *harl.* 6796과 *fol.* 297-308이다. 부록 2는 「광학론 발췌(Excerpta De Tractatu Optico)」이며, 출처는 *harl.* 6796과 *fol.* 193-266이다.

터 방출된 [입자를] 영혼이 수용한다는 학설이었다.

　이러저러한 점에서 보면, 이 소론은 초기 옥스퍼드 대학교육을 통해 실아남은 스콜라철학의 사고방식과 최근에 습득한 수학과 역학 지식에 의해 생성된 새로운 흐름의 사고 사이에 있는 중간 단계를 나타낸다. 구성된 시기와 관련해서 나는 이 소론이 1630년 초에 저술된 것이라 감히 제안하고자 한다. 왜냐하면 홉스가 "빛은 우리 두뇌 안에서 일어나는 운동을 통해 생긴 마음의 이미지[환상]이며, 그 운동은 다시 명료하다고 불리는 물체들의 부분 운동에 따라 생긴 것"이라는 견해를 그때 당시 이미 제시했다는 점을 우리에게 반복해서 확신시켜 주기 때문이다. (E.W vol. VII. p.468, Lat. (라틴어 전집), 5권, p.303, 데카르트의 편지에서 인용됨).

　두 번째 작품은 라틴어로 작성되고 앞의 작품과 같이 부피가 큰 문서집 Harl. 6796.에 보관된 광학에 관한 인쇄되지 않은 긴 논문의 요약본으로 구성되어 있다. 이 소론은 분명히 그의 철학 체계의 두 번째 부분, 이를테면 『인간론』으로 계획된 것의 초안이다. 그러나 이 소론의 절반 이상을 광학적인 토론이 차지하고 있음에도 『인간론』은 궁극적으로 상당히 변형된 형태로 나왔다. 이 소론에서 나는 일반적으로 철학적 추론의 역사와 관련이 있으며, 내게 흥미 있는 것으로 보이는 것을 선택했다. 그리고 특별히 홉스가 데카르트와 맞붙어 싸운 논쟁과 관련이 있는 구절들을 골랐으며, 그 논쟁은 메르센(Mersenne)과 홉스가 나눈 서신에서도 흔적을 볼 수 있다.[70] (몰스워스가 편집한 홉스의 라틴어 전집 제5권을 보라). 1641년에 작성된 편지가 현재 이 소론의 이전 또는 이후에 작성된 것인지를 확인하기 위해

70　홉스와 데카르트의 논쟁에 관해서는 다음 논문을 참고할 것. 김용환, 「홉스의 서간문에 나타난 철학적 논쟁들―홉스와 데카르트―」, 『철학연구』 제81집, 철학연구회, 2008. 21~43쪽.

서는 특별한 조사가 필요하지만, 이 소론이 1637년에 데카르트의 『굴절광학(La Dioptrique)』이 처음 등장한 직후에 작성되었다고 가정할 만한 몇 가지 이유가 있다.

후기

이 책의 출판은 위의 편집자 서문이 작성된 날짜 이후로 상당히 지연되었고, [결국 1889년에] 또 다른 [홉스의] 작품인 『비히모스』와 동시에 출판되었다.[71] 그래서 편집자는 이제 독자에게 최근 로버트슨 교수가 영어 독자를 위한 철학적 고전 전집에 기고한 홉스에 관한 포괄적인 연구논문에 대해 언급할 수 있게 되었다. 또한 편집자는 1887년 6월 『월간 철학노트(Philosophische Monatshefte)』에 실린 이 작품(『법의 기초』)에 대한 로버트슨 교수의 논평에 대해 언급하기를 간절히 바란다.

1889년 3월 슐레스비히홀슈타인 후줌에서

F. T. 퇴니스

---

71 퇴니스는 『법의 기초』와 함께 홉스의 『비히모스』를 편집하고 서문을 붙여서 1889년에 출판했다. 퇴니스의 편집본에 스티븐 홈즈(Stephen Holmes)는 긴 해제를 붙여 출판했다. 이 해제는 홉스의 작품을 이해하는 데 유용하고 풍부한 내용을 제공하고 있다. Hobbes, *Behemoth*, (ed.) by Ferdinand Tönnies, with a new Introduction by Stephen Holmes, Chicago Univ. Press, 1990.

헌정사

뉴캐슬 백작이며, 왕자 전하의 보호자이며,
국왕 폐하의 가장 명예로운 추밀원 의원이신 윌리엄 각하에게[72]

나의 가장 존경하는 각하

우리 본성의 두 중요한 부분인 이성과 정념으로부터 두 종류의 학습, 즉 수학적 학습(mathematical learning)과 교의(敎義)적 학습(dogmatical learning)이 생겨났습니다. 전자는 오직 도형과 운동을 비교하는 것만으로

---

72 홉스가 『법의 기초』를 헌정한 대상은 1대 뉴캐슬 공작인 윌리엄 캐번디시다. 이 책을 헌정받을 당시는 뉴캐슬 백작이었으며, 1665년에 공작으로 승급된다. 그는 영국 시민전쟁 전후로 영국 정치사에서 가장 현저한 활동을 한 정치가다. 캐번디시 가문에는 여러 명의 윌리엄이 동명이인으로 있는데, 이 윌리엄은 찰스 캐번디시(베스 캐번디시의 둘째 아들)의 아들이며, 홉스를 자기 아들 교육을 위해 가정교사로 채용한 또 다른 윌리엄 캐번디시(베스의 장남이자, 1대 데번셔 백작)의 조카다. 홉스의 첫 번째 제자인 또 다른 윌리엄 캐번디시(2대 데번셔 백작)와는 사촌 간이다. 홉스가 캠브리지 출신인 뉴캐슬 공작을 만난 것은 그가 캠브리지에 6개월 정도 머물 때였던 것으로 생각된다. 다른 가설에 따르면, 홉스의 첫 제자인 윌리엄도 캠브리지 출신이고 홉스가 그곳에 머무는 동안 만나 윌리엄의 저택이 있는 하드윅에 동행했다고 한다. A. P. Martinich, *Hobbes, A Biography*, Cambridge, 1999. pp.24~25 참고.

이루어져 있기에 논쟁과 반박에서 자유롭습니다. 이 학습 안에서는 사물들에 대한 진실과 사람들의 이익이 서로 맞서지 않습니다. 그러나 후자의 학습은 오직 분쟁만 있을 뿐입니다. 왜냐하면 그것은 사람들을 비교하고 권리와 이익을 가지고 서로 간섭하기 때문입니다. 후자의 학습 안에서는 종종 이성이 사람을 대적하는 것처럼, 사람도 종종 이성에 적대적일 수도 있습니다.

그러므로 일반적으로 정의와 정치에 관해 저술한 사람들은 모두 서로를 침범하며, 스스로 모순을 범하고 맙니다. 이런 교설을 이성의 규칙과 무오류성으로 전환하기 위해서는 마치 믿을 만한 정념이 그 토대를 [다른 것으로] 대체하려고 시도할 수 없듯이 우선 [규칙과 무오류성의] 원리들을 [교설의] 토대로 삼는 길 외에는 다른 방법이 없습니다. 그런 후에 전체를 논파할 수 없을 때까지 자연법에 따라 사건의 진실을 그 토대 위에 점차로 세워야 합니다(지금까지는 허공에 세워왔습니다).

나의 존경하는 각하, 그런 토대에 적합한 원리란 이제까지 제가 각하와 함께 개인적으로 나누었던 담론을 통해 잘 알려진 것들이며, 각하의 명에 따라 여기에 그 방법을 덧붙였을 뿐입니다. 통치자와 통치자 사이 또는 통치자와 백성 사이의 경우들을 살펴보기 위해 저는 여유가 있고, 용기도 있는 사람들에게 이 문제를 맡기고자 합니다. 제가 할 수 있는 일은 그와 같은 학문의 참되고 유일한 토대를 위해 존경하는 각하에게 이 책을 바치는 일뿐입니다.

제가 글을 쓰는 동안 수사학보다는 논리학을 더 많이 고려해야 했기 때문에 문체는 형편이 없습니다. 학설 [내용]의 경우도 다소 증명이 되지 않은 곳도 있습니다. 그리고 교설의 결론들은 정부와 평화의 부족 때문에, 오늘날까지 이 둘이 상호 두려움의 대상과 같은 그런 성격을 띠고 있습니다. 만일 모든 사람이 여기에서 전개된 법과 정치에 관해 의견을 갖게 된다면, 그것은 비할 수 없이 국가에 혜택이 될 것입니다. 따라서 존경하는 각하의 후원에 힘입어 그 문제를 가장 염려하는 사람들에게 서서히 스며들게 할 수 있다면 그것으로 이 책이 기대하는 바는 충분하겠습니다. 저로서는 이미 잘 알려진 각하의 호의를 누리는 것 이상의 더 큰 영광을 원하지 않습니다.

　각하에게 입은 크고 많은 은혜에 보답하듯이, 각하의 명령에 따라 계속해서 제가 더 많은 과제를 수행하는 일이 기쁘지 않으신다면 저는 그 명령에 따를 것입니다.

1640년 5월 9일

가장 존경하는 각하의 겸손하고 충직한 종

토마스 홉스 올림

법의 기초

1부

자연적 인격체인 인간에 관하여

분별하는 기능

1. 인간의 자연적 기능의 일반적 분류

1·2·3. 서문

4. 인간의 본성

5. 인간의 기능 분류

6. 신체의 기능

7. 마음의 기능

8. 인지력, 마음의 개념 작용과 심상

1. 이 책의 탐구 영역인 '법의 기초: 자연과 정치'에 관한 참되고 명료한 설명은 인간의 본성, 정치 체제 그리고 우리가 법이라 부르는 것에 관한 지식에 달려 있다.[1] 그 핵심 요점에 관해서는 고대 이래로 지금까지 많은 사람의 저술이 늘어나고 있는 것처럼 이에 관한 의심과 논쟁거리도 항상 존재해왔다. 참된 지식이란 의심과 논쟁이 아니라 오직 지식만을 낳기 때문에, 현재의 쟁점들을 보면 지금까지 이에 관해 글을 쓴 사람들이 자신들의 [논의] 주제를 잘 이해하지 못했다는 것은 분명하다.

---

1 이 책(*The Elements of Law, Natural and Politic*)의 제목을 『법의 기초: 자연과 정치』라고 옮긴 이유에 관해서는 옮긴이 해제 4절 마지막 부분을 참고.

2. 나도 그들만큼 오류를 범하기는 하겠지만 나는 아무런 해도 끼치지 않을 것이다. 왜냐하면 그들이 그랬던 것처럼 나도 사람들에게 의심하거나 논쟁하도록 내버려 둘 것이기 때문이다. 그러나 신뢰에 관해 어떤 원리보다는 사람들이 이미 알고 있거나 자신들의 경험으로 알 수 있는 것만을 염두에 두면서, 나는 오류를 적게 범하길 희망한다. 내가 오류를 범한다면 그것은 틀림없이 너무 성급한 결론을 내릴 때 생길 것인데, 나는 이를 최대한 피하고자 노력할 것이다.

3. 다른 한편, 만일 [나의] 추론이 옳다면 자신들의 지식에 대해 확신하면서도 자기들이 말한 것을 신중하게 생각하지 않는 (이런 일은 아주 쉽게 일어나는 일인데) 그런 사람들에게 나는 어떤 동의도 구하지 않을 것이다. 잘못은 그들에게 있는 것이지 내게 있지는 않다. 왜냐하면 나의 추론을 보여주는 일이 내가 할 일이듯, 주의를 기울이는 일은 그들의 몫이기 때문이다.

4. 인간의 본성이란 영양 섭취, 운동, 생식, 감각, 이성 등처럼 인간의 타고난 기능과 그 힘을 모두 합쳐 놓은 것과 같다. 왜냐하면 우리는 이 힘들을 이의 없이 천부적이라고 부르며, 이것들은 모두 인간을 정의할 때 사용하는 동물, 이성적이라는 개념 안에 포함되어 있기 때문이다.

5. 인간의 두 가지 중요한 부분에 따라 나는 그 기능들을 두 종류로 나누는데, 신체의 기능과 마음의 기능이 그것이다.

6. 신체의 힘들에 관한 세밀하고 명확한 분석은 현재의 목적에는 전혀 필요치 않기 때문에 나는 단지 세 가지 제목으로 이것들을 요약 정리하고

자 한다. 이는 영양공급에서 오는 힘(power nutritive), 운동을 일으키는 힘(power motive) 그리고 생식의 힘(power generative)이다.

7. 마음의 힘에는 두 종류가 있는데, 인지력 또는 상상력이나 사고력이고 다른 하나는 [행위의] 동기가 되는 힘이다. 먼저 인지력을 살펴보자.

8. 내가 말하는 인지력이 무슨 의미인지 이해하기 위해서는 우리 외부에 있는 사물의 특정한 이미지나 개념이 계속해서 우리 마음 안에 존재한다는 것을 먼저 기억하고 인정해야만 한다. 그렇기에 만일 한 사람이 살아남고, 나머지 세상의 모든 것들이 사라진다 해도 그는 사물에 대한 인상과 그가 전에 보고 마음 안에 인식한 것에 대한 이미지를 여전히 마음 안에 간직해야만 한다. 모든 사람은 한때 상상했던 사물이 없어지거나 파괴되었다고 해서 그 부재나 파괴가 상상력 그 자체를 없애거나 파괴하지 않는다는 것을 자신의 경험을 통해 알고 있다. 우리 외부에 있는 사물의 성질에 관한 이런 심상(心象)과 표상(表象)을 우리는 지각, 상상, 관념, 인지, 개념 또는 지식이라고 부른다. 우리에게 이런 지식을 갖게 해줄 수 있는 기능이나 힘을 나는 여기서 인지력, 개념의 힘, 지력 또는 사고력이라 부른다.

2. 감각의 원인

2. 감각의 정의

4. 개념의 본질에 관한 네 가지 명제

5. 첫 번째 명제의 입증

6. 두 번째 명제의 입증

7·8. 세 번째 명제의 입증

9. 네 번째 명제의 입증

10. 감각의 주요 속임수

1. 내가 말하는 개념이라는 단어와 그에 상응하는 다른 단어가 무엇인지를 밝히면서, 여기서 필요한 만큼 이 개념의 차이점 그리고 개념이 만들어지는 원인 및 방식을 보여주기 위해 나는 개념 자체로 돌아가고자 한다.

2. 원래 모든 개념은 사물 자체의 활동에서 생기며, 그 활동이 곧 개념이다. 이제 그 [사물의] 활동이 현재 진행형일 때 활동이 만들어내는 개념을 **감각**(sense)이라 부른다. 그리고 사물의 활동을 통해 같은 감각이 만들어지는 것을 감각의 **대상**(object)이라 부른다.

3. 여러 가지 [감각] 기관을 통해 우리는 대상 내부에 있는 성질에 대해 여러 개의 개념을 갖게 된다. 우리는 시각을 통해 색깔이나 모양으로 구성된 개념 또는 이미지를 갖게 되는데, 이것은 눈을 통해 대상이 그 본질을

우리에게 알려주는 통지이자 지식이다. 청각을 통해 우리는 소리라는 개념을 갖게 되는데, 이 개념은 귀를 통해 대상의 성질에 관해 우리가 알게 되는 모든 지식이다. 그리고 마찬가지로 나머지 감각도 그 감각 대상들이 가지고 있는 여러 성질 또는 본질에 관한 개념을 갖게 해준다.

4. 눈에 보이는 색과 모양으로 이루어진 시각적 이미지는 그 시각 대상의 성질에 관해 우리가 가지게 되는 지식이기 때문에, 사람은 동일한 색깔과 모양이 그 자체로 [사물의] 성질이라는 억측에 쉽게 빠진다. 같은 이유로 소리와 소음이 종(鐘)이나 공기의 성질이라는 생각에도 빠지기 쉽다. 이런 억측은 꽤 오랫동안 인정되었기 때문에 이에 반대되는 주장은 심각한 역설이라 우겨왔다. 그렇지만 대상으로부터 이리저리 통과하는 가시적이고 이해하기 쉬운 입자들(visible and intelligible species)을[2] [설명하는데] 끌어들이는 것은 (위의 억측을 유지하는 데는 필요하겠지만) 어떤 역설보다 더 나쁘고 명백히 불가능하다. 따라서 나는 다음 네 가지 요점을 명백하게 하고자 시도할 것이다.

---

2 홉스는 'visible species'라는 개념을 『리바이어던』 1장에서도 사용하고 있는데, 진석용은 이를 『리바이어던』 번역본(29쪽)에서 '가시적 상(像)'으로 옮기고 있다. 그리고 각주를 통해 species라는 개념이 생물학적 종(種)으로 사용되기 시작한 것은 17세기부터라고 언급하고 있다. species를 상 또는 종으로 옮기는 것은 오역이며, 각주의 설명도 본문과 관련성이 없어 보인다. species는 핵종(核種)으로 번역할 수 있으며, 이는 원자핵을 이루는 일종의 원자라 할 수 있다. 따라서 홉스의 감각 운동 이론을 설명하는 문맥으로 볼 때 입자로 옮기는 것이 가장 적절하다. 참고로 퇴니스가 『법의 기초』를 편집할 때 홉스의 작품으로 확인된 두 개의 부록(Appendices)을 붙이고 있는데, 여기서도 species는 입자로 설명되고 있다. "거리가 떨어져 있는 수용자(Patient)에게 작용하는 모든 작용자(Agent)는 매개체를 통해서나 작용자에게서 발생하는 '무엇인가'를 통해 접촉되는데, 그것을 '입자(Species)'라고 부른다." Hobbes, *The Elements of Law*, (ed.) F. Tönnies, London, 1889, p.197.

(1) 색깔과 이미지가 내재하고 있는 [인식] 주체는 관찰된 대상 또는 사물이 아니다.

(2) 우리가 이미지 또는 색깔이라 부르는 것은 우리 외부에는 실제로 없는 것이다.

(3) 이미지 또는 색깔이라 불리는 것은 대상(사물)이 뇌나 정신 또는 머리의 어떤 내부 실체에 작용해서 활동, 진동, 변화를 일으켜 우리에게 나타나는 환영에 불과하다.

(4) 시각에 의해 생긴 개념과 마찬가지로 다른 감각기관에서 발생하는 개념의 경우도, 감각기관이 내재되어 있는 주체는 대상이 아니라 지각력이 있는 사람이다.

5. 모든 사람은 마치 물이나 거울에 반사된 태양과 다른 시각적 대상을 보는 것만큼이나 많은 경험을 하고 있으며, 이런 경험만 가지고도 다음과 같은 결론을 내리기에 충분하다. 즉 관찰된 사물이 존재하지 않는 곳에서도 색깔과 이미지는 존재할 수 있다. 물에 비친 이미지는 [실재] 사물이 아니라 단지 환상임에도 불구하고 사물 자체 안에는 실제로 색깔이 존재할 수 있다고 말할 수 있기에 나는 이런 경험에 관해서 좀 더 논의할 것이다. 즉 다양한 경우에 사람들은 마치 한 개의 촛불을 두 개로 보는 것처럼 직접 같은 사물을 두 개로 보기도 한다. 이런 현상은 심신이 이상할 때 생기거나 아니면 반대로 이상이 없어도 [감각] 기관이 제대로 평정한 상태에 있거나 모든 기관이 똑같이 이상하더라도 사람이 마음을 먹으면 생길 수도 있다. 같은 사물의 두 다른 이미지 안에 들어 있는 색깔과 모양은 각각의 이미지 안에 내재되어 있을 수 없다. 왜냐하면 관찰된 사물은 [동시에] 두

장소에 있을 수 없기 때문이다. 따라서 이들 이미지 중의 하나는 그 대상 안에 본래부터 내재되어 있을 수 없다. 그러나 시력 기관인 두 눈이 똑같이 평정한 상태에 있거나 또는 똑같이 이상 상태인 것을 고려한다면, 두 이미지 중의 하나가 다른 것보다 더 본래의 것일 수는 없으며, 결과적으로 이 두 이미지 모두 대상 안에 존재하는 것은 아니다. 이것이 앞의 4절에서 언급된 첫 번째 명제의 의미다.

6. 둘째로 거울이나 물 또는 그와 비슷한 것에 반사되어서 관찰된 어떤 사물의 이미지가 사실은 거울 안이나 거울 너머에 있는 또는 수면 안이나 아래에 있는 어떤 것이 아니라는 점은 모든 사람이 스스로 입증할 수 있다. 이것이 두 번째 명제의 의미다.

7. 세 번째 명제를 입증하기 위해서 우리는 먼저 다음과 같은 것을 고려해야 한다. 즉 뇌졸중이 특히 눈 부위에서 발생할 때처럼 뇌 전체에 걸친 큰 진동이나 충격이 일어나면 그것 때문에 시신경이 큰 충격을 입게 되고 눈앞에는 특정한 빛이 나타나며, 그 빛은 사실 우리 밖에 [실제로] 있는 것이 아니라 단지 환영일 뿐이라는 점이다. 실제로 존재하는 모든 것은 그저 시신경의 여러 부분에서 일어나는 충격이나 운동이다. 이런 경험을 통해 우리는 다음과 같은 결론을 내릴 수 있다. 우리 외부에 있다고 느껴지는 그 빛의 환영은 실제로는 우리 안에서 일어나는 운동일 뿐이다.

따라서 만일 밝은 빛이 나는 물체에서 운동이 시작될 수 있고, 그에 따라 시신경에 적절한 방식으로 영향을 미칠 수 있다면, 마지막에 눈까지 이르게 되는 운동의 통로 어디엔가에서 빛의 이미지가 따라서 나올 것이다. 다시 말해, 우리가 대상을 직접 바라보고 반사선을 따라 거울이나 물에 비친 대상을 바라볼 때 빛의 이미지는 사실상 세 번째 명제, 즉 이미지 또는 색깔이라 말해진 것은 대상이 뇌나 정신 또는 머리의 어떤 내부 실체에 작용해서 만드는 활동, 진동, 변화가 우리에게 나타나는 환영(幻影)에 불과할 뿐이다.

8. 밝게 빛나고 반짝이며 빛을 내는 모든 물체로부터 눈에 일어나는 운동이 있는데, 이것은 눈을 통해 시신경까지 그리고 더 깊게는 두뇌 안까지 운동한다. 이 운동을 통해 빛이나 색깔의 환영이 생긴다는 것을 입증하는 것은 어렵지 않다. 첫째, 이 지구상에서 빛을 내는 유일한 물체인 불은 항상 똑같은 방식의 운동을 통해 활동한다. 그 불의 운동이 멈추거나 밀폐되면 불은 현시점에서 꺼진 것이 되고 더는 불이 아니다. 더 나아가서 불을 타게 하는 그 운동은 팽창 운동이며, 보통 섬광(閃光)이나 작열(灼熱)이라고 불리는 수축 운동이 그 자체로 번갈아 일어나는 것도 역시 경험을 통해 명백히 알 수 있다.[3] 불 안에 있는 그런 [팽창과 수축] 운동에는 반드시 거부 반응이나 수용반응이 일어나는데, 이는 운동에 끊임없이 접촉하는 매개체(medium)의 한 부분을 이루며, 그것에 의해 그 부분은 또 다음 부분에서 거부반응을 일으킨다.[4]

따라서 성공적으로 한 부분이 다른 부분을 바로 눈까지 밀어내면, 같은

---

3 섬광이나 작열은 불이 꺼질 때 사그라지며 순간적으로 내는 불꽃 형상을 말한다. 이것은 불의 수축 현상이다.
4 홉스는 빛이 입자로 구성되어 있고, 이 입자들이 운동을 통해 우리에게 도달한다고 본다. 그런 입자들이 운동하기 위해서는 매개체 또는 매질(媒質)이 반드시 필요하다. 빛의 성질에 관해서는 입자설과 파동설이 있는데, 홉스는 입자설에 가깝다. 동시대인인 네델란드의 하위헌스의 파동설에 대해서도 인지하고 있었다. 1654년 하위헌스는 자신의 책 『원의 크기에 관하여(De Circuli Magnitude)』를 홉스에게 보낸 바 있다.

방식으로 눈의 바깥 부분은 안쪽에 압력을 가한다(굴절의 법칙은 여전히 관찰된다). 눈의 안쪽 막(膜)은 다른 게 아니라 시신경의 한 부분이다. 따라서 운동은 뇌까지 여전히 계속되고, 뇌의 저항이나 반작용을 통해 그 운동은 다시 시신경 안으로 되돌아가는데, 그것을 우리는 눈 안에서 일어나는 운동 또는 반동으로 인지하지 못하고 앞서 뇌졸중의 경험을 통해 이미 밝혀진 것처럼, 우리 밖에 있는 것으로 생각해서 빛이라 부르고 있다. 빛의 기원인 태양이 적어도 이 문제에 관한 한 불보다 더 정통한 방식으로 작동한다는 것, 따라서 모든 시각적인 영상은 여기서 설명된 것처럼 그런 운동에서 시작된다는 것을 우리가 의심할 이유는 없다.

빛이 없으면 시각도 없기에 빛을 내는 물체의 [반사] 효과처럼 색깔 또한 빛과 같은 것임이 틀림없다. 색깔과 빛의 차이는 단지 다음과 같다. 즉 빛이 그 광원에서 눈으로 직접 오거나 투명하고 순수한 물체에서 반사되어 간접적으로 올 때, 또 빛의 방향을 수정하기 위해 내부에 특별한 운동이 없을 때 우리는 이것을 빛이라고 부른다. 그러나 표면이 울퉁불퉁하고 거칠고 조악한 물체에 반사되어 빛이 눈으로 올 때 또는 그런 물체의 내부 운동에 영향을 받아 그 빛이 변화를 겪게 되는 경우 우리는 이를 색깔이라 부른다.[5] 색깔과 빛의 차이는 단지 이것뿐이며, 하나는 순수하고 다른 하나는 간섭된 빛이다. 이제까지 설명된 것을 통해 세 번째 명제의 진실성뿐만 아니라 빛과 색깔이 만들어지는 전체 방식이 명백해진다.

9. 지금까지 설명되었다시피 색깔은 대상 안에 내재되어 있는 것이 아

---

5 빛이 우리 눈에 들어올 때 그 파장(빛의 간섭)의 차이에 따라 다른 색깔로 인식된다. 가시광선은 빛이 우리 눈에 인식된 색깔 이름일 뿐이다.

니라 대상 안에서 일어난 운동이 원인이 되어 우리에게 미친 그 대상의 결과일 뿐이다. 마찬가지로 우리가 듣는 소리도 사물 안에 있는 것이 아니라 우리 자신 안에 있는 것이다. 소리에 있어서 한 가지 분명한 징후는 사람이 볼 때와 마찬가지로 이중 또는 삼중으로 들을 수 있다는 점인데, 이는 에코(메아리)가 늘어남으로써 가능한 일이며 메아리는 소리의 진원지일 뿐만 아니라 여러 소리다. 하나의 똑같은 장소 [진원지]에 있지 않은 소리는 메아리를 만들어내는 물체 안에 내재되어 있을 수 없다. 그 자체로 [소리를] 만들 수 있는 것은 아무것도 없다.

종 안에 있는 방울은 그 안에 소리를 품고 있는 것이 아니라 운동만 가지고 있으며, 종의 내부에서 운동을 일으킨다. 따라서 종은 운동성을 가지고 있는 것이지 소리를 품고 있는 것은 아니다. 종의 방울은 공기 중으로 운동을 전달해줄 뿐이며, 공기는 운동을 품고 있을 뿐 소리를 가지고 있는 것은 아니다. 공기는 귀와 청각신경을 통해 두뇌에 그 운동을 전달해주고, 두뇌는 운동을 품고 있을 뿐 소리는 아니다. 두뇌에서 운동은 [청각] 신경 밖으로 다시 되돌아 나가고 거기서부터 운동은 우리 밖에서 환청 같은 것이 되는데 우리는 이를 소리라고 부른다. 나머지 감각기관을 다루기 위해서는 다음과 같은 것을 언급하는 것만으로 충분하다. 즉 같은 사물에 대한 후각과 미각도 모든 사람이 똑같지 않으며, 따라서 냄새 맡거나 맛을 본 사물 안에 후각과 미각이 있는 것이 아니라 사람 내부에 있다는 것이다. 마찬가지로 우리가 불에서 느끼는 열감은 분명하게 우리 안에 존재하며, 이 열감은 불 안에 있는 열과는 매우 다르다. 왜냐하면 우리가 느끼는 열감은 그것이 과도하냐 아니면 적절하냐에 따라 쾌락이나 고통이 있지만, 숯불 안에 그런 것은 존재하지 않기 때문이다.

이로써 위에서 언급된 네 번째이자 마지막 명제는 입증되었다. 즉 시각에 의해 생긴 개념과 마찬가지로 다른 감각기관에서 생기는 개념에서도 감각기관이 내재되어 있는 주체는 대상[사물]이 아니라 지각력이 있는 사람이다.

10. 위의 설명에서 다음과 같은 것을 알 수 있다. 우리의 감각기관이 만들어내는 속성이나 성질이 무엇이건 간에 그것이 세계 안에 존재한다고 생각하지만, 그것은 세계 안에 있지 않으며, 단지 겉으로만 그렇게 보이는 것이거나 환영(幻影)일 뿐이다. 우리 밖의 세계에 실제로 존재하는 것은 사물의 운동이며, 이를 통해 겉으로 보이는 것이 존재하게 된다. 바로 이것이 감각이 벌이는 대단한 속임수이며, 이 속임수 역시 감각을 통해 교정될 수 있다. [이를테면] 내가 직접 사물을 볼 때 색깔이 대상 속에 존재하는 것처럼 보인다고 감각이 내게 말하는 것처럼, 반사된 대상을 볼 때 색깔이 그 대상 속에 존재하지 않는다는 것을 감각은 내게 [수정해서] 말하기도 한다.

3. 상상력과 그 종류

1. 상상력의 정의
2. 잠과 꿈의 정의
3. 꿈의 원인
4. 허구의 정의
5. 환상의 정의
6. 기억의 정의
7. 기억이 존재하는 곳
8. 왜 사람은 꿈속에서 자신이 꿈꾸고 있다 생각하지 않는가
9. 왜 꿈속에서는 이상하게 보이는 일이 거의 없는가
10. 꿈은 현실과 환상으로 생각될 수 있다

1. 물에 돌을 던지거나 돌풍이 불어 움직이게 된 고인 물은 바람이 그치거나 돌이 가라앉았다고 해서 즉시 움직임을 멈추지 않는 것처럼, (감각)기관을 재빨리 가라앉힘으로써 그 대상이 작용을 멈춘다고 해서 외부 대상이 뇌에 작용했던 효과가 즉시 멈추는 것은 아니다. 다시 말해, 감각은 지나가더라도 그것이 [만든] 이미지(像)나 개념은 남아 있게 된다. 그러나 우리가 깨어 있을 때는 좀 더 모호한데, 왜냐하면 어떤 대상이나 다른 대상들은 우리의 눈과 귀를 계속해서 강하게 자극하여 마음을 더 강한 운동 상태에 있게 함으로써 약한 운동은 쉽게 나타나지 못하기 때문이다. 이런 모호한 개념을 우리는 **환상**(fantasy) 또는 **상상력**(imagination)이라고 부른다. 상상력을 정의하자면 감각 활동 이후에는 조금씩 쇠퇴함으로써 그로

부터 남아 있는 생각이다.[6]

2. 그러나 잠을 잘 때처럼 현실적인 감각이 없을 때, 꿈속에서처럼 감각 이후에 남아 있는 이미지들(images)은 (만일 그런 것이 있을 때) 모호하지 않고 감각 그 자체인 것처럼 강하고 선명하다. 그 이유는 개념을 모호하고 약하게 만드는 것, 즉 감각과 대상들 간의 실제 작용이 제거되기 때문이다. 수면은 (감각기관의 힘은 남아 있으면서) 감각 활동은 상실된 상태이며, 꿈은 잠을 자는 이들의 상상력이다.

3. 꿈(dream)의 원인은 (만일 그것들이 자연스러운 것이라면) 사람의 두뇌 내부에서 일어나는 활동이거나 격렬함 같은 것이며, 수면으로 마비된 감각의 통로는 꿈을 통해 그 활동이 회복된다. 이것이 그렇게 보이는 징후는 인간의 몸 안에서 일어나는 여러 우연적인 것들로부터 서로 다른 꿈들[7]이 생기는 것을 보면 알 수 있다. 보통 [젊은이보다] 덜 건강하고 내적인 고통에서도 더 자유롭지 못한 노인들은 바로 그 때문에 꿈의 지배를 더 받는데, 특히 고통스러운 꿈이 그러하다. 심장이나 [우리 몸] 내부의 다른 부분들에 따라서 색욕의 꿈 또는 분노의 꿈을 꾸는데, 이는 얼마간의 열 때문

---

6 『리바이어던』 2장에서는 상상력을 '쇠퇴하는 감각(decaying sense)'이라고 정의하고 있다. 감각 경험의 생생함이나 강도가 시간이 지남에 따라 점차 약해지고 나면 남는 것을 상상이라한다. 데이비드 흄(David Hume, 1711~1776)의 용어로 바꾸어 말하면, 감각 경험은 인상(impression)이고 이 인상이 시간이 지나 덜 생생하고(vivid), 쇠퇴하면 관념(idea)이 된다.

7 [편집자 주] (보통 노인들은 젊은이들보다 꿈을 더 자주 꾸며, 더 고통스러운 꿈을 꾼다.) 이 말은 H 문서와 C 문서에도 포함되어 있는데, 여백에 별 표시를 하고 있다. 본문에서 이 항목들은 여백에 별 표시를 한 A, D, E 문서에도 있다. 그리고 실제로 A 문서는 홉스가 자신의 손으로 썼다. 그러나 B 문서가 더 바람직하다.

에 뇌에서 어느 정도 작동한다. 또한 종류가 다른 가래침이 내려가면 다른 맛의 고기 또는 음료수를 먹는 꿈을 꾸게 만든다. 그리고 두뇌에서 생명 유지에 필요한 기관들[심장, 폐, 장기 등]로 그리고 다시 그 반대 방향으로 돌아오는 운동이 일어난다고 나는 믿는다.

그렇게 함으로써 상상력은 생명 유지에 필요한 부분들 안에서 운동을 일으킬 뿐만 아니라 그 부분들 안에서 일어나는 운동은 마치 그것에서 시작된 것처럼 상상력을 생기게 한다. 만일 이것이 사실이고, 슬픈 상상이 비장(脾臟)을 불어나게 하는 것이 사실이라면, 우리는 왜 강한 비장이 상호 작용으로 무서운 꿈을 꾸게 만드는지 그 원인을 알 수 있다.

그리고 왜 음탕한 생각의 효과가 꿈에서 그런 효과를 일으키는 어떤 사람의 이미지를 만들어낼 수 있는지도 알 수 있다.[8] 만일 꿈속에 나타난 그 사람의 이미지가 [열을 나게 하는 것이 그 사람에게 있듯이] 꿈을 꾸는 사람에게 생긴 우연한 열에 지배되는 것인지 어떤지를 잘 관찰한다면 그리고 만일 그것이 사실이라면 그런 운동은 상호 작용하는 것이다. 신체 내부 활동으로 인해 꿈을 꾸게 된다는 또 다른 징후는 하나의 개념이나 이미지가 다른 개념이나 이미지에 미치는 무질서하고 우연한 결과에 있다. 왜냐하면 우리가 깨어 있을 때, 선행하는 생각이나 개념은 뒤에 따라 나오는 결과[생각이나 개념]을 낳거나 그 원인이 된다.

이는 마치 마르고 평평한 탁자 위에 물 묻은 손가락으로 선을 그릴 때 물이 손가락을 따라 나오는 것과 같다. 그러나 꿈속에서는 보통 일관성이

---

8 [편집자 주] 뒤이어 나오는 모든 장소는 (만일 그것이 상호작용에 이르는 경우) 이 판본과 B 문서에서는 빠져 있다. A, D, E 문서에서는 별 표시와 함께 여백에 배치되어 있다. 하지만 A 문서는 손으로 쓰였고, C 문서에는 여백에 별 표시와 함께 같은 것이 있지만, 형식은 약간 변경되어 있다.

없다. (만일 있다면 그것은 우연히 그럴 뿐이다.) 일관성이 없는 것은 꿈을 꿀 때 뇌의 모든 부분에서 똑같이 그 활동성이 복구되지 않기 때문이다. 그럼으로써 마치 흘러가는 구름 사이에서 나타나는 별이 그 구름을 관찰하는 순서에 따라 나타나는 것이 아니라 변덕스럽게 흘러가는 조각구름이 비켜줄 때만 나타나듯이 [꿈속에서] 우리의 사고도 그렇게 [우연히] 나타난다.

4. 여러 가지 동작을 통해 한 번에 움직여진 물 또는 액체는 그 동작들 모두가 혼합된 하나의 운동으로 이해되듯이, 여러 가지 대상을 통해 자극 받은 두뇌와 그 안에 들어 있는 혼(spirit)은 감각에 하나씩 나타났던 다양한 개념을 가지고 하나의 상상을 구성하게 된다. 예를 들면, 감각이 우리에게 한 번 산을 보여주고, 다른 경우에 금빛을 보여주었다면, 상상력은 그 후에 이 두 개의 감각(자료)을 하나의 황금산으로 만들어준다.[9] 이와 같은 이유에서 우리는 허공에 떠 있는 성(城), 키메라 그리고 자연 세계에는 존재하지 않는 다른 괴물들도 만들 수 있다. 그러나 이것들은 여러 번에 걸친 부분들이 감각을 통해 마음 안에서 만들어진 것들이다. 우리는 이렇게 결합이 된 것을 보통 정신의 **허구**(fiction of the mind)라고 부른다.

5. 종류가 다른 상상력이 또 있는데, 이는 그 명료함을 두고 꿈뿐만 아니라 감각과도 경쟁한다. 그것은 감각 활동이 오래가거나 격렬했을 때 그리고 그 감각 활동의 경험이 다른 감각보다는 시각 경험에서 더 빈번할 때

---

9 로크의 용어로 말하면 감각 자료 하나하나는 단순 관념(simple idea)이다. 그리고 단순 관념들이 결합하여 복합관념(complex idea)이 만들어진다. 단순 관념이나 복합관념을 결합해서 또 다른 복합관념이 만들어지는데, 여기에는 황금산처럼 상상력의 작용으로 만들어진 비실재적 관념들도 포함된다.

생긴다. 태양을 똑바로 바라본 후 눈앞에 남아 있는 [태양의] 이미지가 그런 예다. 어둠 속에서 눈앞에 나타나는 작은 이미지들도 같은 사례인데(내 생각에 모든 사람은 그런 경험이 있지만, 이것들은 대부분 소심하거나 미신에 사로잡힐 때 생긴다) [두 종류의 상상력을] 구별하기 위해서 [우리는] 이 후자의 상상력을 **환상**(phantasms)이라 부를 수 있다.

6. (감각기관에 따라 그 수가 다섯 개인) 감각을 통해 우리는 우리 밖에 있는 대상들을 인식하게 되는데, 이 점은 이미 언급되었던 바와 같다. 그리고 그 인식은 대상에 대해 갖게 되는 우리의 개념이다. 그러나 우리는 그 개념에 대해 이런저런 다른 방식으로도 인식하게 된다. 같은 사물에 관한 개념이 다시 나타나면 우리는 그것이 반복되고 있다는 것을 알아차린다. 다시 말해 우리가 이전에 같은 개념을 가졌다면 이는 지나간 사물을 상상하는 수만큼 갖게 된다. [지나간 사물을] 감각으로 느끼는 일은 불가능하고 오직 현재의 사물에 대해서만 개념을 갖는다. 따라서 이는 육감(sixth sense)이라 간주되며, 다른 감각과 마찬가지로 외부에 있는 것이 아니라 우리 안에 있으며, 보통 **기억**(remembrance)이라고 부른다.

7. 우리가 과거의 개념을 인식하는 방식이 다음과 같다는 것을 기억해야 한다. 즉 과거의 개념이란 상상력의 정의에 따라 조금씩 쇠약해지거나 더 모호해지는 것이라 할 수 있다. 모호한 개념이란 대상 전체를 한꺼번에 표상[인식]하는 것이며, 더 세세한 부분 어느 것도 스스로 표상하지 않는 개념이다. 더 많거나 더 적은 부분이 표상됨에 따라, 개념이나 표상도 어느 정도 더 명확해진다고 말할 수 있다. 그렇다면 감각을 통해 처음 생성되었을 때의 개념은 명석(clear)하고 대상의 부분들을 판명(distinct)하게 표

상했으며,[10] 그 개념이 다시 생성되었을 때는 모호해진다는 것을 고려한다면, 우리는 기대했던 무엇인가가 빠져 있는 것을 발견하게 되고 그것을 통해 그 개념이 과거의 것이고 쇠퇴한 개념이라고 판단할 수 있게 된다. 예를 들면, 현재 낯선 도시에 머무는 사람은 모든 길을 볼 수 있을 뿐만 아니라 특정한 집이나 그 부분을 구별할 수도 있다. 그 도시를 떠난 이후에 그는 전에 구별했던 것처럼 마음속에서는 길과 집을 그렇게 상세하게 구별할 수 없다. 어떤 집은 그의 [기억에서] 벗어나 잊히기도 하지만 이것은 그 도시를 기억하는 것이다.

그 후 더 많은 특정한 집과 길이 그의 기억에서 벗어났을 때도 이것 역시 [도시를] 기억하는 일이지만 그렇게 잘 기억하는 것은 아니다. 시간이 지남에 따라 도시의 이미지는 되살아나지만, 그것은 거의 잊힌 한 덩어리의 건물 이미지로 돌아온다. 이때 기억은 다소간 모호한 채로 얼마간 남아 있다는 것을 고려할 때, 왜 우리는 기억이라는 것이 대상 전체를 생각한 후에 모두가 예상하듯 뒤따라 나오는 누락된[기억이 안 된] 부분들을 [되살리는 것] 외에 다른 것이 아니라고 생각하지 않는가? 시공간적으로 멀리 떨어져 있는 것을 보고 기억한다는 것은 사물에 대해 같은 개념을 갖는 것이다. 왜냐하면 공간과 시간 두 부분 모두에서 구분이 거의 없게 되는데, 한 개념은 공간상 먼 거리에서 작동함으로써 약해지고, 다른 한 개념은 [시간에 따라] 쇠퇴해짐으로써 약해지기 때문이다.

8. 이제까지 설명한 것에서 다음과 같은 주장이 자연스럽게 따라온다.

---

10 여기서 개념의 성격을 설명하면서 명석과 판명이라는 용어를 사용하는 것은 데카르트가 본 유관념을 설명할 때 사용했던 clear(명석)과 distinct(판명)라는 용어를 홉스가 그대로 사용하고 있기 때문이다. 번역도 그에 따랐다.

사람은 자신이 꿈꾸는 것을 결코 알 수 없으며, 그는 그것이 **꿈**이든 아니든 의심되는 것을 꿈꿀 수는 있다. 그러나 명료한 상상력은 감각 자체가 [표상]하는 만큼 사물의 많은 부분을 가지고 표상한다. 그리고 결과적으로 현재 있는 것만을 인식하게 된다. 반면 그가 꿈꾼 것을 생각하는 일은 감각 안에 있을 때보다 더 모호해진 과거의 개념을 생각하는 것과 같다. 따라서 그는 과거의 개념이 명료하면서도 감각만큼은 명료하지 않은 것으로 생각해야만 하는데, 이는 불가능하다.

9. 같은 근거에서, 사람들은 깨어 있을 때와는 달리 꿈속에서는 장소와 사람에 대해 궁금해하지 않는다. 깨어 있는 동안이라면 사람은 전에 한 번도 가보지 않은 장소에 자신이 있고, 어떻게 그곳에 가게 되었는지 아무것도 기억하지 못하는 것을 이상하게 생각한다. 그러나 꿈속에서는 그런 종류의 생각을 전혀 고려하지 않는다. 마치 자신이 높은 데서 떨어졌는데도—대부분 이때 꿈에서 깬다—상처를 하나도 입지 않았다고 생각하는 것처럼, 지나치게 이상한 꿈만 아니라면 꿈에서조차 개념의 명료함은 의심되지 않는다.

10. 과거의 꿈을 현실로 생각하는 것처럼 사람이 그렇게까지 속는 일이 불가능하지는 않다. 왜냐하면 만일 그가 평상시에 마음에 두고 있던 것을 꿈꾸고, 깨어 있을 때 습관적으로 했던 그 순서대로 꿈을 꾸고 그리고 더욱이 깨어났을 때 자신이 알 수 있는 장소에서 잠들었다는 것을 안다면, (이런 일들은 일어날 수 있다) 그것이 꿈이었는지 아니었는지를 그가 구분할 수 있는 기준(κριτήριο, kritirio)이나 표시를 나는 알지 못한다. 따라서 때때로 어떤 사람이 자기의 꿈을 사실이나 환상이라고 말하는 것을 듣는다고 해서 놀랄 일은 아니다.

4. 마음에 관한 여러 산만한 논의

1. 담론
2. 일관성 있는 사고의 원인
3. 범위
4. 총명함
5. 회상
6. 경험
7. 미래에 대한 기대 또는 추측
8. 과거에 대한 추측
9. 기호
10. 분별력
11. 경험에서 얻은 결론의 경고

1. 마음 안에서 일어나는 개념들의 연속, 즉 한 개념에 연이어 다른 개념이 나오는 계열이나 결과는 대부분 꿈에서처럼 우연적이거나 일관되지 않은 것일 수 있다. 또 그것은 앞의 생각이 뒤의 생각을 불러왔을 때처럼 질서 있는 것일 수도 있다. 이것이 마음에 관한 담론이다. 그러나 담론(discourse)이라는 말은 보통 일관성 있는 말과 논리적인 귀결을 뜻하는 것이기 때문에, 나는 (애매함을 피하기 위해서) 일관되지 않은 마음에 관한 담론을 **산만한 논의**(discursion)라 부를 것이다.

2. 한 개념에서 다른 개념이 따라 나오는 논리적 귀결이나 일관성의 원인은 그 개념이 감각을 통해 만들어졌을 당시의 첫 번째 논리적 귀결 또

는 일관성에 달려 있다. 예를 들면, 성 앤드루(St. Andrew)를 말할 때 마음은 성 베드로(St. Peter)로 이어지는데 왜냐하면 이 두 사람의 이름은 함께 언급되기 때문이다.[11] 같은 이유에서 성 베드로는 반석으로 이어지고, 반석은 토대로 이어진다.[12] 왜냐하면 이 두 개념은 같은 것으로 보기 때문이다. 또 같은 이유로 토대는 교회로, 교회는 사람으로, 사람은 폭동으로 이어진다. 이 예를 따르면, 마음은 거의 어떤 사물에서 다른 사물로도 이어질 수 있다. 그러나 감각에 관해서는 원인과 결과의 개념이 서로 이어져야만 한다. 마찬가지로 감각 이후 상상력의 [단계]에 있어서도 그럴 수 있다. 대부분 인과 개념은 서로 연결되어 있다. 인과 개념에서 원인은 [그 안에] 목적의 개념을 갖고 있으면서 바로 이어 그 목적[을 이루기 위한] 수단의 개념도 품고 있는 사람의 욕구다. 명예에 대한 욕구, 즉 명예욕을 가지고 있는 사람은 지혜를 생각하게 되고, 그 지혜는 그것[명예욕]의 수단이 된다. 그리고 지혜로부터 학문을 생각하게 되고, 학문은 지혜를 얻기 위한 다음 수단이 된다.

3. [마음은] 어떤 사물에서 다른 어떤 사물로도 이어질 수 있다는 이런 종류의 두서 없는 산만한 논의를 생략하기 위해서는 다양한 종류의 다른 담론이 있어야만 한다. 첫째로 감각처럼, 개념에는 어떤 특정한 일관성이 있는데 우리는 이를 **범위**(ranging)라고 부를 수 있다. 잃어버린 작은 물건

---

11 성 앤드루는 성서에 나오는 예수의 제자 안드레아의 영어식 이름이다. 안드레아는 베드로의 동생이라 두 사람의 이름은 자주 같이 언급되고 있다. 「루카복음」 6장 14절 참고.
12 베드로의 원래 이름은 시몬인데, 예수는 그에게 베드로라는 새 이름을 지어주었다. 베드로는 그리스어 petrus에서 나왔고, petra(반석)과 같은 의미이다. "너는 베드로이다. 내가 이 반석 위에 내 교회를 세울 터인즉…"(「마태오복음」 16장 18절)

을 찾기 위해 땅바닥에 눈을 돌리고 있는 사람의 시선, 사냥터에서 킁킁거리며 잃어버린 냄새의 흔적을 찾는 사냥개 그리고 스패니얼(발바리)의 [냄새 맡는] 범위가 그 예다. 그 범위 안에서 우리는 임의로 한 시작점을 취하게 된다.[13]

4. 마음에 관한 종류가 다른 산만한 논의에는 이런 것이 있다. 앞서 예를 들었듯이 욕구는 사람에게 [두서없는 이야기의] 시작점을 제공한다. 한 사람이 명예에 대한 욕구를 가질 때 그 욕구는 그것을 달성하기 위한 다음 단계의 수단 그리고 또다시 그다음 다음의 수단 등에 대해 생각하도록 만든다. 이것을 라틴어에서는 *sagacitas*(사가치타스), 영어로는 **총명함**(sagacity)이라고 부르는데 우리는 그것을 사냥 또는 추적이라고 한다. 왜냐하면 이는 마치 개가 냄새로 짐승을 추적하거나 사람이 짐승의 발자국을 뒤쫓아 사냥하는 것처럼 또는 사람이 부와 지위 또는 지식을 쫓는 것과 같기 때문이다.

5. 아직 종류가 다른 [마음에 관한] 산만한 논의는 또 있다. 이는 잃어버린 물건을 찾고자 하는 욕구에서 시작하는 것인데, 현시점에서 우리는 그 물건을 잃어버린 장소를 과거로 되돌아가며 생각하게 되고, 거기서부터 마지막으로 잃어버린 그 장소를 생각하는 데에 이르게 된다. 그리고 이

---

13 감각들과 관련해서 범위라는 개념이 가지는 일관성이란 시각·후각·촉각 등 감각기관마다 느끼는 일정한 범위가 있다는 것을 의미한다. 그러나 범위는 감각기관에 공통으로 일관되게 적용 가능한 개념이지만 범위의 기준, 한계 등은 각기 다르다. 그 범위보다 더 넓거나 좁으면 지각할 수 없다. 예를 들면, 시각의 범위는 가시광선(380nm에서 770nm) 내에서만 가능하다.

런 생각으로부터 잃어버리기 전에 그 물건을 가지고 있었던 어떤 장소가 마음에 떠오를 때까지 그 이전의 한 장소를 생각하게 된다. 이것을 **회상**(reminiscence)이라고 부른다.

6. 한 가지 일에서 다른 일로 이어지는, 즉 앞선 일과 그 결과로 나오는 일 그리고 동시에 생기는 일을 기억하는 것은 실험(experiment)이라 불린다. 실험은 사람이 어떤 것을 불 속에 던졌을 때, 그것이 불에 어떤 영향을 미치는지를 볼 때처럼, 우리가 임의로 할 수 있는 실험이거나 아니면 붉은 저녁[노을]을 본 후 청명한 아침을 기억할 때처럼 임의로 할 수 없는 실험도 있다. 많은 실험이 쌓이는 것을 우리는 **경험**(experience)이라 부르는데, 이는 단지 선행하는 것과 그에 따르는 결과를 기억하는 것이다.

7. 아무도 자신의 마음 안에 미래에 대한 개념을 지닐 수 없다. 왜냐하면 미래는 아직 존재하지 않기 때문이다. 그러나 우리는 과거의 개념을 가지고 미래[의 개념]을 만들기도 한다. 또는 오히려 과거를 상대적 미래라고 부른다. 앞서 일어난 일처럼 보이는 것에 뒤따라 같은 일이 결과로 나오는 것을 익숙하게 본 사람은, 이전에 보았던 비슷한 어떤 일이 일어나는 것을 볼 때마다 언제나 같은 일이 [결과처럼] 따라와야만 한다는 것을 알게 된다. 예를 들면, 죄에는 벌이 따른다는 것을 종종 보아 왔기 때문에, 현장에서 불법행위를 목격했을 때 거기에 처벌이 뒤따를 것으로 생각한다. 그러나 현행 범죄에 대해 내려지는 결과[처벌]에 대해 사람들은 그것을 미래에 생길 일이라고 부른다. 따라서 우리는 기억을 가지고 장차 올 어떤 일의 예지나 추측 또는 미래에 대한 **기대**(expectation)나 **추정**(presumption)을 할 수 있다.

8. 같은 방식으로, 사람이 만일 과거에 본 것을 지금도 보고 있다면, 과거의 것에 앞서 일어난 일은 또한 현재 보고 있는 것에 앞서서도 같은 일이 일어났다고 생각한다. 예를 들면, 불에 타고 난 후에 재가 남아 있는 것을 본 적이 있는 사람이 지금 다시 재가 남아 있는 것을 보면, 그는 앞서 불이 있었다는 결론을 내릴 수 있다. 그리고 이것을 과거에 관한 **추측**(conjecture) 또는 사실에 관한 추정이라 부른다.

9. 앞서 일어난 일과 유사한 결과가 뒤따라 나오는 것을 자주 관찰한 사람은 선행(先行)하는 어떤 일이 일어나는 것을 볼 때마다 다시 한번 어떤 일이 결과적으로 따라올 것을 기대하게 된다. 또는 그가 결과적으로 일어난 일을 볼 때 거기에는 선행하는 어떤 일이 있었다는 것도 알 수 있다.[14] 그래서 마치 구름은 앞으로 비가 올 것이라는 신호이고 비는 지나간 구름의 표시인 것처럼, 그는 선행하는 일과 결과로 따라오는 일을 서로에 대한 **기호**(sign)라고 부른다.

10. 경험을 통해 이런 기호를 배우는 일은 다음과 같다. 사람들이 경험 안에서 일반적으로 생각하는 것처럼 사람과 사람 사이에는 지혜의 차이가 있고, 이런 차이를 통해 그들은 보통 한 사람의 모든 능력이나 인지력을 이해하게 된다. 그러나 여기에는 오류가 있을 수 있는데 왜냐하면 경험으

---

14 이 설명은 인과 관계의 필연적 결합, 즉 흄의 표현대로 항상적 연결(constant conjunction)을 말하며, 홉스는 인과 관계에 관한 지식이 철학이라고 정의하고 있다. "철학이란 우리가 먼저 그 원인이나 발생에 대해 알고 있는 지식으로부터 참된 추론을 통해 얻어진 결과 또는 현상에 관한 지식이며, 다시 그 결과를 알고 있는 것으로부터 참된 추론을 통해 얻어진 원인 또는 발생에 관한 지식이다." E.W. vol. I, p.3.

로 배운 기호들은 단지 추측의 산물이기 때문이다. 따라서 그것들은 종종 또는 가끔 실수하는 만큼 그 확실성도 대략적인 것에 불과할 뿐이며, 결코 충분하거나 명백하지도 않다. 왜냐하면 사람이 밤과 낮이 서로 번갈아가며 계속되는 것을 이제까지 항상 보아왔다고 하더라도 앞으로도 그럴 것이며 영원히 그렇게 될 것이라는 결론을 내릴 수 없기 때문이다.[15]

경험은 어떤 것도 보편적으로 결론을 내리지 못한다. 만일 그 기호들이 스무 번을 맞추고 한 번 빗나간다면, 사람은 그 한 번의 사건보다는 스무 번의 사건에 내기를 걸 수는 있지만 그렇다고 해서 그것이 [확실한] 진리라고 결론 내릴 수는 없다. 그러나 스무 번의 사건이 최선의 추측이라 할 것이며, 최대의 경험이라는 점은 명백하다. 왜냐하면 그들은 추측할 수 있는 최선의 기호를 갖게 될 것이며, 이런 이유로 '다른 점에서는 동등하지만(caeteris paribus)' 노인이 젊은이보다 더 분별력이 있으며, 더 나은 추측을 할 수 있는 것이다. 왜냐하면 나이 든 노인들은 더 많은 것을 기억하고, 경험은 단지 기억이기 때문이다. 그리고 다른 점에서는 동등하지만, 빠른 상상력을 가진 사람들이 느린 사람들보다 더 분별력이 있다. 왜냐하면 그들은 짧은 시간 안에 더 많은 것을 보기 때문이다. 그리고 **분별력**(prudence)은 경험에서 나온 추측이거나 경험의 기호를 주의 깊게 취하는 것, 즉 우리가 그런 [경험의] 기호들을 취하는 실험을 모두 기억하는 것에 불과하다. 기억하지 않으면 실험과 기호가 서로 같아 보이지 않는다.

11. 과거와 미래에 관해 추측하는 일처럼, 곧 지나가게 되거나 이미 지

---

15 경험의 한계성에 대한 홉스의 이런 언급은 영국 근대 경험론의 마지막 주자인 흄의 생각과 그대로 일치한다. 흄은 인과율 분석을 통해 인과 관계의 반복성이 결코 필연성을 담보하는 것이 아니며 경험의 반복성은 습관을 낳고 그 습관이 신념을 낳는다고 주장하고 있다.

나갔을 가능성이 있는 것을 경험에 따라 결론 내리는 일은 분별력이 있는 일이나, 경험을 통해 그것이 그렇다든가 또는 그럴 것이라고 결론을 내리는 일은 잘못될 가능성이 있다. 다시 말해 우리는 경험을 가지고 어떤 것이 정당하다거나 부당하다고 또는 옳다거나 그르다고 [단정적인] 결론을 내릴 수 없으며, 사람이 인위적으로 부여한 이름을 사용해서 기억하는 것을 제외하면 그것이 무엇이든 보편적 명제를 말할 수는 없다. 예를 들면, (같은 문장을 천 번 정도 듣는 경우처럼) 주어진 문장을 들었다고 해서 그것이 (대부분 사람이 다른 결론을 내릴 방법이 없음에도 불구하고) 정당하다고 결론 내리기에는 충분하지 않다. 그러나 그러한 결론을 도출하기 위해서는 많은 경험을 통해 사람들이 정당하다거나 부당하다고 부르는 것들의 의미를 추적하고 알아내는 것이 필요하다. 더 나가서 경험을 통해 결론을 내릴 때 또 다른 주의를 기울여야 하는데, 앞서 2장 10절에서 밝히고 있듯이, 우리는 그런 일들(정당, 부당, 옳고 그름을 판정하는 일 등)이 우리 밖에 있는 것이 아니라 우리 안에 있다고 결론 내릴 수 있다.[16]

---

16 어떤 사물이 좋거나 나쁘다고 판단하는 것은 그 기준이 사물 자체에 있는 것이 아니라 판단의 주체인 개인의 욕구에 달려 있다고 본다. 동일한 사물도 내가 어떻게 욕구하느냐에 따라 선이라 판단할 때도 있고 다른 때에는 악이라고 판단할 수 있다. 내 밖에 있는 사물 자체는 선과 악의 기준을 갖고 있지 않다.

5. 개념, 추론, 담론

1. 표시

2. 이름 또는 명칭

3. 긍정 명사(名辭)와 결성(缺性) 명사

4. 이름의 이로움이 학문을 가능하게 만든다

5. 보편적 이름과 개별적 이름

6. 자연[계]에 보편적인 것은 없다

7. 애매한 이름들

8. 이해

9. 긍정명제와 부정명제

10. 참과 거짓

11. 추리

12. 이성에 따르는 것과 이성에 반하는 것

13. 지식의 근거가 이름에서 생긴 것처럼 오류의 근거도 그러하다

14. 마음에 관한 담론을 말에 관한 담론으로 옮기는 일과 거기서부터 생기는 오류들에 관하여

1. (이전에 언급되었듯이)[17] 마음속에서 개념이 연속해서 이어지는 것은 감각을 통해 개념이 만들어졌을 때 그 개념을 서로 이어주는 계기(繼起) 때문이라는 것을 생각할 때, 그리고 수많은 다른 개념 앞뒤에 셀 수없이 많은 감각 활동을 통해 직접적으로 만들어지지 않은 개념이란 없다는 것을 생

---

17 위의 4장 2절.

각할 때, 우리의 선택과 필요에 따라 하나의 개념에 이어서 다른 개념이 따라 나오지 않을 수는 있다. 그러나 우리에게 그 개념을 생각나게 할 사물을 우연히 듣거나 볼 가능성은 어떻게든지 있어야만 한다. 여기서 우리가 얻을 수 있는 경험은 야생의 짐승에 관한 것이다. 이런 짐승들은 먹다 남은 고기나 식량을 숨기고자 하는 본능은 있지만, 숨긴 장소를 기억해낼 수 있는 역량은 없다. 그래서 배고플 때 남은 고기나 식량을 이용할 수 없다. 그러나 이런 점에서 짐승의 본능을 뛰어넘기 시작한 인간은 이 결함의 원인을 관찰하고 기억하며, 그것을 수정하기 위해 눈에 보이거나 다른 지각할 수 있는 표시를 해두려고 생각하고 [그 방법을] 고안해냈다.[18] 그가 다시 이 표시를 보았을 때, 그의 마음에는 그 표시를 해둘 때 가졌던 생각이 떠오를 수 있다. 그러므로 **표시**(mark)란 [나중에] 그 표시를 다시 보았을 때 과거의 무엇인가를 기억해낼 목적으로 사람이 자발적으로 세우고 알아볼 수 있는 사물이다. 이는 마치 바다에서 바위를 피해 항해했던 사람들이 무엇인가 표시를 해두었는데, 이를 통해 그들은 이전의 위험을 기억하고 피할 수 있는 것과 같다.

2. 이런 많은 표시 중에는 귀로 들을 수 있는 사람의 목소리도 포함되어 있는데(이를 우리는 사물들에 대한 이름 또는 명칭이라 부른다) 이를 통해 우리는 그러한 이름이나 명칭이 부여된 사물에 대한 개념을 마음속에 떠올린

---

18 표시는 기호(sign)와 구별된다. 표시는 무엇인가를 알아보거나 기억해내기 위해 사적인 용도로 표현하는 것이며, 기호는 그것의 공적인 용도다. 예를 들면 바다에서 암초가 있는 곳을 표시하기 위해 부표를 띄워 놓는 것은 표시이나, 이것을 해도 위에 공용의 방법으로 표시해 놓아 누구라도 알아볼 수 있다면 이는 기호가 된다. 그런데 여기서는 기호보다는 표시로 옮기는 것이 우리말 표현에 더 자연스러워 그렇게 옮긴다. 언어의 두 가지 기능과 관련해서 표시와 기호를 엄격하게 구분하고 있기도 하다.) 『리바이어던』 4장 참고.

다. 이는 마치 흰색이라는 명칭이 우리에게 흰색이나 흰색 개념을 생기게 해주는 사물들의 성질을 기억나게 해주는 것과 같다. 따라서 **이름**(name) 또는 **명칭**(appellation)이란 하나의 표시로서 [이름 또는 명칭이] 부여된 사물에 관한 어떤 개념을 마음속에 불러오기 위해 임의로 부여된 사람의 목소리와 같다.

3. 이름이 붙여진 사물은 [눈에 보이는] '사람'처럼 대상 그 자체이거나 또는 겉모습이나 몸짓처럼 사람에 대해 우리가 [마음속에] 가지고 있는 개념 자체이거나[19] 또는 [무엇인가가] 결여(缺如)된 것으로서 사람 내부에 있지 않다고 우리가 인지하는 어떤 것이다. [이를테면] 그 사람은 공정하지 않다거나 한계가 없는 사람이라고 생각할 때처럼, 우리는 그에게 불공정과 무한함이라는 이름을 붙여주는데, 이는 이름이 붙여진 그 사람에서나 또는 이름을 부여하는 우리 안에 [무엇인가] 결여된 것이 있거나 부족하다는 것을 의미한다. 그리고 우리는 결여된 것 자체에 불공정과 무한함이라는 이름을 붙인다. 따라서 여기에는 두 종류의 이름이 있다. 하나는 우리가 무언가를 지각하는 사물에 대한 이름이거나 또는 개념 그 자체에 대한 이름인데, 이것들은 **긍정 명사**(positive name)라 불린다. 다른 이름은 우리에게 결여되어 있거나 부족하다고 생각하는 사물들에 대한 이름인데, 이것들은 **결성 명사**(privative names)라 불린다.

---

19 예를 들면, 미인이라는 이름(명사)은 눈앞에 보이는 아름다운 사람 그 자체이거나 또는 우리의 마음속에 들어 있는 미인에 대한 일반적인 생각을 나타내는 개념 자체다. 느림보 역시 느린 사람 자체를 지시하는 말이거나 느린 사람의 행위와 성질을 표시하는 개념 자체일 수 있다.

4. [사물들에 붙여진] 이름이 가진 이로운 점을 통해 우리는 학문을 할 수 있는데, 짐승은 이런 이름을 가지고 있지 않기 때문에 학문을 할 수 없고, 사람도 이름을 사용하지 않고서는 마찬가지다.[20] 왜냐하면 짐승은 우리가 숫자라고 부르는 하나, 둘, 셋과 같은 순서를 나타내는 이름이 없어도 자신의 어린 새끼 여럿 중에서 한두 마리도 잃어버리지 않는 것처럼, 사람도 입으로나 마음속으로 숫자를 반복하지 않고서는 자기 앞에 돈이 얼마나 있는지 또는 다른 물건이 얼마나 놓여 있는지 알 수 없기 때문이다.

5. 같은 한 사물에는 여러 개의 개념이 있을 수 있고, 우리는 모든 개념에 여러 이름을 부여한다는 점을 감안 할 때 다음과 같은 주장이 자연스럽게 나온다. 즉 우리는 같은 한 사물에 여러 이름이나 속성을 부여한다. 이를테면 같은 한 사람에게 공정하고 용감하다는 등의 여러 덕목을 그리고 튼튼하고 아름답다는 등의 몸의 특성을 나타내는 명칭을 부여하는 일과 같다. 그리고 또한 여러 개의 [동일한] 사물로부터 우리가 같은 개념을 얻기 때문에, 여러 개의 사물은 반드시 같은 명칭을 가져야 한다고 주장할 수 있다. 우리가 눈으로 보는 모든 것에 대해 '가시적(visible)'이라는 같은 이름을 부여하는 것처럼, 우리가 움직인 것을 본 모든 사물에는 '기동성(moveable)'이라는 명칭을 부여한다. 그리고 마치 '인간'이라는 이름이 인류의 모든 개별적인 사람에게 적용되듯, 우리가 많은 사물에 부여하는 그 이름은 그 사물 모두에 해당이 되므로 **보편적**(universal)'이라고 불린다. 소크라테스나 다른 이들의 고유한 이름처럼 또는 우회적으로 말해 호머(Homer)를 대신해

---

20 여기서 이름이란 사물을 지시하는 개념, 더 나가서 언어를 의미한다. 즉 언어는 사유를 가능하게 해주는 도구이며, 사유를 통해서 학문도 가능하다.

서 『일리아드』를 쓴 사람을 말하는 것처럼 오직 한 사물에만 부여하는 명칭은 개인적 또는 '**개별적**(singular)'이라는 이름으로 불린다.

6. 많은 사물에 한 가지 이름만을 붙이는 이런 [개념의] 보편성은 사람에게 사물 자체가 보편적이라는 생각을 하게끔 만드는 원인이 되어 왔다. 그리고 진지하게 주장하자면, 피터, 존 그리고 지금 존재하거나 과거에 존재했었거나 또는 앞으로 존재할 세상의 모든 사람 외에 여전히 우리는 사람, 즉 '인간 일반(man in general)'이라고 부르는 다른 어떤 것이 존재한다고 믿는다. 이는 [사람]이라는 말이 표시하는 사물에 보편적 또는 일반적이라는 명칭을 붙임으로써 스스로 속는 일이다. 왜냐하면 만일 누군가 화가에 마치 '인간 일반'이라고 할 만한 그런 인물화를 그리게 하고 싶다면, 화가는 자신이 그리고 싶은 사람을 택해서 그릴 것이다. 그리고 [그림 속의] 그 사람은 현재 존재하고 있거나, 과거에 존재했거나 또는 존재하게 될 사람 중의 어떤 사람일 수는 있지만, 그가 보편적인 사람은 아니다. 그러나 그가 화가에게 왕이나 특정 인물의 초상화를 그리게 하고자 했을 때 그는 자신이 선택한 한 사람만을 그리도록 화가에게 제한을 둔다.

그러므로 [세상에] 보편적인 것은 없고 오직 이름[명사]만 있을 뿐이라는 것은 명백하며[21] 따라서 그 이름[명사]들은 한계가 없는 것이라 불린다. 왜냐하면 이름에 한계를 짓는 것은 우리 자신이 아니라 듣는 이에 의해 활용

---

21 이 구절은 홉스가 유명론(nominalism)의 지지자임을 잘 드러내는 말이다. "세상에 이름 외에 보편적인 것은 없다." 『리바이어던』 4장 102쪽. 홉스는 둔스 스코투스와 윌리엄 오캄의 유명론 전통을 계승하고 있다. 영국 경험론과 유명론 그리고 프란치스코(Franciscan)의 주의주의(主意主義) 전통과의 관련에 대해서는 김용환, 『리바이어던-국가라는 이름의 괴물』, 살림, 2005, 57~58쪽 참고.

되도록 맡겨지기 때문이다. 반면에 그를 가리키며 '이 사람'이라고 말하거나 그에게 '고유한 이름'을 부여하거나 또는 어떤 다른 방식으로 그렇게 할 때처럼 개별적 이름(singular name)은 그것이 의미하는 많은 사물 중의 하나로 제한되거나 구속된다.

7. 모든 개별자 안에 들어 있는 같은 개념과 고려 사항이 (마땅히 그래야 하듯이), 보편적이면서 많은 것에 공통적인 명칭이 모든 개별자에게 항상 부여되는 것은 아니다. 이것이 바로 명칭 가운데 많은 것이 항상 같은 의미를 지니지 못하고 [원래] 부여된 것과는 다른 의미를 [우리] 마음에 불러오게 하는 원인이 된다. 이런 명칭들은 **애매한**(equivocal) 것이라 불린다. 예를 들면 신앙(faith)이라는 말은 종종 믿음(belief)과 같은 의미를 지닌다. 종종 신앙은 그리스도인이 되게 하는 믿음을 특별히 의미하기도 하며, 또 때때로 믿음은 약속을 지키는 것을 의미하기도 한다. 또한 (전문가에 따르면) 모든 은유(metaphor)는 애매하다. 그리고 여러 가지 말의 문맥이나 발음과 몸짓의 다양성으로 인해 애매하지 않은 단어는 거의 없다.[22]

8. 이러한 이름의 애매함은 그 이름이 부여된 개념[의 의미를] 복구하기 어렵게 만든다. 그리고 이런 애매함은 [다른 사람의 말을 들을 때] 단어 자체는 물론 말의 취지, 계기 그리고 구성까지 고려해야만 하는 다른 사람의

---

22 애매함(equivocation)과 모호함(vagueness)의 차이점을 구분할 필요가 있다. 한 단어의 의미가 두 가지 이상으로 사용될 때 이 단어는 애매하다고 말한다. '죄'라는 단어는 종교적·사법적·도덕적인 죄의 의미를 모두 가지고 있다. 하나의 논증에서 두 개의 다른 의미인 '죄'를 사용할 때 애매성의 오류(fallacy of equivocation)를 범하게 된다. 반면 모호함이란 한 단어에 대한 정확한 정의가 어렵거나 불가능해서 그 경계를 구분하기 어려운 경우다. 예술과 외설의 경계가 모호한 경우가 그러하다.

말속에도 들어 있을 뿐만 아니라, 관습과 일상적인 언어를 사용함으로써 우리 자신의 개념을 모두 제대로 표현하지 못하는 우리 자신의 담론 안에도 들어 있다. 그러므로 단어, 문맥 및 언어가 다른 상황에서 벗어나고, 애매함에서 자신을 구해내고, 말한 것의 진정한 의미를 찾는 것은 사람에게 아주 큰 능력이다. 우리가 **이해**(understanding)라고 부르는 것이 바로 이것이다.

9. 이 대수롭지 않은 Be동사 '이다(is)' 또는 이와 동등한 '아니다(is not)' 동사를 활용해서 우리는 **긍정**(affirmation)과 **부정**(negation)이라는 두 가지 명칭을 만들 수 있는데, 스콜라철학(the Schools)에서는[23] 이를 명제라고 부르며, Be동사를 매개로 함께 결합된 두 개의 명사들로 이루어져 있다. 예를 들면, '인간은 살아 있는 피조물이다' 또는 '사람은 정의롭지 않다' 같은 명제다. 이 두 명제 가운데 전자는 긍정명제라 불리는데, '피조물'이라는 명칭이 긍정적(positive)이기 때문이다. 후자는 부정명제인데 '정의롭지 않다'라는 명칭은 [무엇인가] 결여된(privative) 것이기 때문이다.

10. 그것이 긍정적이든 부정적이든 모든 명제에서 뒤의 명칭[술어 부분]은 앞의 명칭[주어 부분]을 내포하고 있거나 아니면 뒤의 명칭이 앞의 명칭을 내포하고 있지 않거나 [둘 중 하나]다. 예를 들면, '자선은 덕(德)이다'라

---

23 홉스의 작품에서 the Schools는 넓게는 중세 아리스토텔레스 철학을 중심으로 한 스콜라철학을 의미하며, 좁게는 홉스 당시 근대과학의 새로운 세계관을 무시한 채 낡은 형이상학이나 신학 등을 교육하던 옥스퍼드나 케임브리지를 의미하기도 한다. 17세기 당시 영국 대학교육에 대한 홉스의 비판에 관해서는 서양근대철학회 엮음, 『서양근대교육철학』, 「홉스: 시민교육의 모델 찾기」, 서울대학교출판문화원, 2021 참고.

는 명제처럼 [술어] 덕 안에는 [주어] 자선이라는 이름 (그리고 그 외에도 많은 다른 덕)이 내포되어 있다. 그리고 이때 이 명제는 **참**(true)이거나 **진리** (truth)라 불린다. 왜냐하면 진리와 참된 명제는 모두 하나이기 때문이다. 그러나 '모든 사람은 공정하다'와 같은 명제처럼, [술어] '공정하다'에는 모든 사람을 내포하고 있지 않다. 왜냐하면 불공정한 사람이 훨씬 더 큰 부분을 차지하고 있기 때문이다. 그리고 이때 이 명제는 **거짓**(false) 또는 허위(falsity)라고 불린다. 허위와 거짓 명제는 같은 것이다.[24]

11. 나는 두 개의 명제, 그것이 모두 긍정명제이든 아니면 하나는 긍정, 다른 하나는 부정명제이든 이것을 가지고 어떤 방식으로 **삼단논법** (syllogism)이 만들어지는가에 대해서 서술하는 것을 자제하겠다.[25] 이제까지 명사, 명제에 관해 이야기된 모든 것들은 비록 필요하지만 무미건조한 이야기다. 그리고 여기가 만일 내가 더 들어가면 반드시 추구해야만 하는 그런 논리학의 전체 기술을 설명하기 위한 자리도 아니다. 게다가 그럴 필요도 없다. 왜냐하면 후에 내가 이 논의에서 내릴 결론이 잘 내려질지 아닐지를 충분히 분별할 수 있을 만큼 자연 논리학을[26] 잘 아는 사람이 거의 없기 때문이다. 단지 여기서 내가 말할 수 있는 것은, 삼단논법을 만드는 일

---

24 분석명제와 종합명제에 대한 설명이다. 주어 속에 술어의 내용이 포함되어 있으면 분석명제라 하고, 포함되어 있지 않고 술어 명제가 새로운 내용을 포함하고 있으면 종합명제라고 한다.

25 정언적 삼단논법에서 두 개의 전제 중 모두 긍정이거나 적어도 하나는 긍정명제여야 타당한 추론이 가능하다. 두 전제가 모두 부정명제인 경우는 매개할 수 있는 중명사(middle term)가 없기 때문에 결론을 내릴 수 없다.

26 자연 논리학(natural logic)이란 자연어를 사용해서 추론하는 전통적인 형식논리학을 의미한다. 아리스토텔레스의 연역 논리나 프랜시스 베이컨의 귀납논리학이 대표적이다.

을 우리는 **추리**(ratiocination) 또는 추론(reasoning)이라 부른다는 점이다.

12. 이제 사람이 경험을 통해 의심할 수 없는 것으로 알려진 원리를 가지고 추론할 때, 감각의 모든 기만과 단어의 애매함을 모두 피했다면, 그가 내린 결론은 정당한 논거에 따른 것이라 말할 수 있다. 그러나 어떤 사람이 자신의 결론에서 바른 추론을 통해 명백한 진리에 모순되는 무엇인가를 추론해낼 때, 그는 이성에 반하는 결론을 내렸다고 말할 수 있으며, 그런 결론은 불합리한 것(absurdity)이라 할 수 있다.

13. 한 개념에서 다른 개념으로 연결되는 필연적인 일관성을 기억해냄으로써 사람은 이름을 발명하게 되고, 이 발명이 사람을 무지에서 벗어나도록 하는 데 꼭 필요했던 만큼, 이름의 발명은 반대로 사람을 오류에 빠지게 만들기도 했다. 그런 만큼 말과 추론의 유익함에 힘입어 인간이 짐승보다 지식에 있어서 능가하지만, 반면 말과 추론에 동반하는 불편함 때문에 사람들은 오류를 범하는 일에서도 짐승을 능가한다. 참과 거짓은 짐승에게는 주어지지 않는 것이다. 왜냐하면 그 참과 거짓은 명제와 언어에 붙여진 이름이기 때문이다. 또한 짐승은 사람과는 달리 추론하지 않으며, 그런 추론을 통해 진리가 아닌 것에 또 다른 거짓을 덧붙이는 일도 하지 않는다.

14. 동일한 운동으로 점점 더 편해지고 습성이 생기도록 지속해서 [그 운동 방식을] 받아들이는 것은, 같은 방식으로 운동하는 거의 모든 물질적 사물의 본성에 가깝다. 그런 만큼 시간이 지나면서 같은 운동은 습관이 되게 하며, 습관이 생기기 위해서는 운동을 시작하는 것 이상 아무것도 필요치

않다. 사람의 정념들(passions)이 그의 모든 자발적 운동의 시작인 것처럼, 정념은 혀의 운동인 발화(發話)의 출발점이기도 하다.[27] 사람은 자신이 가진 지식, 의견, 생각 그리고 정념을 다른 사람에게 보여주기를 원하며, 이를 위해 언어를 발명했고, 언어를 수단으로 자신의 마음 안에서 일어나는 두서없는 이야기(discursion) —이는 앞의 4장에서 언급되었다—를 말의 담론(discourse of words)으로 전환시켰다. 그리고 이제 [마음에서 일어나는] 그 **추리**(ratio)는 [입으로 나오는] **연설**(oratio)이 된다. 대부분 관습은 엄청난 힘을 가지고 있어서 연설할 때 마음은 단지 그 첫마디만 제시할 뿐이고, 나머지는 습관적으로 따를 뿐 마음을 따르지는 않는다. 이는 마치 '파떼르 노스떼르(*pater noster*)' 같은 자기 주문을 외우듯, 거지가 자신의 보모, 친구 그리고 선생님에게 교육을 통해 배웠던 말과 태도를 한꺼번에 뭉뚱그려서 자기가 하는 말이 무엇인지 마음에 아무런 이미지나 개념도 없이 지껄이고 있는 것과 같다.[28] 이들은 스스로 배운 그대로 자식에게 가르친다.

이제 만약 우리가 앞의 2장 10절에서 언급했듯이 감각의 속이는 힘을, 그리고 이름들이 얼마나 불성실하게 결정되었고 얼마나 애매한지 그리고 정념에 따라 의미가 얼마나 다양하게 분산되었는지(무엇이 선이고 무엇이 악인지, 관대함과 방탕함, 용기와 만용이 무엇인지에 대해 두 사람이 동의하는 일은

---

27 passion은 정념으로, emotion은 감정으로 옮기는 것을 기본으로 하되 필요에 따라 교차해서 사용하는 것도 사실상 아무런 문제가 없다. 홉스는 정념이나 감정을 우리 내부에서 일어나는 자발적인 운동의 시작으로 해석하고 있다.

28 파떼르 노스떼르는 라틴어 주기도문의 첫 문장인 "*pater noster in caelis*(하늘에 계신 우리 아버지)"에서 우리 아버지를 붙여서 습관적으로 읽는 것을 말하며, 영어에서는 한 단어의 명사로 변하여 주님의 기도를 의미하기도 한다. 관용적인 감탄사 가운데 'O my God!'(오 마이 갓) 또는 '아이고, 아버지'처럼 두 단어를 붙여서 마치 한 단어처럼 습관적으로 읽으면서 거기에 맞는 아무런 이미지를 떠올리지 못하는 상황을 말한다.

거의 없다) 그리고 사람들이 추론할 때 얼마나 잘못된 추리나 오류에 빠지기 쉬운지를 고려한다면, 나는 다음과 같은 방식으로 결론을 내릴 수 있을 것이다. 즉 우리의 모든 지식, 감각의 첫 번째 근거에서 새로 시작하지 않고, 오류의 원인이 되는 것에서 시작해야 한다고 우기는 사람이 있다면 그가 그 많은 오류를 수정하는 일은 불가능하다. 그리고 책을 읽는 대신에 자기 자신의 생각을 질서 있게 읽어야 한다. 내가 그 유명한 교훈인 '**너 자신을 알라**(*nosce te ipsum*)'를 선택한 뜻이 여기에 있다.

6. 지식, 의견, 신념

1. 지식의 두 종류
2. 지식에 필요한 진리성과 증거
3. 증거의 정의
4. 과학의 정의
5. 가정(假定)의 정의
6. 의견의 정의
7. 신념의 정의
8. 양심의 정의
9. 어떤 경우 신념은 지식 못지않게 의심스럽지 않다

1. 세인트 알반(St. Alban)의 고향에서 어떤 선천성 시각 장애인이 알반 성인 또는 다른 성인에 의해 기적적으로 치유되었다는 꾸며진 이야기가 있다.[29] 그리고 그 자리에 있던 글로스터 공작이 기적의 진실성을 확인하기 위해 그 남자에게 물었다. '이것은 무슨 색깔인가?' 초록색이라고 대답하자 공작은 거짓을 대답한 죄로 그를 처벌했다. 왜냐하면 비록 그가 질문을 받은 그 사물의 색깔뿐만 아니라 초록과 붉은색 그리고 그 밖의 모든 다른 색을 새로 얻은 시력으로 구별할 수는 있지만 한눈에 초록색, 붉은색 또는 다른 색의 이름을 아는 일은 불가능하기 때문이다.[30]

29　세인트 알반 또는 세인트 알바누스(St. *Albanus*)는 영국 최초의 순교자로 알려져 있다. A.D. 3~4 세기에 걸쳐 활동한 것으로 알려져 있으나 정확한 시기는 특정되지 않고 있다.
30　선천적 시각 장애인이 기적적으로 시력을 얻었을 경우 색깔들 사이에 차이점이 있다는 사실은 알 수 있다. 그러나 그 색깔들의 이름을 들어서 알 수 있지만, 초록색을 초록색으로 특정

이를 통해 우리는 두 종류의 지식이 있다는 것을 알 수 있는데, 그중 하나는 오직 감각 또는 원초적 지식(2장 시작 부분에서 내가 이미 언급한 바가 있다) 그리고 이것들에 대한 기억뿐이다. 다른 하나는 과학 또는 참된 명제에 관한 지식 그리고 사물을 어떻게 부르는지에 대한 지식 그리고 이해력(understanding)에서 추론되는 지식이다. 이 두 종류의 지식은 모두 경험에 지나지 않는다. 전자의 경험은 우리 외부에서 우리에게 작용하는 사물의 결과에 대한 경험이며, 후자의 경험은 우리가 언어를 가지고 이름을 올바르게 사용할 때 갖게 되는 경험이다. 모든 경험은 (내가 말했듯이) 기억(remembrance)이지만, 모든 지식도 기억이다. 전자의 기록, 즉 우리가 책에 간직하는 기록은 역사라고 하지만 후자의 기록은 과학이라고 부른다.

2. 지식이라는 말속에는 두 가지 요소가 필수적으로 포함되어 있는데, 하나는 진리성[참됨]이고 다른 하나는 증거(evidence)다. 왜냐하면 참이 아닌 것은 결코 [참인 것으로] 알려질 수 없기 때문이다. 어떤 사람이 자신은 한 가지 일에 대해 잘 안다고 말한 후에 그 일이 거짓으로 드러나면, 그가 알고 있는 것은 지식이 아니라 의견에 불과하다는 것을 자백하는 것과 같다. 마찬가지로 비록 한 사람이 어떤 것을 진리라 주장하더라도 만일 그것이 진리라는 증거가 없다면, 그의 지식은 그것과 반대되는 것을 진리로 주장하고 있는 사람과 다를 바 없다. 왜냐하면 만일 진리가 지식이 되기에 충분하다면 모든 진리는 드러나기 마련인데 그것은 그렇지 않기 때문이다.

할 수는 없다. 왜냐하면 비교해서 구별해본 경험이 전혀 없기 때문이다.

3. 진리가 무엇인지는 앞의 장에서 정의를 내린 바 있으며, 증거가 무엇인지는 이제 시작하려고 한다. 그리고 증거란 한 사람의 생각과 말이 일치하는 것인데, 여기서 말이란 추론을 하면서 그의 생각을 나타내는 것이다. 왜냐하면 사람이 [생각 없이] 말로만 추리할 때, 그의 마음은 단지 [추론의] 시작만을 제안할 뿐, 말하는 습관에 따라 입에서 나오는 말들과 그의 마음의 생각들이 일치하지 않기 때문이다. 비록 그가 참된 명제를 가지고 추론을 시작하고 완벽한 삼단논법에 따르고, 그럼으로써 항상 참된 결론을 끌어낸다고 하더라도, 아직 생각과 말이 일치하지 않기 때문에 그의 결론이 명백한 것은 아니다. 만일 말만으로도 충분하다면, 앵무새도 말하는 만큼 진리를 말할 뿐만 아니라 [진리를] 배울 수도 있다. 수액이 줄기와 가지를 따라 올라가 그것들이 생명을 유지하도록 하는 한 수액이 나무에 필요한 것처럼 증거는 진리에 필요하다. 수액이 줄기와 가지를 버리면 그것들은 죽는다. 우리의 말이 의미하고 있는 이런 증거는 진리에는 생명과도 같다. 증거가 없으면 진리는 아무런 가치도 없다.

4. 따라서 우리가 **과학**(science)이라 부르는 지식이 곧 진리의 증거가 된다는 것을 나는 감각의 어떤 시작점이나 원리를 가지고 정의했다. 왜냐하면 명제를 구성하는 말이나 개념—이는 항상 마음 안에 있는 생각인데—이것의 의미를 인식하기 전까지는 결코 명제의 진실성 여부가 분명하지 않으며, 또한 우리의 감각을 통해 동일한 개념을 만들지 않고서는 그러한 개념을 기억할 수도 없기 때문이다. 따라서 지식의 첫 번째 원리는 우리가 이러저러한 개념들을 갖고 있다는 것이며, 두 번째 원리는 우리가 사물에 이러저러한 이름을 붙이는데 그 때문에 사물은 개념이 된다는 것이다. 세 번째 원리는 참된 명제를 만드는 방식으로 그러한 이름들을 결합했다는 것

이며, 네 번째이자 마지막 원리는 결론을 얻는 방식으로 우리가 그러한 명제들을 결합했다는 것이다. 그리고 이 네 단계를 통해 결론이 명백하게 알려지고 그 결론의 진리성 역시 드러난다고 할 수 있다. 이들 [네 단계]에서 두 종류의 지식이 생기는데, 전자는 사실에 대한 경험(experience of fact)이며, 후자의 지식은 진리에 대한 증거(evidence of truth)다. 만일 사실에 대한 경험이 아주 중요한 것(great)이라면 이는 분별력(prudence)이라 불리고, 만일 진리에 대한 증거가 많이 축적된 것(much)이라면, 고대나 근대의 저술가들은 이를 보통 사피엔스(Sapience) 또는 지혜(wisdom)라고 불러왔다.[31] 후자, 즉 [진리에 대한 증거의 축적]은 오직 사람만이 할 수 있는 일이며, 전자, 즉 [중요한 사실들에 대한 경험]은 동물들 역시 [일부분] 축적할 수 있다.

5. 어떤 한 명제가 분명하지는 않지만, 다른 명제들과 결합함으로써 결국에는 우리가 어떤 결론을 내릴 수 있다고 인정될 때 그 명제는 가정(假定)된 것이라고 할 수 있다. 따라서 결론에서 결론으로 계속 이어지는 이 동일한 과정은 우리를 터무니없고 불가능한 결론으로 이끌 것인지를 보여주는 일종의 긴 추론과도 같다. 만일 그 추론이 그런 [불가능한 결론으로] 이끈다면 우리는 그 가정이 잘못되었다는 것을 알 수 있다.

6. 그러나 많은 결론을 거치면서, 불합리한 점이 하나도 나오지 않는다면, 그때 우리는 그 가정이 개연성이 있는 것으로 생각한다. 마찬가지로

---

31 sapience, prudence 그리고 sophia는 모두 넓은 의미에서 지혜라고 옮길 수 있다. prudence는 실천적 지혜를 의미하는 phronesis의 영어 번역어로도 사용되고 있다는 점에서 지혜보다는 분별력이라 옮기는 것이 더 적절할 수 있다.

추론의 오류를 통해서나 또는 다른 사람에 대한 신뢰를 통해 우리가 진리로 인정한 것은 어떤 명제라도 개연성이 있는 것으로 생각한다.[32] 그리고 신뢰나 오류를 통해 인정된 모든 그런 명제를 우리는 안다(know)고 말하는 것이 아니라 그 명제가 참이라고 생각(think)하는 것이다. 그리고 그런 명제를 인정하는 것은 **의견**(opinion)이라 불린다.

7. 특히 그 의견이 신뢰를 바탕으로 다른 사람에게 인정되었을 때, 다른 사람은 그 명제를 믿는다고 말할 수 있으며, 명제에 대한 그들의 인정은 **신념**(belief) 또는 종종 믿음(faith)이라 불린다.

8. 우리가 보통 양심(conscience)이라는 말을 할 때 그 의미는 과학적 지식(science)을 뜻하거나 아니면 의견(opinion)을 말한다. 왜냐하면 사람들이 이러저러한 일이 참이라고 말할 때 그들은 양심을 걸거나 양심에 따라 그렇게 말한다. 그 일이 의심스럽다고 생각될 때 그들은 결코 그렇게 [양심을 걸고] 말하지는 않는다. 따라서 그들은 그 일이 참이라는 것을 알고 있거나 또는 안다고 생각한다. 그러나 자신의 양심에 따라 어떤 일에 대해 말할 때, 사람들은 자신이 하는 말이 참이라는 것을 확실하게 안다고 추정하지

---

32 여기서 말하는 추리의 오류란 귀류법(*reductio ad absurdum*)을 의미한다. 귀류법이란 잘못된 가정을 참된 전제로 삼아 출발한 추론은 결국 잘못된 결론에 이르게 되는데, 이 잘못된 가정을 깨닫기 전까지는 잘못된 전제를 참으로 생각하는 것이다. 잘못된 전제를 다시 부정하면 참된 가정을 알 수 있다. 즉 추리의 오류를 통해 역으로 진리를 발견하는 방법이다. 소크라테스의 반어법이 이에 해당한다. 또 '다른 사람에 대한 신뢰를 통해 진리로 인정'한다는 말은 잘못된 권위에의 논증이라 할 수 있다. 오류 추리의 종류 중 하나인 '권위에 의한 논증(appeal to authority)'은 권위가 있는 사람들의 주장을 존경하려는 일반적 심리에 근거하고 있다. 그 사람의 권위와 무관한 추론까지도 인정하려는 태도는 오류를 낳기 쉽다.

는 않는다. 그런데 사물에 대한 진실성뿐만 아니라 [사물에 관한] 지식에 대해 [자기] 의견을 가진 사람도 여전히 그 [양심이라는] 단어를 사용하고 있다는 점은 그대로 남아 있다. 따라서 사람들이 흔히 사용하는 양심이라는 단어는 [일종의] 의견을 의미하는데, 이때 의견이란 참된 명제가 수반되는 명제의 진실성 여부에 대한 의견이 아니라 그 진실성 여부에 대해 그들 자신이 알고 있다는 의미의 의견을 뜻한다. 따라서 나는 **양심**(conscience)을 증거와 관련된 [하나의] 의견이라고 정의하고자 한다.

9. 신뢰를 바탕으로 명제를 인정하는 신념(belief)은 많은 경우에 완벽하고 명백한 지식만큼이나 의심의 여지가 없다. 왜냐하면 어떤 원인 없이 존재하는 것은 세상에 없는 것처럼, 의심이 생기는 곳에는 의심을 살 만한 어떤 원인이 반드시 있어야만 하기 때문이다. 이제 다른 사람들의 보고를 통해 우리가 알게 된 많은 일이 있을 수 있으며, 그것에 대해서는 의심할 만한 어떤 이유를 상상하는 일조차 불가능하다. 왜냐하면 만일 온 세상이 자기를 속이려고 작당했다고 말하지 않는 한, 모든 사람이 알 수 있고 또 그 일에 대해 모두 동의한 것을 거슬러 반대하거나 그리고 (우리 역사의 대부분이 그런 것처럼) 모든 사람이 있는 사실 그대로 기록하는 것과는 다르게 기록할 만한 이유를 갖지 못하기 때문이다.

따라서 감각, 상상력, 산만한 이야기, 추리, 그리고 지식의 상당 부분은 우리의 지각력이나 사고력의 활동이라 할 수 있다. 우리가 [행위의] 동기(motive)라고 부르는 그 마음의 힘은 몸을 움직이게 하는 힘과는 구별된다. 왜냐하면 몸을 움직이게 하는 힘은 우리가 근력이라 부르는데, 이는 다른 신체들을 움직이게 만드는 힘이기 때문이다. 그러나 마음을 움직이게 하는 힘은 신체에 동물적 운동을 제공하는데, 그 신체 안에 마음의 힘이 존재한다. 그 마음의 활동이란 우리의 감정(affection)과 정념(passion)이며, 이것에 대해 지금 내가 말하려고 한다.

[행동의] 동기가 되는 기능

7. 기쁨과 고통: 선과 악

1. 기쁨과 고통, 사랑과 미움
2. 욕구와 혐오, 공포
3. 선과 악, 아름다움과 추함
5. 목적과 결실
6. 유익함, 효용, 헛됨(vain)
7. 희열
8. 혼합된 선과 악
9. 감각적 기쁨과 고통: 환희와 비통

1. 앞서 2장 8절에서 우리는 생각이나 환영 같은 것이 실제로는 두뇌 안에 있는 어떤 내부의 물체가 운동하는 것에 불과하다는 것과 그 운동은 그곳에서 멈추지 않고 계속해서 심장 쪽으로 진행하며 생명을 유지하는 데 꼭 필요한 운동에 도움이 되거나 방해하는 것이 틀림없다는 것을 보았다. 도움이 될 때 그것은 **기쁨**(delight), 만족 또는 쾌락이라 불리는데, 마치 생각이 두뇌 안에서의 운동인 것처럼 이것들은 심장 근처에서 일어나는 운동에 불과하다. 그리고 그 운동을 일으키는 대상은 유쾌하거나(pleasant) 기쁘게 하는(delightful) 것이며 또는 같은 뜻의 [다음과 같은] 다른 이름으로도 불린다. 라틴어에 기쁨(delight)을 뜻하는 유쿤다(*jucunda*)라는 말과

'…으로부터의 도움'을 뜻하는 아 유반도(*a juvando*)가 있다. 대상과 관련된 같은 기쁨은 **사랑**(love)이라고도 불린다. 그러나 그러한 운동이 약하게 되거나 생명 유지에 필요한 운동을 방해할 때 그것을 **고통**(pain)이라고 한다. 고통을 일으키는 것과 관련해서 그것은 **미움**(hatred)이라고도 할 수 있는데 이를 라틴어로 표현하면 종종 오디움(*odium*, 미움) 또는 때디움(*taedium*, 피곤함)이라고도 한다.

2. 쾌락과 고통 안에 들어 있는 이 운동은 또한 기쁨을 주는 사물 쪽으로 가까이 끌어당기거나 아니면 불쾌함을 주는 것에서 멀어지게 유도(誘導)하거나 자극하는 운동이기도 하다. 그리고 이 유도[하는 운동]이 의도(endeavor)[33] 또는 동물 운동의 내적 시작(internal beginning)이며, 대상이 즐거움을 줄 때 그 운동은 **욕구**(appetite)라고 한다. 그 대상이 불쾌함을 줄 때 현재 시점에서 주는 불쾌는 **혐오**(aversion)라 하고, [미래에] 예상되는 불쾌함은 **공포**(fear)라고 한다. 따라서 욕망(desire)이라고도 불리는 쾌락, 사랑 그리고 욕구(appetite)는 같은 사물에 대해 여러 가지를 고려하면서 다양하게 붙일 수 있는 이름이다.

3. 모든 사람은 자신을 즐겁게 하고 기쁘게 하는 것을 **선**(good)이라 부

---

33 의도(endeavor)라는 개념은 홉스 철학에서 중요한 개념 가운데 하나다. 물체 운동을 설명할 때나 심리적인 운동을 설명할 때 모두 적용될 수 있다. 물리학에서 사용하는 코나투스(*conatus*) 개념은 사물들이 그 내부에 가지고 있는 운동의 성향, 경향, 충동 등을 의미하며, 홉스는 마음의 운동을 설명하는 데에도 코나투스와 의도 개념을 함께 사용하고 있다. "눈에 보이는 행동이 나타나기 전 몸 안에서 일어나는 아주 작은 운동의 시작(단서)을 보통 의도라고 부른다." 『리바이어던』 77쪽. 의도에 관한 자세한 논의는 김용환, 『홉스의 사회·정치 철학』, 철학과현실사, 89~91쪽을 참고.

르고, 불쾌하게 하는 것을 **악**(evil)이라 부른다. 모든 사람은 체질이 서로 다른 것처럼 선과 악을 구별하는 공동의 기준에 관해서도 서로 간에 차이가 있다. 그리스 말로 ἀγαθόν(아가톤) ἁπλῶς(아플로스), 다시 말해 '단순한 선[34]과 같은 것은 존재하지 않는다. 왜냐하면 우리가 전능하신 하느님께만 부여하는 '선함(goodness)'조차도 우리[인간]에 대한 그분의 선하심이기 때문이다. 우리를 기쁘게 하거나 불쾌하게 하는 것들을 선과 악이라 부르는 것처럼, 사물이 갖고 있으면서 기쁘게 하거나 불쾌하게 만드는 특성이나 힘을 우리는 선함(goodness)과 악함(badness)이라 부른다. 그리고 그 선함을 나타내는 표시를 라틴어 한 단어로 표현하면, PULCHRITUDO(풀크리투도)라 부르고, 악을 표현하는 것은 TURPITUDO(투르피투도)라 부른다. 우리는 이 라틴어에 정확하게 대응할 수 있는 [영어] 단어를 갖고 있지 못하다.[35]

4. 우리가 감각을 통해 즉각적으로 갖게 된 모든 개념은 기쁨이나 고통, 욕구 또는 공포다. 마찬가지로 감각 이후에 이 개념들은 상상력이 되기도 한다. 그러나 그 개념들이 좀 더 약한 상상력이 될 때 그것들은 또한 조금 더 약해진 쾌락 또는 약해진 고통이라 할 수 있다.

5. 욕구는 우리를 기쁘게 하는 어떤 대상을 향한 동물적 운동의 시작이기 때문에 그 [욕구] 운동의 **목적**(end)은 그 대상을 획득하는 데 있다. 우리

---

34   원문에서 simply good이라 표현되고 있어서 '단순한 선'으로 옮겼으나 그 의미는 '순수한 선' 또는 '궁극적 선'이라는 의미가 더 적합할 수 있다.

35   pulchritudo(풀크리투도)는 영어로 beauty(아름다움, 미)를 의미하며, turpitudo(투르피투도)는 obscenity(외설스러움, 추함)을 의미한다.

는 이를 그 대상의 범위와 목표 그리고 목적인(final cause)[36]이라고도 부른다. 그리고 우리가 그 목적에 이르렀을 때 목적을 통해 얻게 된 기쁨을 **결실**(fruition)이라 부른다. 따라서 선(*bonum*)과 목적(*finis*)이 이름은 다르지만 동일한 대상을 다르게 보는 것뿐이다.

6. 그리고 목적에 관해서 어떤 이는 *Propinqui*(프로핀퀴), 즉 손아귀에 있다고 부르고, 다른 이는 *remoti*(레모티)라고 하며 더 멀리 떨어져 있다고 부른다. 그러나 얻기에 더 가까이에 있는 목적이 더 멀리 떨어져 있는 목적과 비교될 때, 가까이에 있는 것은 목적이라 하지 않고 멀리 떨어져 있는 목적을 얻기 위한 수단이자 방법이라 부른다. 그러나 고대 철학자들은 희열(felicity)을 최고 목적의 자리에 두었고, 그것에 이르는 방법에 관해 많은 논쟁을 했다. 그러나 그런 최고의 목적 같은 것은 이 세상에 존재하지 않으며, 유토피아를 넘어 그것에 이르는 길도 존재하지 않는다. 왜냐하면 우리가 사는 동안 우리는 욕망을 가지게 되며, 그 욕망은 더 먼 목적을 전제로 하기 때문이다. 더 먼 목적에 이르는 방법이나 수단으로서 우리를 기쁘게 하는 사물을 우리는 **유익한**(profitable) 것이라 부른다. 그것의 결실은 **유용**(use)하다고 하고 유익하지 않은 것들은 **헛된 것**(vain)이라고 부른다.

7. 모든 기쁨은 욕구이며 욕구는 더 멀리 있는 목적을 전제로 한다는

---

36 원문에서 사용된 final cause를 최종 원인이라 옮기지 않고 아리스토텔레스의 형이상학적 개념인 목적인으로 옮겼다. 그리스어 *αιτία*(아이티아)에서 라틴어 causa(카우사)로 옮겨지는 과정에서 원인이라는 개념이 스며들었지만, 아리스토텔레스가 사용한 원래의 개념에서는 더 멀어졌다. 여기서는 아리스토텔레스가 자연을 설명하는 방식 네 가지 가운데 하나인 목적인으로 옮겼지만 원인을 함축하기보다는 운동이 지향하는 최종 목적을 의미하는 것으로 이해하길 권한다.

것을 고려할 때, [욕구에] 만족이란 있을 수 없으며, [일련의] 과정 중에 있을 뿐이다. 그렇기에 사람들이 더 많은 재물, 명예 또는 다른 권력을 취하는 것을 보고 우리가 놀랄 필요는 없다. 따라서 사람들의 욕구는 계속해서 점점 더 커지게 된다. 그리고 한 가지 권력에서 최고 수준에 이르렀을 때, 그들은 종류가 다른 권력에서 남들보다 뒤떨어져 있다고 스스로 생각하는 한, 다른 권력을 추구한다. 그러므로 최고의 명예와 부를 얻었던 사람들 가운데 일부는 어떤 예술 분야에서 최고수가 된 것처럼 [거짓으로] 꾸몄다. 마치 네로황제가 음악과 시에서, 그리고 코모두스 황제가 검투사의 기술에서 그랬던 것과 같다. 그리고 그와 같은 일에 최고수인 것처럼 꾸미지 않는 사람들은 운동 시합이나 사업에서 경쟁할 때 자신들의 생각을 바꾸거나 다시 세우는 것을 모색해야만 한다. 사람들은 자신이 무엇을 해야 할지 모른다고 비통한 마음으로 당연하게 불평을 말하고 있지만, (지속적인 기쁨을 의미하는) **희열**(felicity)은 성공을 이룬 데 있는 것이 아니라 성공으로 가는 과정 안에 존재한다.

8. 이 세상에는 선과 악이 섞여 있거나 사슬처럼 반드시 서로 연결되어 있어서 상호 영향을 받지 않을 수 없는 그런 것들이 몇 가지 존재한다. 예를 들면, 죄를 지을 때의 쾌락과 처벌을 받을 때의 쓴맛은 서로 분리될 수 없는데, 대부분 노동의 수고로움과 [그 대가로 주어지는] 명예도 마찬가지다. 이제 그 전체 사슬 중에서 더 큰 부분이 선이면, 전체도 선이라 불리고, 악이 더 무거우면 전체도 악이라 불린다.

9. 두 가지 종류의 쾌락이 있다. 그중 하나는 신체의 감각 기관에 영향을 미치는 것으로 보이는데, 나는 이것을 **감각적**(sensual) [쾌락]이라고 부

른다. 이중 가장 큰 쾌락은 우리의 종족을 지속해서 보존하게 해주는 쾌락이며, 그다음은 사람이 자신의 몸을 유지하기 위해 먹어야 하는 쾌락이다.[37] 두 번째 종류의 쾌락은 신체의 어떤 한 부분에만 국한되지 않으며, 이는 마음의 즐거움이라고 불린다. 우리가 **환희**(joy)라고 부르는 것이 바로 그것이다. 마찬가지로 고통도 일부는 몸에 영향을 주기 때문에 몸의 고통이라 부르고, 어떤 고통은 몸에 영향을 주지 않는데, 이것은 [마음의 고통인] **비통**(grief)이라 불린다.

---

37 인간의 두 가지 기본 본능인 성욕과 식욕을 의미한다. 성욕이 종족보존 욕구라면, 식욕은 개체보존 욕구라 할 수 있다.

8. 감각의 쾌락: 명예

1·2. 감각의 쾌락이 있는 곳

3·4. 상상력 또는 힘의 개념에 관하여

5. 명예, 명예로운 것, 가치

6. 존경의 표시

7. 숭배

8. 정념[38]

1. 앞의 7장 1절에서 우리는 두뇌에서 일어나는 운동과 동요(agitation)를 개념이라 불렀고, 이 운동이 심장 쪽으로도 계속 진행되는데, 거기서의 운동을 정념이라 가정했다. 그로 인해 우리가 일반적으로 주목하는 모든 정념의 하나하나가 어떤 개념에서 나오는지를 최대한 조사하고 밝혀야 할 의무가 나에게 주어졌다. 기쁘게 하거나 불쾌하게 만드는 사물은 셀 수 없이 많고, 수많은 방식으로 작동한다. 그러나 사람들은 아주 적은 수의 정념에 대해서만 주목했으며, 그것 중에는 이름 없는 것들도 있다.

2. 우선 우리는 세 종류의 개념에 관해 고찰하고자 하는데, 그중 하나는

---

38 8장의 목차에는 8절이 표기되어 있지 않다. 본문 안에는 8절이 있기에 편의상 역자가 제목을 붙였다. 몰스워스의 홉스 전집(E.W.) Vol. IV에는 목차에도 본문에도 표기되어 있다.

감각이라는 현재의 개념에 관한 것이며, 다른 하나는 기억이라는 과거의 개념에 관한 것이고, 세 번째는 기대라고 하는 미래의 개념에 관한 것이다. 이것들은 모두 2장과 3장에서 명백하게 밝혀진 것들이다. 그리고 이 개념들 모두는 현재의 쾌락이라 할 수 있다. 그리고 우선 촉각과 미각에 영향을 주는 신체의 쾌락은 그것이 고유한 것인 한 이들 [쾌락에 관한] 개념은 감각 안에 있다. 마찬가지로 [본능적인 오감 외] 모든 쾌락도 감각 안에 있는데, 전에 내가 감각적 쾌락이라 이름 붙인 모든 정념도 쾌락이다. 그리고 그 반대의 정념들은 감각적 고통이다.

만일 어떤 냄새가 [본래부터] 고유한 냄새인 것이 있다면, [본래부터] 기분 좋은 향과 [본래부터] 불쾌한 향이 추가될 수 있다. 그런데 모든 사람이 경험을 통해 알 수 있듯이 대부분의 냄새는 고유한 냄새가 아니다. 냄새는 고유한 것이 아니기 때문에 같은 냄새라도 자기에게서 나는 냄새인데도 다른 사람에게서 나는 냄새처럼 보이면 불쾌함을 느끼게 된다.[39] 그러나 그 냄새가 다른 사람에게서 나는 것임에도 불구하고 우리 자신에게서 나는 것으로 생각되는 한 그 냄새는 불쾌하지 않다. 따라서 이들 냄새의 경우 불쾌함이란 고통의 개념이며 그로 인해 몸에 해로운 것일 수 있다. 따라서 냄새의 불쾌함은 현재에는 있지 않으나 다가올 악의 개념이다.

듣는 즐거움은 다양하며 청각기관 자체는 [듣는 즐거움]에 영향을 받지 않는다. 종소리나 [현악기] 류트(lute) 소리처럼 지속적이며 고르게 들리는 단순한 소리는 기분을 좋게 한다. 귀에 울리는 사물의 진동이 고르게 지속

---

39 대부분 사람이 경험적으로 인정할 수 있듯이 자신이 뀐 방귀 냄새는 그렇게 불쾌한 느낌을 주지 않는다. 심지어 아주 고약한 냄새라도 거부감이 그리 크지 않다. 그러나 다른 사람의 방귀 냄새는 그 냄새의 강도에 상관없이 불쾌한 느낌을 준다. 여기서 홉스가 한 언급의 의미는 냄새가 갖는 감각의 고유성이나 냄새의 본질이 없다는 것을 강조하고 있다는 점이다.

되는 한 그 소리는 쾌락을 준다. 그 반대는 문이 삐걱거리는 소리나 그 밖의 다른 소리로 귀에 거슬리는 소리라 불린다. 이런 소리는 몸에 항상 영향을 주지는 않고 단지 가끔만 영향을 준다. 공포감이 들 때 아래윗니가 부딪히며 내는 소리 같은 것이다. 화음 또는 함께 어우러지는 많은 소리는 같은 강도로 팽팽히 당겨진 똑같은 현들이 내는 하나의 소리처럼 같은 이유로 우리에게 즐거움을 선사한다. 높낮이가 다른 소리는 같거나 다른 소리를 번갈아 냄으로써 즐거운 소리를 낸다. 다시 말해 낮은음을 한 번 치기 위해 더 높은음을 두 번 침으로써 이 음들은 각각 두 번째는 함께 치게 된다.

'국부(局部) 운동에 관한 첫 번째 대화(the first dialogue concerning local motion)'에서[40] 갈릴레오에 의해 잘 입증된 바와 같이, 그곳에서 그는 또한 서로 5분의 1이 다른 두 개의 소리가 같은 음이 아닌 두 번의 소리 이후에 같은 음을 침으로써 귀를 즐겁게 한다는 것을 보여주고 있다. 왜냐하면 두 음 중 낮은음을 두 번 치는 동안 더 높은음을 세 번 치기 때문이다. 같은 방식으로 그는 서로 다른 음표의 차이 때문에 화음의 즐거움과 불협화음의 불쾌함이 있다는 것을 보여주었다. 음표의 연결로 이루어져 있고, 음의 강약과 길이를 통해 다양하게 이루어진 소리에는 또 다른 유쾌함과 불쾌함이 들어 있는데, 이들 중 즐거움을 주는 것을 선율이라고 부른다. 그러나 고백하건대 나는 어떤 이유에서 하나의 음색과 길이가 연속으로 이루어진 선율이 다른 선율보다 더 화음을 이루는지 알 수 없다. 그러나 추측하건대 그럴 만한 이유가 있을 것이다. 왜냐하면 여러 소리 가운데 어떤 것

---

40 갈릴레오의 두 대표적 저서에는 『역학 및 국부 운동과 관련된 두 가지 새로운 과학에 관한 수학적 담론(*Mathematical discourses concerning two new sciences relating to mechanics and local motion*)』과 『두 우주 체계에 관한 대화(*Dialogue concerning The Two Chief World Systems*)』가 있다.

은 특정한 정념을 흉내 내고 또 [감정이] 되살아나게 하는데, 그렇지 않고 서는 우리가 그 정념을 알아차릴 수 없으며, 다른 소리는 [정념을] 흉내 내거나 되살아나게 하지 않기 때문이다. 잠시라도 어떤 선율이 즐거움을 주지 않는다면 더 이상의 [감정] 흉내도 없다.

또한 시각적 쾌락도 색깔의 어떤 일정한 균일성에 있다. 왜냐하면 모든 색깔 중에서 가장 찬란한 색깔은 빛인데 이는 대상의 균일한 활동을 통해 만들어지며, 반면 (빛의 간섭 때문에 만들어진) 색깔은 앞의 2장 8절에서 언급되었듯이 균일하지 않은 빛이기 때문이다. 따라서 색깔은 그 안에 균일성이 많으면 많을수록 더욱 빛난다. 그리고 화음이 다양한 소리로 이루어져 귀를 즐겁게 해주듯이 다양한 색깔들의 혼합은 다른 어떤 혼합보다 눈에는 더 조화롭게 보일 수 있다. 음악에 재능이 있는 사람들에게만 생기는 또 다른 청각적 기쁨이 있다. 이것은 본질이 다른 기쁨이며, (시각적 기쁨들처럼) 현재의 [감각] 개념이 아니라 그들 자신의 재능 안에 들어 있는 [미래의 개념인] 환희(rejoicing)다. 그 본질이 다른 정념이 다음에 내가 말하고자 하는 정념이다.

3. 미래에 관한 개념은 지난 과거의 일에 대한 기억을 통해 같은 일이 발생할 수 있다는 하나의 가정에 불과하다. 우리는 개념을 낳게 하는 힘을 가진 무엇인가가 지금까지 존재한다는 것을 알고 있을 때, 미래에도 그것이 존재하게 되리라 생각한다. 그리고 이제 그 어떤 것이 이후에 또 다른 것을 산출해낼 힘을 가질 수 있는지 알 수는 없지만, 기억을 통해서 이전에도 그처럼 만들어냈다는 것을 알 수는 있다. 그러므로 미래에 관한 모든 개념은 무언가를 산출해낼 힘과 관련된 개념이다. 그러므로 미래의 쾌락을 기대하는 사람은 누구나 자신 안에 어떤 힘이 있으며, 그 힘을 통해 쾌락

을 얻을 수 있다는 것을 동시에 생각해야만 한다. 그리고 이어서 내가 말하고자 하는 정념은 미래의 개념, 즉 과거의 힘과 미래에 취해야 할 행동의 개념으로 구성되어 있기에, 논의를 더 진행하기에 앞서 나는 다음 절에서 이런 힘에 관해서 무엇인가 언급해야만 한다.

4. 내가 말하고자 하는 이 힘은 1장에서 언급된 몸과 마음의 기능과 같다. 다시 말해 영양 공급과 생식, [몸을 움직이게 하는] 동기 등 몸의 기능이나 지식과 같은 마음의 기능을 말한다. 이것들 외에도 더 큰 힘을 얻을 수 있는데, 이를테면 부, 권위 있는 자리, 우정 또는 호의 그리고 행운 같은 것들이다. 이 중 마지막 행운은 실제로는 오직 전능한 하느님의 도움에 불과하다. 이런 힘과 반대되는 것들은 무능력, 허약 또는 앞서 언급된 각각의 힘들이 결핍된 상태다. 그리고 한 사람의 힘은 다른 사람이 가진 힘의 영향력에 대해 저항하고 방해할 수 있기에, 그 한 사람의 힘이란 단순하게 말해서 다른 사람의 힘을 능가하는 초과분의 힘만을 뜻한다. 서로 대립하는 동등한 힘은 서로를 파괴한다. 그리고 이들 힘의 대립을 경합(contention)이라 부른다.

5. 우리에게 힘이 있다는 것을 알게 해주는 표시는 그 힘에서 나오는 여러 행동이며, 다른 사람에게 그 힘을 알게 해주는 표시란 일반적으로 그러한 힘에서 나오는 행동, 몸짓, 외모와 언어 능력 등이다. 그 힘을 인정받는 것은 **존경**(honour)이라 불린다. 그리고 (마음속으로) 한 사람을 존경한다는 것은 그와 겨루거나 비교하는 다른 [어떤] 사람보다 그 사람이 힘에서 차이가 있거나 우월한 힘을 가졌다고 생각하거나 인정하는 것이다.

존경받을 만한(honourable) 것이란 한 사람이 힘을 가지고 있거나 다른 점에서 그의 경쟁자를 능가한다는 것을 인정하기 위한 표시다. 예를 들면, 외모가 활기차고 자연스럽게 발그스레한 안면 홍조 같은 표시는 그 사람이 아름답다는 것을 나타내는데 이는 존경받을 만한 것이며, 이는 자녀 생산 능력과 그 밖의 많은 점에서 앞서고 있다는 표시다. 이성에 대한 일반적인 평판도 마찬가지인데 왜냐하면 그 표시도 [위와] 같은 것에서 나온 것이기 때문이다. 강한 신체와 막힘이 없는 힘에서 나오는 행동도 존경받을 만한 표시인데, 이는 마치 전투나 결투에서 승리하는 것처럼 행동의 동기가 되는 힘을 나타내는 표시이기 때문이다. "그녀의 남자를 죽이는 것"[41]과 같은 일이 그것이다.

또한 위대한 업적을 위해 위험을 무릅쓰고 모험하는 일도 우리 자신의 힘을 믿는다는 생각에서 따라 나오는 표시일 수 있다. 그리고 그런 생각은 힘 자체에 대한 하나의 표시다. 또 가르치거나 설득하는 일도 존경받을 만한 일인데, 이런 것들은 지식을 갖고 있다는 표시이기 때문이다. 부(富)도 존경받을 만한 것인데, 이는 획득한 재산이 힘을 표시하기 때문이다. 그리고 선물, 소비 그리고 웅장한 집과 화려한 의상 같은 것들은 모두 부의 상징으로 존경받을 만한 것들이다. 귀족의 신분은 조상들이 지녔던 권력의 표시로서 돌이켜 보면 존경받을 만하다.

권위도 마찬가지로 존경받을 만한 것인데, 이것은 힘, 지혜, 호의 또는 부의 표시이며, 이것들을 통해 확보할 수 있기 때문이다. 그리고 행운이나 우연한 번영도 존경받을 만한 일이다. 왜냐하면 그것은 신이 베푸는 호의 표시이며, 우리가 노력해서 얻은 것과 마찬가지로 행운이 우리에게 가져다

---

41 et à avoir tué son homme(그리고 그녀의 남자를 죽이다). 이는 고통받고 있는 사랑하는 여인을 위해 고통의 가해자인 그녀의 남자(애인) 또는 남편을 죽이기 위해 결투를 신청할 수 있고, 그 결투에서 승리해 그녀의 남자를 죽이는 행위는 정당할 뿐만 아니라 존경받을 만하다.

준 모든 것이 신의 도움 덕분이기 때문이다. 그리고 이들 표시와는 반대뇌거나 결함이 있는 것은 존경받을 만한 것이 못 된다. 명예와 불명예의 표시에 따라 우리는 한 사람의 가치나 **값**(worth)을 추정하고 또 매기게 된다. 따라서 사람이 사물을 [활용] 할 수 있는 모든 사용 가치를 부여할 때처럼, 사물에는 아주 많은 가치가 매겨지게 된다.

6. 존경을 나타내는 여러 표시를 통해 우리는 한 사람이 다른 사람의 힘과 가치를 인정하고 있음을 인식하게 된다. 이를테면, 찬양하기, 칭찬하기, 축복하기 또는 행복[한 사람이라고] 부르기, 기도하거나 탄원하기, 감사하기, 누구에게 [무엇인가를] 바치거나 선물하기, 복종하기, 주의를 기울여 경청하기, 신중하게 말하기, 누구에게 점잖게 다가가기, 거리 유지하기, 양보하기 등인데, 이런 것들은 하급자가 상급자를 존경스럽게 만드는 것들이다.

상급자가 하급자에게 보여주는 존경의 표시에는 이런 것들이 있다. 그의 경쟁자 앞에서 그를 찬양하거나 더 좋아하기, 그의 말을 더 기꺼이 들어주기, 그에게 더 친근하게 말하기, 그를 더 가까이 두기, 그를 우선해서 고용하기, 더 나아가 그에게 조언을 구하는 일, 그의 의견을 좋아하기, 그에게 돈보다는 다른 선물을 주기 또는 만일 그에게 돈으로 준다면, '나를 거지로 보나'라고 느끼지 않을 만큼 주어야 한다. 왜냐하면 돈이 필요한 사람보다는 거의 필요하지 않은 사람에게 [돈을 줄 때] 더 [자존심 상하고] 빈곤함을 크게 느끼기 때문이다.[42] 그리고 이 정도면 존경과 힘의 기호를 나

---

42 예를 들면 서비스 업종의 경우, 적절한 봉사료를 받을 때 받는 사람은 자존심 상하지 않으며 자신이 가난해서 받는 느낌을 갖지 않는다. 그러나 그 액수가 너무 적을 때 받는 사람은 자존심 상하게 되며, 어떤 경우에는 주는 사람에게 '살림에나 보태 써라' 거절할 수도 있다.

타내는 사례로 충분하다.

7. 경의(reverence)는 우리가 다른 사람에 대해 갖게 되는 개념이다. 그는 우리에게 선을 베풀 수도 있고 상처를 줄 수도 있는 힘을 가지고 있지만, 우리에게 상처를 주려는 의지를 갖고 있지는 않다.

8. 사람들이 가진 쾌락 또는 그들에게 행해진 명예나 불명예의 표시 때문에 생긴 불쾌감은 각각의 정념들의 본질 안에 있으며, 우리는 다음 장에서 이에 대해 언급하려고 한다.

9. 마음의 정념들

1. 열망하는 영광, 거짓 영광, 헛된 영광
2. 겸손과 낙심
3. 수치심
4. 용기
5. 분노
6. 복수심
7. 회개
8. 희망, 절망, 자기 확신의 결핍[자신 없음]
9. 신뢰
10. 연민과 완악(頑惡)한 마음
11. 분개
12. 경쟁심과 시샘
13. 웃음
14. 울음
15. 색욕
16. 사랑
17. 자선
18. 감탄과 호기심
19. 위험을 보기 위해 몰려드는 자들의 정념
20. 관대함과 비겁함
21. 경쟁 중에 표출된 정념에 관한 견해

1. **영광**(glory) 또는 마음속의 자랑이자 승리감은 경쟁하는 사람의 힘보다 우리 자신의 힘이 더 우위에 있다고 상상하거나 생각하는 데서 오는 정

념이다. 외모나 묘사할 수 없는 다른 몸짓 외에도 영광의 정념을 드러내는 표시는 과장된 말이나 오만한 행동으로 나타난다. 그런 말과 행동을 통해 사람을 불쾌하게 만드는 정념은 오만(pride)이라 불리며, 말과 행동을 통해 사람을 기분 좋게 만드는 정념은 자신에 대한 정당한 평가라고 규정한다. 우리의 힘과 값어치에 대한 이런 상상은 우리 자신의 행동에 대한 확고하고 확실한 경험일 수 있으며, 그때 그 상상력은 공정함을 찬양하고 근거가 확실하며, 뒤따라 나오는 다른 행동을 통해 같은 정념이 증가한다는 생각을 낳는다.

우리가 **열망하는 것**(aspiring)이라 부르는 욕구는 그 상상력 안에 있으며, 한 단계의 힘에서 다른 단계의 힘으로 나아가는 데 있다. 같은 정념[영광]이 우리 자신의 행동에 대한 자각이 아니라 다른 사람의 평판과 기대를 통해서도 생길 수 있으며, 이를 통해 자신에 대해 훌륭하다고 생각할 수는 있지만 [타인에 의해] 속는 것이기도 하다. 이것은 **거짓 영광**(false glory)이며, 그에 따른 야심 찬 결과는 비참한 성공만을 초래한다. 이에 더하여 결코 하지도 않은 행동을 자신이 한 것처럼 생각하는(이것 역시 상상력) 허구적 행동도 뽐내는 일이지만, 그 허구적 행동은 아무런 욕구도 갖지 않으며, 더 이상의 어떤 노력도 시도하지 않기 때문에 그것은 단지 공허하고 무익한 행동일 뿐이다. 이는 마치 한 사람이 소설을 읽으면서 스스로 [소설 속 인물의] 행동을 하는 것처럼 상상하거나 또는 훌륭한 행동을 하는 다른 사람을 자신과 똑같다고 상상할 때와 같다. 이것은 **헛된 영광**(vain glory)이라 불리며, 마차 바퀴 위에 앉은 파리가 스스로 말하길, '내가 일으키는 먼지 좀 봐!' 하는 것처럼 우화를 통해서도 그 예를 찾아볼 수 있다.[43]

---

43 여기서 말하는 우화는 이솝우화를 말하며, 수레바퀴 위에 앉아 있는 파리가 허풍을 떨며 하

헛된 영광을 표현하는 말에는 우리가 소원(wish)이라고 부르는 것도 있는데, 이를 몇몇 학자들[Schoolmen, 스콜라 철학자들]은 나머지 모든 욕구와는 구별되는 어떤 욕구를 지칭하기 위해 전에는 있지 않았던 새로운 정념에 이름 붙일 때 실수로 불완전한 욕망(velleity)이라는 새로운 단어를 만들어냈다.[44] 몸짓으로 나타내는 헛된 영광의 표시들은 다른 사람을 흉내 내고, 이해하지도 못하는 일에 주의를 기울이도록 속이는 일이며,[45] 유행에 빠지게 하고, 자신의 꿈과 자신의 국가, 이름 등을 가지고 자신의 미미한 이야기를 꾸며 명예를 추구하도록 획책하는 일이다.

2. 영광에 반대되는 정념은 **겸손**(humility)이라 불리는데, 이는 우리 자신에게 약점이 있다는 판단에서 생기며, 그 약점을 시인하는 사람들이 그렇게 부른다. 그 밖의 다른 사람들은 [자신의 약점을] **낙심**(dejection)이나 빈약함(poorness)이라 부르는데, 이 낙심의 개념은 근거가 있을 수도 있고 또는 없을 수도 있다. 만일 근거가 있다면, 그것은 어떤 일을 성급하게 시도하려고 할 때 공포감(fear)을 자아내며, 근거가 없다면, 쓸데없는 공포감(vain fear)이라 불리는데, 이것과 반대되는 것이 헛된 영광(vain glory)이다. 쓸데없는 공포감은 행동으로 옮겨야 할 어떤 다른 표시도 없이 [막연한] 힘에

는 말이다. fly sitting on the axletree라는 이 말은 영어에서 일종의 관용어로 사용되고 있다. 실제로는 아무런 힘도 없는 사람이 마치 자신이 대단한 사람인 것처럼 과대망상에 빠진 사람을 지칭할 때 사용할 수 있다. 프랜시스 베이컨은 「헛된 영광에 대하여(On Vainglory)」라는 글에서 이 우화를 이솝의 것으로 추정하고 인용하고 있다.

44 불완전한 욕망이란 아직 행동으로 나타나지 않은 약한 욕망을 의미한다.

45 [편집자 주] "자신들이 가지지 못한 미덕의 표시를 속이고 침범하는"으로 문서 (C) Egert.에 포함되어 있고, 하드윅 문서 (H)에도 '이해(understand)'라는 말을 지우지 않은 채 같은 구절이 있다.

대한 공포에서 나오는 것이다. 이는 마치 어린아이가 귀신에 대한 상상 때문에 어두운 곳으로 들어가는 것을 두려워하거나 모든 낯선 이들을 적으로 보는 공포감과 같다. 헛된 공포는 사람을 철저하게 위협하는 정념으로서 그가 감히 공개적으로 말을 하지 못하게 만들고, 어떤 성공적인 행동도 기대할 수 없게 만든다.

3. 올바른 근거에서 자존감을 가진 사람인데도 불구하고 그 [낙심이라는] 정념이 초래하는 성급한 행동 때문에 자신 안에 어떤 결함이나 약점이 있다는 것을 발견하게 되고, 그것에 대한 기억이 그를 낙심시키는 일은 종종 일어난다. 이런 정념을 **수치심**(shame)이라고 부르는데, 이 정념은 그가 성급한 행동을 할 때 냉정하게 해주고 또 확인시켜 줌으로써 향후 조금 더 조심하게 만든다. 수치심이 약점을 나타내는 것일 때 이 정념은 불명예스러운 일이 되고 마찬가지로 수치심이 [자신의 약점을 잘 알게 해주는] 지식을 나타내는 것일 때는 명예로운 일이 된다. 수치심의 표시는 얼굴이 붉어지는 것인데, 자신의 결점을 의식하고 있는 사람들에게는 덜 발생한다. 왜냐하면 그들은 자기가 알고 있는 약점을 인정하기 때문이다.

4. 넓은 의미에서 **용기**(courage)는 어떤 악의 현존 앞에서도 두려움을 갖지 않는 마음이다. 그러나 조금 더 엄격하고 일반적인 의미에서 용기란 사람들이 한 사람을 끝까지 반대해서 그가 상처를 입고 죽음에 이르더라도 이를 개의치 않는 감정이다.

5. **분노**(anger) (또는 갑작스러운 용기)는 현재의 방해를 극복하고자 하는 욕구나 욕망에 지나지 않는다. 분노는 보통 모욕당했다는 생각에서 나오

는 비통한 마음으로 정의되어 왔다. 그런데 이 정의는 우리의 경험을 통해 종종 반박되고 있는데, 생명도 없고, 감각도 없어서 결국 우리를 업신여길 수 없는 사물 때문에도 분노의 감정이 일어나는 경험을 보면 그러하다.

6. **복수심**(revengefulness)은 우리에게 상처를 입히는 사람이 [결국] 자기 행동이 스스로에게도 해롭다는 것을 알고 인정하게 만드는 기대감 또는 상상에서 생기는 정념이다. 그리고 이것은 수준 높은 앙갚음이다. 악을 악으로 갚음으로써 자신의 진실을 무기로 자기 적대자를 불쾌하게 만드는 일은 어렵지 않을 수 있다. 그렇지만 그 복수를 적대자가 인정하도록 만드는 일은 너무 어려워서 많은 사람은 그렇게 하기보다는 차라리 죽음을 택했다. 복수의 목표는 적을 죽이는 데 있지 않고 적을 [심리적으로] 포로가 되거나 복종하게 만드는 데 있다. 이 점은 황제의 복수를 좌절시키기 위해 감옥 안에서 자살한 어떤 사람에 관한 티베리우스 황제의 절규를 통해서 잘 표현되었다. "그가 나에게서 벗어났단 말인가?"[46] 증오하는 사람들은 스스로 두려움에서 벗어나기 위해 죽이는 일을 목표로 삼지만, 복수는 승리를 목표로 삼되 죽은 자를 이기는 것이 승리는 아니다.

7. **회개**(repentance)는 자신이 저지른 행동이 [원래] 도달하고자 하는 목적에서 벗어나 있다는 것을 생각하거나 알았을 때 나오는 정념이다.[47] 회

---

46 로마의 티베리우스 황제는 자신의 조카인 게르마니우스의 죽음에 연관되어 있다며 시리아 총독이었던 그나이우스 칼푸르니우스 피소(Gnaeus Calpurnius Piso, ?~A.D. 19)에게 사형 판결을 내린다. 피소는 사형이 집행되기 전에 감옥에서 스스로 목에 칼을 찔러 자결한다. 그렇게 함으로써 피소는 황제의 복수를 좌절시킨다.

47 회개는 두 가지 요소로 이루어져 있는데, 하나는 목적에서 벗어남이고, 다른 하나는 뒤에 알게 됨이다. 목적에서 벗어났다는 것은 화살이 과녁에서 벗어나는 것을 의미하는 hamartia

개의 효과는 더는 그런 방식으로 행동하지 않는다는 데 있으며, 목적을 생각해서 스스로 더 나은 방향으로 나아가게 해준다. 따라서 이 정념 안에서 일어나는 첫 번째 [감정] 운동은 비통함(grief)이다. 그러나 바른길로 다시 돌아가고 있다는 기대나 생각은 환희(joy)다. 결과적으로 회개의 정념은 비통함과 기쁨의 [요소]가 섞여 있고 서로를 완화시켜 준다. 그러나 회개에서 지배적인 [감정]은 기쁨이며, 만일 그렇지 않다면 전체가 비통함일 텐데 그런 것은 있을 수 없다. 목적을 향해 나가는 사람은 선을 마음에 품는 만큼, 그런 욕구를 가지고 나아가게 된다. 그리고 욕구가 기쁨이라는 것은 앞의 7장 3절에서 이미 말한 바 있다.

8. 나쁜 일이 일어날 것이라는 예상에서 공포감이 생기듯이 **희망**(hope)은 좋은 일이 생길 것이라는 기대에서 나온다. 여기에 여러 원인이 있다면, 어떤 것은 우리에게 좋은 일을 기대하게 만들고, 어떤 것은 나쁜 일을 예상하게 만드는데, 이것들은 우리 마음 안에서 번갈아가며 일어난다. 만일 우리에게 좋은 일을 기대하게 하는 원인이 나쁜 일을 예상하게 하는 것보다 더 크다면 그 전체 정념은 희망이라 할 수 있다. 만일 그 반대라면 전체는 공포의 정념이다. 완전하게 희망이 상실된 상태는 **절망**(despair)이며, 일정한 정도의 절망은 [자신 없는] **자기 확신의 결핍**(diffidence) 상태다.

와 뜻을 공유한다. 그리고 뒤에 알게 되었다는 것은 영적인 개종을 의미하는 라틴어 metanoia와 뜻을 공유한다. 따라서 회개는 지난 일(죄, 잘못, 과녁, 목표에서 벗어나는 일)을 돌이켜 깨닫는 일이다. 참고로 『중용』 14장에 나오는 "활쏘기는 군자가 도를 행하는 것과 비슷하다. 활을 쏘아 화살이 정곡에서 벗어나면 그 원인을 자신에게 돌이켜 찾아야 한다(射, 有似乎君子, 失諸正鵠, 反求諸其身)"도 회개의 두 가지 요소가 모두 포함되어 있다.

9. **신뢰**(trust)란 우리가 선을 기대하거나 바랄 수 있는 그런 사람을 믿는 데서 생기는 정념이다. 따라서 같은 믿음에 근거해서 그에 대한 의심의 여지가 없기에 다른 길을 추구하지 않는 것이다. 불신 또는 자기 확신의 결핍 [망설임]은 의심하는 것인데, 이는 자신을 위해 다른 방법을 찾도록 시도하게 만든다. 그리고 이것이 신뢰와 불신이라는 단어의 의미이고, 신뢰는 사람이 결코 스스로 불신의 길로 가지 않도록 하며, 그가 불신할 때 신뢰가 유지되지 않는다는 것도 명백하다.

10. **연민**(pity)은 다른 사람이 겪고 있는 현재의 불운을 보면서 나에게도 닥칠지 모르는 미래의 재난을 상상하거나 가정할 때 생기는 정념이다. 그러나 우리가 똑같은 불운을 마땅히 겪을 것 같지 않다는 생각이 우연히 떠오를 때, 동정심(compassion)은 더 커진다.[48] 왜냐하면 이때 우리에게도 같은 일[불운]이 일어날 확률은 더 높아 보이기 때문이다. 죄 없는 무고한 사람에게 생길 수 있는 나쁜 일[불운]은 모든 사람에게도 일어날 수 있다. 그러나 우리 자신은 결코 저지를 것 같지 않은 중대 범죄를 저질러 놓고 고통을 겪고 있는 사람을 볼 때, 연민의 감정은 훨씬 적어진다. 따라서 사람들은 자기가 사랑하는 사람에게는 연민의 감정을 쉽게 느끼는 경향이 있는데, 그것은 그들이 사랑하는 사람은 마땅히 좋은 일만 생기고, 불행은 겪지 않아야 한다고 생각하기 때문이다. 마찬가지로 사람들은 이전에 결코 보지 못한 어떤 악에 대해서도 연민의 감정을 가질 수 있다. 그러므로 모든 면에서 존경을 받을 만한 사람이 교수형을 당할 때 여자들 사이에서

---

48 다른 사람의 행복이나 행운보다 불행이나 재난에 대해 동정심이나 연민의 감정을 갖는 일이 더 쉽다. 더 나아가 나에게도 그런 불행이나 재난이 닥칠 수 있다면 다른 사람의 불운에 더 공감하기가 쉽다.

연민의 감정이 일어나는 것을 보게 된다.[49] 연민의 반대 감정은 **완악한 마음**(hardness of heart)인데, 이는 아둔한 상상력 또는 자신들은 불행 같은 것을 겪지 않을 것이라는 극단적이고 과도한 믿음 또는 거의 모든 사람에 대한 증오심에서 생기는 감정이다.

11. **분개**(indignation)는 그럴만한 가치가 없다고 생각되는 사람들이 훌륭한 성공을 거두었다는 생각에서 나오는 일종의 비통한 감정이다. 그러므로 사람들은 자기가 미워하는 모든 사람을 가치가 없다고 생각하면서, 그들이 누리는 행운뿐만 아니라 그들 자신이 가진 미덕에 대해서도 무가치하다고 생각한다. 마음의 모든 정념 중에서 이 두 가지, 즉 분개와 연민은 웅변술을 통해 가장 쉽게 생기기도 하고 증폭되기도 한다. 겹쳐서 일어나는 재난과 정상을 참작할 만한 잘못은 연민의 감정을 증폭시킨다. 사람의 가치를 깎아내리거나 그의 성취를 과장하는 것(이것은 웅변가의 몫이다)은 두 정념(연민과 분개)을 모두 격분으로 변하게 만들 수 있다.[50]

12. **경쟁심**(emulation)은 자신의 역량으로 조만간 경쟁자와 대등하거나 뛰어넘을 수 있다는 희망과 함께 자신의 경쟁자보다 스스로 더 능가하거

---

49 "연민은 일종의 고통스러운 감정인데, 고통을 받을 만하지 않은 사람이 겪는 고통스러운 악을 볼 때 생기는 감정이다."아리스토텔레스, 『수사학의 기술(*The Art of Rhetoric*)』, 2권 8절 (1385b).

50 웅변가는 대중을 선동할 때 군중심리를 잘 활용할 줄 아는 사람이다. 논리적인 설득보다는 심리적인 호소를 통해 자신이 말하고자 하는 바를 설득하려는 기술을 동원한다. 넓게는 대중에의 논증(Argumentum ad Populum)이라 할 수 있고, 좁게는 연민에의 논증(Argumentum ad Misericordiam, appeal to pity)과 분노에의 호소(appeal to indignation)라고 할 수 있다. 이런 논증은 모두 논리적 오류(logical fallacy)다.

나 뛰어넘는다고 보는 데서 생기는 비통한 감정이다. 그러나 **시샘**(envy)은 [경쟁심과] 같은 감정으로서, 자신의 경쟁자에게 닥칠 수 있는 얼마간의 불운에 대해 상상하면서 거기서 느껴진 쾌락과 결합된 비통한 감정이다.

13. 이름 없는 정념이 하나 있는데, 우리가 **웃음**(laughter)을 지을 때 얼굴이 일그러지는 표정이 그 정념을 나타내는 표시이며 이는 항상 기쁨을 나타낸다. 그러나 우리가 웃을 때 어떤 즐거움인지, 무슨 생각을 하는지 그리고 어느 점에서 의기양양한가에 대해서는 이제까지 누구도 분명하게 밝히지 못했다. 재치 안에 웃음이 있다거나 또는 그들이 그렇게 부르듯 익살스러운 농담 안에 웃음이 있다고 하는 이런 경험은 오류라는 것이 입증되고 있다. 왜냐하면 사람들은 불운이나 외설스러운 행동에 대해서도 웃음을 짓는데, 거기에는 재치나 익살스러움이 전혀 없기 때문이다. 웃음 짓게 만드는 것이 무엇이든 간에 그것이 진부하고 평범해졌을 때는 같은 것이라도 더는 우스꽝스럽지 않기 때문에 [웃게 만들려면] 그것은 새롭고 예기치 않은 것이라야만 한다.

사람들은 기대 이상으로 수행하지 못한 자신의 행동에 대해서도 종종 웃는다.[51] (특히 자신이 잘하는 모든 일에 대해 박수받고 싶은 욕심이 있는 경우에 그러하다.) 마찬가지로 자신이 한 농담에 대해서도 웃는다. 그리고 이 경우 그 웃음의 정념은 자신 안에 웃게 만드는 어떤 능력이 있다는 뜬금없는 생각에서 나온다. 또한 사람들은 다른 사람의 약점을 보고도 웃는데, 약점의 비교를 통해 자신의 능력이 [더 돋보이도록] 설명하려고 한다. 또한 사람들은 익살스러운 농담을 하면서도 웃는데, 그 농담 안에 들어 있는 재치는

---

51 계면쩍고 민망한 웃음이 여기에 해당한다고 할 수 있다.

다른 사람의 어떤 어리석음을 격조 있게 찾아내고 또 우리 마음에 전달해 주기도 한다. 그리고 이 경우에도 웃음의 정념은 우리 자신이 우세하고 탁월하다는 뜬금없는 상상력에서 나온다. 다른 사람의 약점이나 어리석음과 비교함으로써 우리 자신에게 좋은 평판을 얻게 하는 것에는 이 밖에 무엇이 더 있는가? 농담 하나가 나한테나 내가 관여한 친구들의 불명예를 누설할 때 우리는 거기서 결코 웃음 짓지 않는다.

따라서 결론을 내리자면, 웃음이라는 정념은 다른 사람의 약점과 비교하거나 또는 이전의 자신과 비교하면서 우리 자신 안에 있는 어떤 탁월함을 갑작스럽게 생각할 때 나오는 뜬금없는 큰 기쁨에 불과하다. 사람들은 자신의 지난 과거의 어리석은 일들이 갑자기 기억났을 때 그것에 대해서도 웃음 짓지만, 그들에게 현재의 치욕을 불러오는 것에 대해서는 웃지 않는다. 그러므로 사람들이 [과거의 어리석은 행위에 대해] 가증스럽게 웃음 짓거나 비웃는 것, 즉 의기양양하는 것은 놀라운 일이 아니다. 다른 사람의 기분을 상하지 않게 웃는 웃음이 되려면 그 사람 [자체]가 아니라 그의 어리석음과 약점 [자체]를 향한 웃음이어야 하며, 거기에 있는 모든 친구가 함께 웃을 수 있는 웃음이어야만 한다. 자기 자신에 대해 뽐내며 웃는 사람은 나머지 모든 사람이 질투심을 갖게 만들고 자신들[의 능력을] 자문하게 만든다. 게다가 다른 사람의 약점이 곧 자신이 승리하는 데 충분한 일로 생각하는 것은 헛된 영광이며 아무런 가치도 없는 주장이다.

14. 이제까지 설명한 웃음과 반대되는 정념은 **울음**(weeping)인데, 그 표시는 눈물을 흘리며 표정이 일그러지는 것이다. 이 정념은 갑작스럽게 자신과 갈등이 생기거나 내가 부족하다는 느닷없는 생각에서 나온다. 그래서 아이들은 자주 운다. 아이들은 자기가 원하는 것은 모두 자기에게 주어

져야만 한다고 생각하기 때문에 이에 대한 모든 퇴박은 필연적으로 자기 기대가 갑작스럽게 저지된 것으로 보며, 원하는 모든 것에 대해 마음대로 하기에는 자신이 너무 나약하다는 점을 마음에 새기게 된다. 같은 이유로 여성은 자신의 의지를 갖는 데 더 익숙할 뿐만 아니라 자신을 보호하는 다른 사람의 권력과 사랑을 통해 자신의 힘을 측정하려는 습관이 있기에 남성보다 더 잘 우는 경향이 있다.[52]

남자들은 적대자에게 복수하고자 하는데 그 적대자가 회개함으로써 복수가 갑작스레 멈추게 되거나 좌절되었을 때 우는 경향이 있다. 이런 것을 화해의 눈물이라고 한다. 또한 마음이 여린 사람들은 불쌍한 사람들을 보면서 그들을 도울 수 없다는 것을 생각할 때 이런 [울음의] 정념에 사로잡히게 된다. 그 밖에 남자들이 우는 울음은 대부분 여성과 어린아이들이 우는 것과 같은 원인에서 나온다.

15. 사람들이 **색욕**(lust)이라고 부르는 욕구 그리고 그 욕구와 관련 있는 성취는 감각적 쾌락이지만 그것만이 전부는 아니다. 그 안에는 마음의 기쁨도 있다. 왜냐하면 색욕은 두 가지 욕구가 함께 이루어져 있는데, 남을 기쁘게 하는 욕구와 기쁨을 받는 욕구다. 사람들을 즐겁게 하는 것에서 얻는 기쁨은 감각적인 것이 아니라 마음의 쾌락 또는 즐거움인데, 이것은 즐겁게 할 수 있는 많은 힘을 가지고 있다는 상상력에 달려 있다. 그러나 그

---

52 21세기 문맥에서 홉스가 여성을 어떻게 이해하고 있는가를 평가하는 일은 우스운 일이 되기 쉽다. 여성이 남성보다 눈물을 더 잘 흘리는 이유를 위에서 본 것처럼 해석하는 것은 문제가 있어 보인다. 여성이 남성보다 자기 의지가 더 강하다는 주장에는 동의하기 어려우며, 여성이 자신의 힘을 자기를 보호하고 있다고 믿는 후견인(예를 들면, 남편, 애인, 친구 등)의 권력과 친밀함에 의존하고 있다는 평가는 남녀 모두에게 타당해 보인다.

색욕이라는 이름은 비난하는 의미에서 사용되고 있다. 그렇지 않다면 그것은 일반적인 말로 사랑이라 불린다. 식욕이 자연스러운 것처럼, 색욕은 이성을 향해 모든 사람이 가진 무한한 욕망이다.[53]

16. 사랑에 대해서는 이미 7장 1절에서 언급한 바 있는데, 그곳에서 사랑은 현재의 어떤 선이 이루어낸 성과물을 통해 사람이 취할 수 있는 기쁨으로 이해되었다. 그리고 그 절에는 사람들이 서로 간에 품고 있는 사랑 또는 서로 간에 친구로서 얻는 기쁨도 포함되어 있다. 이런 것들을 보면 사람은 본성적으로 사회적 [동물]이라 할 수 있다. 그러나 그리스 사람들이 Ἔρως(에로스)'라고 부르는 **사랑**(love)의 또 다른 종류가 있는데, 이 말은 남자 또는 여자가 사랑에 빠졌다고 말할 때의 의미다. 이 정념은 [남성과 여성이라는] 성의 다양성 없이는 불가능한 만큼 에로스적인 사랑이 앞의 15절에서 언급된 무한한 욕망과 관계되어 있다는 것은 부인될 수 없다.

같은 욕망이지만 한 인간의 한계가 없는 욕망과 제한된 욕망 사이에는 큰 차이가 있다. 그리고 이 후자의 욕망이 시인들의 위대한 주제인 사랑이다. 그러나 시인들의 찬양에도 불구하고 사랑은 '필요(need)'라는 말을 통해 정의되어야만 한다. 왜냐하면 사랑은 욕망을 느끼는 사람[상대방]이 존재해야만 하는 필요성이 있는 개념이기 때문이다. 만일 사랑하는 사람에게 희망이 동시에 있지 않다면, 이 사랑의 정념이 생기는 원인은 항상 또는 대부분 사랑하는 사람이 가진 미모나 다른 자질에 있는 것은 아니다. 이는 사람들 사이에 [신분상의] 큰 차이가 있는 가운데, 지체 높은 사람은 종

---

53 홉스는 모든 욕망을 마음과 몸 안에서 일어나는 운동으로 해석하고 있다. 따라서 욕망은 우리가 죽어야 끝이 나는 운동과 같다.

종 미천한 사람과 사랑에 빠지나 그 반대의 경우가 드물다는 것을 보면 알수 있다. 그러므로 대부분 경우 말솜씨가 좋고 헌신하는 태도에서 신뢰감을 주는 사람보다는 자신들의 인격 안에 있는 무엇인가에 희망을 걸고 있는 사람들이 사랑에 빠지는 행운을 훨씬 더 많이 갖게 된다. 그리고 걱정할 것이 많은 사람보다는 없는 사람이 사랑에 빠지는 데 더 유리하다. 이말은 [큐피드가] 화살을 모두 쏘아 탕진해버리듯 많은 사람은 자신들의 헌신하는 태도가 헛되게 되는 것을 깨닫지 못하면서, 결국 희망과 함께 자신들의 재치마저 잃어버리는 것과 같다.

17. 때로는 사랑이라 불리지만 조금 더 적절하게 말해서 선의(善意) 또는 **자선**(charity)이라 불리는 또 다른 정념이 있다. 능력이 있는 사람이 그 능력으로 자신의 욕망을 성취할 뿐만 아니라 다른 사람의 욕망까지 성취하도록 도와줄 수 있다는 것을 스스로 안다면 그에게 이보다 더 멋진 주장은 없다. 그리고 여기가 바로 자선이라는 개념이 자리하는 곳이다. 여기에는 우선 자식에 대한 부모의 자연스러운 애정이 포함되어 있는데, 그리스 사람은 이를 '스토리기(Storgi, Στοργή)'라고 부른다.[54] 마찬가지로 사람들은 자신을 지지하는 이들을 애정을 가지고 도우려 한다. 그러나 사람들이 낯선 이들에게 여러 번 자신의 이익을 나누는 그런 애정을 자선이라 부르지는 않는다. 그것은 그들 상호 간에 우의(友誼)를 확보할 수 있게 하는 계약(contract)이라 불리거나 아니면 상호 간에 평화를 추구하도록 만드는 공포(fear)라고 불린다.[55]

---

54 스토리기는 사랑의 일종인 애정(affection)을 의미한다.
55 홉스의 사회계약론을 이해하는 데 공포의 감정은 아주 중요한 기능을 한다. 특히 '만인에 대한 만인의 투쟁 상태'인 자연상태에서 각 개인은 '폭력적인 죽음에 대한 공포(fear of

『콘비비움(Covivium)』이라는 제목의 대화편에서[56] (대화방식에 따라 소크라테스의 입을 통해) 개진된 명예로운 사랑(honourable love)에 관한 플라톤의 견해는 다음과 같다.[57] 지혜나 다른 덕목을 가득히 품고 있는 사람은 자연스럽게 나이와 이해력에 있어서 아름다운 사람을 찾게 되는데, 그런 사람을 보면서 감각적인 것에 눈을 돌리지 않고서도 [지혜나 미덕]과 같은 것을 일으키고 만들어낼 수 있는 것을 보게 된다. 그리고 이것이 바로 당시 유명했던 젊고 아름다운 알키비아데스(Alcibiades)에 대한 현명하고도 절제된 소크라테스적 사랑의 이념이다. 여기서 사랑은 명예를 추구하는 것이 아니라 지식의 문제이며, 일반적인 사랑과는 반대로 그 사랑에는 때때로 [지식의] 문제가 따라 나오지만, 사람들은 그것을 추구하지 않고 즐거움을 주거나 받는 것을 추구한다. 따라서 사랑은 이런 자선이 되거나 아니면 다른 사람을 돕거나 성장하게 하는 욕구여야만 한다.

그런데 왜 지혜로운 사람은 무지를 추구해야 하거나,[58] 아니면 다른 사람보다 아름다운 사람에게 더 너그러워야만 하는가? 이 문제에는 좀 시간을 들여 음미해야 하는 무엇인가가 있다. 소크라테스가 절제력 있는 사

---

violent death)'에서 벗어날 수 없다. 따라서 자기 보호(self-preservation)라는 존재의 목적을 항구적으로 달성하는 일은 불가능하다. 이런 불확실성에서 오는 공포는 결국 사람들에게 평화를 확보하기 위해 합리적 선택을 하도록 유도하며 그 결과가 사회계약을 통한 안전의 확보다.

56 Convivium은 Symposium(『향연』)의 라틴어식 표현이다.

57 Diotima의 사랑의 사다리 또는 플라톤의 사랑의 사다리로 알려진 사랑의 여러 층계에 관한 논의가 『향연』에서 제기되고 있다. 6단계의 사랑이 있는데, 개별적인 몸에 대한 사랑, 모든 몸에 대한 사랑(차이에 대한 사랑), 영혼에 대한 사랑(도덕적 탁월함에 대한 사랑), 법과 제도에 대한 사랑, 지식에 대한 사랑, 사랑의 이데아에 대한 사랑이 그것들이다.

58 여기서 무지에 대한 추구는 델포이 신전 기둥에 각인된 '너 자신을 알라'는 격언이 곧 무지에 대한 자각을 촉구하는 의미로 해석되는 것과 관련되어 있다. 현명한 사람이 되기 위해서는 자신의 지식에 대한 한계, 즉 자신의 무지를 먼저 자각하는 일에서 시작되어야 한다.

람인 것은 인정받았음에도 불구하고, 문제는 절제력 있는 사람도 욕구를 충분히 만족시키는 사람보다 훨씬 더 많은 정념을 품고 있다는 점이나. 이 점이 바로 내가 플라토닉 러브가 단순하게 감각적이라는 것을 의심하는 이유이며, 노인이 젊고 아름다운 친구를 사귀는 것을 명예로운 요구(honorable pretense)라 하는 것이다.

18. 모든 지식은 경험에서 시작하기 때문에, 새로운 경험은 새로운 지식의 출발점이기도 하다. 그리고 경험이 늘어나는 것은 지식 확대의 시작이다. 따라서 사람에게 일어난 새로운 일이 무엇이든 그것은 그에게 희망을 주며, 전에는 알지 못했던 무엇인가를 알게 해준다. 새롭고 낯선 것에서 미래의 지식을 바라거나 기대하는 것은 보통 우리가 **감탄**(admiration)이라고 부르는 정념이다. 그리고 감탄을 욕구로 본다면 그것은 **호기심**(curiosity)이라 불리는데 이는 지식에 대한 욕구다. 구별하는 기능과 마찬가지로, 사람은 이름을 부여하는 기능에서도 동물을 포함한 모든 집단을 능가한다. 마찬가지로 사람은 이런 호기심의 정념에서도 짐승들의 본성을 뛰어넘고 있다. 한 짐승이 자신에게 새롭거나 이상한 어떤 것과 마주하게 되었을 때 그 짐승은 그 대상이 자신에게 도움이 될지 아니면 해로울 것 같은지로 식별하는데, [바로 그] 범위까지만 주의를 기울인다. 그런 다음 가까이 접근하거나 아니면 도망친다.

반면에 사람은 거의 모든 일에서 그 일의 원인이 무엇이고 어떻게 시작되었는지를 기억하며, 새롭게 일어나고 있는 모든 일에 대해서도 그 원인과 시작점을 찾는다. 그리고 이런 감탄과 호기심의 정념에서 [사물의] 이름을 짓는 일뿐만 아니라, 사물이 생겨났다고 생각되는 모든 원인에 대해서도 추정하는 일이 생겨났다. 모든 철학이 바로 여기서 시작되었다.[59] 천문학이 천체 운행에 대한 감탄에서 나온 것처럼 자연철학은 [물질의] 기본 요소와 다른 물체의 신기한 결과를 보면서 시작되었다. 그리고 사람들 사이에 있는 지식의 등급은 호기심의 정도에 따라 생겨났다. 왜냐하면 (지식의 관점에서 보면 단지 감각적인) 부와 권력을 추구하는 사람에게 호기심이란 그가 추구하는 목적(부와 권력)에 도움이 될 것인지 아닌지를 생각하는 것일 뿐, 낮과 밤이 태양이 움직여서 그런지 아니면 지구가 움직여서 그런지 또는 어떤 이상한 우연적 사건의 또 다른 계획인지를 생각해보는 일은 하나의 작은 심심풀이에 불과하기 때문이다. 호기심은 기쁨을 주는 것이기 때문에 모든 새로운 경험도 마찬가지로 기쁨을 주지만, 특히 새로운 경험으로부터 자기 자신의 지위가 올라갈 수 있는지 없는지를 생각하는 것은 기분 좋은 일이다. 그러나 그런 경우는 모든 도박꾼이 카드가 섞이는 동안 갖게 되는 [헛된] 희망에 영향을 받는 상태와 같다.

19. 이 밖에 다양한 정념이 있을 수 있지만 이름 없는 것들도 있다. 그렇지만 그중에 어떤 것은 많은 사람의 주목을 받아 왔다. 예를 들면, 폭풍우가 몰아치는 바다에서 위험에 빠진 사람들을 해안가에서 구경하거나 또는 전쟁터에서 양쪽 군대가 서로 공격하는 것을 안전한 성안에서 바라보며 쾌감을 느끼는 것은 어떤 정념에서 나오는 것인가? 확실하게 그것은 전체적으로 볼 때 기쁨이라 할 수 있다. 그렇지 않다면 사람들은 그런 광경을 보려고 떼로 몰려들지 않기 때문이다. 그렇지만 그 안에는 기쁨과 슬픔이 함께 존재한다. 왜냐하면 거기에는 색다른 경험과 현재 자신은 안전하다는

---

59 "놀라움, 감탄(thaumazein, wonder)이 철학의 유일한 시작이다." 이 말은 플라톤 (*Theaetetus*, 155d)과 아리스토텔레스(*Metaphysics*, 982b)가 모두 하고 있다.

생각이 들어 있는데 이것은 기쁨을 주며, 마찬가지로 연민의 감정도 있는데, 그것은 슬픔이기 때문이다. 그러나 그 기쁨이 지배석인 한, 사람들은 자기 동료의 불행에 대해 관망자로 남게 되는 경우에도 보통 만족한다.

20. **관대함**(magnanimity)은 영광(glory)에 지나지 않는데, 이에 대해서 나는 [9장] 1절에서 언급한 바 있다. 그러나 영광은 공개된 방식으로 자신의 목적을 달성하기에 충분한 힘을 갖고 있다는 확실한 경험에 근거한 정념이다. 그리고 **비겁함**(pusillanimity) [또는 소심함]은 그 힘에 대해 의심하는 것이다. 따라서 그 힘이 무엇이든 헛된 영광의 표시이면서 동시에 비겁함의 표시다. 왜냐하면 충분한 힘이야말로 영광을 우리의 목적에 다다르게 하는 원동력이 되게 만들기 때문이다. 참된 명성이거나 거짓 명성에 일희일비(一喜一悲)하는 것은 모두 헛된 영광에 대한 표시다. 왜냐하면 명성에 의존하는 사람은 자신의 힘으로 성공을 거둔 것이 아니기 때문이다. 마찬가지로 기술과 오류[60] 역시 비겁함의 표시인데, 왜냐하면 이것들은 우리 자신의 힘이 아니라 다른 사람의 무지에 의존하고 있기 때문이다.

분노에 대한 경향 역시 [비겁함과] 마찬가지인데, 분노는 논증을 계속하는 데 방해가 되기 때문이다.[61] 조상을 과시하는 것도 비겁함의 표시인데, 왜냐하면 모든 사람은 [조상을 포함해서] 다른 사람의 힘을 드러내 보이기

---

60 원문에서 art and fallacy로 표현되어 있는데, 여기서 기술(art)은 수사학의 기술(art of rhetoric)을 의미하며, 오류(fallacy)는 논리학이나 변증론에서 상대방을 설득하거나 반론하기 위해 동원되는 여러 종류의 논리적 오류를 의미한다. 예를 들면 무지에의 논증(fallacy of ignorance, Argumentum ad Ignorantio) 같은 것인데, 이는 상대의 무지를 이용하여 자신의 주장을 논변하는 방법이다.

61 토론하는 과정에서 상대방에게 밀린다고 생각되는 쪽은 논점을 흐리거나 논의 자체를 무력화시키기 위해 화(분노)를 내는 경향이 있다. 이런 전략은 전형적인 비겁함의 표시다.

보다는 자신이 힘을 가졌을 때 그 힘을 더 드러내 보이려는 경향이 있기 때문이다. [나보다 못한] 열등한 사람과 적대감을 가지고 다투는 것도 역시 비겁함의 표시다. 왜냐하면 그것은 싸움을 끝낼 수 있는 힘이 [내게] 없을 때 생기는 것이기 때문이다. 다른 사람을 조롱하는 것도 마찬가지로 비겁함의 표시다. 왜냐하면 그것[조롱]은 자신의 어떤 역량이 아니라 다른 사람의 약점을 이용해서 얻고자 하는 겉치레 영광이기 때문이다. 또한 우유부단함(irresolution)도 마찬가지로 비겁함의 표시인데, 이는 토의 [진행]을 어렵게 만드는 사소한 차이를 무시하고 [진행하기에] 충분한 힘이 없을 때 생기기 때문이다.[62]

21. 사람의 인생을 달리기 시합과 비교하는 일은 비록 [삶의] 모든 점을 담아낼 수는 없지만, 이 비교가 우리의 목적을 위해서는 아주 적절하다. 그렇기에 이를 통해 앞에서 언급된 거의 모든 정념에 관해 우리는 이해하고 기억할 수 있을 것이다. 그러나 이 시합에서 우리는 다른 목표나 월계관이 아니라, 가장 중요한 것만을 기대해야 한다. 그것은 다음과 같은 것들이다.

의도하는 것은 욕구다.

태만하게 되는 것은 몸의 속성이다.

다른 사람을 [자기] 뒤에 있다고 생각하는 것은 영광이다.

다른 사람을 먼저 생각하는 것은 겸손이다.

---

62 토론이나 회의 진행자가 우유부단할 때 회의는 공전하기 쉽고, 사소한 반대에 막혀 생산적인 결론에 이르지 못하는 경우가 자주 발생하게 된다.

근거 없는 회상은 헛된 영광이다.

마음에 붙들리는 것은 미움이다.

다시 마음을 돌리는 것은 회개다.

생기를 불어넣는 것은 희망이다.

지치는 것은 절망이다.

옆 사람을 추월하려는 시도는 경쟁심이다.

밀어내거나 무너뜨리는 것은 시샘이다.

예상되는 방해물을 헤쳐나가려는 결심은 용기다.

갑작스러운 방해물을 돌파하는 것은 분노다.

편하게 스스럼없이 해주는 것은 관대함이다.

아주 사소한 방해로도 설 자리를 잃게 되면 그것은 비겁함이다.

갑작스럽게 추락하는 것은 울게 만드는 경향이 있다.

다른 사람이 추락하는 것을 보는 것은 웃게 만드는 경향이 있다.

우리가 원하지 않는 사람이 퇴출당하는 것을 보는 것은 동정이다.

우리가 원하지 않는 사람이 훨씬 잘하는 것을 보는 것은 분개다.

다른 사람을 변함없이 끌어당기는 것은 사랑이다.

그를 계속해서 마음에 품는 것은 자선이다.

경솔하게 자신을 해치는 것은 부끄러운 일이다.

지속해서 외면당하는 것은 비참한 신세가 되는 것이다.

계속해서 전보다 더 나아지면 그것은 더없는 행복이다.

그런 방향에서 벗어나는 것은 죽는 일이다.

10. 분별하는 기능과
그 원인에 있어서 사람들 간의 차이

1. 재치의 차이는 두뇌의 기질 차이에 있지 않다

2. 그 차이는 중요한 체질의 다양성에 있다

3. 우둔함

4. 공상, 판단, 재치

5. 경솔함

6. 진중함

7. 둔감함

8. 다루기 어려움

9. 자기기만에서 생기는 광기

10. 등급이 있는 것처럼 보이는 어리석음

11. 광기 그리고 헛된 공포에서 생기는 광기의 등급

1. 앞에서 살펴본 바와 같이, 사람의 상상력은 두뇌에 가하는 외부 물체의 작용 또는 두뇌 내부의 어떤 물질에서 생긴다. 그리고 정념은 두뇌에서 생기고 심장까지 계속 이어진 변화로부터 생긴다. (사람들 사이에는 지식의 다양한 수준 차이가 있는데 이것이 두뇌의 여러 기질에서 비롯되는 차이보다 더 크다는 것을 볼 때), 다음 2절에서 다음과 같은 결과를 얻을 수 있다. 즉 우리가 다른 사람보다 더 우월한 어떤 사람을 매일 목격하듯 그러한 우열의 차이와 과잉 역량을 만들어내는 데는 무엇인가 다른 원인이 있다고 말하는 것은 자연스럽다. 그리고 병이나 우연한 심신 이상에서 생기는 차이에

관해서는 [논의하기에] 적절하지 않은 것으로 보여 여기서는 생략하고, 다만 그들이 건강을 잘 유지하고 신체 기관이 안정되어 있는 경우에만 고려할 것이다. 만일 그 [재치의] 우열 차이가 두뇌의 타고난 기질 차이에 있다면, 무엇보다도 먼저 감각에서도 차이가 나타나야만 하는데, 나는 그럴만한 이유를 상상할 수 없다. 왜냐하면 감각은 현명한 사람이나 그렇지 못한 사람이나 모두 똑같기 때문이다. 이로부터 우리는 모든 감각의 공통 기관, 즉 두뇌는 같은 기질이라고 추론할 수 있다.

2. 그러나 우리는 경험을 통해 모든 사람에게 기쁨과 슬픔의 원인이 같지 않다는 것과 또 사람마다 체질이 아주 달라서 어떤 사람에게는 생명을 유지하는 데 도움이 되거나 증진시켜서 그 결과 기쁨을 주지만, 다른 사람에게는 방해하거나 거슬리기에 슬픔의 원인이 된다는 것을 알 수 있다. 따라서 재치의 차이는 원래 정념의 차이와 그 정념의 욕구가 지향하는 목적[의 차이]에서 나온 것이다.

3. 첫째로, 감각적 기쁨을 목적으로 삼는 사람들 그리고 일반적으로 안락함, 식탐, 신체의 발육과 다이어트 같은 것에 중독된 사람들은 앞에서 내가 말했듯이 미래와 관련이 있는 명예와 영광에 대해 상상하는 일이 자신들의 목적[감각적 기쁨]에는 도움이 되지 않기에 그리 큰 기쁨을 느끼지 못한다는 것은 틀림없다. 왜냐하면 육체적 욕망은 감각적 쾌락에 있고 그 쾌락은 오직 현재만을 위한 것이며, 명예[를 높이는 일]에 도움이 되는 것들에 주목하려는 경향을 제거해버리기 때문이다. 결과적으로 사람들은 호기심이나 야망을 덜 갖게 되고, 그렇게 함으로써 모든 탁월한 인지력을 이루는 두 가지, 즉 지식이나 다른 힘을 얻는 길에 대해서도 덜 생각하게 된다.

사람들은 이것을 **우둔함**(dullness)이라 부르며, 이는 감각적이고 육체적인 기쁨만을 욕구함으로써 생겨난다. 그런 정념은 심장 주위에서 일어나는 마음의 운동이 무겁고 곤란할 때 시작된다고 추측될 수 있다.

4. 우둔함과 반대되는 것은 4장 3절에서 기술되었듯이 마음의 민첩한 움직임인데, 이것은 그의 마음 안에서 연이어 떠오른 것들을 서로 비교하는 호기심과 결부되어 있다. 사람은 사물을 비교하면서, 그 안에서 예상치 못한 유사성 아니면 상당한 상이성을 발견할 때 스스로 기뻐하는데, 이를 **공상**(fancy)이 가지는 탁월함이라고 한다. 이 공상에서 대단한 은유, 비유 그리고 다른 수사학적 기법들이 나오며, 시인과 연설가는 사물을 기분 좋거나 불쾌한 것으로 만들기도 하고, 자기 마음대로 다른 사람에게 좋게도 나쁘게도 보이도록 할 수 있는 힘이 있는데, 그 안에 공상의 탁월함을 가지고 있다. 또는 같아 보이는 사물이 갑작스럽게 서로 다르다는 것을 분별할 때도 그것을 가지고 있다.

사람들은 마음의 이런 힘을 가지고 정확하고 완전한 지식을 얻는다. 그리고 지식의 즐거움은 지속적인 가르침과 사람, 장소 그리고 계절들을 구분하는 데 있으며, 사람들은 이것을 보통 **판단**(judgment)이라 이름 붙였다. 왜냐하면 판단한다는 것은 다른 것이 아니라 구별하거나 분별하는 것이기 때문이다. 그리고 공상과 판단은 공통으로 **재치**(wit)라는 이름으로 이해되는데, 재치는 우둔한 사람들에게 있다고 추정되는 정신의 완고함과는 반대로 정신의 빈약함[공상][63] 그리고 정신의 기민함[판단]처럼 보인다.

---

63 공상을 정신의 빈약(貧弱)함으로 번역했으나 그 의미는 '증거가 부족함'이라는 뜻에 더 가깝다. 증거가 분명하고 충분한 것을 판단이라고 한다면, 공상은 그 증거가 부족한 상태를 말한다.

5. 마음에는 또 다른 결함이 있는데, 사람들은 이를 **경솔함**(levity)이라 부른다. 이는 마음의 활동이 과도하게 겉으로 드러나는 것이다. 그중 한 가지 예는 어떤 심각한 문제로 토론하는 사람들이 사소한 농담이나 재치 있는 말로 그들의 마음을 바꾸는 경우인데, 이는 [심각한] 논변을 잠시 제쳐둠으로써 이들을 담론의 길에서 벗어나게 만들고 이어서 계속 본론에서 벗어나 스스로 토론[의 방향]을 잃거나 꿈같은 이야기 또는 어디서 배운 황당한 이야기가 될 때까지 토론에서 벗어나게 만든다. 이런 과정에서 생기는 정념은 호기심인데, 이 호기심에는 너무 많은 것을 구별하지 않고 똑같이 보려는 경향이 포함되어 있다. 모든 사물이 똑같은 인상과 즐거움을 줄 때 그것들은 한꺼번에 같은 것으로 표현되기 때문이다.

6. 경솔함이라는 [마음의] 결함과 반대되는 미덕은 **진중함**(gravity) 또는 침착성(steadiness)이다. 진중함의 목적은 최고의 큰 기쁨이 되어 다른 모든 생각을 그 진중함의 길로 가도록 지시하고 유지하도록 하는 데 있다.

7. 극단적인 우둔함은 **둔감함**(stolidity)이라 불릴 수 있는 타고난 어리석음이다. 그러나 극단적인 경솔함은 비록 그것이 다른 것과 구별되고 또 타고난 어리석음처럼 모든 사람에게 분명해 보이지만 아직 그에 걸맞은 이름은 없다.

8. 그리스말로 아마티아(αμάθεια, Amathia)라 불리는 마음의 결함이 하나 있는데, 그것은 **다루기 어려움**(indocibility) 또는 가르치기 어려움을 뜻한다. 이것은 어떤 문제에 대해 그 진리[답]를 자신은 이미 알고 있다는 잘못된 생각을 우기는 것이다. 수학자한테서 배운 증거와 보통 다른 책에서

논증된 증거가 똑같지 않은 것처럼, 확실히 사람의 역량이 모든 점에서 그렇게 똑같은 것은 아니다. 따라서 만일 사람의 마음이 모두 백지와 같다면, 올바른 방법과 제대로 된 추론을 통해 전달된 것은 무엇이건 그들은 [그것을] 거의 똑같은 것으로 인정하려는 경향이 있다. 그러나 사람들이 한 번 참이 아닌 견해를 묵인하고 그것을 믿을 만한 기록으로 마음에 새겼을 때, 그런 사람에게 알기 쉽게 이야기하는 것은 이미 낙서로 가득한 종이 위에 알아보기 쉽게 글을 쓰는 일만큼이나 거의 불가능하다. 따라서 다루기 어려운 [가르치기 어려운] 직접적인 원인은 편견에 있으며, 편견은 자신의 지식에 대한 잘못된 생각에 그 원인이 있다.

9. 사람들은 마음에 있는 또 하나의 주요한 결함을 **광기**(madness)라 부르는데, 이는 다른 모든 사람보다 [자신이] 우월하다는 상상에 지나지 않는 것으로 보인다. 광기는 우리가 가진 [하나의] 정념이 아니라 정념에서 나오는 [결과물]이다. 그리고 이 개념은 과도한 헛된 영광 또는 허망한 낙심에 지나지 않는다. 다음과 같은 예들이 가장 그럴듯하게 보이는데, 그 예들은 겉으로 보기에 모든 사람에게 있는 약간의 자만심이나 낙심에서 기인하고 있다. 첫 번째로 우리는 자칭 그리스도라고 말하면서 설교단 대신에 칩사이드(Cheapside)[64] 거리에 있는 마차 위에서 설교하는 사람의 예를 들 수 있는데, 그런 [행위는] 영적 자만심 또는 광기라고 할 수 있다.

---

64 영국 런던의 중심가에 있는 거리 이름으로 세인트 폴 대성당으로 이어지고 있다. 대성당은 1666년 런던 대화재로 소실된 후 건축가 크리스토퍼 렌(Christopher Wren)에 의해 현재의 모습으로 재건축되었으나, 1087년 이후 대성당으로 지위가 격상된 후 동일한 자리를 지키고 있다. 홉스는 실제로 칩사이드 거리에서 재림 예수를 칭하며 이단사설(異端邪說)을 말하고 있는 사람을 실제로 목격했던 것으로 보인다.

우리는 또한 배운 사람의 광기에 관한 다양한 사례를 알고 있는데, 그 광기는 [배운] 사람이 자신의 능력을 기억하는 어떤 경우에도 분명하게 그의 마음을 혼란스럽게 만들어왔다. (내 생각에) 학식이 있는 미치광이 중에는 세상의 종말이 언제인지 그리고 다른 예언의 때를 안다고 말하는 사람도 포함될 수 있다. 돈키호테의 호쾌한 광기는 최상의 헛된 영광을 표현하는 것에 불과한데, 이는 비현실적인 영웅 이야기를 읽는 일이 소심한 사람에게 [헛된 영광을] 생기게 할 수 있는 것과 같다. 또한 분노와 사랑의 광기는 자신의 원수 또는 정부(情婦)에 대한 경멸로 머릿속이 가득 찬 사람의 커다란 분개심에 불과하다. 외모와 행동 면에서 [자기] 도취가 된 자만심은 여러 사람을 미치게 만들기도 했으며, 공상가라는 이름으로 설명될 수 있다.

10. 이런 예가 극단적인 것처럼, 광기에는 너무 많은 등급의 예도 있는데, 이것은 어리석은 행위라 생각될 수 있다. 한 사람이 어떤 증거도 없이 스스로 영감을 받았다고 생각하거나, 또는 다른 신기(神氣)가 있는 사람이 가진 것과는 달리 하느님의 성령의 어떤 효험을 가지고 있다고 말하는 사람은 1등급의 광기에 해당이 된다. 다른 사람이 쓴 그리스어 또는 라틴어 문장의 시구절(cento)[65]을 가지고 자신의 속마음을 지속해서 이야기하는 사람은 두 번째 등급의 광기다. 사랑하는 일이나 결투하는 일에서 아주 즉흥적인 의협심을 보이는 것은 세 번째 등급의 광기다. 어느 정도 [이상의] 분

---

65 cento(첸또)는 시 모음집을 의미한다. 특히 그리스의 호메로스나 로마의 베르길리우스 같은 시인의 시구절을 모아 만든 시집이다. 여기서 홉스가 말하는 첸또는 다른 사람의 글, 특히 그리스나 라틴어를 가지고 자기 생각을 현학적으로 표현하려는 사람들에 대한 비난이라 할 수 있다.

노는 악의이며, 어느 정도 [이상]의 애착은 변덕스러운 광기다.

11. 앞의 예들이 과도한 자기 평가[자만]에서 나오는 광기와 그 등급을 우리에게 보여주듯이, 또한 과도한 헛된 공포와 낙심에서 나오는 광기와 그 등급을 보여주는 다른 예들도 있다. 자신이 유리처럼 깨지기 쉬운 사람이라고 상상했거나 그와 비슷한 다른 상상을 한 우울한 사람들처럼, 그들의 등급[우울의 정도]은 우리가 보통 우울한 사람들한테서 발견하는 모든 터무니없고 이유도 없는 공포에 달려 있다.

11. 초자연적 사물의 이름에 대해
사람은 어떤 상상력과 정념을 갖고 있는가

1·2. 인간은 본성적으로 신의 존재를 알 수 있다

3. 신의 속성은 우리 사고의 결함 또는 신에 대한 존경심을 나타낸다

4. 영(靈)이라는 단어의 의미

5. 영이라는 개념과 비물질적이라는 개념은 [서로] 모순 개념이다

6. 이방인이 악마와 귀신을 가정할 때, 그것에서 생기는 오류

7. 성경에 나오는 영과 영감에 관한 지식

8. 우리는 어떻게 성경이 하느님의 말씀이라는 것을 안다고 말할 수 있는가

9·10. 우리는 어디에서 성서 해석에 관한 지식을 얻는가

11. 하느님을 사랑하고 믿는다는 것

12. 하느님을 공경하고 경배하는 것

1. 지금까지 [우리는] 자연 사물과 그것에서 자연스럽게 생기는 정념에 관한 지식을 다루었다. 이제 우리는 자연 사물뿐만 아니라 초자연적인 것에도 이름을 부여하기 때문에 그 이름을 통해 어떤 의미와 개념을 가져야만 한다. 바로 이어서 가장 축복받은 이름인 하느님과 우리가 하느님께 돌린 그 덕목의 이름을 입으로 말할 때 우리 마음속에 떠오르는 생각과 상상이 무엇인지, 또한 영, 천사, 선과 악이라는 이름을 들을 때 마음속에 떠오른 이미지가 무엇인지를 고찰해보는 것도 자연스럽다.

2. 전능자 하느님은 이해할 수 없는 분이기 때문에 우리는 신에 대한 개념이나 이미지를 가질 수 없다. 그래서 결과적으로 신에 관한 모든 속성은

[달리 말하면] 신의 본질에 관해 생각할 수 있는 어떤 능력도 우리에게 없거나 부족하다는 점을 드러낼 뿐이며, 신이 존재한다는 것을 제외하고는 신에 관한 어떤 개념도 가질 수 없다. 왜냐하면 우리가 자연스럽게 인정하는 피조물에는 그것이 만들어지기 전에 먼저 그 피조물을 만들어내는 힘이 필연적으로 포함되어야만 하고, 이는 그런 힘을 가진 어떤 존재자를 전제하고 있기 때문이다. 무엇인가를 생산해낼 수 있는 힘을 가진 그런 존재자가 만일 영원한 것이 아니라면, 그 존재자도 그에 앞서 무엇인가에 의해 만들어졌어야만 한다는 것을 전제한다. 그리고 다시 한번 그 존재자도 그에 앞서 다른 무엇에 의해 만들어졌어야만 한다. 즉 모든 힘의 제일 첫 번째 힘 그리고 모든 원인 중의 최초의 원인인 그 영원한 것에 우리가 다다를 때까지는 무한 소급이 가능하다.

이것이 바로 모든 사람이 **신**(God)이라는 이름으로 부르는 존재이며, 영원성(eternity), 불가이해성(incomprehensibility) 그리고 전능함(omnipotence)이라는 특성이 신이라는 말 안에 함축되어 있다. 따라서 생각할 줄 아는 모든 사람은 비록 신이 어떤 존재인지는 알지 못하더라도 신이 존재한다는 것은 자연스럽게 알 수 있다. 이는 마치 시각 장애인으로 태어난 사람이 [불을 한 번도 본 적 없기에] 불이라는 것이 어떤 것인지 상상할 수는 없다 하더라도, 자신을 따뜻하게 해주는 무엇인가가 [외부에] 있고 그것을 사람들이 불이라 부르기에 그는 불이 존재한다는 것을 알 수 있는 것과 같다.

3. 우리는 보고, 듣고, 말하고, 알고, 사랑하는 등 이와 비슷한 속성을 전능하신 하느님에게도 부여하지만, 이 속성의 이름을 통해 사람들 안에 있는 무엇인가를 이해할 수 있어도 하느님의 본성에 관해서는 아무것도 이해하지 못한다. 왜냐하면 다음과 같은 적절한 추론이 가능하기 때문

이다. 눈을 만든 하느님이 보지 않을 것인가? 귀는 듣지 않을 것인가? 또한 이렇게 말할 수 있다. 눈을 만든 하느님이 눈 없이는 볼 수 없을까? 귀를 만드신 분이 귀 없이는 듣지 못할까? 아니면 두뇌를 만드신 그분이 두뇌 없이는 알 수 없을까? 심장을 만드신 분이 심장 없이는 사랑할 수 없을까? 따라서 신에게 부여된 속성은 결국 우리의 무능력함이나 우리의 숭배하는 마음을 나타내는 것과 같다. 우리의 무능력함이란 이해 불가능함과 무한함을 말하는 것이며, 우리의 숭배란 전능하고 전지하며 공정하고 자비로우신 신에게 최대의 찬미와 찬사를 보내며 갖는 마음이다. 그리고 성서에서 전능하신 하느님이 자신에게 그런 이름을 부여했을 때, 그것은 안트로포파토스(άνθρωποπαθώς, ánthropopathós) 곧 인간적인 방식으로 말하는 것이며, 그렇게 하지 않고서는 우리가 그분을 이해할 수 없다.

4. 우리는 영(spirit)을 아주 섬세해서 감각 기관에는 작용하지 않는 자연적 물체(body natural)로 이해하고 있다. 그러나 눈에 보이는 물체의 이미지를 가지고 파악하기 어려운 영의 한 부분을 보충할 수는 있다.[66] 따라서 영에 대한 우리의 개념은 색깔이 없는 모양으로 이루어져 있고 그 모습을 통해 크기가 이해된다. 결과적으로 영을 인식한다는 것은 크기를 지닌 무엇인가를 인식하는 것과 같다. 그러나 초자연적인 영은 보통 크기가 없는 어떤 실체를 의미하기 때문에, 영과 실체라는 두 단어를 딱 잘라 [구분해서]

---

66 영이라는 개념을 자연적 물체로 이해할 수 있다는 표현은 이상하게 보일 수 있다. 이를 이해하기 위해서는 홉스의 유물론을 전제로 해야만 한다. 『리바이어던』 12장에서 홉스는 하느님의 영을 물질적 실체로 보고 있다. 따라서 정신적 실체라는 개념은 존재하지 않는다. 하느님의 영도 물체인 한 운동을 하며, 이 운동을 통해 창조 활동을 한다. "하느님의 영이 그물 위를 감돌고 있었다."(『창세기』 1장 2절)

말하면 서로 모순된다. 따라서 하느님을 영이라고 부를 때 그분에게 부여하는 것은, 우리가 지각하는 어떤 사물에 대한 이름처럼 감각과 이해력을 부여하는 것이 아니라, 그분에게서 모든 물체적인 성질[크기와 부피]을 제거하고자 하는 마음에서 숭배의 의미만을 부여하는 것이다.

5. 어떤 사람은 비물질적 영(spirits incorporeal)이라 부르고, 또 다른 어떤 이는 물질적이라 부르기도 하는 [그 밖의] 다른 영들에 관해서, 마치 그것이 존재하는 것처럼 자연스러운 방법을 통해 [우리가] 충분히 아는 일은 가능하지 않다. 그리스도인으로서 우리는 선한 천사와 악한 천사가 있고, 그것들은 영이며, 사람의 혼(soul)도 영이며, 이런 영들은 죽지 않는 불사(immortal)의 존재라는 것을 인정한다. 그러나 그것을 안다는 것, 즉 그 영에 대한 자연적인 증거를 확보하는 일은 불가능하다. 왜냐하면 6장 3절에서 말한 바대로 모든 증거는 개념이며, 3장 1절에서 말한 대로 모든 개념은 상상력의 산물이며 감각에서 생기기 때문이다. 영은 감각에 나타나지 않으며, 따라서 개념적으로 지각될 수 없는 그런 실체라고 우리는 가정한다. 그러나 성서가 영을 인정하더라도 그 영이 비물질적이며, 말 그대로 크기와 양이 없는 것이라는 말은 어디에서도 하고 있지 않다. 내 생각에 성서 어디에서도 [영이] 비물질적이란 말은 없다.[67]

그러나 다음과 같은 말은 모두 영에 대해서 말하는 것이다. 즉 영은 사

---

67 홉스는 유물론자다. 오직 물체만이 실체로서 존재하며, 정신적 실체, 즉 비물질적 실체는 존재하지 않는다. 따라서 비물질적 물체라는 말은 그 자체로 모순이다. 데카르트의 정신과 물질이라는 두 실체론에 대해 홉스는 반론을 제기하고 있다. 이 두 철학자 사이에 놓여 있는 철학적 간극에 대해서는 메르센을 사이에 둔 두 사람 사이의 서간문들을 통해 확인할 수 있다. 김용환, 「홉스의 서간문에 나타난 철학적 논쟁들―홉스와 데카르트―」, 『철학 연구』, 제81집, 철학연구회, 2008, 21~43쪽 참고.

람들 안에 머무르며, 때로는 거주하고 때로는 다가오고, 강림하기도 하며, 들락날락하며, 그 영은 천사, 즉 전달자이기도 하다. 이 모든 말은 [한정된] 장소(locality)를 내포하고 있으며, 이 장소는 크기가 있다. 따라서 크기를 가진 것은 무엇이나 물체이며, 그렇게 포착하기 힘든 것도 결코 아니다. 내가 보기에 성서는 형체가 있는 천사와 영을 지지하는 사람들을 그것과는 반대로 주장하는 사람들보다 더 선호한다. 사람의 영혼에 관해 다음과 같이 말하는 것은 자연스러운 담론 내에서 보면 명백한 모순이다. 즉 이성과 계시 어느 것에도 근거하지 않은 채, 그러나 어둠 속에서 어린아이에게 나타나는 유령이나 잔상이라 불리는 것이 무엇인지 알지 못하는 무지에 근거해서 영혼은 '전체 안에 있는 전체(tota in toto)'이며, '몸의 모든 부분 안에 있는 전체(tota in qualibet parte corporis)'라고 표현하는 것은 모순이다. 그리고 유령과 잔상 같은 것은 내가 3장 5절에서 유령이라고 불렀던 것과 같은 심한 공포와 다른 강렬한 상상력의 산물이다. 그런 것을 물체처럼 우리 밖에 실제로 존재하는 사물로 간주하거나, 또는 물체와 달리 그것이 아주 이상하게 왔다가 사라지는 것으로 보면서, 그것을 비물질적 물체(incorporeal bodies)라는 말 외에 달리 어떻게 부를 수 있는가 하고 그들은 반문한다. 그러나 비물질적 물체, 이것은 하나의 이름이 아니라 모순된 말에 불과하다.

6. 세상에는 영이 존재하고, 그 영은 비물질적이라는 것을 이방인과 세상 모든 민족 대부분이 인정하고 있다는 것은 사실이다. 그럼으로써 사람은 성경 지식이 없어도 자연적 이성을 통해 영이 존재하는 것을 알게 된다고 생각될 수 있다. 그러나 앞에서 언급했듯이 이방인이 수집한 [영에 관한] 잘못된 자료는 귀신과 유령 그리고 다른 허깨비가 나타나는 원인에 관한

무지에서 비롯된 것일 수 있다. 그때부터 그리스 사람들은 많은 신과 선하거나 악한 다이몬(δαίμων, Daimon)[68]을 갖게 되었는데, 이는 모든 인류를 위한 그리스인의 창의적 산물이지만 그렇다고 해서 다음의 진리, 즉 영이 존재한다는 것을 인정하는 것은 아니며, 그것은 상상력이 만들어 낸 잘못된 속견(俗見)일 뿐이다.

7. 영에 관해 우리가 가진 지식은 자연계의 지식이 아니라 신앙심 깊은 성서의 저자들에게 내린 초자연적 계시에서 생긴 믿음이라는 것을 생각할 때, 우리 안에서 영이 활동하는 영감에 관한 지식 역시 모두 성서에서 나온 것이 틀림없다. 거기서 영감[69]을 주는 표징은 기적인데, 그 표징이 굉장하고 속임수를 써서 사람의 힘으로 할 수 있는 것보다 명백히 초월적일 때 기적이 된다. 예를 들면, 엘리야의 영감은 자신의 번제물을 기적같이 태움으로써 알려진 것과 같다.[70] 그러나 그 영이 선한 영인지 악한 영인지를 구별하는 표징은 우리가 사람이나 나무가 좋은지 나쁜지, 즉 행위와 열매를 보고 구별하는 것과 같다. 왜냐하면 사람들은 진리의 영에서 영감을 받을 뿐만

---

68 다이몬은 초자연적인 영적 존재로서 인간과 신의 중간에 위치하면서 인간의 길흉화복에 영향을 미치는 정령이라 할 수 있다. 플라톤의 『향연(Symposium)』 202d, 『소크라테스의 변명』 27c 참고.

69 inspiration을 영감으로 옮기고 있지만, 여기에는 보충 설명이 필요하다. 일상에서 사용하는 영감이라는 말이 주는 의미에는 종교적 색채가 거의 탈색되어 있다. 번뜩이는 아이디어가 머리에서 떠오를 때도 영감을 받아서 그렇다고 표현하는 것이 그런 경우다. 그러나 이 작품 안에서 사용하는 영감은 종교적 색채가 더 강하다. inspiration의 라틴어 어원은 *inspirare* 인데 이는 '숨을 안으로 불어넣다.'라는 뜻이다. 따라서 영감을 풀어 말하면, 신성한 정령이 우리 안에 숨을 불어 넣고 우리는 이에 감응하는 것이라 할 수 있다. 신령감응(神靈感應)의 줄임말로 영감을 이해하는 것이 본문 맥락에 더 적합할 것으로 보인다.

70 구약성서, 「열왕기상」 18장 30~40절 참고.

아니라 거짓말을 하는 영이 있어서 종종 그로부터 나쁜 영감을 받기도 하기 때문이다. 그리고 성경은 우리에게 명령하기를, 영을 통해 그들의 교설을 판단하지 말고, 그들이 가르치는 교설을 통해 영을 판단하라고 했다.

기적에 관한 한, 우리 구세주는 「마태오복음」 24장 24절에서 우리 신앙이 기적에 의해 지배되는 것을 막았다.[71] 그리고 사도 바오로는 「갈라티아서」 1장 8절에서, "하늘에서 온 천사라도 [우리가 전한 것과 다른 복음을] 여러분에게 전한다면 그 천사도 저주를 받아 마땅하다"라고 말했다. 천사에 의해 그 교설이 참인지 거짓인지를 판단하는 게 아니라, 천사가 진실을 말하는지 아니면 거짓을 말하는지를 그 교설을 통해 우리가 판단해야 하는 것은 분명하다. 마찬가지로 「요한1서」 4장 1절에서 다음과 같이 말하고 있다. "아무 영이나 다 믿지 마십시오. 거짓 예언자들이 세상으로 많이 나갔기 때문입니다." 2절에서는 "여러분은 하느님의 영을 이렇게 알 수 있습니다. 예수 그리스도께서 사람의 몸으로 오셨다고 고백하는 영은 모두 하느님께 속한 영입니다"라고 말하며, 3절에서는, "예수 그리스도가 사람의 몸으로 오신 것을 고백하지 않는 모든 영은 하느님께 속하지 않은 영입니다. 그것은 '그리스도의 적(Antichrist)'의 영입니다"라 하고 있다. 15절

---

71 기적과 신앙의 관계에 대해 주목해볼 만하다. 보통 사람은 기적을 보면 신앙을 가지게 된다고 믿는다. 그래서 기적을 보여달라고 요구한다. 사이비 종교, 거짓 그리스도와 거짓 예언자들은 이런 점을 이용하여 거짓 기적으로 혹세무민하기도 한다. 예수는 기적을 요구하는 율법 학자와 바리사이 사람들에게 요나의 표징(기적)밖에 보여줄 것이 없다고 대답한다(「마태오 복음」 12장 38절). 예수는 기적을 보고 믿기보다는 믿음이 먼저 있어야 한다는 점을 강조하고 있다. 예수의 부활을 믿지 않았던 토마스에게 "너는 나를 보고서야 믿느냐? 보지 않고도 믿는 사람은 행복하다"라고 말한다. 기적이 신앙을 갖게 하는 것이 아니라 신앙이 기적을 믿게 만든다는 예수의 기적에 관한 생각은 흄(Hume)이 「기적에 대하여(Of Miracle)」에서 말하는 진술과 일맥상통한다. 김용환, 「Hume의 철학에서의 독단주의와 회의주의-종교에 관한 세 작품 분석-」, 철학, 제50집, 한국철학회, 1997 참고.

에서는 "누구든지 예수님께서 하느님의 아드님이심을 고백하면, 하느님께서 그 사람 안에 머무르시고, 그 사람도 하느님 안에 머무릅니다"라고 말하고 있다.

따라서 선한 영감과 악한 영감에 관해 우리가 가진 지식은 그것을 가르치는 천사를 보거나 또는 그것을 확인시켜 주는 것처럼 보이는 기적을 통해 얻는 게 아니라 그리스도교 신앙의 강령이자 근본 요점과의 일치를 통해 얻는 것이다. 사도 바오로가 「코린토1서」 3장 11절에서 말한 대로, 예수 그리스도가 사람의 몸으로 오셨다는 것이 [그리스도교 신앙의] 유일한 토대다.

8. 그러나 만일 이 신앙의 핵심 요점을 통해 영감이 식별될 수 있다면, 그리고 그 핵심이 성서의 권위에 근거해서 인정되고 믿어진다면, (어떤 사람들이 물을 수 있듯이) 어떻게 우리는 성서가 살아 있는 하느님의 음성과 다를 바 없이 그렇게 대단한 권위를 가질 만한 자격이 있는지 알 수 있는가? 즉 성서가 하느님의 말씀인지를 우리는 어떻게 알 수 있는가? 첫째, [앞의] 6장 4절에서 정의된 바와 같이, 만일 우리가 감각에서 출발하는 지식을 통해 과학을 오류가 없고 자연스러운 지식으로 이해한다면, 우리가 과학을 안다고 말할 수 없음은 분명하다. 왜냐하면 과학은 [불확실한] 감각을 통해 생겨난 개념에서 나온 것이기 때문이다. 그리고 만일 우리가 지식을 초자연적인 것으로 이해한다면 우리는 그런 지식을 알 수 없고 영감을 통해서만 알 수 있다.

그리고 그 영감에 대해서 우리는 판단할 수 없고 단지 교설을 통해서만 판단할 뿐이다. 따라서 다음과 같은 주장이 나온다. 즉 그것이 자연적이든 초자연적이든 정확하게 오류 없는 과학과 증거라고 불릴 만한 지식을 우리는 가질 수 없다. 그래도 우리가 성서는 하느님의 말씀이라고 알고 있는 지식은 오직 신앙이라는 점은 남는다. 왜냐하면 자연적 이성이나 초자연적 계시를 통해 명백한 것은 무엇이나 신앙이라 불리지 않는다. 그렇지 않으면, 우리가 천국에 있을 때도 자선을 해야 하는 것처럼 신앙도 멈추어서는 안 된다. 이는 성서의 가르침과도 모순된다. 우리는 확실한 것에 대해서 안다고 말해야지 믿는다고 말해서는 안 된다.

9. 그렇다면 성서가 하느님의 말씀이라는 것을 인정한다는 것은 증거가 있는 것이 아니라 [그렇게 믿는] 신앙이며, 이 신앙은 4장 7절에서 보았듯이 우리가 다른 사람에 대해 갖는 신뢰에 있다. 이 점을 고려하면 그렇게 신뢰를 받는 사람들이란 전능하신 하느님의 놀라운 역사를 살아생전에 본 사람들의 시대로부터 면면히 계승되어온 하느님의 교회를 섬긴 거룩한 사람들이었다는 것은 분명해 보인다. 이 말은 하느님이 신앙을 불러일으키는 분도 그리고 작용인(efficient cause)도[72] 아니라거나 신앙은 하느님의 영 없이도 사람 안에 생긴다는 것을 의미하지는 않는다. 왜냐하면 우리가 수용하고 믿는 모든 선한 생각은 비록 그것이 들어서 아는 것이고, 가르침을 통해 듣게 되는 것이라 하더라도, 듣는 일과 가르치는 일은 모두 자연스러운 하느님의 일이기 때문이다.

---

72 작용인은 아리스토텔레스의 용어로서 자연의 운동을 설명하기 위한 네 가지 원인 가운데 하나다. 형상인, 질료인, 작용인(또는 운동인), 목적인 등 네 가지인데, 여기서 원인(cause)이라고 번역하는 그리스어 원어는 아이티아(αιτία, aitia)에서 나왔다. 키케로가 이를 라틴어 카우사(causa)로 번역했고, 이를 영어로 옮기면서 원인으로 번역되었다. 원인이라는 번역은 아리스토텔레스의 생각을 오해하도록 만들 소지가 있다. 렘프레히트는 아이티아를 '자연의 탐구 방식'으로 해석하기를 권하고 있다. 스털링 렘프레히트, 김태길·윤명로·최명관 옮김, 『서양 철학사』, 을유문화사, 1970, 110쪽 참고.

자연의 모든 활동은 하느님의 활동이며, 하느님의 영에 귀속된다. 예를 들면, 「탈출기」 28장 3절에서처럼, "내가 슬기의 영으로 가득 채워 주어 재능을 갖추게 된 이들을 모두 불러, 아론이 사제로서 나를 섬기도록 성별(聖別)할 옷을 만들라고 하여라." 그러므로 우리가 믿는 신앙은 하느님의 영이 하는 일이며, 그런 의미에서 하느님의 영은 슬기와 노련한 솜씨를 다른 사람보다 [특별한] 한 사람에게 더 주신다. 이를 통해 하느님은 우리의 일상적인 삶과 관련된 다른 점에 대해서도 영향을 미치는데, 그 한 사람은 같은 근거[하느님의 영] 위에서 그것을 믿으며, 다른 사람은 믿지 않는다. 또 그 사람은 자기보다 높은 분의 의견을 존중하고 명령에 복종하지만, 다른 사람은 그렇게 하지 않는다.

10. 성서가 하느님의 말씀이라는 우리의 신앙은 교회에 두고 있는 우리의 확신과 신뢰에서 시작되었다. 이 점을 고려하면 어떤 의심이나 논란이 생길 때 같은 성서에 대한 그들 [교회를 섬긴 거룩한 사람들]의 해석에는 아무런 의심이 있을 수 없으며, 이에 따라 예수 그리스도가 사람의 몸으로 오셨다는 근본적인 핵심 [교리]도 의심을 불러일으키지 않는다. 추리하거나 영감을 받거나 간에 자기 자신, 즉 자기 의견보다는 교회를 신뢰하는 것이 누구에게나 더 안전하다.

11. 이제 하느님을 향한 인간의 감정에 관해서 보면, 이 감정은 정념에 관한 장에서 기술된 것과 항상 같은 것은 아니다. 정념에 관한 장에서, 사랑한다는 것은 사랑을 받는 대상에 대한 형상(image)이나 개념을 가지고 기뻐하는 일이다. 그러나 하느님은 상상할 수 없는 존재다. 따라서 성서 안에서 하느님을 사랑한다는 것은 그분의 명령에 복종하고 사람들이 서로

사랑하는 것이다. 또한 하느님을 신뢰한다는 것은 우리가 서로 신뢰하는 것과도 다르다. 왜냐하면 9장 9절에서 말했듯이, 한 사람이 다른 사람을 신뢰할 때, 그는 자신의 의도를 [유보하고] 제쳐두기 때문이다. 그러나 만일 우리가 전능하신 하느님을 신뢰하면서 그 의도를 버린다면 우리는 그분에 대해 불순종하는 것이다. 어떻게 불순종하면서 우리가 그분을 믿을 수 있을 것인가?

따라서 전능하신 하느님을 신뢰한다는 것은, 우리 자신의 능력을 넘어서는 모든 것을 그분의 선하신 기쁨으로 여기는 것이다. 이는 결국 [십계명 가운데] 첫 번째 계명인 오직 한 분이신 하느님만을 인정하는 것과 같다. 그리고 그리스도를 믿는다는 것은 하느님을 대신하는 그분을 인정하는 것과 같으며, 이것이 그리스도교 신앙의 근본적인 조항이다. 그리고 결과적으로 신뢰하고, 의지하고 또는 어떤 사람들이 표현하듯 그리스도에게 우리 자신을 맡기고 살아가는 일은 신앙의 근본 핵심, 즉 예수 그리스도는 살아 계신 하느님의 아들이라 고백하는 것과 같은 일이다.

12. 마음속 깊이 하느님을 공경하는 일은 우리가 일상적으로 사람들 사이에서 공경이라고 부르는 것과 같다. 왜냐하면 그것은 그분의 능력을 인정하는 것과 다를 바 없기 때문이다. 그리고 [그분]에 대한 공경의 표시들은, 예를 들면 8장 6절에서 언급된 바와 같이 우리의 상급자들에게 돌려야 마땅한 존경의 표시와 같다. 찬양하고, 찬미하며, 축복하고, 그분께 기도하고 감사하며, 그분께 봉헌하고 희생제물을 드리며, 그분 말씀에 귀 기울이고, 묵상 중에 기도하면서 그분과 대화하고, 겸손하고 점잖은 자세로 그분의 현존 앞에 나아가며, 웅장함과 헌신으로 예배를 꾸미는 일 등이다. 그리고 이런 일들은 그분을 마음속으로 공경하는 자연스러운 표시들이다.

그러므로 이와 반대되는 표시들은 다음과 같다. 기도를 게을리하고, 아무 준비 없이 그분께 말하고, 단정치 못한 모습으로 교회에 나가고, 우리 자신의 집보다 그분의 예배 장소를 초라하게 꾸미고, 모든 쓸모없는 잡담 중에 그분의 이름을 망령되이 일컫는 일 등은 존엄한 신성을 모욕하는 명백한 표시다. 임의적인 다른 표시도 있을 수 있다. 모세가 불타는 떨기나무에서 신발을 벗었던 것처럼,[73] (우리가 여기에 있으면서) 신을 벗는 일, 그리고 그와 유사한 다른 표시도 있을 수 있는데, 그것이 무례함과 불화를 회피하기 위해 공동의 합의에 따라 결정될 수 있는 한 그것은 본질상 아무런 차이가 없다.

---

73 「탈출기」 3장 1~6절 참고.

12. 인간의 행동은 어떻게 숙고를 통해 정념에서 나오는가

1. 숙고
2. 의지
3. 자발적 행동, 비자발적 행동, 혼합된 행동
4. 갑작스러운 욕구에서 생긴 행동은 자발적이다
5. 욕구와 자발적이지 않은 우리의 정념
6. 보상과 처벌에 관한 생각은 의지를 갖게 하고 통제도 한다
7. 동의, 다툼, 전투, 원조
8. 연맹
9. 의도

1. 외부의 대상이 어떻게 개념을 생기게 하며, 개념이 욕구와 두려움을 어떻게 낳는지는 이미 언급된 바 있다. 이 욕구(appetite)와 두려움(fear)은 우리가 행동하는 데 있어서 지각되지 않는 첫 번째 출발점이다. 왜냐하면 우리가 갑작스럽게 어떤 일을 할 때처럼 최초의 욕구에서 곧바로 행동이 따라 나오거나, 그렇지 않으면 최초의 욕구에는 그런 [욕구에 따른] 행동들 때문에 우리에게 생길 수 있는 약간의 불쾌한 생각이 잇따라 나올 수 있는데 이것이 두려움의 감정이며, 이는 우리가 행동으로 옮기지 못하도록 가로막기 때문이다. 행동으로 표현되거나 아니면 행동을 불가능하게 만들기 위해 어떤 우연한 일이 욕구와 두려움 사이에서 일어나게 되고, 그래서 이 교차하는 욕구와 두려움이 멈출 때까지, 새로운 욕구는 두려움으로 이어

지고, 또 다른 두려움은 욕구로 이어지는 일이 번갈아가며 생길 수 있다. 우리에게 행동하거나 하지 않을 힘이 있는 동안은 내내 욕구와 두려움이 번갈아가며 일어나는데 이를 우리는 **숙고**(deliberation)라고 부른다.[74] 숙고라는 이름은 우리가 생각하는 행동을 [실행]할 수 있는 힘이 우리 안에 있는 한 지속된다는 뜻에서 주어진 것이다. 우리가 하거나 하지 않을 수 있는 자유를 가지는 동안 숙고하는 일은 우리 자신의 자유가 유보되는 것을 의미한다.

2. 따라서 숙고된 행동을 하는 데 있어서 두 가지 조건이 요구된다. 하나는 그 행동이 미래의 일이어야 하고, 다른 하나는 숙고한 행동을 할 수 있다는 희망이 있거나 아니면 행동하지 않을 가능성이 있어야 한다. 왜냐하면 욕구와 두려움은 미래에 대한 예상인데, 희망 없이 선을 기대할 수 없고, 가능성 없이 악을 예상할 수 없기 때문이다. 따라서 필연적인 것들에 대해서는 숙고가 있을 수 없다. 숙고하는 데 있어서 마지막에 두려움이 있는 것처럼 마지막 욕구는 **의지**(will)라고 불리는데, 이를테면 마지막 욕구는 하고자 하는 의지이고, 마지막 두려움은 하지 않거나 생략하고자 하는 의지다. 그러므로 의지와 마지막 의지는 모두 같은 것을 말하는 것이다. 비록 한 사람이 자신의 소유물을 처분하는 일과 관련해서 현재의 의향이나 욕구를 말이나 글로 표현한다고 하더라도 그것은 아직 그의 의지로

---

74 deliberation의 라틴어 어원은 delibrare인데 접두어 de-는 '끝까지, 계속해서, 철저하게'라는 뜻이며, librare는 '저울질하며, 비교하고 토론하는' 것을 의미한다. 따라서 숙고는 행동으로 나타내기 이전에 마음속으로 계속해서 철저하게 비교하는 것이다. 아리스토텔레스가 『니코마코스 윤리학』(6권 11장, 1142b)에서 언급하고 있는 bouleusis(심사숙고)도 행동 이전의 의식적인 계산을 의미한다.

간주되어서는 안 된다. 왜냐하면 그는 여전히 다른 방법으로 처분할 수 있는 자유를 가지고 있기 때문이다. 그러나 죽어서 그 자유를 행사할 수 없다면, 그때는 그것이 그의 의지가 된다.

3. **자발적**(voluntary)으로 행동하거나 행동하지 않는다는 것은 그 행동의 시작점이 [아직] 의지[단계]에 있는 것들이다. 그 밖의 모든 행동은 **비자발적**(involuntary)이거나 [자발과 비자발이] **혼합**(mixed) 된 것이다. 자발적 행동은 욕구나 두려움에 따라 행동하는 것이며, 비자발적 행동은 사람이 등 떠밀려서 [의도치 않게] 다른 사람에게 도움이 되거나 해로움을 끼치게 될 때처럼 불가피한 행동이다. 혼합된 행동이란 이 두 가지 행동이 모두 관여되어 있는 행동인데, 사람이 감옥으로 이송될 때 이는 자신의 의지에 반하여 끌려가는 것이지만 땅에 질질 끌려가는 것이 두려워 자발적으로 똑바로 서서 끌려가는 경우다. 그렇기에 감옥에 갈 때 걸어가는 것은 자발적이지만, 감옥에 가는 것은 비자발적이라 할 수 있다.

바다에서 자신의 몸을 구하기 위해 자기 물건을 배 밖으로 던지는 사람의 사례는[75] 모두 자발적 행동이라 할 수 있다. 왜냐하면 그런 행동에 비자발적인 요소는 없기 때문이다. 그러나 선택하기 어려운 것은 그의 행동이 아니라 바람의 작용이다. 그가 스스로 행동한 것은 그의 의지에 반하는 것이 아니다. 이는 자신을 보호하기 위한 다른 수단이 없는 사람이 위험에서 벗어나기 위해 달아나는 것도 그의 의지에 반하는 것이 아닌 것과 같다.

---

75 바다에서 배가 침몰 위기에 있을 때 배의 무게를 가볍게 하는 일은 필요한 일이다. 이 경우 승객들은 자기 짐을 바다에 던지는 행위를 하게 되는데, 이를 jettison이라 부른다. 홉스는 『리바이어던』 21장에서 자유를 공포(두려움)와 양립할 수 있는 것으로 설명하고 있다. 죽음에 대한 공포는 자발적으로 자기 소유물을 배 밖으로 던지는 행위를 하게 만든다.

4. 선과 악을 분별할 수 있는 사람들의 갑작스러운 분노나 다른 느닷없는 욕구에서 발생하는 행동도 자발적이다. 왜냐하면 그 행동에는 시간상 [행동에] 앞서 숙고라는 판단이 [먼저] 있어야만 하기 때문이다. 또한 행동을 위해서는 어떤 경우에 때리고 조롱하는 것이 좋은지 또는 분노나 다른 갑작스러운 정념에서 나오는 다른 행동을 하는 것이 좋은지를 그가 숙고하기 때문이다.

5. 욕구, 두려움, 희망 그리고 나머지 정념들은 자발적이라 하지 않는다. 이것은 의지에서 나오는 것이 아니라 의지 [자체]이고, 그 의지는 자발적이지 않기 때문이다.[76] 왜냐하면 사람이 의지의 의지를 갖는다고 말할 수 없는 것은 그가 의지의 의지의 의지를 갖는다고 말할 수 없는 것과 같기 때문이다. 따라서 의지라는 말을 무한 반복하는 일은 터무니없고 무의미한 일이다.[77]

6. 하고자 하는 의지는 욕구이며, 하고 싶지 않은 의지는 두려움이다. 욕구와 두려움의 원인은 우리 의지의 원인이기도 하다. 그러나 이익과 손

---

76 홉스는 자유 의지를 부정하는 관점에서 의지의 자유를 옹호하는 브램홀 감독과의 논쟁을 전개한다. 이 논쟁의 과정과 결과를 기록한 것이 『자유와 필연에 관하여(Of the Liberty and Necessity)』와 『자유, 필연 그리고 우연에 관한 물음들(The Questions Concerning of Liberty, Necessity and Chance)』이다. 의지는 숙고의 마지막 단계이며, 행동하기 바로 직전의 단계. 의지는 욕구와 혐오에 따라 행동하거나 하지 않거나가 결정되는 심리적 운동의 한 과정일 뿐이다.

77 홉스가 『리바이어던』 6장에서 정의하고 있는 의지(will)란 숙고하는 과정, 즉 욕구와 혐오(두려움)의 반복 운동에서 행동과 직접적으로 연결된 마지막 욕구(last appetite) 운동이다. 따라서 의지에 앞서는 또 다른 의지는 있을 수 없다. 그러므로 의지의 의지라는 표현은 불가능하다.

해, 즉 보상과 처벌에 대해 생각하도록 제안하는 일은 우리의 욕구와 두려움의 원인이 되기도 하며, 따라서 제안된 보상과 이익이 우리에게 제공되리라 믿는 한 그것은 우리 의지의 원인이기도 하다. 결과적으로 우리의 행동이 의지의 뒤를 따라 나오듯 우리의 의지는 우리의 판단에 따른다. 이런 의미에서 그들은 세상이 판단의 지배를 받는다고 진실하고도 바르게 말하는 것이다.

7. 많은 사람의 의지가 어떤 한 사람에게 모이고, 같은 행동 또는 [같은] 결과를 낳을 때, 이렇게 결합된 그들의 의지를 **동의**(consent)라 부른다. 그렇다고 해서 동의를 많은 사람의 한 가지 의지라고 이해해서는 안 된다. 왜냐하면 모든 사람은 각자 여러 개의 의지를 갖고 있으며, 따라서 이 여러 개의 의지는 하나의 결과를 만들어내는 것으로 이해해야만 하기 때문이다. 그러나 두 사람의 의지가 다를 때 사람들은 상호 간에 반대되는 행동을 낳는다. 이것을 **다툼**(contention)이라 부른다. 그리고 서로 간에 몸으로 다투는 것을 **전투**(battle)라 하며, 반면 동의하는 데서 나오는 행동은 상호 **원조**(aid)다.

8. 한 사람 또는 동의하는 몇 사람한테로 많은 사람의 의지가 집중되거나 포함되었을 때(그것이 어떻게 될지는 이후에 밝혀질 것이다), 다수의 의지가 한 사람 또는 몇 사람의 의지로 집중되는 것을 **연맹**(union)이라 부른다.

9. 다른 일로 [관심이] 바뀌거나 수면 때문에 숙고하는 일이 중단되었을 때, 해당 하는 숙고의 마지막 욕구를 **의도**(intention) 또는 목적이라 부른다.

13. 사람은 어떻게 언어를 통해 서로의 마음을 움직이는가

1·2. 가르치기, 설득하기, 논쟁, 동의

3. 가르치기와 설득하기의 차이

4. 독단주의자에게서 생기는 말다툼

5. 조언하기

6. 약속, 위협, 명령, 법

7. 정념을 끌어올리기와 가라앉히기

8. 말만으로는 마음의 충분한 표시가 되지 못한다

9. 모순 가운데 직접적으로 표현된 모순이 결과를 통해 추론된 모순보다 더 우선한다

10. 듣는 사람은 그에게 말하는 사람이 사용하는 언어의 해석자다

11. 침묵은 때때로 동의의 표시다

1. 다른 사람과는 상관없이 모든 사람이 스스로 고찰한 마음의 인지적 힘과 행동의 동기에 대해서는 앞서 이야기했다. 같은 힘이 [사람들] 서로에게 미치는 영향에 관해서는 이 장에서 말하는 것이 적합할 것이다. 그 영향이란 또한 표시(sign)인데, 이 표시를 통해 우리는 다른 사람이 생각하고 의도하는 바가 무엇인지 알아차릴 수 있게 된다. 이 표시 중에 어떤 것은 쉽게 위조될 수 없는데 특히 갑작스러운 행동과 몸짓의 경우가 그러하다. 이에 관해 나는 9장에서 예를 들기 위해 표시라 할 수 있는 여러 가지 정념에 관해 언급했는데, 그것은 표시들이다. 변조될 수 있는 다른 표시도

있는데, 이것은 단어 또는 말하기이다. 이것의 용도와 효과에 관해서 나는 이 장에서 설명하고자 한다.

2. 언어의 첫 번째 용도는 우리의 생각을 표현하는 일이다. 즉 우리 안에 가지고 있는 같은 생각을 다른 사람에게 심는 일인데 이를 **가르치기**(teaching)라고 부른다. 여기서 만일 가르치는 사람의 생각이 경험에서 나온 그의 말과 일치한다면, 이는 그의 말을 이해하는 청자(聽者)에게는 같은 증거가 생기는 것이 되며, 듣는 이에게 무엇인가를 알도록 해준다. 이로써 그는 **배운다**(learn)고 말해진다. 만일 그런 증거가 없는 가르치기는 **설득**(persuasion)이라 불리며, 이는 말하는 사람이 가진 꾸밈없는 의견 외에는 듣는 사람에게 아무것도 생기게 하지 못한다. 서로 모순되는 두 의견을 나타내는 표시는 같은 사물에 대해 [한 사람은] 긍정하고 [다른 사람은] 부정하는 것인데, 이를 **논쟁**(controversy)이라 부른다. 그러나 둘이 같이 긍정하거나 부정하면, 이런 의견의 일치를 **동의**(consent)라고 부른다.

3. 오류를 범하지 않으면서 정확한 가르침을 보여주는 무오류의 표시는 다음과 같다. 이제껏 아무도 결코 모순을 가르치지는 않았다.[78] 거의 없었던 것은 아니지만 있다고 하더라도 그 수가 얼마나 적은가. 일반적으로 진리는 다수가 아니라 소수의 편에 있다. 그러나 많은 사람이 검토하고 논의한 의견이나 질문인 경우, 이것을 논의한 사람들 가운데 아무도 서로 간에 다르지 않다면 다음과 같이 정당하게 추론될 수 있다. 즉 그들은 자신

---

78 아무도 모순을 가르치지 않는다는 말은 누구라도 모순을 범해서는 안 된다는 모순율(law of non-contradiction)과 같은 의미다. 고전 형식 논리학에서 동일률, 모순율 그리고 배중률은 반드시 지켜야 하는 사유의 3대 법칙이다.

이 무엇을 가르치는지를 알고 있으며, 만일 그렇지 않으면 그들은 가르치지 못한다. 그리고 이는 다양한 주제를 검토했던 사람들에게는 가장 명백하게 드러나는데, 이들은 논의 중에 자신의 문장력을 활용했고, 다양한 방법을 따랐으며, 그것을 통해 또한 다양한 성공도 거두었다. 오직 크기, 숫자, 시간, 운동 그리고 비율 등을 서로 비교하는 일에 손을 맞잡고 협력하는 사람들은 그로 인해 이와 같은 모든 탁월함을 지닌 장본인이 되어 왔으며, 바로 그 점에서 우리는 오늘날 [17세기 당시] 미국 여러 곳에 거주하는 야만인과 구별되며, 현재 예술과 과학이 가장 번창한 [유럽 여러] 나라의 예전 거주민과도 구별된다.

항해술을 통해 어떤 장식품이 우리에게 전해지든, 지구의 표면을 나누고 구별하고 묘사함으로써 인간 사회에 유익한 것이 무엇이든, 또한 시간을 재고 천체의 운행을 예측함으로써 우리가 얻는 것이 무엇이든, 거리와 면적 그리고 모든 종류의 입체를 측정함으로써 얻는 것이 무엇이든, 그리고 집을 짓는 데 우아하거나 방어할 수 있는 것이 무엇이든 이 모든 것은 이 사람들의 연구에서 나온 것이다. 이 모든 것이 사라진다면 우리가 야만의 인디언들과 무엇이 다르겠는가? 그리고 오늘날까지 이 주제에 대한 결론에 관해서 어떤 논란이 있었다는 이야기는 결코 듣지 못했다.

그렇지만 과학은 가장 어렵고 심오한 사변적 결론과 함께 계속해서 확대되고 풍부해졌다. 그 이유는 그들[과학자들]의 작품을 검토하는 모든 사람에게는 명백하다. 왜냐하면 그들은 가장 시원찮은 재능에 맞는 가장 낮고 작은 원리에서 출발해서, 천천히 앞으로 나가면서 가장 꼼꼼한 추론을 해 나갔기 때문이다. 이를테면 [두 개의] 명사를 결합함으로써 그들은 제1명제 [전제]에 관한 진위를 추론했다. 그리고 두 개의 전제 명제를 가지고 세 번째 명제[결론]를, 그리고 세 번째 명제 가운데 두 개를 가지고 네 번째 명제를 만드는 등 6장 4절에서 언급된 과학의 단계들에 따라 추론을 계속했다.

다른 한편으로, 사람의 기능, 정념 및 행동 양식, 즉 도덕 철학 또는 정치 형태, 정부 및 법률에 관한 저술이 셀 수 없이 많았지만, 그것을 저술한 사람들은 그들이 다루었던 문제 가운데 의문점과 논쟁점을 제거하기는커녕 그 문제를 몇 곱절로 만들었다. 2,000년 전에 아리스토텔레스가 전해준 것보다 더 많은 것을 알고 있는 것처럼 꾸미는 사람은 오늘날에 거의 없다. 그렇지만 모든 사람은 재물을 추구하고 집을 살 때는 자기 온 마음을 기울여 활용하면서도 이 주제에 대해서는 배울 필요가 없이 타고난 재치만 가지고도 저절로 얻을 수 있다고 상상하며 다른 사람만큼 많이 안다고 생각한다. 그렇게 된 이유는 자신들의 저술이나 논의에서 그들은 대부분 이미 거짓으로 드러나고 세속적으로 수용된 의견을 참이거나 거짓이거나 상관없이 자신들의 원리로 취하기 때문이다. 따라서 가르치는 일과 설득하는 일 사이에는 많은 차이가 있다. 설득하는 일을 나타내는 표시는 논쟁이 있다는 것이고, 전자, 즉 가르치는 일의 표시는 거기에 논쟁이 없다는 것이다.

4. 통상적으로 학자라 불리는 사람들에는 두 종류가 있다. 하나는 바로 위의 절에서 설명되었듯이 조심성 있는 원리를 가지고 분명하게 추론하는 사람들인데, 이들은 마테마티치(*mathematici*), 즉 수학자라 불린다. 두 번째 종류의 사람은 교육을 통해 배우고, 사람들이나 관습의 권위에서 취한 [주관적인 실천 원리인] 격률(maxims)을[79] [원리로] 취하고, 추리할 때는 습관

---

79 격률을 주관적인 실천 원리로 설명하는 것은 칸트의 규정에 따른 것이다. 객관적인 성격의 실천 원리인 가언명령이나 정언명령과 구분된다. 옥스퍼드 철학 사전에 따르면, 격률은 "예를 들면 돈을 빌리지도 꾸어주지도 말라와 같이 간단하면서도 기억해둘 만한 생활 규칙 또는 지침"이다. 좌우명도 일종의 격률이다.

적인 논쟁의 언어를 사용하는 사람들인데, 이들은 도그마티치(dogmatici), 즉 독단주의자라 불린다. 위의 절 마지막 부분을 보면 알 수 있듯이, 우리가 수학자라 부르는 사람들은 논쟁을 불러일으키는 잘못에 대해 [책임이] 면제된 사람들이다. 그리고 배우지 않는 척하는 그들은 비난받을 수 없다. 모든 오류는 독단주의자한테서 발견되는데, 다시 말해 열정을 가지고 불완전하게 배운 그들은 경험에 근거하거나 또는 반박할 수 없는 성서 해석의 구절에 근거한 어떤 명백한 논증도 없이 자신의 의견이 어디서나 진리로 통하도록 압력을 가한다.

5. 숙고하는 동안 우리 안에서 악을 예상하게 하는 생각들처럼, 선을 기대하게 하는 여러 생각을 [말로] 표현하는 것을 우리는 **조언하기**(counseling)라고 부른다. 우리 스스로 해야 할 일이나 하지 않아야 할 일에 관해 마음 안에서 숙고할 때, 그것이 마음 안에서 번갈아가며 일어남으로써 [예상되는] 행동의 결과들을 보고 그것을 곧 우리의 조언자로 삼듯이, 한 사람이 다른 사람한테 조언을 들을 때도 그 조언자는 행동의 결과들을 번갈아가며 드러내 보여준다. 그리고 그 조언자 가운데 누구도 숙고하는 데 그치는 것이 아니라, 자신이 내면에서 숙고한 논거들을 모두 조언을 받는 사람에게 제공한다.

6. 말하기의 또 다른 용법은 욕구, 의도 그리고 의지를 표현하는 데 있다. 질문을 통해 알고자 하는 욕구, 즉 요청, 기도, 청원처럼 다른 사람을 통해 일을 성취하고자 하는 욕구는 미래에 이루어질 어떤 행동에 대해 긍정하거나 부정하는 **약속**(promise)처럼 우리의 목적이나 의도를 표현하는 일이다. **위협**(threatening)은 악을 행하겠다는 일종의 약속이다. **명령**

(commanding)은 [우리의] 의지 안에 포함된 [합당한] 이유를 근거로, 어떤 일이 이루어지거나 이루어지지 않게 하려는 우리의 욕구나 욕망을 다른 사람에게 알리고자 말하는 것이다. '의지가 이유를 드러나게 하라(Stet pro ratione voluntas)'라는 말을 빼고서, [즉 이유 없이] '나는 원한다. 그래서 나는 명령한다(Sic volo, sic jubeo)'고 말하는 것은 적절하지 않기 때문이다. 그 명령이 우리를 움직여서 행동으로 옮기게 할 만한 충분한 이유가 있을 때, 그 명령은 **법**(law)이라 불린다.

7. 말하기의 또 다른 용법은 **선동하기**(instigation)와 **달래기**(appeasing) 다. 이를 통해 우리는 서로 간의 감정을 끌어올리거나 가라앉게 된다. 선동하기와 달래기는 설득과 같은 것인데, 차이가 실제로 있는 것은 아니다. 왜냐하면 여론을 조성하는 일과 감정을 불러일으키는 것은 같은 행위이기 때문이다. 그러나 설득하는 일에서 우리가 추구하는 목표(aim)는 감정을 통해 여론을 조성하는 것인데 반하여, 그 결과는 여론을 조성해서 감정을 불러일으키는 것으로 끝나기도 한다. 그리고 감정을 통해 여론을 불러일으킬 때와 마찬가지로 어떤 전제는 원하는 결론을 추론하기에 아주 충분하다. 마찬가지로 여론을 통해 감정을 불러일으킬 때 그 여론이 참이거나 거짓이거나 또는 역사적 서술이거나 터무니없는 이야기이거나 상관이 없다. 왜냐하면 감정을 불러일으키는 것은 진리가 아니라 [마음에 그려진] 이미지이고 그리고 연기가 훌륭한 비극이라면 이는 살인 못지않은 영향을 주기 때문이다.

8. 비록 말은 우리가 서로의 의견과 의도를 알 수 있는 표시이지만 말의 다양한 구조와 말을 할 때 동반되는 것들에 따라 (이를테면 말하는 사람의

태도, 우리가 목격하는 그의 행동 그리고 그의 의도에 대한 추측 등은 우리가 애매함에서 벗어나는 데 도움이 되어야 한다) 애매한 말들이 아주 빈번하게 발생하기 때문에 오래전에 우리 곁을 떠났고, 그들의 저술 외에 다른 표시를 우리에게 남기지 않은 그런 사람들의 의견과 취지를 알아내는 일은 꽤 어려운 일임에 틀림이 없다. 앞서 말한 상황들을 발견하기에 충분한 역사적 사실과 그것을 관찰하기 위한 탁월한 분별력 없이는 그들의 의견과 취지를 이해하는 일은 가능하지 않다.

9. 어떤 사람이 우리에게 두 개의 모순된 의견을 제시하는데, 그중 하나는 분명하고 직접적으로 제시된 것이고, 다른 하나는 앞의 의견에서 결과적으로 도출되었거나 앞의 의견과 모순되는지 알 수 없는 것일 때, (그가 더 나은 해명을 하기 위해 나타나지 않는다면) 우리는 그의 두 의견 중에 앞의 의견을 택해야만 한다. 왜냐하면 그것이 분명하게 그 자신의 의견으로 직접 제시된 것이며, 다른 것은 아마도 추론에서의 오류나 모순이 무엇인지 모르는 무지에서 생긴 것일 수 있기 때문이다. 같은 이유에서 한 사람의 의도와 의지가 두 개의 모순된 표현으로 주장되는 경우도 마찬가지이다.

10. 누구든지 다른 사람에게 말하는 이[話者]는 자기가 말하는 것을 듣는 이[聽者]가 이해하도록 만들려는 의도를 지니고 있다. 그렇기에 만일 그가 듣는 사람이 이해하지 못하는 언어로 말하거나 또는 듣는 사람이 믿고 있는 의미와 다른 의미의 말을 사용한다면, 그[화자]는 자신이 말한 것을 그[청자]가 이해하지 못하도록 만들려는 의도가 있는 것인데 이는 자기모순이다. 따라서 속일 생각이 없는 사람은 듣는 사람에게 행하는 자신의 말에 대해 [듣는 이가] 사적인 해석을 할 수 있도록 허용하는 일이 항상 전제

되어야만 한다.

11. [일이] 그렇게 될 것으로 생각하는 사람들 사이에 흐르는 침묵은 [그일에 대한] 동의의 표시다. 아니오(No)라 말해야 할 수고가 거의 없기에, 이 경우 '아니오'라고 말하지 않은 그는 동의하는 것이다.[80]

11-1. [자기 말에 대한 다른 사람의 해석과] 자기 의도가 같다는 것을 동의의 표시로 믿는 사람한테 침묵은 진실로 동의의 표시라 할 수 있다. 왜냐하면 만일 그가 동의하지 않았다면 그것을 말하기 위해 많은 말을 했을 것으로 추정되는 만큼 동의한다는 것을 선언하기 위해서는 그렇게 많은 말을 하는 수고로움은 거의 필요가 없기 때문이다.

결론: 이제까지 우리는 정치의 규칙과 법의 결합이 마지막으로 해결되는 첫 번째이자 가장 간단한 기초를 찾는 데 없어서는 안 되는 인간의 본성에 관해 고찰했다. 이것이 나의 현재의 목적이었다.

---

80 13장 11절은 퇴니스의 편집본과 몰스워스가 편집한 홉스의 전집 4권 76쪽에 있는 같은 부분이 서로 다르다. 퇴니스의 편집본에서는 13장에 이어 곧바로 14장으로 이어지지만, 몰스워스의 전집에서는 이 13장이 1부(『인간의 본성 또는 정치의 근본 요소들』)의 마지막 장이 된다. 따라서 이 몰스워스의 전집에서는 13장 끝부분에 결론을 붙이고 있다. 몰스워스의 전집 4권 76쪽의 본문 내용과 결론을 퇴니스는 13장 11절에 붙인 편집자 각주로 처리하고 있다. 본 번역에서는 몰스워스의 전집의 13장 11절과 결론 부분을 별도(11-1)로 옮긴다.

자연에서의 인간의 조건

14. 자연의 [공유] 재산과 자연권

1·2. 인간은 본질상 평등하다

3. 자신과 다른 사람이 평등하다는 것을 인정하고 싶지 않은 것은 헛된 영광 때문이다

4. 비교를 통해 서로 간에 [경쟁을] 부추기려는 경향

5. 서로를 침범하려는 경향

6. 권리의 정의

7. 목적에 대한 권리는 수단에 대한 권리를 함축한다

8. 모든 사람은 본질상 자신에 대한 재판관이다

9. 모든 사람의 힘과 지식은 자신을 위해 사용하는 것이다

10. 모든 사람은 천부적으로 모든 사물에 대해 권리를 갖는다

11. 전쟁과 평화에 대한 정의

12. 인간은 본래부터 전쟁 상태에 놓여 있다

13. 명백한 불평등 안에서는 힘이 권리다

14. 이성은 평화를 명령한다

1. 앞에서 [우리는] 타고난 몸과 마음의 자연적 힘으로 이루어진 인간 본성 전체에 관해 설명했다. 이 모든 자연적 힘은 네 가지로 이해될 수 있는데, 몸의 힘, 경험, 이성, 정념이 그것이다.

2. 이런 본성이 우리에게 제공한 안전한 상태가 무엇인지 그리고 서로 간의 폭력에 맞서서 우리 자신을 계속해서 보존할 가능성을 그 본성이 얼마나 남겨두었는지를 이 장에서 고찰하는 것은 유익할 것이다. 우선 성숙한 나이의 사람들이 힘이나 지식을 갖고 있다는 것은 전혀 이상할 게 없으며 한 사람의 생명을 빼앗는 데 거의 아무런 힘도 필요치 않은 경우가 있는 것처럼, 힘이나 재치 또는 이 모두에서 약한 사람이라도 얼마나 쉽게 [힘과 재치가] 더 강한 사람을 철저하게 무너뜨릴 수 있는지를 생각해본다면,[81] 우리는 이런 결론을 내릴 수 있다. 단지 본성만으로 볼 때 사람은 모두 평등하다는 것을 인정해야만 하며, 그 이상을 요구하지 않는 사람은 온건한 사람으로 평가될 수 있다.

3. 다른 한편 사람들의 다양한 정념 때문에 사람들 사이에는 아주 큰 차이가 있으며, 어떤 사람은 얼마나 헛되게 이름을 높이려 하고, 그들이 힘에서 평등할 때만 아니라 남보다 열등할 때도 자기 동료보다 얼마나 높은 자리나 우월함을 바라고 있는지를 생각해보면, 우리는 여기서 반드시 다음과 같은 사실이 따라 나온다는 것을 인정해야만 한다. 즉 온건한 사람과 자연의 평등만을 추구하는 사람은 자기를 제압하려고 시도하는 다른 사람의 힘[권력]에 대해 불쾌하게 생각할 것이며, 여기서부터 인류의 전반적인 불신[자기 확신의 결핍]과 서로에 대한 두려움이 생기게 된다.

4. 더 나아가서 사람들은 타고난 정념을 통해 다양한 방식으로 서로에

---

81 『리바이어던』 13장에서는 '가장 약한 사람도 음모나 공동 모의를 통해서 가장 강한 사람을 죽일 수 있다'는 구체적 언급을 하고 있다. 구약성경에 나오는 인물, 삼손(『판관기』 16장)과 홀로페르네스(『유딧기』 13장)의 이야기는 홉스의 이런 언급을 증명하는 사례라 할 수 있다.

대해 공격적이며, 모든 사람은 자신이 잘되는 것에 대해서는 생각하면서, 남이 똑같이 잘되는 것은 보기 싫어하기 때문에, 그들은 서로 간에 말을 가지고, 모든 비교 행위에서 부수적으로 따라 나오는 모욕과 혐오의 표시를 통해 어떻게든지 자극하려고 한다. 그리고 마침내 그들은 신체의 강인함과 힘을 가지고 [누가 더] 탁월한지를 결정할 때까지 그렇게 한다.

5. 더욱이 많은 사람의 욕구는 그들을 하나의 공통된 목적을 추구하도록 이끄는데, 종종 그 목적은 공동으로 향유(享有)할 수 없고 나눌 수도 없다. 이런 점을 생각할 때 강자가 그것을 혼자 독식하거나, 누가 강자인지 싸움을 통해 결정하는 것은 당연하다. 따라서 대부분 사람은 승산에 대한 확신이 없으면서도 허영심, 비교[감정] 또는 욕구를 가지고 나머지 사람을 자극한다. 만일 그렇지 않으면 그들은 평등한 것에 만족할 것이다.

6. 사람들이 보눔 시비(*bonum sibi*), 즉 '그들 자신에게 좋은 것'은 의지를 갖고 욕구하며, 해로운 것을 피하려는 것은 너무도 자연스럽다. 그러나 모든 자연의 적(敵) 가운데 최고로 끔찍한 적인 죽음을 통해 우리는 모든 힘을 잃게 되고, 그 가운데 극심한 신체적 고통도 예상되기 때문에, 사람이 죽음과 고통에서 자신의 몸과 사지(四肢)를 보호하기 위해 할 수 있는 모든 일을 하는 것은 이성에 어긋나는 것이 아니다. 사람들은 이성에 어긋나지 않는 것을 **권리**(right, *jus*) 또는 우리의 타고난 힘과 능력을 사용할 수 있는 흠 없는 자유(blameless liberty)라고 부른다. 따라서 모든 사람은 자신이 가진 모든 힘으로 자신의 생명과 손발 사지를 보호할 수 있는 권리가 있는데, 이를 **자연권**(right of nature)이라고 한다.[82]

7. 사람이 목적[을 추구할] 권리를 소유하고 있고, 목적 달성에 꼭 필요한 수단이 없이는 그 목적을 확보할 수 없기에, 사람이 모든 수단을 이용할 수 있고 자신의 신체를 보호하는 데 필요한 어떤 행동도 할 수 있다는 것은 이성에 어긋나는 일이 아니며, 따라서 권리이기도 하다는 것은 당연하다.

8. 또한 모든 사람은 [목적에] 필요한 수단이 [무엇인지] 또는 [자연상태에서] 위험이 얼마나 큰가에 관해 자연권에 따라 스스로 판단을 내리는 판단자다. 왜냐하면 만일 나의 위험에 관해 스스로 판단하는 것이 이성에 어긋나는 일이라면, 다른 사람이 내 위험에 관해 판단하는 것이 이성에 맞는 일이 된다. 그러나 나와 관련된 것을 다른 사람이 판단하도록 한다면, 같은 이유로 내가 또한 다른 사람과 관련된 문제를 판단하게 된다. 따라서 나는 그의 판단이 나의 이익을 위한 것인지 아닌지를 판단할 수 있는 이유를 갖게 된다.

9. 자연권 안에서 한 사람의 판단은 그 자신의 이익을 위해 사용되어야 하는 것처럼, 모든 사람의 힘, 지식 그리고 기술은 그들 자신을 위해 그것이 사용될 때 제대로 활용하는 것이 된다. 그렇지 않으면 사람은 자신을 보호할 권리를 가져서는 안 된다.

---

82 권리와 자유를 연결해서 정의하고 있다. 『리바이어던』 14장 첫 문단에서도 같은 진술을 하고 있다. 그리고 두 번째와 세 번째 문단에서 자유와 자연법을 정의하고 있다. 자유와 권리, 법과 의무, 이 네 가지는 짝을 이룬다. "의무와 자유가 다른 만큼 법과 권리도 서로 다르다." 달리 말하면 자유와 권리가 한 편이라면 법과 의무가 다른 한 편이다.

10. 모든 사람은 천부적으로 모든 사물에 대해 권리를 가지고 있다. 다시 말해 그가 바라는 것은 무엇이든 할 수 있으며, 의지가 있고 또 할 수 있는 모든 것에 대해 소유, 사용, 즐길 수 있는 권리를 가지고 있다. 자신의 판단에 따라 그가 하고자 하는 모든 것은 그 자신에게 좋은 것이 틀림없다. 왜냐하면 그가 그것들을 바라고 있고, 그것들이 언젠가는 그 자신의 보호에 도움이 될 수 있어야 하며, 그가 그렇게 판단할 수 있기 때문이다. 그래서 우리는 위의 8절에서 말한 바대로 그를 그것들에 대한 판단자로 간주했다. 이런 점을 모두 고려할 때 그를 통해 모든 사물이 올바르게 사용될 수 있다는 것은 당연하다. 이런 이유로 *Natura deit omnia omnibus*, 즉 '자연은 모든 이에게 모든 것을 주었다'라고 말하는 것은 옳다. 그렇기에 권리(*jus*)와 이익(*utile*)은 같은 것이다. 그러나 모든 사람이 모든 것에 대해 권리를 가지고 있다는 것은 사실상 아무도 어떤 것에 대해 권리를 갖고 있지 못한 것과 같다.[83] 왜냐하면 자신보다 더 강한 어떤 사람이 같은 권리를 가지고 있을 때 그는 자기 권리를 사용하고 그것에서 혜택을 거의 얻을 수 없기 때문이다.

11. 서로를 향한 인간의 타고난 공격성에 모든 사물에 대한 모든 사람의 권리가 더해짐으로써 한 사람은 권리를 가지고 공격하고, 다른 사람은 권리를 가지고 저항하게 된다. 그럼으로써 사람들은 영원한 자기 확신의 결

---

83 이 말은 '모두의 아들은 누구의 아들도 아니다'라는 아리스토텔레스의 말과 같은 의미다. 자연권은 모든 사물에 대해 공동 소유를 가능하게 하지만, 이는 자연상태에서만 가능하다. 홉스는 승자독식의 위험이 사라지고 사유재산의 축적이 가능한 시점을 통치권의 확립 이후로 보고 있다. 참고로 로크는 자연상태에서도 최소한 두 가지의 사유재산은 가능하다고 보고 있다. 자기 몸의 소유권과 그 몸을 이용해서 할 수 있는 노동력의 소유권이 바로 그것이다.

핍 상태(diffidence)에서 살게 되고, 어떻게 서로를 선취(先取)할 수 있는지를 생각하려고 애쓴다. 이런 자연적 자유 안에서 인간의 생존 상황은 전쟁 상태다. 왜냐하면 **전쟁**(war)은 오직 무력을 가지고 다투겠다는 의지나 의도가 말이나 행동으로 충분하게 선포된 때를 말하기 때문이다.[84] 전쟁이 아닌 그 밖의 시기는 **평화**(peace)다.

12. 적대 행위와 전쟁 상태란 바로 그것 때문에 자연 자체가 파괴되고 사람들이 서로를 죽이는 상태다. (이는 오늘날에도 살아 있는 야만족에 대한 [우리의] 경험과[85] 오늘날에는 문명국이 되었지만 [예전의] 우리 선조와 독일과 그 밖의 다른 지역에 살았던 거주민의 역사를 통해서 이런 사실을 우리는 또한 알고 있다. 그런 곳에 살던 사람들은 보통 평화로운 사회를 통해 만들어지고 확보할 수 있는 멋있고 안락한 삶도 없이 극히 얼마 안 되고 단명한 사람들이었다는 것을 우리는 발견할 뿐이다.) 따라서 모든 것에 대한 모두의 자유와 권리가 주어지는 그런 상태에서 살고자 하는 사람은 스스로 모순된다. 왜냐하면 모든 사람은 자연적 필요성에 따라 자기 자신의 선을 바라지만 이런 [자연]상태는 그것과 배치되며, 그곳에서 우리는 천부적인 평등으로 인해 사람들 사이에 투쟁이 일어나고, 서로를 파괴할 수도 있다는 것을 가정해야만 하기 때문이다.

---

84 홉스가 이해하고 있는 전쟁의 본질은 실제 전투가 일어났는지 아닌지에 달려 있지 않다. 실제로 전투가 없어도 싸우려는 의지가 선포되면 이미 전쟁 상태다. 여기서 주목할 것은 홉스가 냉전(cold war)이라는 개념을 알고 있지는 않았어도 그의 전쟁 개념 안에 냉전 개념이 포함되어 있다는 점이다. 평화가 보장되지 않은 시기 모두는 전쟁(냉전) 상태와 같다. 『리바이어던』 13장 참고.
85 여기서 말하는 야만족을 『리바이어던』에서는 17세기 당시 아메리카 대륙에 살던 인디언 원주민을 지칭하고 있다. 『리바이어던』에서는 문명화되기 이전 유럽 지역의 거주민에 대한 언급은 빠져 있다.

13. 우리 자신의 판단력과 힘을 가지고 스스로 보호할 수 있는 권리는 [외부의] 위험에서 기인하며, 그 위험은 사람들의 힘이 평등하다는 데서 나온다. 이런 점을 볼 때, 위험이 닥치기 전에 그리고 전투할 필요가 생기기 전에 사람이 그러한 [치명적] 평등성을 방지해야 하는 데는 더 많은 이유가 있다.[86] 따라서 다른 사람을 자신의 권력 아래 두어 지배하거나 통치하고, 그에게 선을 행하거나 해로움을 줄 수 있는 사람은 자신이 현재 가진 권력의 이점을 활용하여 미래에 다른 사람[의 공격]에 대비하고 자신의 안전을 위해 조심을 기울일 수 있는 권리를 가지고 있다. 그럼으로써 자신의 적대자를 이미 제압했거나 또는 어리거나 약해서 자연권을 가지고 자기에게 저항할 수 없는 다른 사람을 자신의 권력 안으로 종속시킨 사람도 다음과 같은 점에 대해서는 최선을 다해 조심해야만 한다. 즉 그처럼 어리거나 약하고 제압된 사람이라도 미래에는 [반대로] 자기를 통치하고 지배할 수도 있다는 점이다. 우리는 항상 자신의 안전과 보호를 목표로 삼고 있다는 것을 고려할 때, 만일 우리가 자발적으로 그런 사람[어리거나 약하고 제압된 사람]을 무시하고, 그가 즉시 힘을 모아서 우리의 적이 되도록 그대로 방치한다면 우리는 명백하게 우리의 의도[안전과 보호]와는 반대로 모순을 범하게 된다. 이로부터 다음과 같이 정리될 수 있다. 자연상태에서 저항할 수 없

---

86 가브리엘라 슬롬프(Gabriella Slomp)는 자연이 부여한 권리와 자유의 평등성을 '치명적 평등성(fatal equality)'이라고 불렀다. Gabriella Slomp, *Thomas Hobbes and the Political Philosophy of Glory*, Macmillian, 2000, pp.22~23. 피오르트 호프만(Piort Hoffman)은 이런 치명적 평등을 '평등한 취약성(equal vulnerability)'이라고 말하고 있다. Piotr Hoffman, *The Quest for Power*, Humanity Press, 1996, p.16. 홉스는 『리바이어던』 13장 첫머리에서 인간의 치명적 평등성과 그 취약성을 다음과 같이 말하고 있다. "자연은 사람의 몸과 마음의 기능 면에서 너무도 평등하게 만들었기 때문에 어떤 사람은 신체가 강하고 어떤 사람은 정신이 민첩하다고 하더라도 사람들 사이에 차이는 크지 않다. 가장 약한 사람일지라도 가장 강한 사람을 죽일 정도의 힘은 가지고 있다."

는 힘[을 갖는 것]이 곧 권리다.

14. 그러나 힘과 다른 자연적 기능들에 있어서 사람이 평등하다는 사실로부터 다음과 같은 점을 생각해볼 수 있다. 즉 적대 행위와 전쟁 상태가 장기간 지속되는 한 자신을 스스로 보호하기에 충분한 힘을 확보할 수 있는 사람은 아무도 없다. 그러므로 이성은 모든 사람에게 자신의 선을 위해 그것을 달성할 수 있는 희망이 있는 한 평화를 추구하라고 명령한다.[87] 그리고 그러한 평화를 얻을 수 없는 사람들에 맞서서 자신의 방어를 위해 그가 확보할 수 있는 모든 도움을 받아 자신의 힘을 기르고, 그 일에 필수적으로 도움이 되는 모든 일을 할 것을 명령한다.

---

87 이성의 명령은 자연법이며, 그 첫 번째 명령이 '평화를 추구하라'다. 『리바이어던』 14장에서는 평화를 추구하라는 이 명령을 근본적인 자연법으로 규정하고 있으며, 『시민론』에서도 마찬가지다. 홉스가 평화를 가장 중요한 자연법의 가치로 간주한 것에 대해 주목할 필요가 있다. 역자는 홉스의 이런 평화에 대한 관심을 평화애호주의(pacificism)라고 규정했다. 김용환, 『홉스의 사회·정치철학』, 철학과현실사, 1999, 170~173쪽 참고.

15. 증여와 신약(信約)에 따른 자연권의 상실

1. 자연법은 사람들의 동의가 아니라 이성 안에 있다

2. 모든 사람은 모든 사물에 대해 가진 자신의 권리를 포기해야 하는데, 이것이 자연의 가르침이다[제2자연법][88]

3. 자신의 권리를 포기하고 양도한다는 것

4. 양도하려는 의지와 인수하려는 의지, 이 양자는 권리의 소멸에 필수적이다

5. 미래 시제(*de futuro*)의 말만으로는 권리가 양도되지 않는다

6. 의지에 대한 다른 표시와 함께 말하는 미래 시제의 말은 권리를 양도할 수 있다

7. 무상 증여(free gift)의 정의

8. 계약과 그 종류

9. 신약(信約)의 정의

10. 상호 신뢰하자는 계약은 적대 상황에서는 유효하지 않다

11. 사람들의 신약이 아니라 상호 간의 신약이다

12. 신약은 어떻게 취소되는가

13. 두려움 때문에 강요된 신약은 자연법 내에서는 유효하다

14. 이전에 맺은 신약에 반대되는 신약은 무효다

15. 서약의 정의

16. 모든 사람은 자신의 종교 안에서 서약을 수행해야 한다

17. 서약은 의무에 추가되지 않는다

18. 신약은 구속력이 있지만 노력해야만 한다

---

88 홉스는 『법의 기초』에서 자연법의 순서에 번호를 부여하지 않았다. 뒤에 저술된 『시민론』이

1. 자연법이 무엇인지는 이제까지 [자연법에 관해] 저술한 사람들 사이에서도 합의된 바가 없다. 대부분의 경우 어떤 것이 자연법에 어긋나는지를 확인할 필요가 있다고 말하는 그런 저술가들은 단지 다음과 같은 것만을 주장하고 있다. 즉 자연법에 어긋나는 것이란 모든 민족 또는 가장 현명하고 문명화된 민족들 사이에서 동의된 것을 위반하는 것이다. 그러나 어느 민족이 가장 현명한지를 누가 판단할 것인가에 대해서는 동의가 이루어지지 않는다. 다른 저술가들은 모든 인류가 동의한 것에 반대하는 것이 곧 자연법에 어긋나는 것이라고 주장하는데, [자연법에 대한] 이런 정의도 받아들여질 수 없다. 왜냐하면 모든 사람 각각의 본성은 인류[전체]의 본성 안에 포함되어 있기에 그런 경우 아무도 자연법에 거슬러 위반할 수 없기 때문이다.

그러나 모든 사람이 정념의 폭력성과 악한 관습에 빠져서 보통 자연법에 어긋나는 것으로 알려진 그런 행위를 하는 것을 보면, 정념에 대한 동의 또는 관습 때문에 생긴 어떤 오류에 대한 동의가 자연법을 만드는 것은 아니다. 이성은 정념과 마찬가지로 인간의 본성에 속하며, 모든 사람에게 똑같이 주어져 있다. 왜냐하면 모든 사람은 자신이 얻고자 원하는 방식, 즉 이성의 활동인 자신의 선을 얻을 수 있는 방식으로 지시되고 지배받고자 하는 의지에 동의하고 있기 때문이다. 그러므로 이성 이외에 다른 자연법은 있을 수 없으며, 평화를 확보할 수 있는 곳에서는 평화의 길을, 그것을 얻을 수 없는 곳에서는 [자기] 방어의 길을 우리에게 선언하는 것[제1자연법][89] 외에 **자연법**(natural law)의 다른 계율들(precepts)도 있을 수 없다.

나 『리바이어던』에서는 번호를 부여하고 있다. 따라서 『법의 기초』에서 [ ]안에 번호는 역자가 순서에 따라 부여한 번호다. 다음 16장과 17장 참고.

89 『리바이어던』 14장에서는 '평화를 추구하라. 그러나 불가능할 경우 전쟁에서 승리하기 위해

2. 따라서 자연법의 한 가지 계율은 '모든 사람이 천부적으로 갖게 된 모든 사물에 대한 권리[자연권]를 스스로 버리는 것'이다.[제2자연법] 여러 사람이 그 밖의 모든 사물에 대해서뿐만 아니라 서로 간의 신체에 대해서도 권리를 가졌을 때, 만일 그들이 그 권리를 똑같이 행사한다면 거기에는 그로 인해 한쪽은 침범하고, 다른 쪽은 저항하는 일이 발생한다. 이것이 결과적으로 자연법에 어긋나는 전쟁이며, 자연법의 총합은 평화를 이루는 데 있다.

3. 한 사람이 자신의 권리를 스스로 박탈하고 내려놓을 때 그는 단순히 권리를 포기하거나 다른 사람에게 그대로 양도하는 것이다. 권리를 **포기**(relinquish)한다는 것은 전에는 권리를 가지고 할 수 있었던 행동을 [이제] 더는 하지 않으며 이것이 자신의 의지임을 충분한 표시를 통해 선언하는 것이다. 다른 사람에게 권리를 **양도**(transfer)한다는 것은, 양도하기 전에 [자신이] 소유하고 있었던 권리를 가지고 그 권리의 인수자에게 저항하거나 방해하지 않겠다는 자신의 의지를 충분한 표시와 함께 선언하는 것이다.

모든 사람이 천부적으로 [자연권에 따라] 모든 사물에 대한 권리를 소유하고 있다는 것을 생각하면, 한 사람이 전에 갖고 있지 않았던 어떤 권리를 다른 사람에게 양도하는 일은 불가능하다. 따라서 한 사람이 권리를 양도할 때 할 수 있는 모든 일은 자기 권리를 양도받은 사람이 더 이상 괴롭힘을 당하지 않고 똑같은 혜택을 누리도록 내버려 두겠다는 의지를 선언하는 일뿐이다. 예를 들어 한 사람이 자신의 토지와 재화를 다른 사람에게 양도할 때, 그는 그 땅에 출입하거나 언급된 땅과 재화를 사용할 수 있는

어떤 수단도 사용할 수 있다'는 이 명령을 근본적인 자연법(fundamental law of nature)으로 규정하고 있다.

권리 또는 반대로 양도받은 사람의 사용권 행사를 방해할 수 있는 권리를 스스로 철회하는 것이다.

4. 그러므로 권리를 양도할 때 두 가지 일이 요구된다. 하나는 양도하는 사람의 입장인데, 양도 행위를 통해 그의 충분한 의지 표시가 요구된다. 다른 하나는 양도를 받는 사람의 입장인데, 양도를 받겠다는 그의 충분한 의지 표시가 요구된다. 이 둘 중의 하나라도 없으면 그 권리는 원래 갖고 있던 사람한테 남아 있게 된다. 권리를 수용하지 않겠다는 사람에게 자기 권리를 양도하는 사람은 단순히 그 권리를 포기하는 것이며, 그렇다고 해서 권리를 받겠다는 사람 누구에게나 양도하는 것으로 간주되어서도 안 된다. 왜냐하면 다른 사람이 아니라 한 특정한 사람에게 동일한 권리를 양도하는 이유가 그 밖의 나머지 사람들이 아니라 바로 그 특정한 사람에게 있기 때문이다.

5. 한 사람이 자신의 권리를 포기했거나 양도했다는 것을 말로 하는 것 외에 다른 표시가 없을 때라도 현재나 과거 시제로 한 말이라면 이는 [포기나 양도] 행위가 이루어진 것으로 간주될 필요가 있다. 그러나 다가오는 미래 시제만 가지고는 [포기나 양도]가 이루어진 것이 아니다. 왜냐하면 앞으로 다가올 시간, 예를 들면 '내일 나는 줄 것이다'라고 말하는 그는 아직 주지 않았다는 것을 분명하게 선언한 것이기 때문이다. 따라서 그 권리는 오늘 그에게 남아 있는 것이고, 이 [상황은] 그가 실제로 줄 때까지 지속된다. 그러나 '내일 또는 미래의 다른 시간에 어떤 것에 대해 [내가 누렸던 것과] 똑같은 [권리]를 소유하고 향유할 수 있도록 내가 그에게 현재 주거나 이미 주었다'라고 말하는 사람은 지금 실제로 그 언급된 권리를 양도한 것이다.

만일 양도한 것이 아니라면 그는 [양도받은] 다른 사람이 그 권리를 향유하는 그 시간에 그 자신도 그 권리를 가지고 있어야만 한다.

6. 그러나 13장 8절에서 밝힌 바와 같이 말만으로는 마음속 생각을 충분히 드러내는 것이 아니기 때문에, 그들에게 말하는 그의 의지가 다른 표시를 통해 보강될 때 미래(*de futuro*) 시제로 언급된 말들도 마치 현재(*de praesenti*) 시제를 의미하는 것으로 종종 간주될 수 있다. 왜냐하면 마치 주는 사람이 자기 권리를 다른 사람에게 실제로 양도한 것처럼 말로 양도하되, 받는 사람도 그의 말을 [실제] 받은 것으로 이해하게 될 때, 그는 권리 양도에 필요한 모든 것을 주는 것으로 이해될 필요가 있기 때문이다.

7. 한 사람이 과거, 현재 또는 미래에 받게 될 상호 호혜적인 이익을 고려하지 않고 다른 사람에게 자신의 어떤 권리를 양도할 때, 이를 **무상 증여**(free gift)라고 한다. 그리고 증여하는 데 있어서 현재 또는 과거 시제의 말 외에 다른 말은 구속력을 가질 수 없다. 왜냐하면 오직 미래에 관한 말만 가지고는 아무것도 양도하지 못하며, 마치 그 말들이 증여자의 의지에서 나온 것처럼 이해될 수도 없기 때문이다. 증여이기 때문에 거기에는 말로 주장한 것보다 더 큰 의무를 수반하지 않는다. 자신의 호의 외에 어떤 다른 고려 없이 주겠다고 약속한 사람이 그것을 실행하지 않는 한, 그는 자신의 호의가 여전히 지속되는지 또는 줄어들었는지에 따라 계속 숙고만 하는 것이다. 그리고 숙고하는 사람은 아직 의지를 가진 것은 아니다. 왜냐하면 그의 의지는 숙고의 마지막 행동이기 때문이다.[90] 따라서 약속만 하

---

90 숙고의 마지막 단계에서 사람은 욕구에 따라 행동할 것인지 아니면 혐오의 감정에 따라 행

는 사람은 증여자(donor)가 아니라 도손(doson)이라 불리는데, 이 이름은 약속은 자주 하면서도 거의 지키지 않은 안티오쿠스(Antiochus)에게 붙여진 이름이다.[91]

8. 사람이 상호 간의 이익을 생각해서 자기의 권리를 양도할 때 이는 증여가 아니라 쌍방 간의 기증이며 **계약**(contract)이라 불린다. 모든 계약에서 양 당사자는 마치 사람들이 [물건을] 사고팔며 교환할 때처럼 즉시 [계약을] 이행해서 서로 계약한 내용을 즐길 수 있다는 확실성을 갖고 확신하거나, 한쪽 당사자는 즉시 이행하고 다른 쪽은 신용판매 때처럼 약속만 하거나, 그것도 아니면 양 당사자가 모두 즉시 이행하지는 않지만 서로 신뢰를 할 수 있다. 이 세 가지 종류 외에 다른 계약은 있을 수 없다. 왜냐하면 거기에는 양 계약자가 둘 다 서로 신뢰하거나 둘이 모두 신뢰하지 않거나 아니면 한쪽은 신뢰하고 다른 쪽은 신뢰하지 않는 방법밖에 없기 때문이다.

9. 신뢰가 있는 모든 계약에서 신뢰를 얻은 사람의 약속은 **신약**(covenant)이라 불린다. 이 신약은 비록 다가올 [미래] 시간과 관련된 약속이지만, 그러나 때가 오면 신약은 실제 기증 못지않게 권리를 양도한다. 왜냐하면 약속을 이행한 사람이, 신뢰를 얻은 상대방 역시 약속을 이행하

동을 포기할 것인지를 결정하게 되는데, 이렇게 판단하는 것을 의지라 한다. 『리바이어던』6장, 127쪽 참고.

91 안티고누스 3세 도손(Antigonus III Doson, B.C. 263~221)은 마케도니아의 왕(B.C. 229~221)이었다. 도손은 그의 별명이었으며, 그 뜻은 정확하지 않다. 그러나 플루타르크에 따르면 도손이라는 말에는 약속은 자주 하지만 지키지 않는다는 의미가 내포되어 있다고 한다(위키피디아 참고). 홉스는 본문에서 안티오쿠스(Antiochus, B.C. 241~187)라고 표기하고 있는데 이는 안티고누스 3세 도손과 안티오쿠스 3세 대제를 혼동하고 있는 듯 보인다.

리라 믿고 그것을 그의 의지로 이해했다는 것은 [신약이 가지고 있는] 하나의 명백한 표시이기 때문이다. 그러므로 상호 이익에 바탕을 둔 약속은 신약이자 의지의 표시이며 또는 숙고의 마지막 행위다. 이에 따라 이행할 것인가 아니면 이행하지 않을 것인가의 자유는 사라지고 결과적으로 [약속은] 의무가 된다. 자유가 멈추는 곳에 의무는 시작되기 때문이다.

10. 그렇지만 현재까지 한쪽 당사자가 아무것도 이행하지 않은 채 상호 신뢰로만 이루어지고 그것이 강제성이 없는 계약일 때, 자신의 이익을 위해 모든 것을 이용하려는 인간의 경향을 생각해서 먼저 [계약을] 이행하는 사람은 그렇게 할 수는 있지만, 계약 상대방의 욕심이나 다른 감정 때문에 그는 스스로 배신을 당할 수도 있다. 따라서 그런 신약은 아무런 효과도 없다. 왜냐하면 상대방 당사자가 나중에 이행할 것 같지 않다면 한쪽 당사자가 먼저 이행해야만 하는 이유도 없기 때문이다. 그리고 그가 이행할 것인지 아닌지 의심하는 사람은 (14장 8절에서 말한 바대로) 그들이 자연적 자유를 소유하고 자연상태에 남아 있는 한 그 스스로 판단자가 될 것이다. 그러나 이 지점에서 두 신약 당사자의 개인적인 판단을 박탈할 수 있을 만큼 압도적인 [제삼자의] 강제력이 있다면 그런 신약도 유효한 것이 될 수 있다. 먼저 이행한 사람이 상대방의 이행에 대해 의심할 만한 합리적인 이유가 없는 것을 보면, 그로 인해 후자도 강제 [이행]될 수 있다.

11. 모든 신약과 계약, 기증과 마찬가지로 권리를 양도받는 사람의 수용 여부는 이들 신약과 기증 등에는 필수적인 요소이기 때문에, 본래부터 또는 양도 장소에 있지 않음으로써 [양도된 권리를] 수용할 수 없거나, 혹시 [수용이] 가능하더라도 [양도된 권리를] 그들이 수용하겠다는 실제적인 선언

을 하지 않는 사람과는 신약을 맺거나 기증하는 일이 불가능하다. 그러므로 무엇보다도 먼저 하느님의 이름으로 누가 그 신약을 받아들이고 수용할 것인가를 선언하는 것이 하느님을 기쁘게 하는 일이지만, 그보다는 어떤 사람이 전능한 하느님과 신약을 맺는 일은 훨씬 더 불가능하다. 또한 살아 있는 다른 피조물과 신약을 맺는 일도 불가능한데, 이는 공통 언어가 없어서 그것들의 의지를 나타내는 충분한 표시를 우리가 확보할 수 없기 때문이다.

12. 특정한 시간과 장소에서 어떤 행동을 하겠다는 신약은 그 시간이 되었을 때 약속을 이행하거나 아니면 이행하지 않음으로써 신약 당사자에 의해 그때 해소된다. 왜냐하면 한 번 불가능하게 된 신약은 무효가 되기 때문이다. 그러나 마치 결단코 하지 않으려는 듯이 무기한 이행하지 않겠다는 신약은 오직 그가 신약을 위반하거나 또는 죽었을 때만 해소된다. 그리고 일반적으로 [말해서] 모든 신약은 계약자에 의해 이행될 수 있으며, 신약을 맺은 사람은 자신의 이익과 권리에 따라 의무를 지게 된다. 따라서 포기된 이 계약자의 권리는 신약의 해제와 같다. 그리고 보편적으로 [말해] 똑같은 이유로, 모든 의무는 의무 이행자들의 의지에 따라 결정될 수 있는 것들이다.

13. 공포를 통해 사람들에게서 강요된 신약은 지켜야 할 의무가 있는가? 이는 종종 제기된 물음이다. 예를 들어, 한 사람이 죽음에 대한 공포 때문에 강도에게 내일 100파운드를 주기로 약속하고 나타나지 않았다면, 그런 신약은 지켜야 할 의무가 있는 것인가? 어떤 경우에는 그런 신약이 무효가 될 수 있지만, 그것이 공포를 통해 강요되었기 때문에 무효가 되는

것은 아니다. 왜냐하면 우리가 공포 때문에 행동하는 이유가 탐욕을 [채우기] 위한 행동보다 덜 확고해야 할 이유가 있어 보이지 않기 때문이다. 공포와 탐욕 모두 행동을 자발적인 것으로 만들기 때문이다. 그리고 만일 죽음에 대한 공포 때문에 맺은 어떤 신약도 유효한 것이 되어서는 안 된다면, 공포 때문에 모두가 동의한 적과 맺은 평화의 조건도, 어떤 법률도 효력을 발휘할 수가 없다. 만일 그들이 자유를 유지하면서 죽음을 두려워하지 않는다면, 자신의 의지와 힘을 가지고 스스로 지배하도록 자연이 준 자유를 누가 잃고 싶어 하는가?

어떤 전쟁 포로가 자기 몸값을 구할 수 있도록 신뢰를 얻을 수 있으며, 만일 그가 목숨을 담보로 자기 약속을 이행하도록 구속되어 있지 않다면 그 포로는 오히려 죽임을 당해서도 안 되는가? 그러나 정치 체제와 법률이 도입된 후에는 [위의] 경우가 변경될 수 있다. 법에 따라 그러한 신약 이행이 금지된다면, 강도에게 무엇이든 약속을 한 사람은 그 신약 이행을 거부할 수 있을 뿐만 아니라 반드시 거부해야만 한다. 그러나 만일 법이 그 이행을 금지하지 않고 계약자의 뜻에 맡긴다면 그 신약 이행은 여전히 합법적이다. 그리고 합법적인 일에 대한 신약은 의무가 부여되는데 강도에게 한 신약이라도 그러하다.[92]

14. 한 사람에게 [무엇인가를] 주거나, [주겠다는] 약속을 하거나, 또는 신약을 맺은 사람이 후에 똑같은 것을 다른 사람에게 그대로 할 경우, 그가

---

92 홉스의 이 말을 이해하기 쉽게 다른 예를 들어보자. 도박판에서 돈을 잃고 고율의 이자를 내기로 하고 도박 빚을 진 사람은 그 빚을 갚아야 하는가? 도박을 금지하는 법이 없다면 약속은 약속이기 때문에 갚아야 한다. 그러나 그런 빚은 갚지 않아도 된다는 법이 있는 한 갚을 의무가 발생하지 않는다.

후자에게 한 행위는 무효가 된다. 왜냐하면 자신이 갖고 있지 않은 권리, 그리고 양도되기 전에는 갖고 있었으나 [지금은] 갖고 있지 않은 권리를 [다른 사람에게] 양도하는 일은 불가능하기 때문이다.

15. **서약**(oath)은 하나의 약속에 첨부된 조항인데, 거기에는 합법적이며 그가 이행하는 것이 가능한데도 이행하지 않는 경우, 약속을 한 그가 신의 자비를 포기하겠다는 내용이 들어 있다. 그리고 이는 이를테면 '신이시여 저를 도우소서'와 같이 서약의 본질을 이루는 말들로 표현된다.[93] 이는 이방인들 사이에서도 마찬가지였다. 로마 사람들의 형식은 이러했다. '주피터 신이시여, 내가 이 짐승을 죽이는 것처럼 당신께서는 [약속을] 위반한 그를 죽이소서.' 그러므로 서약의 의도는 신약을 깨는 자에게 복수를 불러 일으키는 데 있다. 아주 많은 수가 아니라면 결코 사람들 앞에서 맹세하는 것은 소용이 없다. 왜냐하면 그들이 원하든 원하지 않든 간에 여러 가지 우연한 일을 핑계로 [약속 위반에] 대해 처벌을 피할 수 있기 때문이다. 그러나 신의 처벌은 피하지 못한다. 자신들 군주의 생명을 걸고 맹세하는 것이 비록 많은 나라의 관습이었지만, 신성한 명예에 대한 야망을 품은 그런 군주들은 오직 신 외에는 맹세할 것이 없다고 믿었다는 충분한 증언을 하고 있다.

16. 사람들은 자기가 신뢰하지 않는 권력에 대해서는 두려워하지 않으

---

93 "So help me God"은 법정이나 공직자의 임명 서약 등에서 선서를 할 때 사용되는 관용구다. 대부분 서약의 맨 끝에서 하는 말로서 앞서 말한 모든 것을 지키겠다는 약속의 의미와 함께 약속을 지키지 않을 때 신의 용서를 구하지 않겠다는 각오를 나타낸다. 우리나라 대통령의 취임 선서에는 이와 같은 의미가 포함된 문구가 없다.

며, 서약을 받는 권력자가 무섭지 않으면 사람들에게 그 서약은 아무 소용이 없다. 이 점을 생각하면, 맹세하는 사람은 자신이 습관적으로 사용하는 방식이 아니라 자신의 종교에서 스스로 인정한 방식으로 맹세하는 일이 필요하다. 왜냐하면 모든 사람은 전능한 힘의 소유자가 존재한다는 것을 본성상 알면서도, (그들이 참되다고 생각하는) 자신들의 종교가 가르치는 것과 형태나 이름이 다른 전능한 자를 두고 맹세하는 것을 믿지 않기 때문이다.

17. 서약의 정의에 따르면, 서약은 맹세한 신약을 이행하는 데 있어서 그 신약 자체가 수반하고 있는 것보다 더 큰 의무를 추가로 부과하지는 않는 것으로 보이나, 사람을 더 큰 위험과 중한 처벌의 위험에 빠트리기도 한다.

18. 신약과 서약은 둘 다 자발적(*de voluntariis*)이며 이행 가능한(*de possibilibus*) 일이다. 피계약자는 불가능한 것을 약속하는 계약자를 이해할 수 없다. 왜냐하면 그들 [계약자들]은 숙고하는 단계를 거치지 않기 때문이다. 결과적으로(13장 10절에서는 피계약자를 [신약의] 해석자로 간주하고 있다) 약속된 일을 이행하거나 또는 그와 동등한 어떤 일을 하면서 우리가 최선의 노력을 하는 것 이상의 구속력을 가진 신약은 없다.

자연법에 대하여

16. 몇 가지 중요한 자연법

1. 사람들이 신약을 지킨다는 것
2. 상해(injury)의 정의
3. 계약자에게만 가해진 상해
4. 정당함과 부당함의 의미
5. 교환적 정의와 분배적 정의로 올바르게 구분되지 않은 정의
6. 신뢰받은 사람은 자신을 신뢰한 사람에게 [그 신뢰를] 손해로 되돌려줘서는 안 된다. 이것이 자연법이다[제3자연법]
7. 배은망덕의 정의[94]
8. 사람이 서로 간에 수용하려고 노력하는 것, 이것이 자연법이다[제4자연법]
9. 사람은 미래를 위한 신중한 생각 때문에 용서를 한다[제5자연법]
10. 보복은 오직 미래에만 관여해야 한다[제6자연법]
11. [공개적으로] 표명된 비난과 모욕은 자연법 위반이다[제7자연법]
12. 차별 없는 통상교역은 자연법[의 명령]이다[제8자연법][95]
13. 평화를 확보하거나 유지하기 위해 고용된 사신(使臣)은 자연법에 따라 안전해야만 한다[제9자연법]

---

94 『시민론』과 『리바이어던』에서는 제3·4자연법으로 규정하고 있으나 『법의 기초』에서는 자연법으로 적시하지 않고 있다

95 제8자연법은 『시민론』과 『리바이어던』에서는 나오지 않으며, 제16자연법도 이 『법의 기초』에

1. '자연은 아무것도 헛되이 만들지 않는다'라는 말은 잘 알려진 격언이다.[96] [추론할 때] 참된 결론은 참된 전제에서 나온 것에 불과한 것처럼, 명령의 효력이나 자연법도 그것을 유도하는 이성의 힘에 지나지 않는다는 것은 가장 확실하다. 따라서 만일 '모든 사람은 자연법을 준수하고 자신이 맺은 신약을 이행할 의무가 있다'는 말이 자연법이 아니라면, 앞의 15장 2절에서 언급된 자연법, 즉 '모든 사람은 스스로 권리를 포기해야만 한다' 등의 자연법도 완전히 헛되고 아무런 효력도 갖지 못한다. 만일 주겠다고 약속한 사람이 [그 약속을] 이행하지 않거나, 자기가 준 것을 회수할 수 있는 권리를 여전히 보유하고 있다면, 무엇인가 주겠다고 약속받은 사람에게 그 약속은 무슨 이익이 있겠는가?

2. 사람들은 신약을 파기하거나 위반하는 것을 **상해**(injury)라고 부르는데, 여기에는 어떤 행동 또는 태만함이 포함되어 있어서, 이를 **부당**(unjust)하다고 한다. 그것이 부당한 이유는 아무런 권리(*jus*, right)도 없이 행동하거나 태만하기 때문인데 여기서 말하는 권리란 이미 전에 양도되었거나 포기된 것이다. 세상 사람들이 하는 행동이나 대화에서 우리가 상해 또는 부정의(injustice)라 부르는 것과 스콜라 철학자들이 논증과 논쟁에서 불합리

서만 등장하는 자연법이다.

96 Nature makes nothing in vain. 이 말은 아리스토텔레스의 목적론적 자연철학을 대표하는 원리라고 할 수 있다. 생명이 있는 피조물부터 무생물에 이르기까지 자연 안에 존재하는 모든 것들은 그 존재 이유와 목적이 있다. 모든 사물은 운동하는 실체이며, 운동은 사물들 자체 안에 내재되어 있는 존재의 목적을 지향하며 지속된다. 이 원리는 목적론적 세계관에만 적용되는 것은 아니다. 뉴턴도 이 말을 인용하고 있는데 우리가 보고 있는 이 세계의 질서와 아름다움을 설명하기 위해서다. 이 원리는 목적론적 세계관에서나 기계론적 세계관 모두에서 아무런 문제없이 적용될 수 있다.

(absurd)하다고 부르는 것 사이에는 상당한 유사성이 있다. 자기 주장이 옹호되기 전에 스스로 모순에 빠지는 사람을 '불합리한 것으로 돌아갔다'[97]고 말하는 것처럼, 전에 신약에 따라 [부당한] 행동을 하지 않거나 태만하지 않겠다고 약속한 것을 감정에 끌려 행동하거나 태만한 사람은 [되돌아가] 불의를 저지르는 것과 같다.

모든 신약의 위반에는 이른바 모순이 존재한다. 왜냐하면 신약을 맺은 사람은 다가오는 미래에 어떤 행동을 하거나 하지 않거나인데, 어떤 행동을 하는 그는 미래의 한 부분인 현재 시점에서 신약 안에 포함이 되어 있는 것을 행동하는 것이다. 따라서 신약을 위반하는 사람은 같은 일을 하고자 하면서 동시에 하지 않는 것을 원하는 것과 같은데 이는 명백한 모순이기 때문이다. 마치 불합리성이라는 것이 논쟁 중에 일어나는 일종의 부정의인 것처럼, 상해는 대화 중에 발생하는 [일종의] 불합리다.

3. 신약을 위반하는 모든 경우에 (그 피해가 누구에게 생기든지) 상해는 오직 신약의 계약자만 입는다. 예를 들면 어떤 사람이 주인에게 복종하기로 신약을 맺고, 주인이 제삼자에게 돈을 주라고 그에게 명령했는데도 그가 약속한 대로 이행하지 않는다면, 이는 비록 그 피해(damage)가 제삼자에게 가지만 그 상해(injury)는 주인에게만 돌아간다. 왜냐하면 [제삼자와] 아무런 [신약]도 맺지 않은 종은 신약을 위반할 수가 없고, 그 결과 그[제삼자]에

---

97 소크라테스의 아이러니(irony)는 대화법에서 무지의 자각 과정을 일컫는 말이다. 대화법에서 소크라테스의 역할은 아테네의 청년들이 숨겨진 진리(aletheia)를 찾아가는 과정에서 자신의 무지를 자각함으로써 참된 진리를 스스로 발견할 수 있도록 도와주는 역할이었다. 논증 과정에서 모순과 불합리에 봉착할 때 논의의 출발점(전제)으로 되돌아가도록 하는 것을 논리학에서는 귀류법(*reductio ad absurdum*)이라 부른다.

게는 아무런 상해를 입히지 않기 때문이다. 상해는 그 정의에 따르면 신약을 위반하는 쪽에 있기 때문이다.

4. 정당함, 부당함, 정의, 부정의 같은 이름들은 애매하고 다양한 의미를 가진 것들이다. 정의와 부정의가 행동과 관련된 것일 때, 정의로운 행동은 상해를 주지 않는 것이며 불의한 행동은 상해를 주는 일과 같은 의미다. 그리고 행동에 대해서는 정당하다 또는 부당하다는 이름을 붙이되 사람한테는 그렇게 [정당, 부당을] 붙이지 않는다. 왜냐하면 정당함과 부당함은 그의 행위에 대해 잘못의 유무를 규정하는 것이기 때문이다. 그러나 정의와 부정의가 사람들과 관련된 것일 때, 이것은 [사람의] 경향과 감정 그리고 타고난 성향, 다시 말해 정의로운 행동과 불의한 행동을 낳기 쉬운 마음의 정념을 의미한다. 따라서 한 사람이 정당하다거나 부당하다고 말해질 때, [그 사람의] 행동이 아니라 그런 행동을 하게 하는 정념과 기질이 고려되어야 한다. 따라서 정의로운 사람도 부당한 행동을 범할 수 있으며, 불의한 사람도 한 번만이 아니라 그의 대부분의 행동을 정당하게 할 수 있다.

다른 이유에서지만 정의로운 사람뿐만 아니라 불의한 사람한테도 '죄는 미워하라(*oderunt peccare*)'는 말이 있다.[98] 처벌받는 것이 두려워 [남에게] 상해를 입히지 않은 불의한 사람도 다음과 같은 점은 분명하게 선언하고 있다. 즉 그의 정의로운 행동은 시민법에 달려 있고, 그 시민법에 따라 처벌이 이루어져야 하며, 만일 그렇지 않다면 처벌의 근원인 [시민법]에 따라

---

98 *Oderunt peccare boni, virtutis amore; oderunt peccare mali, formidine poenae*(정당한 사람은 선에 대한 사랑 때문에 죄를 미워하고, 부당한 사람은 처벌에 대한 두려움 때문에 죄를 미워한다). '죄는 미워하되, 사람은 미워하지 마라'는 말과 같다.

자연상태에서도 처벌하는 것은 부당한 것이 되고 만다.[99] 정의와 부정의에 대한 이런 구분은 반드시 기억되어야만 한다. 불의가 유죄라고 생각될 때 그 행동은 부당하나 그렇다고 해서 그 사람이 부당한 것은 아니다. 그리고 정의가 무죄라고 생각될 때 그 행동은 정당하나 그가 항상 정당한 사람은 아니다. 마찬가지로 정의와 부정의가 마음의 습관[에 달려 있다고] 생각될 때 그 사람이 공정하거나 불공정할 수는 있으나 그렇다고 해서 그의 모든 행동이 항상 그런 것은 아니다.[100]

5. 행동의 정의는 보통 두 종류로 구분되는데, 그중 하나를 사람들은 교환적(commutative) [정의]라 부르고 다른 하나는 분배적(distributive) [정의]라 부른다. 전자는 산술적(arithmetical) 비례이고, 후자는 기하학적 (geometrical) 비례라고도 일컬어져 왔다. 그리고 그들은 사고, 팔고, 바꾸는 것처럼 교환행위에 교환적 정의를, 모든 사람에게 각자의 공적(功績)에 따라 분배하는 행위에 분배적 정의를 배치하고 있다. 이런 구분이 잘된 것은 아니다. 정의롭지 못한 행동이라 할 수 있는 상해(injury)는 교환되거나 분배된 사물들의 불평등에 있는 것이 아니라, (자연과 이성에 반하여) 사람들이 스스로 자신의 동료보다 더 우월한 것을 당연한 것으로 여기는 데 있다. 그런 까닭에 이제부터는 이런 불평등에 대해 언급하려고 한다.

---

99 처벌은 시민법이 제정된 이후에나 가능하다. 따라서 실정법이 없고, 만인에 대한 만인의 전쟁 상태인 자연상태에서는 처벌 자체가 불가능하다.

100 정의와 부정의를 마음의 습관이라 말하고 있는 홉스의 견해는 정의에 대한 흄의 규정과 상당한 유사성을 가진다. "정의감과 부정의에 대한 감각은 자연에서 비롯된 것이 아니라 인위적으로 발생하는데, 필수적으로 교육과 인간의 관습에서 생긴다." David Hume, *A Treatise of Human Nature*, Selby-Bigge(ed.), Oxford, 1978, Books III, Part II, section 1, p.483.

교환적 정의는 사고파는 일과 관련된 것이기 때문에, 비록 산 물건[의 가치가] 매겨진 값과 동등하지 않아도, 사는 사람이나 파는 사람이 그 값에 관해 판단을 내렸으며, 그럼으로써 서로 만족하기 때문에, 양 당사자가 서로 신뢰하지도 않고 신약을 맺을 수도 없지만, 어느 한쪽에 상해가 가해지는 일은 없다. 그리고 분배적 정의는 우리 자신의 이익을 분배하는 일과 관련되어 있으며, 그 사물은 우리 자신의 것이라 할 수 있기에 우리 마음대로 처분할 수 있다. 이런 점을 고려하면, 우리가 [A]라는 한 특정한 사람보다 [B]라는 다른 사람에게 더 관대하게 분배하더라도 이는 그 특정한 사람 [A]에게 상해를 입히는 것은 아니다. 게다가 만약 우리가 신약에 따라 특정한 사람에게 의무를 지지 않는다면, 부정의는 신약을 위반하는 데 있는 것이지 불평등한 분배에 있는 것은 아니다.

6. 어떤 사람이 신약을 맺지도 않고, 오직 상대방의 은혜와 호의를 얻을 것이라는 확신과 신뢰를 바탕으로 그의 권력에 이롭게 하거나 공헌하는 경우는 자주 있는 일이다. 그렇게 함으로써 그는 더 크거나 아니면 적지 않은 이익과 도움을 스스로 확보할 수 있다. 왜냐하면 필연적으로 모든 사람은 자발적 행동을 통해 자신에게 좋은 것을 얻으려고 노력하기 때문이다. 이 경우 다음은 자연법에 속한다. '그의 자선이나 그를 향한 선한 호의를 믿고 있는 사람을 그 신뢰에 대한 대가로 더 나쁜 상황에 놓이게 하여 고통을 당하게 해서는 안 된다.'[제3자연법][101] 만일 그를 그렇게 한다면, 사람들은 감히 서로의 방어에 대해 의논하지 않으며, 어떤 조건에서든지 서

---

101 이 자연법은 『리바이어던』에서는 제4자연법으로 제시되고 있다. "타인의 은혜를 입은 사람은 은혜를 베푼 사람이 자신의 호의에 대해 후회할 만한 사유가 발생하지 않도록 노력해야 한다."

로에게 자비를 베풀지도 않는다. 오히려 가장 최악의 적대적인 상황을 감수하는 게 낫다. 이런 일반적인 불신[자기 확신의 결핍] 때문에, 사람들은 전쟁에 내몰릴 뿐만 아니라 서로에 대해 많은 위험이 닥칠까 두려워 평화를 서두르게 된다.[102] 여기서 이 사람들은 승리나 과시를 하기 위해서가 아니라 (내가 이미 말했듯이) 오직 신뢰를 바탕으로 자기들의 은혜를 베푸는 사람들로 이해되어야만 한다. 왜냐하면 그들이 은혜를 베풀 때 바라는 목적은 그 은혜가 잘 활용되는 것인데, 그것이 보상이기 때문이다. 마찬가지로 과시하기 위해 그렇게 [은혜를 베풀었을] 때도 그들은 스스로 보상을 얻게 된다.

7. 그러나 [호의를 베푸는] 이 경우 어떤 신약도 이루어진 것이 없다는 것을 고려하면, 이 자연법을 위반했다고 해서 이를 상해라고 불러서는 안 된다. 거기에는 다른 이름이 있는데, 이를테면 **배은망덕**(ingratitude)이라 할 수 있다.

8. '모든 사람은 자신[의 생명]을 유지하고 방어하기 위해 신체의 위험이 없고, [생존] 수단을 잃지 않는 한 서로 돕고 수용 [또는 적응]하기 위해 노력해야 한다.'[제4자연법][103] 이것은 또한 하나의 자연법이다. 우리가 수용하려고 혼자서만 노력하고, 될 수 있는 한 다른 사람들은 우리 뒤에 멀리 방

---

102 이 부분에 대한 설명은 『리바이어던』에서는 제4자연법인 보은(gratitude)에 관한 정의에서 다루고 있다. "모든 자발적 행위의 목적은 자기의 이익이다. 자신의 자발적 행위가 오히려 좌절을 가져온다고 생각한다면 자선 행위는 결코 없을 것이며, 사람들 사이의 신뢰도, 상호 원조도, 화해도 존재하지 않을 것이다." 『리바이어던』 205쪽.
103 『리바이어던』에서는 제5자연법이다.

치하려는 그런 감정들이 전쟁과 폐허의 원인이라는 것을 생각할 때, 우리가 서로 수용하기 위해 노력하는 정념은 당연히 평화의 원인이 되어야만 한다. 이 정념이 9장 17절에서 정의된 자선(charity)이다.

9. 이런 자연의 계율 안에는 다음 것도 포함되는 것으로 이해된다. '우리는 잘못을 저지른 사람이 회개하고 앞으로는 조심하겠다는 반성을 근거로 그를 용서하고 사면해야 한다.'[제5자연법][104] 왜냐하면 **사면**(pardon)은 (전쟁을 선동했던) 사람이 그것을 요구할 때 그에게 허용되는 평화이기 때문이다. 따라서 회개하지 않고 앞으로도 평화를 유지하는 데 조심하지 않는 사람에게 평화를 제공하는 사면은 자선이 아니라 공포 [자체]다. 회개하지 않는 자는 적대감을 가지고 있는 자이며, 마찬가지로 조심할 것을 거부하는 자는 결국 평화가 아니라 [자기에게] 유리한 점만을 추구하는 자다. 따라서 그런 자를 용서하는 일은 자연법의 명령이 아니며, 자선도 아니나 종종 분별력 있는 행동일 수는 있다. 이와 반대로 사람이 [본래] 서로 도발하는 것을 멈출 수 없다는 점을 고려해서, 회개하고 조심하는데도 사면하지 않는 것은 결코 평화를 제공하는 것이 아니다. 그리고 이는 자연법에 관한 일반적인 정의에도 어긋난다.

10. [사람이] 회개하고 또 향후 조심하겠다고 할 때 자연법은 사면을 명령한다. 이 점을 고려하면 같은 자연법이 다음과 같이 명령하는 것은 논리적으로 당연하다. '과거의 잘못만이 아니라 미래의 이익을 고려해서라

---

104 『리바이어던』에서는 제6자연법이다.

도 보복해서는 안 된다.'[제6자연법][105] 다시 말해 모든 보복은 위반자에 대한 처벌 사례를 통해 그 위반자나 그 밖의 다른 사람을 교정하는 데 도움이 되어야만 한다.[106] 이 점은 [평화로운] 미래를 확보하기 위해 사면을 명령하는 자연법 안에 충분하고도 분명하게 들어 있다. 다음도 역시 똑같이 분명하다. 보복이 과거의 잘못만을 고려할 때 그것은 단지 현실적인 승리와 영광뿐이며, 아무런 목적도 지향하지 않는다. 왜냐하면 목적은 어떤 미래의 선을 내포하고 있는데, 목적을 지향하지 않는다는 것은 무익한 것이기 때문이다. 결과적으로 보복을 통해 쟁취하는 승리는 헛된 영광뿐이며, 헛된 것은 무엇이나 이성에 반하는 것이다. 이유도 없이 서로에게 상처를 주는 것은 모든 사람의 이익, 즉 평화에 반하는 것이며, 평화와 모순되는 것은 자연법과도 모순된다.

11. (멸시를 참아내면서 사는 것 자체는 아주 적은 평화조차 누릴 만한 가치가 없는 삶으로 생각되는 것처럼) 우리가 서로에게 미워하고 멸시하는 모습을 보여주는 모든 표시는 말다툼과 싸움을 최고조로 불러일으키기 때문에, 다음의 명령도 반드시 자연법에 포함되어야만 한다. '누구도 다른 사람을 비난하고 욕하고 조롱해서는 안 되며, 다른 사람에 대해 혐오, 모욕, 멸시를 표명해서도 안 된다.'[제7자연법][107] 그러나 이 자연법은 거의 실천되지 않는다. 부자들이 가난한 사람들을 향해 모욕하는 것보다, 재판관의 자리

---

105 『리바이어던』에서는 제7자연법이다.
106 처벌에는 세 가지 기능이 있는데, 죄를 저지른 당사자에게 부여하는 처벌은 보복 (retribution)의 기능이며, 처벌 사례를 통해 다른 사람에게 경고하여 범죄를 예방하는 효과는 억제(deterrence)의 기능이다. 그리고 수형생활을 통해 범죄자를 교정(correction)하는 기능이다. 이 자연법은 억제의 기능에 해당된다.
107 『리바이어던』에서는 제8자연법이다.

에 앉아 있는 사람들이 법정에서 피고인을 향해 모욕하는 것보다, 더 흔한 일이 어디에 있겠는가? 모욕하는 방식으로 피고인에게 마음의 상처를 줄지는 몰라도, 그 모욕이 피고인의 죄에 대한 처벌의 일부가 되어서는 안 되며, 재판관의 직무에도 포함되지 않는다. 그러나 다음과 같은 관행이 널리 퍼져 있다. 즉 [예전에] 주인이 자기가 먹여 살리고 있는 종에 대해 [모욕하는 일이] 합법적으로 행해졌다면, [요즘에는] 약자의 부양에 강자가 아무런 기여도 하지 않음에도 강자가 약자를 모욕하는 일이 당연한 것처럼 행해지고 있다.

12. '사람들 서로 간에 차별 없이 장사하고 거래하는 것을 허용하는 것 또한 자연법의 하나다.'[제8자연법] 왜냐하면 한 사람에게는 차별 없는 장사와 거래를 허용하고 다른 사람에게는 허용하지 않는 것은 그 사람에게 혐오감을 드러내는 것이고, 미움을 공공연하게 말하는 것은 전쟁을 [선포]하는 것과 같기 때문이다. 아테네 사람들과 펠로폰네소스 사람들 사이에 큰 전쟁이 시작된 것은 이런 미움의 [감정] 때문이었다. 아테네 사람들이 자신의 이웃인 메가라(Megara) 사람들에게 항구나 시장에서 왕래하는 데 고통을 주지 않고 양보했더라면 그 전쟁은 일어나지 않았을 것이다.[108]

13. '평화를 위한 모든 사신(使臣)과 사람과 사람 사이의 우호 관계를 확보하고 유지하기 위해 고용된 사람은 안전하게 왕래할 수 있어야 한다.' 이것 역시 자연법이다. 평화를 추구하는 것이 일반적인 자연법이라는 것을

---

108 이 전쟁은 제2차 펠로폰네소스 전쟁(B.C. 431~404)을 말한다. 아테네가 지배하던 지역에서 메가라 상인들의 상업·무역 활동을 금지한 것이 이 전쟁 원인 가운데 하나였다.

고려할 때 이들 사신과 같은 그 [평화의] 수단도 같은 자연법 안에서 이해되어야만 한다.[제9자연법][109]

---

109 『리바이어던』에서는 제15자연법이다. 『법의 기초』에서 평화를 추구하라는 명령은 일반적 (general) 자연법이라 부르고 있다. 그리고 『리바이어던』 14장에서는 같은 명령을 근본적인(fundamental) 제1자연법이라 부르고 있다. 일반적이거나 근본적인 자연법은 모든 자연법의 최고 목적이자 지상명령 또는 정언명령과 같다. 그 밖의 자연법은 이 목적을 이루기 위한 수단적 명령들이다.

17. 그 밖의 자연법

1. 모든 사람은 다른 사람을 자신과 평등하다고 인정해야 한다[제10자연법]
2. 사람들은 '같은 것은 같게(æqualia æqualibus)' 허용해야 한다[제11자연법]
3. 분할할 수 없는 사물은 공동으로 사용된다[제12자연법]
4. 분할할 수 없고 나누어줄 수 없는 것은 제비뽑기로 정한다[제13자연법]
5. 타고난 운명: 장자 상속권과 첫 번째 소유
6. 사람들은 중재에 승복해야 한다[제14자연법]
7. 중재자에 관하여[제15자연법]
8. 누구도 자신의 조언을 다른 사람에게 그의 의지에 반하여 압박해서는 안
   된다[제16자연법]
9. 자연법이 무엇인지 갑자기 어떻게 알 수 있는가
10. 자연법은 다른 사람도 같은 법을 준수한다는 보장 후에 작동한다
11. 자연권은 관습에 의해 박탈되지 않으며, 자연법은 어떤 행위를 통해서
    폐지되지 않는다
12. 왜 자연의 명령을 법이라 부르는가
13. 사람 내부에서 자신의 심판자인 양심에 거슬리는 것은 무엇이나 자연법
    에도 어긋난다
14. 형벌의 악과 죄악에 관하여: 덕과 악덕에 관하여
15. [인간의] 사회성은 자연법에 적합하다

1. 비록 자신의 혈통이 태생적으로 다른 사람의 혈통보다 더 좋다고 생
각하는 어리석은 사람뿐만 아니라, 이 부분과 관련된 견해에서 오늘날 다
른 누구의 저술들보다 더 큰 권위가 있는 그 사람[아리스토텔레스]의 견해
에 따르더라도 '누가 더 훌륭한 사람인가?' 하는 문제는 태생의 문제로 오

해되고 있다. 그렇지만 이는 오직 정부와 정치 체제가 존재하는 상태에서만 결정될 수 있는 문제다. 왜냐하면 아리스토텔레스는 사람들 사이에 자연적으로 많은 힘의 차이가 있다고 생각했고, 그래서 어떤 사람은 태생적으로 통치할 만한 자격이 있고, 다른 사람은 자연히 복종해야만 한다는 점을 근거로 의심 없이 그의 정치학의 토대를 세웠다. [그런데] 이 토대는 그의 정치학의 전체 구조를 약하게 만들었을 뿐만 아니라, 사람들에게 서로 간의 평화를 어지럽히고 방해할 수 있는 구실과 핑계를 제공했다.

비록 그런 본성상의 차이가 있어서 주인과 종은 사람들의 동의가 아니라 타고난 덕에 따라 결정된다고 하더라도, 누가 다른 사람보다 더 탁월한 덕을 소유하고 있으며, 누가 스스로 통제하지 못할 만큼 어리석은가에 대해서는 결코 사람들 사이에서 합의가 이루어지지 않을 것이다. 사람은 다른 이가 자기를 지배할 수 있다고 생각하는 만큼, 자신도 다른 사람을 최소한 지배할 수 있다고 자연스럽게 생각한다. 그리고 (반란과 시민전쟁의 시기에는 종종 그랬듯이) 세련된 재치와 조잡한 재치 사이에 어떤 다툼이 있을 때는 대부분이 후자의 재치가 승리를 거두었고, 다른 사람들에게 돌려줘야 할 명예보다 더 많은 명예를 스스로 가로채는 사람들이 있는 한 어떻게 이들이 평화롭게 살 수 있는지는 상상할 수가 없다. 결과적으로 우리는 평화를 위해 자연이 다음과 같은 자연법을 명령했다고 가정할 수 있다. '모든 사람은 다른 사람을 자신과 평등하다고 인정해야 한다.' [제10자연법] 그리고 이 자연법을 위반하는 것을 우리는 **교만**(pride)이라고 부른다.

2. 한 사람이 모든 것에 대해 자신의 권리를 보유해서는 안 되는 것처럼, 어떤 것들에 대한 자신의 권리는 꼭 보유하는 것이 필요하다. 예를 들

면 양도할 수 없는 자기 몸의 방어권,[110] 불, 물, 공기, 살 수 있는 공간 그리고 생명을 유지하는 데 필수적인 모든 것들에 대한 권리 등이 그것이다. 자연법은 오직 평화를 잃지 않고서는 보유할 수 없는 권리 외에 다른 권리를 포기하도록 명령하지는 않는다. 상호 간에 평화로운 상태에서 우리가 많은 권리를 보유하게 된다는 점을 고려할 때, 이성과 자연법은 다음과 같이 명령하고 있다. '어떤 사람이 보유하고자 요구하는 권리가 무엇이든지 그는 모든 다른 사람도 똑같은 권리를 보유하도록 인정해야 한다.'[제11자연법] 왜냐하면 그렇게 하지 않는 사람은 앞 절에서 언급된 평등을 인정하지 않는 것이기 때문이다.

평등한 이익과 필요한 것을 나누어 갖지 않고서는 가치의 평등(equality of worth)을[111] 인정하는 게 아니다. 같은 것은 같다(*æqualia æqualibus*)고 인정하는 것은, 비례적인 것은 비례적으로 같다(*proportionalia proportionalibus*)는 것을 인정하는 것과 같다. 왜냐하면 한 사람이 모든 사람에게 똑같이 허용할 때, 그가 할당하고 있는 허용량은 할당받는 사람의 수와 같은 비율이 될 것이기 때문이다. 이것이 사람들이 말하는 분배적 정의이며, 적절하게는 **공평**(equity)이라 불린다. 이 법을 위반하는 것을 그리스 사람들은 플레오베지아(Πλεοωεζια, Pleovezia)라고 부르는데, 보통 탐

---

110 홉스가 여기서 양도할 수 없는 권리의 하나로 자기 몸과 그에 대한 방어 권리를 말하고 있다. 이런 홉스의 견해는 로크의 재산권 이론에서도 그대로 반영된다. 로크는 양도할 수 없는 천부적 권리로 몸과 자신의 노동력을 제시하고 있다. J. 로크, 『정부에 관한 두 논고』, 2권 5장 27항. 로크의 재산권 이론에 관해서는 김용환, 「로크의 재산권 이론: 단서 조항과 정의론에 대한 재해석」, 『가톨릭철학』 제5호, 2003 참고.
111 퇴니스는 편집자 각주에서 가치의 평등(equality of worth)이라는 단어 대신에 결핍의 평등(equality of *desunt*)을 표기하고 있다. 이는 모든 사람이 부족한 부분(결핍)을 갖고 있다는 점에서 평등하다는 의미다.

욕을 나타낸다. 그러나 [남의 것을 빼앗는] **침해**(encroaching)라는 말로 표현하는 것이 조금 더 정확하게 보인다.

3. 만일 [특별히] 맺은 신약이 없다면, 자연법은 다음과 같다.[112] '분할할 수 없는 것은 그것을 사용할 수 있는 사람의 숫자에 비례해서 공동으로 사용되어야 하거나, 그 양이 충분할 때는 제한 없이 공동으로 사용되어야 한다.'[제12자연법][113] 왜냐하면 우선 공동으로 사용되어야 하는데 그들이 제한 없이 사용하기에는 그 사물이 충분치 못하다고 가정할 때, 만일 소수의 사람이 나머지 사람들보다 그 사물을 더 많이 사용한다면, 2절에서 요구된 그런 평등은 지켜지지 않기 때문이다. 그리고 모든 나머지 자연법처럼, 이 자연법도 그것에 앞서 선행하는 다른 신약이 없는 것으로 이해되어야 한다. 왜냐하면 사람은 [신약을 통해서만] 자신의 공통 권리를 양보할 수 있고, 그러한 경우 상황이 변경될 수 있기 때문이다.

---

112 [편집자 주] 3절. Harl. 문서 규칙 세 번째 조항에 이어서 시행 세칙의 뒷면에 잉크로 다음과 같이 쓰여 있다. "'다른 사람들의 신약을 통해 [간접적으로] 획득한 권리들은 평화의 상태[사회]에 들어갈 때 모든 사람에게 허용되어야 한다.' 이것은 또 하나의 자연법이다. 즉 신약을 맺은 사람이 반대하는 권리일지라도 그렇다. 그리고 이 법이 더 이상 효과적이지 않아도 사람이 새로 시작하는 평화로운 상태가 다른 사람을 통해 그가 맺은 신약을 무효로 만들지는 않는다. 그렇지 않다면 자연법이 요구하는 평등성은 유지되지 않는다. 그리고 사람들은 불평등한 평화로 유리한 점을 잃기보다는 전쟁의 위험을 감수하더라도 자신에게 유리한 점을 지키는 것이 더 낫다. 이는 다른 사람들도 마찬가지다. 따라서 처음으로 평화 상태로 들어갈 때(평화를 이룰 때) 자연법은 모든 사람이 한때 합법적으로 그리고 다툼 없이(이 부분은 책에서는 삭제되었다) 소유하거나 단독으로 사용했던 것을 계속 유지해야만 한다." 삭제된 것에서 이것을 바꾸기 위해서는 특정한 단어가 이 장의 두 번째 조항 이후에 기록되어야 한다. 즉 " 다른 것: 평화에 첫발을 내딛는 사람들은 그들이 획득했던 것을 유지한다."

113 『리바이어던』에서는 제12자연법에 해당이 된다.

4. 분할될 수도 없고 공동으로 사용할 수도 없는 그런 사물에 관한 자연의 규칙은 다음 두 가지 가운데 하나여야만 한다. 제비뽑기나 번갈아가며 사용하기다. 이 두 가지 방법 외에 다른 평등한 방법이 상상되지 않는다. 그런데 번갈아 사용하기에는 [먼저] 시작하는 사람이 유리한 점이 있다. 그리고 평등성에 대한 이런 유리한 점을 줄이기 위해서는 제비뽑기 외에 다른 방법이 없다. 따라서 분할할 수 없고 나눌 수도 없는 사물에 관한 자연법은 다음과 같다. '번갈아가며 사용하라. 아니면 제비뽑기로 그 유리한 점이 무산되도록 하라.'[제13자연법] 왜냐하면 평등을 위한 다른 길은 없으며, 평등은 자연법이기 때문이다.

5. 제비뽑기에는 두 종류가 있다. 하나는 사람들이 만든 임의적인 제비뽑기로 보통 추첨, 기회, 운에 맡기기 등과 같은 이름으로 알려진 것이다. 그다음 자연발생적인 제비뽑기인데, 이는 우연에 불과한 장자 상속권 또는 첫째로 태어나는 운명 같은 것들이다. 이것들은 제비뽑기에 따른 분배를 의미하는 클레로노미아(κληρονομια, cleronomia)[114]라는 이름의 상속이라고 불리는 것처럼 보인다. 한편, 프리마 오쿠파티오(prima occupatio)라고 하는데, 이는 한 사물을 선점(先占)하거나 처음 발견하는 일인데, 이 사물에 대해서는 전에 아무도 사용한 적이 없고 대부분은 단지 우연에 불과한 일이다.

---

114 『리바이어던』에서는 제14자연법에 해당이 된다. 고전 그리스어에 따르면, 클레로노미아는 클레로스(cleros)와 노모스(nomos)의 합성으로 이루어져 있다. 클레로스의 원래 의미는 제비뽑기 또는 제비뽑기로 받은 상속 재산을 의미하며, 노모스는 규범, 질서의 의미뿐만 아니라 할당, 분배를 의미하기도 한다. 클레로노미아는 제비뽑기로 분배된 상속 재산, 유산 등을 의미한다고 볼 수 있다. 클레로노모스(κληρονόμος, klironómos)는 상속자, 클레로노미안(κληρονομίαν, klironomían)은 유산을 의미한다. 「사도행전」 20장 32절 참고.

6. 사람들이 이들 자연법에 동의하고 그것을 준수하려고 노력하는데도, 어떤 행동과 상황 때문에 자연법이 깨지는지를 이해하기 어렵게 만드는 것은 사람들의 감정이다. 이 점을 고려할 때, 자연법의 해석을 둘러싼 매우 많은 논쟁이 일어나지 않을 수 없었고, 이들 논쟁 때문에 평화는 무너지고 사람들은 다시 예전의 적대적 상태로 돌아갈 수밖에 없었다. 이들 논쟁을 제거하기 위해서는 논쟁의 양 당사자 가운데 누구의 의견에 찬성해야만 하는지를 [결정할] 공동의 중재자와 심판자가 필요하다. 그러므로 이에 관한 자연법은 다음과 같다. '모든 논쟁에서 양 당사자가 모두 신뢰하는 한 중재자에 관해 상호 동의해야만 하며, 그들에게 내리는 쟁점에 관한 그의 판결에 따르겠다는 신약을 상호 간에 맺어야 한다.'[제14자연법][115] 왜냐하면 모든 사람이 스스로 심판자인 곳에는 정확하게 말하면 심판자가 전혀 없는 것과 같은데, 이는 모든 사람이 자신의 권리를 새로 확보하는 곳에서는 마치 아무런 권리도 없는 것과 같은 효과를 가지기 때문이다. 심판자가 없는 곳에서는 논쟁이 끝도 없다. 그 결과 적대 행위를 할 수 있는 권리도 남아 있게 된다.

7. 따라서 **중재자** 또는 심판자는 논쟁의 양 당사자에게 신뢰를 받는 사람이며, 논쟁에 대한 자신의 판단을 선언함으로써 논쟁을 끝낼 수 있는 사람이다. 여기서 다음과 같은 사실이 나온다. 첫째, 심판자는 자신이 끝낸 논쟁에 대해 관여해서는 안 된다. 그런 경우 그 심판자는 당사자가 되며 같은 이유로 다른 사람에 의해 심판을 받아야만 하기 때문이다. 둘째, 심

---

115 6절(중재자에 대한 복종)과 7절(중재자에 관하여)은 모두 중재자와 관련된 명령인데, 『리바이어던』에서는 '중재자에 대한 복종'이 제16자연법으로, '중재자에 관하여'가 제15자연법으로 설명되고 있다.

판자는 다른 쪽보다 한쪽을 더 지지하는 판결을 선언하기 위해 그 한쪽과 신약을 맺어서는 안 된다. 심판자는 자신의 판결이 공정하게 되려면 신약을 많이 맺어서는 안 된다. 왜냐하면 신약을 [많이] 맺는 일은 논쟁 당사자를 심판자로 만들기 때문이며, 그럼으로써 논쟁은 여전히 결정되지 않은 채 남아 있게 된다. 그렇지만 만일 심판자가 어느 한쪽에 우호적이거나 또는 반대하기 위해 자신이 옳다고 생각하는 것과는 다른 판결을 내린다면, 그는 자신에게 부여된 신뢰와 [논쟁의] 양 당사자를 위해 자연법이 그에게 요구하는 평등의 법칙을 위반하는 것이다. 셋째, 만일 당사자들이 동의하고 합의하지 않는다면, 누구도 다른 사람들과의 논쟁에서 자기를 스스로 심판자로 세워서는 안 된다.[제15자연법][116]

8. '[충고나 조언을] 듣고 싶지 않다고 스스로 선언한 다른 사람에게 누구도 자신의 충고나 조언을 강요하거나 압박해서는 안 된다.' 이것 역시 자연법이다.[제16자연법][117] 사람은 자기 조언자에게 좋거나 해로운 것이 아니라 오직 자신에게 좋거나 해로운 것에 관해서만 조언을 듣는다는 것, 그리고 조언은 자발적 행동이며 따라서 조언자가 자기 이익도 고려한다는 점을 생각할 때, 조언자를 의심할 만한 정당한 이유가 종종 있을 수 있다. 그리고 의심할 만한 점이 없다 하더라도, 듣고 싶지 않은 조언 [자체]는 듣고 싶지 않은 사람에게는 말할 필요도 없이 반칙에 가까운 공격이다. 그리고 이런 공격들은 모두 평화를 깨뜨리는 경향이 있다는 점을 생각하면, 조언을 강요하는 일은 결국 자연법에 반하는 일이다.

---

116 『리바이어던』에서는 제17자연법이다.
117 이 조언에 관한 자연법은 『법의 기초』에만 등장하고, 『시민론』이나 『리바이어던』에는 나타나지 않는다. 대신 증인이나 증언에 관한 자연법은 뒤의 두 책에만 등장한다.

9. 그토록 많은 말과 고심 끝에 규정되고 추론된 이들 자연법을 관찰하게 될 사람은, 생각할 시간이 얼마 남지 않은 모든 갑작스러운 상황에서 이 자연법을 인정하고 그에 따라 행동하는 것이 훨씬 더 어려움이 많고 섬세함이 필요하다고 생각할 수 있다. 그리고 사람은 분노, 야망, 탐욕, 헛된 영광 등과 같은 많은 정념이 타고난 평등을 배제하려는 경향을 가진 것으로 생각할 수 있는데 이는 사실이다. 그러나 이들 정념과 상관없이 내가 하고자 하는 행동이 자연법에 어긋나는지 아닌지를 재빨리 알 수 있는 쉬운 규칙이 하나 있다는 것도 사실이다. 그것은 다음과 같다. '사람은 자신과 관계하는 [계약의] 상대방 입장에 내가 있다고 상상하며, 상호 호혜적으로 상대방 역시 그렇게 상상하라.'[118] 이는 말하자면 저울[기준]을 바꾸라는 것뿐이다. 왜냐하면 모든 사람의 정념은 이웃의 저울이 아니라 자기 저울에 [더] 무거운 것을 놓기 때문이다. 이 규칙은 매우 잘 알려져 있고, "다른 사람이 너에게 행하길 원치 않는 일은 너도 다른 사람에게 행하지 말라(Quod tibi fieri non vis, alteri ne feceris)"는 오래된 명령으로 표현되고 있다.[119]

---

118 역지사지(易地思之), 상호적 관점 취하기(mutual perspective taking) 또는 아담 스미스(Adam Smith)가 『도덕 감정론』에서 말하고 있는 '상상에 의한 입장의 전환(imaginary change of position)'과 같은 의미다.

119 『리바이어던』 14장에서 홉스는 복음서에 나오는 황금률과 이 라틴 경구(警句)를 구분해서 말하고 있다. 복음서에 나오는 "남이 너희에게 해주기를 바라는 그대로 너희도 남에게 해주어라."(「마태복음」 7장 12절, 「루카복음」 6장 31절)는 황금률로 잘 알려진 구절이다. 그리고 이어서 홉스는 위의 라틴 경구를 인용하고 있는데, 이 구절에 대한 해석은 위의 본문과 같다. 이 두 인용문의 내용은 황금률의 긍정적 표현과 라틴 경구의 부정적 표현으로 달라 보이지만 그 실질적 내용은 같다. 특히 라틴 경구는 논어에서 말하는 기소불욕(己所不欲), 물시어인(勿施於人), 즉 자기가 하기 싫은 일은 남에게 시키지 말라는 말과 같다.

10. 이들 자연법의 요지(要旨)는 우리 자신이 심판자가 되거나 [법의] 제정자가 되는 것을 금지하면서 서로 간에 수용하라고 명령하는 데 있다. 만일 한 사람은 이 자연법을 지키고 다른 사람은 지키지 않는다면, 법을 지키는 사람은 무시하는 사람들에게 먹잇감이 되고 만다. 사악한 이들에 대항할 방어력도 없이 자연법을 돌보아 할 책임만을 가진 선한 사람을 방치하는 일은, 오직 법을 지키는 사람들을 보호하고 방어하기 위해서 제정된 앞서 언급된 자연법의 의도에 반하는 일이다. 따라서 모든 특정한 법률들보다 우월하고 넘어서는 자연법과 이성은 다음과 같은 일반적인 법을 명령하고 있다. '이들 특정한 각각의 법률들이 우리를 어떤 불편한 상황에 놓이게 하지 않는 한 이들 특정한 법률은 준수되어야 한다. 여기서 불편한 상황이란 우리가 지켜야 하는 법률을 무시함으로써 우리 자신의 판단 안에 생길 수도 있는 어떤 거북스러움이다.'

결과적으로 다른 사람들이 특정한 각각의 법률에 대해 복종을 거부할 만한 반대 이유가 있지 않은 한, [우리에게는] 그 개별법을 준수하기 위해 노력하고 준비하려는 열망과 끊임없는 의지가 요구된다. 따라서 자연법의 힘은 사람들이 그것을 준수하는 일이 안전하게 확보될 때까지는 외부(*in foro externo*)의 법정에 있지 않으며, 항상 [양심이라는] 내면(*in foro interno*)의 법정에 있게 된다. 내면에서 복종하는 행동은 항상 안전하지 않으며, 수행하고자 하는 의지와 준비성을 실행한 것으로 [잘못] 간주한다.

11. 자연법 안에 관습과 규범들은 포함되지 않는다. 왜냐하면 이성에 반하는 어떤 행동은 비록 그것이 그렇게 자주 반복되지 않고 또 그에 따른 선례가 많지 않더라도 여전히 이성에 반하는 것이기 때문이다. 따라서 이성에 반하는 행동은 자연법이 아니라 그것에 반하는 것이다. 그러나 동의

와 신약은 자연법 안에 속할 수 있는 여러 사례를 상황 변화를 통해 변경함으로써, 전에는 이성적이었던 것을 이후에는 이성에 반하는 것이 되게 할 수는 있다. 그러나 법은 여전히 이성적이다. 모든 사람은 서로에 대해 평등하다는 점을 인정할 의무가 있음에도, 만일 다른 사람이 그 평등함을 부인할 만한 이유를 발견하고 자기 스스로 열등한 사람으로 만든다면, 그때부터 그를 열등한 사람으로 여기는 것은 [모든 사람의] 평등성을 인정하도록 명령하는 자연법을 어기는 게 아니다. 요약하자면, '한 사람이 자신의 동의를 통해 자연법이 그에게 부여한 자유를 축소할 수는 있어도 관습은 그렇게 할 수 없다.' 동의와 관습 어느 것도 이들 자연법이나 그 밖의 다른 자연법을 폐지할 수는 없다.

12. (제대로 말하면) 법은 하나의 명령이기 때문에, 자연에서 나온 이들 [양심이나 이성의] 명령은 [법적] 명령은 아니다. 따라서 자연법은 자연의 관점에서 보면 법이라 불리지 않으나, 자연을 만든 전능한 하느님의 관점에서 보면 법이라 불린다.

13. 자연법이 양심과 관련이 있다는 것을 볼 때, 양심에 반대되는 행동을 하는 사람은 자연법을 깨는 것뿐만 아니라 행동은 자연법과 일치하나 생각은 그 반대로 하는 경우 그 또한 자연법을 깨는 것이다. 왜냐하면 행동은 우연히 옳을 수 있지만 [잘못된] 판단을 통해서 그는 자연법을 경멸하기 때문이다.

14. 모든 사람은 타고난 정념을 통해 현재 또는 예상할 수 있는 [미래]까지 자신을 즐겁게 해주는 것을 선(good)이라 부르며, 같은 방식으로 자

신을 불쾌하게 하는 것을 악(evil)이라 부르고 있다. 따라서 자기 보호(이는 모든 사람이 본성적으로 지향하고 있는 [존재의] 목적이다)에 이르는 모든 길을 예견할 수 있는 사람은 자기 보호를 또한 선이라 불러야 하고 그 반대는 악이라 불러야 한다. 이 선과 악은 모든 사람이 정념을 가지고 그렇게 부르는 것이 아니라 이성을 통해서 그렇게 부르는 것이다. 따라서 이들 모든 [자연]법을 지키는 것은 이성적으로 선이며, 그 법들을 어기는 것은 악이다. 마찬가지로 이들 법을 지키려는 습관 또는 경향이나 의도 역시 선이며, 그 법들을 무시하는 것이 악이다. 이로부터 형벌의 악(*malum poenae*; evil of punishment)과 죄책감의 악(*malum culpae*; evil of guilt)의 구분이 생긴다.[120] 형벌의 악은 그것이 무엇이든 마음의 고통 또는 괴롭힘이며, 죄책감의 악은 이성과 자연법에 어긋나는 행동이다.

또한 우리의 보호에 도움이 되는 이들 자연법에 따라 행동하려는 습관을 우리는 **덕**(virtue)이라고 부르며, 그 반대로 행동하려는 습관을 **악덕**(vice)이라고 부른다. 예를 들어 정의는 신약을 지키려는 습관이며, 부정의는 그 반대의 악덕이다. 공평은 자연의 평등성을 인정하려는 습관이며, 오만은 그 반대의 악덕이다. 보은은 다른 사람에게 받은 은혜와 신뢰에 보답하려는 습관이며, 배은망덕은 그 반대의 악덕이다. 절제는 우리를 파괴하려는 모든 것을 삼가려는 습관이며, 무절제는 그 반대의 악덕이다. 분별력은 일반적으로 덕과 같다. 공통적인 견해에 따르면, 덕은 중용(中庸)에 있고, 악덕은 극단적인 상태에 있는 것으로서, 나는 그 극단의 근거를 알 수 없을 뿐만 아니라 어떤 중용의 근거도 발견할 수 없다. 동기가 선하다면

---

120 형벌의 악은 실정법 위반에 따른 처벌을 말하며, 죄책감의 악은 도덕법 위반에 대한 악을 의미한다. 처벌에 따른 고통은 실정법 위반에 수반되며, 도덕법 위반에는 처벌이 수반되지 않는다.

대담한 행동이 극단적일 때도 용기는 덕일 수 있다. 그리고 위험이 극단적일 때 극도의 두려움은 악덕이 아니다. 한 사람에게 마땅히 그가 받아야 할 것보다 더 주는 것은 부정의가 아니나, 덜 주는 것이 부정의다. 그리고 증여하는 데 있어서 관대함을 보여주는 것은 총액수가 아니라 그 이유다. 모든 다른 덕과 악덕에서도 마찬가지다. 나는 이 중용설(中庸說)이 아리스토텔레스의 이론인 것을 알고 있다. 그러나 덕과 악덕에 관한 그의 생각은 그때 당시 받아들여진 것에 불과하며, 지금도 여전히 전문 지식이 없는 일반인들에게 수용되고 있다. 따라서 그렇게 정확한 것으로 보이지는 않는다.

15. 덕의 요지는 우호적일 것 같은 사람과는 우호적으로 되고, 그렇지 않을 것 같은 사람에 대해서는 만만치 않은 [두려운] 사람이 되는 것이다. 자연법의 요지 역시 [이와] 같다. 왜냐하면 우호적으로 되는 과정에서 자연법은 평화와 사회의 길을 통해 드러나며, 만만치 않은 [두려운] 사람이 되는 것은 전쟁 상태에서 자연법에 따르는 것이다. 전쟁 상태에서 두려운 사람이 된다는 것은 자신의 힘을 가지고 [자기를] 보호하는 일이다. 전자(우호적인 사람이 되는 것)는 공평하고 정의로운 행동을 하는 데 있듯이, 후자(만만치 않은 사람이 되는 것)는 명예롭게 행동하는 데 있다. 공평, 정의 그리고 명예는 그것이 무엇이든 모든 덕 안에 포함되어 있다.

18. 하느님의 말씀에서 나온 자연법의 확인

앞의 마지막 두 장에서 언급된 자연법에 관한 주요 요점을 성서에서 확인함

1. 앞에서 언급된 법은 자연 이성의 명령이기 때문에 자연법이라 불린다. 또한 사람들 간의 관습이나 생활양식과 관련되어 있기에 도덕법이라고도 불린다. 마찬가지로 자연법을 만든 전능한 하느님의 관점에서 보면 이들 법은 신법(神法)이라 불리기도 한다. 따라서 이들 법은 성서를 통해 드러난 하느님의 말씀과 일치해야 하거나 최소한 모순되어서는 안 된다. 따라서 나는 앞서 언급된 [자연]법들과 가장 일치하는 것으로 생각되는 성서의 여러 구절을 이 장에서 제시할 것이다.

2. 우선 하느님의 말씀은 신법을 이성 안에 두는 것처럼 보인다. 다음과 같은 모든 구절을 통해 [사람의] 마음과 이해력에 신법을 귀속시키고 있다. "주의 법을 제 마음속에 간직하고 있습니다."(「시편」 40장 8절)[121] "그

---

121 본문에서 인용되고 있는 성경의 번역은 개신교의 성경전서(표준 새 번역, 대한성서공회)와

시대가 지난 뒤에, 주님께서 말씀하신다. 나는 그들의 생각 속에 내 법을 넣어주고 그들의 마음에 그 법을 새겨 주리라."(「히브리서」 8장 10절) 그리고 「히브리서」 10장 16절도 같다. "그의 혀는 공의를 말한다. 그의 마음속에 하느님의 법이 있으니 그의 발걸음이 흔들리지 않는다."(「시편」 37장 31절) "주님의 가르침은 완전하여 생기를 돋게 하고 주님의 법은 참되어 어수룩한 이를 슬기롭게 하네. 주님의 계명은 맑아서 눈에 빛을 주네."(「시편」 19장 8~9절) "나는 그들의 가슴에 내 법을 넣어주고, 그들의 마음에 그 법을 새겨 주겠다."(「예레미야서」 31장 33절) 그리고 「요한복음」 1장에서처럼, 스스로 입법자인 전능한 하느님은 로고스(λογός, *logos*)라는 이름으로 불리는데, 이는 4절에서 "사람들의 빛"이었고, 9절에서는 "모든 사람을 비추는 참 빛이 세상에 왔다"로 불리었다. 이것들은 모두 자연 이성에 대한 설명이다.

3. 신법이 도덕적인 만큼 평화를 지향하는 이 계율들은 다음과 같은 성서의 여러 구절을 통해 상당 부분 확인되는 것으로 보인다. 정의는 법을 준수하는 일이며, "평화의 길"(「로마서」 3장 17절)이라 불린다. "정의와 평화가 입 맞추리라."(「시편」 85장 10절 또는 11절) "행복하여라 평화를 이루는 사람들"(「마태오복음」 5장 9절) "살렘의 임금, 멜키체덱은 정의의 임금이며 평화의 임금"(「히브리서」 7장 1~2절)으로 해석되고 있다. 우리 구세주 그리스도는 멜키체덱의 명령 이후 "영원한 사제이다."(21절).[122] 이 구절들에서 우

가톨릭교회의 성경 (한국 천주교 주교회의)를 혼용하되, 현대어에 더 가까운 가톨릭 성경을 주로 사용하겠다.

122 멜키체덱 또는 멜키세덱은 '의로운 임금'을 의미하며, "살렘 임금 멜키체덱도 빵과 포도주를 가지고 나왔다. 그는 지극히 높으신 하느님의 사제였다."(「창세기」 14장 18절)에 근거하

리는 다음을 추론할 수 있다. 즉 우리의 구세주 그리스도의 가르침은 법을 준수하는 일과 평화가 하나라는 것이다.

4. 자연법이 불변한다는 것은 멜키체덱의 사제직이 영원하다는 말을 통해, 그리고 「마태오복음」 5장 18절에서 "하늘과 땅이 없어지기 전에는 모든 것이 이루어질 때까지 율법에서 한 자 한 획도 없어지지 않을 것이다"라는 우리 구세주의 말을 통해 공표되고 있다.

5. 사람들은 자신들의 신약을 지켜야 한다는 것을 「시편」 15장에서 배운다. 1절에서 "주님, 누가 당신 천막에 머물 수 있습니까?" 등의 질문이 제기되는데 그 대답은 4절에 있다. "맹세한 것은 해가 되더라도 변함없이 지키는 사람"이다. 신약을 지키는 사람은 기쁨을 얻어야만 한다. "타작 일을 하는 소에게 부리망을 씌워서는 안 된다."(「신명기」 25장 4절) 이 구절을 성 바오로는 「코린토1서」 9장 9절에서 소가 아니라 사람으로 해석하고 있다.

6. 사람이 평등하다는 것에 스스로 만족한다는 것은 그 평등이 자연법의 토대이기 때문이다. 마찬가지로 그 평등함은 신법 두 번째 계명의 토대이기도 하다. 「마태오복음」 22장 39~40절, "네 이웃을 너 자신처럼 사랑해야 한다. 온 율법과 예언서의 정신이 이 두 계명에 달려 있다."[123] 이 두 번째 계명은 자신의 이익만큼 이웃의 이익을 위해 애써야 한다거나 자신의

여 그리스도를 상징하고 있다.
123 두 계명 중 첫 번째 계명은 「마태오복음」 22장 37절에 있다. "네 마음을 다하고 네 목숨을 다하고 네 정신을 다하여 주 너의 하느님을 사랑해야 한다. 이것이 가장 크고 첫째가는 계명이다."

소유를 이웃과 나누어야 하는 것으로 이해되어서는 안 된다. 오히려 그는 자기 자신이 누리는 모든 권리와 특권에 합당한 만큼 자기 이웃을 존중해야 하는 것으로 이해되어야 한다. 그리고 자신에게 귀속되어야 한다고 생각하는 것은 무엇이나 이웃에게도 돌아가도록 해야 한다. 이는 그가 겸손하고 온유하며 평등함에 만족하는 것 그 이상이 아니다.

7. 평등한 사람들 사이에서 권리를 나눌 때 그 분배는 구성원들의 비례에 따라 이루어져야 한다. 이는 '같은 것은 같게(æqualia æqualibus)' 그리고 '비례적인 것은 비례적으로(proportionalia proportionalibus)'라는 원리에 따른 분배다. 「민수기」 26장 53~54절에는 모세에게 이르는 하느님의 계명이 있다. "이들에게 사람 수에 따라 땅을 상속 재산으로 나누어주어라. 수가 많은 지파에는 상속 재산을 많이 주고, 수가 적은 지파에는 상속 재산을 적게 주어야 한다. 각 지파에게 사열을 받은 이들의 수에 따라 상속 재산을 주어야 한다." 제비뽑기를 통한 결정은 평화의 한 수단이다. 「잠언」(箴言) 18장 18절은 이렇게 말한다. "제비를 뽑으면 다툼이 끝나고, 강한 사람들 사이의 논쟁이 판가름 난다."

8. 이전에 자연법으로 제안되었던 서로 간의 수용과 용서가 신의 율법이라는 것에는 의심의 여지가 없다. 왜냐하면 이것들은 전체 [자연]법의 목적인 자선의 본질이기 때문이다. 서로 간에 비난과 책망을 해서는 안 된다는 것은 우리의 구세주 [그리스도]가 「마태오복음」 7장 1절에서 하신 가르침이다. "남을 심판하지 마라. 그래야 너희도 심판받지 않는다." 그리고 3절에서, "너는 어찌하여 형제의 눈 속에 있는 티는 보면서, 네 눈 속에 있는 들보는 깨닫지 못하느냐?" 그들이 수용하는 것 이상으로 그들에게 우리의

조언을 압박하지 말도록 금지하는 법 또한 신법의 하나다. 왜냐하면 서로를 바로잡고자 하는 우리의 호의와 바람이 거부된 후에 우리의 조언을 더 압박하는 것은 그를 꾸짖고 비난하는 것과 같은데, 이는 바로 위에서 인용된 성서 구절에서도 금지한 것이다. 또한 「로마서」 14장 12~13절에서도 다음과 같이 말하고 있다. "우리는 저마다 자기가 한 일을 하느님께 사실대로 아뢰게 될 것입니다. 그러니 더 이상 서로 심판하지 맙시다. 오히려 형제 앞에 장애물이나 걸림돌을 놓지 않겠다고 결심하십시오."

9. "다른 사람이 너에게 행하길 원치 않는 일은 너도 다른 사람에게 행하지 마라(*Quod tibi fieri non vis, alteri ne feceris*)". 이 자연법에 관해 사람들이 지켜야 할 규칙은 「마태오복음」 7장 12절을 통해 확인되고 있다. "그러므로 남이 너희에게 해주기를 바라는 그대로 너희도 남에게 해주어라. 이것이 율법과 예언서의 정신이다." 그리고 「로마서」 2장 1절도 마찬가지다. "남을 심판하는 사람은, 바로 자기 스스로를 정죄하는 것입니다."

10. 이들 자연법은 단지 우리 양심의 법정에만 관련이 있다는 것, 그리고 그 법에 어긋나는 행동은 태만하거나 법을 경멸하는 데서 생기는 것으로서 그 이상 전능한 하느님의 처벌을 받지 않으리라는 점 또한 성서 안에서 명백하다. 첫째로 이 법들이 양심에 따라 만들어졌다는 것은 「마태오복음」 5장 20절에 나타나고 있다. "내가 너희에게 말한다. 너희의 의로움이 율법 학자들과 바리사이들의 의로움을 능가하지 않으면 결코 하늘나라에 들어가지 못할 것이다." 이제 그 바리사이들은 행동거지에 있어서 유대인 가운데 가장 정확한 사람들이었다. 그래서 그들은 진실한 양심을 원해야만 했다. 그렇지 않다면, 우리의 구세주는 그들보다 더 능가한 의로움을

[우리에게] 요구할 수 없었을 것이다.

같은 이유로 우리 구세주 그리스도는 [「루카복음」 18장 14절에서] 이렇게 말했다. "그 바리사이가 아니라 이 세리가 의롭게 되어 집으로 돌아갔다."[124] 그리고 그리스도는 [「마태오복음」 11장 30절에서], "그의 멍에는 편하고, 그의 짐은 가볍다"고 말했다.[125] 이 말의 의미는 우리가 최선의 노력을 하는 것 외에 그리스도가 아무런 요구도 하지 않았다는 것이다. 그리고 "의심을 하면서 먹은 사람은 이미 단죄를 받았습니다"라고 「로마서」 14장 23절은 말하고 있다. 구약과 신약의 무수히 많은 곳에서 전능한 하느님은 선한 행동과 악한 행동에서 그 행위의 의지(will)를 보고 판단하겠다고 선언하고 있다. 이 모든 것을 통해 신법이란 양심에다 명령한 것이라는 점이 명백하게 드러나고 있다. 반면 나약함 때문에 사람이 수많은 악행을 범하더라도 자신의 양심 안에서 그 악행을 정죄할 때마다 그는 그 악행에 따르는 처벌에서 자유로워진다는 것도 명백하다. 왜냐하면 주님이 이렇게 말했기 때문이다. "한 죄인이 자기 마음 깊은 곳으로부터 회개할 때마다 나는 그가 저지른 죄악을 하나도 기억하지 않겠다."[126]

11. 내가 16장 10절에서 말했듯이 보복은 자연법에 따라 현재의 기쁨이 아니라 미래의 이익을 목표로 해야만 하는데, 이 보복에 관한 몇 가지 난점이 존재한다. 그 난점은 마치 이 보복이 신법과 일치하지 않는 것처럼,

---

124 이 성서 인용의 출처가 퇴니스의 편집본에는 나와 있지 않으며, 몰스워스의 전집에는 적시되어 있다. 바리사이와 세리의 비유는 이곳 「루카복음」에만 기록되어 있다.
125 위와 마찬가지로 퇴니스의 편집본에는 성서의 출처가 빠져 있다. 다만 퇴니스는 각주에서 본문의 그의 멍에(his yoke)와 그의 짐(his burthen)을 나의(my) 멍에, 나의(my) 짐으로 수정하고 있다. 이 수정이 성서 원문과도 그리고 몰스워스의 전집과도 일치한다.
126 「에제키엘」 18장 21절, 33장 16절 참고.

심판의 날 이후 개과천선하고 또 [모범] 사례가 될 만한 기회가 하나도 없는데도 계속 처벌하는 것이 무슨 의미가 있는가 하는 반론을 통해 제기된 것이다. 만일 모든 죄가 지나간 후에 그런 처벌이 내려진 것이라면 이 반론은 약간의 설득력이 있었을 것이다.[127] 그러나 처벌이 죄에 앞서 제정된 것임을 고려하면, 처벌은 그 두려움을 통해 사람들이 평화롭고 절제 있는 행동을 유지하도록 해주기 때문에 인류에게 유익한 도움이 된다. 따라서 그런 보복은 오직 미래를 지향하게 한다.

12. 끝으로 신법에 거슬리는 자연 이성의 법[자연법]이란 없다. 왜냐하면 전능한 하느님은 사람에게 이성의 빛을 주었기 때문이다. 그리고 나는 전능한 하느님이 심판 날에 우리가 여기 현세에서 살아가는 동안 초자연주의자들의 반대와 모욕에도 불구하고 합리적이고 도덕적인 행위를 위해 지시대로 살았는가에 관해 엄격한 설명을 요구하시리라 생각한다. 그리고 이런 생각이 불경스러운 일은 아니기를 희망한다.

---

127 소급입법은 범죄 행위 이후에 그 특정한 범죄를 처벌하기 위해 소급해서 처벌법을 제정하는 일인데, 이는 금지되어 있다. 행위에 앞서 처벌 규정이 먼저 제정되는 것은 처벌이 미래의 이익을 위한 것이어야 하며, 보복은 소급입법 금지를 위반하는 행위다.

19. 정치 체제의 필요성과 그 정의(定義)

1. 이들 자연법이 있음에도 불구하고 사람들은 서로에 대해 안전을 확보할 때까지는 여전히 전쟁 상태에 있게 된다

2. 전쟁 중에도 [필요한] 자연법은 오직 명예뿐이다

3. 많은 사람의 화합 없이는 안전도 없다

4. 많은 사람의 화합은 그들 모두를 두렵게 하는 힘[권력] 없이는 유지될 수 없다

5. 몇몇 비이성적 생물의 집단 내에서는 화합이 유지되는데 사람들 사이에서는 유지되지 않는 이유

6. 연합(union)은 화합을 유지하는 데 필수적이다

7. 연합은 어떻게 이루어지는가?

8. 정치 체제(body politic)의 정의

9. 자치기구(Corporation)의 정의

10. 통치자와 백성의 정의

11. 정치 체제의 두 종류, 세습제와 연방제

1. 행동의 결과로 주어지는 보상과 처벌에 관해 사람들이 갖고 있는 생각이 그 행동[을 할 것인가 말 것인가]에 대한 의지(will)를 결정하고 지배하는 원인이 된다. 이런 견해는 앞의 12장 6절에서 설명되었다.[128] 그러므로

---

128 원문에는 12장 16절로 되어 있으나 이는 6절을 잘못 표기한 것이다. 그리고 이 오류는 퇴니스의 편집본과 몰스워스의 편집본 모두에서 똑같이 발견된다. 퇴니스는 12장 6절이 속한 『인간 본성론』을 밝히고 있지 않으나 몰스워스의 편집본에는 *Treatise of Human Nature*(『인간 본성론』)를 밝히고 있다.

모든 사람이 평등하고, 모두가 자기 심판자가 되는 것이 허용되는 그런 상태에서, 그들이 서로에 대해 갖는 두려움(공포) 역시 똑같으며, 모든 사람은 각자 자신의 교활함과 힘에 [생존의] 희망을 건다. 그리고 결과적으로 어떤 사람이 타고난 자신의 정념 때문에 이들 자연법을 깨고 싶은 마음이 생길 때, 다른 사람에게는 자기방어에 대한 안전 보장이란 없으며, 다만 [안전에 대한] 기대만 있을 뿐이다. 그리고 이러한 이유로, 모든 사람은 (아무리 그가 평화를 추구하려는 경향이 있다 하더라도) 자기 눈에 좋은 것으로 보이는 것은 자기보존에 필요한 수단으로 간주하여 무엇이든 할 수 있는 권리를 여전히 그 자신이 가지고 있다. 그러므로 사람들 서로 간에 자연법을 지키기 위한 안전한 보장이 [확보]될 때까지 이들은 여전히 전쟁 상태에 놓이게 되며, 자기 자신의 안전 또는 편리함에 도움이 되는 것은 그 어떤 것도 그에게는 불법적인 것이 아니다. 이 안전과 편리함은 상호 원조와 서로 간의 도움에 달려 있는데, 그것 때문에 상호 간에 두려움이 또한 따라 나온다.

2. "전쟁 중에 법은 침묵한다(*inter arma silent leges*)." 이것은 유명한 격언이다.[129] 그러므로 전쟁 시기에 사람들이 서로 간에 지켜야 하는 법에 관해서는 할 말이 거의 없으며, 전쟁 중에는 모든 사람이 자신의 존재 [보존]과 안녕[을 지키는 것이] 그의 [유일한] 행동 규칙이다. 그러나 그만큼 자연법은 전쟁 중에도 이것만은 명령한다. 즉 사람들은 자신의 양심의 눈으로 볼

---

129 이 격언은 키케로가 처음 사용한 것으로 알려져 있다. 키케로 당시에 로마는 군중 폭동이 빈번하게 일어났고, 그 폭동은 선출직 고위 공직자들에 의해 주도되었다. 요즘의 표현대로 하면 전쟁, 무정부 상태, 폭동의 현장에는 법적 질서가 존재할 수 없는 무법천지를 이르는 말이다.

때 미래의 어떤 혜택도 예상하지 못하게 만드는 현재의 잔인한 감정에 만족하지 않아야 한다. 왜냐하면 그런 잔인한 감정은 전쟁의 필요성이 아니라 전쟁하고 싶은 마음의 경향을 무심코 드러나게 하는데, 이는 자연법에 어긋나는 일이기 때문이다.

예전에 약탈이란 일종의 목숨을 거래하는 일이었던 것으로 우리는 이해하고 있다. 그렇지만 많은 약탈자는 그들이 침범한 사람들의 목숨을 빼앗지 않았을 뿐만 아니라 약탈자에게서 살아남은 [사람들이] 목숨을 부지하는 데 필요한 것들, 즉 경작하는 데 필요한 소나 도구 같은 것들은 남겨 두었다. 물론 그 외에 모든 다른 가축이나 재산은 탈취했다. 그리고 다른 방법으로는 그들 스스로 [생명을] 유지하기 위한 안전이 보장 안 될 때, 약탈그 자체는 자연법 안에서도 보장되었듯이, 공포심이 자연법에 어긋나는 어떤 것을 제안하지 않는 한, 잔인한 행위는 같은 자연법에 따라 금지되었다. 왜냐하면 오직 [자기 죽음에 대한] 공포만이 다른 사람의 생명을 빼앗는 것을 정당화할 수 있기 때문이다. 그리고 공포심은 자신의 약한 양심을 무심코 드러내는 명예롭지 못한 몇몇 행동을 통해서만 겨우 명백해질 수 있기에, 용기나 관대함의 정념이 탁월한 모든 사람은 잔인[한 행동]을 자제해 왔다. 전쟁 중에는 [효력 있는] 어떤 법도 없지만, 법을 위반하는 것은 상해를 입히는 까닭에 전쟁 중이라도 [자연]법은 존재하며 그것을 위반하는 것은 불명예스러운 일이다. 한마디로 말해서, 전쟁 중에도 행동을 위한 유일한 법은 명예에 있고, 전쟁의 권리는 신의 섭리에 있다.

3. 서로 간의 공포가 평화에 필요한 것처럼 상호 간의 원조가 [자기] 방어에 필요하다는 것을 생각하면, 사람들이 서로에 대해 쉽게 모험을 걸 수 없을 때 우리는 방어를 위해서, 그리고 상호 공포의 원인을 [제거하기] 위해

서는 얼마나 큰 [상호] 원조가 요구되는지를 생각해보아야 한다. 첫째, 두세 사람 사이의 상호 원조는 거의 안전하지 않다는 것이 분명하다. 왜냐하면 한 사람 또는 두 사람의 반대편 쪽으로 기울어진 [힘의] 불균형은 공격하기에 충분한 용기를 제공하기 때문이다. 그러므로 사람들이 서로 간의 도움으로 충분한 안전을 확보하기 전에 그 [참여자] 수가 아주 많아야만 한다. 그래야 소수자에 대해 적들이 가질 수 있는 [힘의] 불균형이 확실하고도 현저하게 유리한 점이 되지 않을 수 있다.

4. 그리고 많은 수의 사람이 자신들의 상호 방어를 위해 함께 모였다고 가정할 때, 그들의 행동이 모두 하나이면서 같은 목적을 지향하지 않는다면 [모인] 효과는 생기지 않을 것이다. 하나의 같은 목적을 지향하는 것을 [나는] 12장 7절에서 동의(consent)라고 불렀다. 눈앞에 있는 침략자에 대한 공포 때문이거나 또는 현실적인 정복이나 전리품에 대한 희망 때문일지라도, 아주 많은 사람 사이에서 이루어지는 이런 동의 (또는 일치)는 그 행동이 지속되는 동안 계속 유지될 수 있다. 그렇지만 많은 사람이 가지고 있듯이, 다른 사람을 능가하는 명예와 이익을 자연스럽게 다투는 다양한 판단과 정념들 때문에 이들을 통치하기 위한 약간의 상호적이면서 공통적인 공포가 없이는 이들이 적에 맞서서 서로 원조하겠다는 동의뿐만 아니라 그들 사이에서 평화가 지속되는 일도 불가능하다.

5. 그러나 이에 대해 반론이 제기될 수 있다. 우리의 경험에 따르면, 비이성적인 생물인데도 자신들의 공동 이익을 위해 질서가 잘 잡힌 지배체계 안에서 끊임없이 살아가고 있으며, 그들 내부의 반란과 전쟁에서도 자유롭고, 평화, 이익 그리고 방어 외에는 생각할 수 없는 그런 생물들이 있

다. 이들 중 우리가 경험하고 있는 미물(微物)에는 정치적 동물(*animalia politica*)로 알려진 꿀벌이 있다. 그러므로 왜 사람들은 이들 꿀벌처럼 화합의 이로움을 예견하지 못하며, 강제력 없이는 그 이로움을 지속해서 유지할 수 없는 것인가? 이에 대한 내 대답은 이렇다.

[첫째] 다른 생물들 가운데는 자기들 종(種) 내에서 누가 더 우월한지에 대한 의문이 없으며, 명예 또는 서로 간의 지혜에 대한 인정투쟁도 없다. 그러나 사람들 사이에서는 이런 것이 있으며, 이로부터 서로가 서로에 대해 질투와 원한이 생기고 거기서 반란과 전쟁도 일어난다. 둘째, 이들 생물은 그들 모두에게 공통된 평화와 일용할 양식을 목표로 삼고 있는데, 사람들은 지배력, 우월성 그리고 사유재산을 목표로 하고 있다. 이것들은 사람마다 각기 다르고 싸움을 부추긴다. 셋째, 이성을 갖고 있지 않은 이들 생물은 통치 체제의 어떤 결함을 알아채거나 알아챈 것을 생각해낼 만큼 충분한 학습을 하지 않는다. 그러므로 이에 만족하며 산다. 그러나 항상 사람의 집단 안에는 스스로 다른 사람보다 자신이 더 현명하다고 생각하고, 잘못되었다고 생각하는 것을 바꾸려고 애쓰는 사람들이 있다. 그리고 다양한 사람들이 다양한 방식으로 바꾸려 하는데, 이것이 전쟁의 원인이 된다. 넷째, 그 생물들은 언어가 없기에 당파를 만들기 위해 서로 선동할 수 없지만, 사람은 언어가 있어서 [그렇게 한다]. 다섯째, 그 생물들은 옳고 그름에 대한 개념이 없고 오직 쾌락과 고통의 개념만을 갖고 있기에 스스로 편안하다면 서로 간이나 명령자에 대해서 비난하지 않는다. 반면에 자신을 스스로 옳고 그름의 심판자로 삼는 사람들은 가장 편안할 때 가장 조용하다. 끝으로, 그 생물들 사이에서 이루어지는 자연스러운 화합은 자연법칙을 통해 발휘된 하느님의 솜씨이지만, 사람들 사이의 화합은 신약을 통한 인위적인 방식의 일치다. 따라서 만일 무리 속에서도 스스로 통제

하는 비이성적인 생물들이 인위적인 제도를 통해 통제하는 인간보다 훨씬 더 견고하게 그렇게 [자기 통제] 한다면 그것은 전혀 놀랄 일이 아니다.[130]

6. 그러므로 여전히 다음의 문제는 남아 있다. 즉 (내가 이해하는 한, 동의는 하나의 행동을 위해 많은 사람의 의지가 일치를 이루는 것인데,) 공포의 감정을 통해 사람들 사이에서 평화를 유지하게 하고, 공동의 적에 대항하기 위해 그들의 힘을 하나로 합치도록 강제하는 그런 공동의 권력(common power)을 세우지 않고서는 이런 동의가 공동의 평화를 위한 충분한 안전 보장이 못 된다. 그리고 공동의 권력을 세우는 데는 오직 연합(union) 외에 다른 방법을 상상할 수 없다. 12장 8절에서 정의된 연합은, 많은 사람의 의지가 한 사람 또는 한 집단의 구성원 가운데 절대다수의 의지, 다시 말해 한 사람의 [군주의] 의지 또는 **평의회**(council)의 의지에 속하거나 포함되는 것이다. 왜냐하면 평의회는 단지 모두에게 공통적인 것이 무엇인지를 숙고하는 사람들의 집합에 불과하기 때문이다.

7. 연합을 이루는 일은 다음과 같다. 모든 사람은 신약에 따라 동일한 한 사람 또는 하나의 동일한 평의회의 [명령에 따를] 의무를 스스로 지는데, 그 의무란 언급된 한 사람 또는 평의회가 지정하고 결정하는 행동들은 실행하고, 금지하거나 행동하지 말라고 명령한 행동은 하지 않고 따르는 일이다. 그리고 더 나아가 그들이 복종하기로 신약을 맺은 명령이 평의회의 명령인 경우, 그들은 그런 평의회를 구성하는 전체 위원 중 다수의 명령을

---

130 정치적 동물이라는 점에서 꿀벌과 인간이 같은 범주에 속하지만 그 차이점에 대해서는 홉스가 지적한 바대로 크게 다르다. 이런 설명은 『시민론』 5장, 『리바이어던』 17장에서도 반복해 설명하고 있다.

평의회 전체의 명령으로 보고 이를 지키겠다는 신약을 맺은 것과 같다. 비록 사람의 의지가 자발적이지는 않으나 자발적 행동의 시작이기에[131] 숙고[하는 일]과 신약[을 맺는 일]에 종속되지는 않지만, 한 사람이 다른 사람의 명령에 자기 의지를 종속시키는 신약을 맺었을 때 그는 스스로 다음과 같은 것에 따를 의무가 있다. 즉 그는 복종하겠다고 신약을 맺은 사람에게 자신의 힘과 수단을 맡겨야 하며, 그렇게 함으로써 명령자는 사람들이 맡긴 그들의 수단과 힘을 활용하고 그 힘의 공포를 통해 모든 사람의 의지를 하나가 되게 만들고 그들 사이에서 화합을 이루도록 조직화할 수 있다.

8. 이렇게 구성된 연합을 오늘날 사람들은 **정치 체제**(body politic)[132] 또는 시민사회라고 부른다. 그리고 그리스 사람들은 이를 폴리스(πόλις, polis) 즉 도시[국가]라고 부르는데, 이는 공동의 평화, 방어 그리고 유익을 위해서 공동 권력을 통해 한 사람처럼 연합되어 있는 사람들의 집합이라 정의될 수 있다.

9. 사회 또는 정치 체제로의 이런 연합이란, 모두의 공동선을 위해서 모든 개별자 또는 그 연합의 구성원들을 지배하는 공동의 권력을 세우는 일이듯, 그 집단 구성원들 가운데는 일정한 사람들로 이루어진 하위 연합이 세워질 수 있다. 그런데 이 하위 연합은 자문, 교역 등을 위한 하위 통치기구처럼, 그들 자신의 공동 이익 또는 도시[국가] 전체의 공동 이익을 위해 특정한 공동 행동을 수행하기 위한 것이다. 이들 하위의 정치 체제는 보통

---

131 『법의 기초』 12장 각주 76과 77을 참고.
132 body politic은 정치 체제로 옮겼으나 문맥에 따라 국가, 정치 단체, 정체 등으로도 읽을 수 있다.

자치기구(Corporation)라 하며, 이들의 권력은 이들이 속한 도시[국가] 전체가 허용한 것처럼 자치기구에 속한 개인을 지배할 수 있다.

10. 종속적이지 않고 독립적인 모든 도시[국가]나 정치 체제에서 개별 구성원에게 그 공동의 권력을 부여받은 한 사람 또는 평의회는 그들의 **통치자**(sovereign)이며, 그 권력은 통치 권력이라 불린다. 이 권력은 구성원 모두가 자신에게 있던 힘과 권력을 신약에 따라 그에게 양도했을 때 생기는 것이다. 그리고 어떤 사람도 자신의 힘을 다른 사람에게 양도하거나 다른 사람이 그 힘을 양도받는 것이 실제로는 불가능하기에, 한 사람의 힘과 권력을 양도한다는 것은, 그가 그렇게 양도한 사람에게 저항할 수 있는 자신의 권리를 내려놓거나 포기하는 것으로 이해되어야 한다. 그리고 정치 체제의 모든 구성원은 통치자에게는 **백성**(subject)이라 불린다.

11. 한 사람을 다른 사람에게 복종하게 만드는 일반적인 동기는 (내가 이미 말했듯이) 다른 방법으로는 스스로 보호할 수 없다는 두려움에 있다. 그리고 사람은 침략자에게 스스로 복종하거나 아니면 침략자를 두려워하여 그를 공격할 수도 있다. 또는 다른 사람들에 대한 두려움 때문에, 사람들은 자신이 동의할 수 있는 그런 사람에게 스스로 복종하는 일에 합류할 수 있다. 그리고 많은 사람이 전자의 방식[보호할 수 없다는 두려움 때문]에 스스로 복종할 때 그때부터 자연스럽게 정치 체제(body politic)가 생기며, 그곳에서 부권적 지배(paternal dominion)와 전제적 지배(despotic dominion)가 나온다. 그리고 사람들 사이에서 상호합의를 통해 동의하는 사람[제삼자]에게 스스로 복종할 때, 그들이 세우는 정치 체제는 대부분 전자와는 구별되는 연방(commonwealth)이라 불린다. 비록 그 연방이라는 이름은 이

들 양자 모두의 일반적인 이름이지만, 나는 먼저 연방에 관해 이야기할 것이며, 그 후 세습적 정체와 전제적 정체에 대해 말할 것이다.

2부

정치적 조직체로서의 인간에 관하여

정부의 탄생과 종류

1. 국가 구성의 필수조건

1. 서론
2. 연합 이전의 대중은 하나의 인격체가 아니며, 어느 누구도 모든 사람이 명시적으로 동의하지 않은 행동을 하지 않는다
3. 모든 사람에게 맨 먼저 요구된 명시적 동의는 전체를 대변하는 다수의 편에 권리를 부여하는 일이다. 민주주의, 귀족정치, 군주정치
4. 민주적, 귀족주의적 그리고 군주적 연합은 영원히 또는 제한된 시간 동안 설립될 수 있다
5. 안전 보장 없이 개인적 권리의 포기란 없다
6. 강제력이 없는 정부의 신약에 안전 보장이란 없다
7. 강제력이란 그것을 가지고 있는 사람에게 저항하지 못하는 데 있다
8. 정의의 칼을 쥐고 있는 사람의 같은 손에 전쟁의 칼이 있다
9. 사법적 논쟁과 심의하는 모든 논쟁에서 [최종] 결정은 칼[을 쥐고 있는 사람]에게 속해 있다
10. 시민법의 정의, 그 법을 만드는 일은 칼[을 쥐고 있는 사람]에 속해 있다
11. 치안판사와 공직자의 임명도 같은 사람에게 속해 있다
12. 통치 권력에는 면책권이 포함되어 있다
13. 법이 먼저 제정되고 그 후에 왕국이 세워진다는 것은 상상의 산물이다
14. 같은 주장이 논파되다
15. 통치권을 전제로 한 혼합된 형태의 정부
16. 이 주장도 논파되다
17. 혼합된 정부는 통치자의 [지배] 아래 왕국을 관리하는 위치에 있다
18. 모든 왕국 중 어딘가에 있을 절대적 통치권을 증명하기 위한 이성과 경험
19. 통치권의 몇 가지 중요하고도 가장 오류가 없는 표시들

1. 앞서 다루었던 이 논고의 1부는 인간의 타고난 힘과 자연적 상태를 검토하는 데 거의 전부를 할애했다. 즉 앞의 11개의 장에서는 인간의 인지력과 정념에 관한 고찰이었고, 12장에서는 인간의 행동이 이로부터 어떻게 나오는가를, 13장에서는 사람이 서로의 마음을 어떻게 알 수 있는가를, 14장에서는 어떤 상태에서 인간의 정념이 일어나는지를, 15·16·17·18장에서는 어떤 상태에서 사람들은 이성의 명령에 따라 지시되는지, 즉 자연법의 주요 조항들이 무엇인지를, 그리고 마지막[19장]에서는 다수의 사람이 신약을 통해 어떻게 하나의 사회적 인격체 또는 정치 체제[국가]로 연합되는지를 살펴보았다.

따라서 2부에서는 국가의 본질, 국가의 법, 달리 말해 시민법이라 불리는 것에 대해 고찰할 것이다. 그리고 1부 마지막 장, 마지막 절에서 국가를 세우는 두 가지 방법이 있음을 언급했다. 하나는 함께 모인 많은 사람이 인위적으로 제도화하는 방법인데, 이는 마치 인간이 재치를 가지고 무(無)에서 창조(創造)하는 것과 같다. 다른 하나는 강제적인 방법인데, 이는 마치 자연의 힘으로 출산하는 것과 같다. 나는 우선 군중의 집회와 동의에서 생기는 국가의 성립에 대해 말할 것이다.

2. 여기서는 신약을 통해 다수의 사람이 서로 간의 안전과 공동의 적에게서 안전하기 위해 하나의 정치 체제[국가]로 자신들을 연합하려는 것에 관해 살펴보고자 한다. 그리고 어떤 신약을 맺어야 하는지에 대한 지식은 인격체가 무엇이고 그 인격체들의 목적이 무엇인가에 대한 지식에 달려 있다는 점도 살펴볼 것이다. 첫째, 인격체로서 그들은 다수이지만 (아직) 하나의 인격체는 아니다. 또한 (한 사람을 제외하고) 모든 사람의 손과 의지가 [그 한 사람에게로] 모이지 않는 한, 다수의 사람이 함께 모여서 취한 어떤

행동도 이들 다수에게 귀속되거나 진실로 다수의 행동이라 불릴 수도 없다. 군중은 비록 그들의 인격체 안에서 함께 섞여 있지만, 그들이 추구하는 목적이 항상 일치하는 것은 아니다. 심지어 사람들이 혼란을 겪고 있을 때, 비록 그들 가운데 일부의 사람은 [혼란을 일으키는] 해악의 원인을 이것이라 보고 다른 사람들은 다른 것을 원인으로 보는 일에 동의하더라도 여전히 전체적으로 그들은 평화의 상태가 아니라 적대적 상태에 있게 된다. 이는 마치 예루살렘 성안에 갇힌 선동적인 유대인들이 자신들의 적에 대항해서 뭉칠 수 있었음에도 여전히 그들 스스로 안에서 싸웠던 일과 같다.[1] 그러므로 누구든지 많은 사람이 어떤 행동을 취했다고 말할 때마다, 그 행동은 그들 가운데 다수를 차지하는 사람들이 동의한 게 아니라 모든 각각의 사람이 동의한 것으로 이해되어야 한다. 둘째, 그들이 스스로 연합할 의도를 가지고 모였지만, 아직 그들은 모든 사람이 모든 것에 권리를 가지고 있는 [자연]상태에 놓여 있으며, 결과적으로 14장 10절에서 언급된 대로 아무것도 향유할 수 없는 상태에 있게 된다. 따라서 이들 사이에는 나의 것(meum)과 너의 것(tuum)을 구분할 여지가 없다.

3. 따라서 그들이 가장 우선해서 해야 할 일은 모든 사람이 어떤 것에 명시적으로 동의하는 일인데, 이 동의를 통해 그들은 자신들의 목적[자기 보존]에 좀 더 가까이 다가갈 수 있다. 동의한다는 것은 다음의 것 외에 다른 것을 상상할 수 없다. 즉 그들은 전체 구성원 가운데 다수 편의 의지를

---

1 A.D. 70년 로마군에 의해 예루살렘성이 함락되기 전 성안에 있던 유대인들 사이의 내부 분열을 말한다. 로마 제국의 통치에 무장 저항을 주장하던 열심당원(또는 단검을 의미하는 시카리이당)에 의해 항복을 주장하던 온건파 반란군 지도자들이 죽임을 당했다. 위키백과, 예루살렘 공방전 참고.

인정하거나 또는 그들 [전체]에 의해 결정되고 지명된 어떤 일정한 사람들 중의 다수 의지를 인정하거나 또는 어떤 한 사람의 의지를 모든 사람의 의지와 관련된 것으로 간주하고 인정하는 것이다. 이 일이 이루어졌을 때 그들은 하나가 되고 하나의 정치 체제에 들어가게 된다.

그리고 만일 그들 구성원 대다수가 모든 전체 개별자의 의지를 포함하는 것으로 추정된다면, 그들은 **민주주의**(democracy)라 불리는데, 바꿔 말하면 구성원 전체 또는 원하는 대로 많은 사람이 함께 모여 만든 정부가 곧 통치자이고, 모든 개별적인 사람은 백성이 된다. 만일 나머지 다른 백성과는 별도의 이름으로 불리거나 구별되는 어느 일정한 숫자의 사람 가운데 다수의 [의지가] 모든 개별자 각각의 의지를 포함해서 [대변]하는 것으로 추정된다면, 그들은 **과두정치**(oligarchy) 또는 **귀족정치**(aristocracy)라고 불리는데, 이 두 단어에는 사용하는 사람들의 다양한 감정이 실려 있으나 의미는 같은 것으로 본다. 왜냐하면 그런 직책에 있는 사람들이 [다수의 사람을] 만족시킬 때 그들은 귀족정치라 불리며, 그렇지 않다면 과두정치이기 때문이다. 전체 군중의 의지를 선포하는 [대표자들 가운데] 다수를 차지하는 이들[귀족 또는 과두]이 통치자이며 모든 사람 각자는 백성이다. 끝으로 만일 그들이 지명하는 한 사람의 의지가 그들 모두의 의지를 대표한다는 것에 동의한다면, 그들의 정부 또는 연합은 군주정치라고 불린다. 그리고 그 한 사람은 통치자이고 나머지 사람은 백성이 된다.

4. 그리고 여러 종류의 연합, 정부 그리고 인간 의지의 종속[방식]들은 미래의 모든 시간 동안 절대적으로 유지되거나, 제한된 시간 동안만 유지되는 것으로 이해될 수 있다. 그러나 여기서 우리는 정치 체제를 구성하는 사람들의 항구적인 이익과 방어를 위해 설립되고, 그래서 영원히 지속이 되기

를 소망할 수 있는 그런 정치 체제에 대해 말하고 있는 만큼, 한시적인 것에 대한 설명은 생략할 것이며, 영속적인 것에 대해서만 고찰할 것이다.

5. 한 사람이 자신의 힘으로 스스로 보호하거나 방어할 수 있는 권리를 포기하고 다른 사람이나 사람들에게 [그 권리를] 양도하는 목적은 그렇게 함으로써 양도받은 사람들에게 보호와 방어를 기대할 수 있는 안전 보장에 있다. 그리고 사람은 자신에게 어떤 폭력도 가해지지 않으리라 예측할 수 있을 때 자신이 안전한 상태에 있다고 생각할 수 있으며, 그 상태에서 행위자[백성]는 모든 사람이 스스로 자신을 복종시킨 통치자의 권력에 의해 억제되지 않을 수 있다. 그리고 그런 안전에 대한 보장 없이는 자신의 유리한 점을 스스로 포기하고 다른 사람의 먹잇감이 될 아무런 이유가 없다. 따라서 이런 안전을 제공할 수 있는 통치 권력이 세워지지 않을 때, 이는 모든 사람이 각자 자신의 눈으로 봐서 [안전에] 좋게 보이는 것은 무엇이나 할 수 있는 권리가 여전히 각자에게 남아 있는 것으로 이해되어야 한다.

반대로 어떤 백성이 자신의 판단과 재량에 따라 자기 힘을 사용할 수 있는 권리를 가졌다면 이는 모든 사람이 똑같은 권리를 가지고 있으며, 결과적으로 그런 곳에서는 확립된 왕국이 존재할 수 없는 것으로 이해되어야 한다. 그러므로 왕국을 세우는 데 있어서 한 사람이 어느 정도까지 자신의 권리를 다른 사람의 권력에 종속시킬 것인가 하는 점은 그 [양도의] 목적, 즉 안전을 통해 명백해진다. 안전을 얻기 위해 신약에 따라 양도될 필요가 있는 것은 무엇이나 충분하게 양도되어야 하며, 만일 그렇지 않다면 모든 사람은 스스로 보호하기 위해 자신의 천부적 자유 안에 [머물러] 있어야 한다.

6. 왕국을 세우기 위해 모인 모든 사람이 동의하고, 강제력을 가진 권력을 세우지는 않고 서면으로만 맺은 신약은 그렇게 신약을 맺은 사람 누구에게도 적절한 안전 보장이 될 수 없으며, 법이라고도 불릴 수 없다. 그리고 이런 신약은 여전히 사람들을 자연상태에서 적대적 상황에 머물게 한다. 사람의 의지는 오직 두려움을 통해서만 통제되고, 강제력이 없는 곳에는 두려움도 없다는 점을 생각할 때, 사람의 의지는 대부분 탐욕, 정욕, 분노 같은 자신들의 정념을 따르게 되며, [결국] 그와 같은 신약들을 파기하는 데 이를 것이다.[2] 그렇게 함으로써 반대로 신약을 지키고자 하는 나머지 사람들 역시 [의무에서] 자유롭게 되며 자신 외에는 아무런 법도 갖지 못한다.

7. 이 책 1부 15장 3절에서 말했듯이 강제 권력이란 모든 사람이 가지고 있는 힘을 한 사람에게 양도하고, 양도받은 사람에 맞서 대항하는 저항권을 모든 사람이 [그에게] 양도함으로써 생긴다. 따라서 저항하지 않는 일이 가능하다고 추정한다면, 그것이 어떤 왕국이든 이 강제 권력 또는 (사람들이 보통 그렇게 불렀듯이) 정의의 칼(sword of justice)을 부여받은 사람(들)에게 저항할 수 있는 권리를 가지고 있는 사람은 아무도 없다. 왜냐하면 (1부 15장 18절에서 말했듯이) 신약이 우리의 의도만은 최대한 구속하기 때문이다.

8. 그렇지만 항상 두려운 마음이 들게 하는 정의의 칼이라는 수단을 통해 그들 스스로 안전하다고 생각하는 사람들도 외부의 적이 가하는 위험

---

2 "강제적인 힘의 두려움이 없다면, 말[신약]의 구속력은 너무 약해서 사람들의 야망, 탐욕, 분노 그리고 다른 정념들을 붙들어 맬 수가 없다." 『리바이어던』 14장 186쪽.

에 놓일 수 있기에, 만일 그러한 적에 저항할 수 있는 자신의 세력과 자연스러운 무력을 하나로 모을 수 있는 어떤 수단을 찾지 못한다면 그들 가운데 있는 평화는 헛된 것이다. 따라서 전체의 방어를 위해 구성원의 여러 세력이 가지고 있는 힘을 빌리고 그렇게 함으로써 가능한 한 자신들을 방어하기에 충분한 하나의 [큰] 세력을 만드는 일은 모든 구성원이 맺는 하나의 신약으로 이해될 수 있다. 이제 모든 사람 각자가 자신의 힘을 사용할 수 있는 권리를 정의의 칼을 소유한 한 사람 또는 몇몇 사람에게 이미 양도했다는 것을 생각하면, 다음과 같은 점이 따라 나온다. 방어력, 다시 말해 전쟁의 칼(sword of war)은 정의의 칼을 쥐고 있는 사람의 손에 있어야 하며, 결과적으로 이 두 칼은 하나이고 분리될 수 없으며, 본질상 통치 권력에 속한 것이다.[3]

9. 더욱이 칼의 권리를 가졌다는 것은 그것을 가진 한 사람[군주] 또는 소수의 사람[평의회 등]이 [자신의] 판단과 재량에 따라서만 그 칼을 사용하는 것을 뜻하기 때문에, 다음과 같이 말할 수 있다. (모든 법적 논쟁에서 정의의 칼이 사용되어야 하는) 사법적 권한과 (전쟁의 칼을 사용할 필요가 있는 전쟁에 관한 모든 심의 과정에서) 해야 할 일을 결정하고 해결할 수 있는 권리는 똑같은 통치자에게 속해 있다.

10. 더 나아가서, 폭행과 강탈 같은 범죄를 범했을 때 처벌하는 것보다 범죄를 예방하는 것이 훨씬 더 필요하다는 것을 생각할 때, 그리고 내 것

---

3 "칼이 없는 신약은 말뿐이다." 『리바이어던』 17장, 227쪽. 정의의 칼은 내부의 질서를 위한 강제력 행사를, 전쟁의 칼은 외부의 적으로부터 방어하기 위한 강제력을 의미한다.

과 네 것, 옳고 그름, 선과 악 등 사람들이 자기 판단에 따라 다른 사람을 평가하는 데 사용하는 이런 기준을 두고 서로 간에 빌이는 논쟁 때문에 모든 폭력이 생긴다는 것을 생각할 때, 다음과 같은 일들, 즉 모든 사람은 무엇이 자기 것이고 무엇이 다른 사람의 것인지, 무엇이 선이고 악인지, 해야만 하는 것과 해서는 안 되는 것 등의 공통 기준을 세우고 널리 알리는 일, 이를 똑같이 준수하도록 명령하는 일은 모두 같은 통치권자의 판단에 속하는 일이다. 사람들은 백성들의 행동을 평가하는 이런 기준을 **실정법**(laws politic) 또는 시민법이라 부른다. 이들 법을 만드는 일은 반드시 칼의 힘을 가진 사람에게 속한 권리여야만 하며, 그 칼의 힘을 통해 사람들은 법을 지키도록 강요받는다. 그렇지 않다면 그 법은 쓸모없는 것이 되고 만다.

11. 더군다나 그러한 통치권을 가진 사람이 직접 모든 논쟁을 듣고 결정하며, 공동선에 관한 모든 심의에 참여하고, 그에 속하는 모든 일반적인 행동을 집행하고 수행할 수 있는 것은 불가능하기에 치안판사와 공직 대리인들이 필요하다. 이 점을 생각하면 다음과 같이 이해하는 것이 자연스러운 귀결이라 할 수 있다. 즉 이들을 임명 및 지명하고, 그 직책을 제한하는 일은 모든 사법권과 행정권을 통합해서 가진 동일한 통치권자한테서 분리할 수 없는 부분이다.

12. 모든 개별 구성원들의 힘을 [통치자가] 사용할 수 있는 권리는 그들이 스스로 자신들의 힘을 통치자에게 양도했기 때문인데, 이로부터 통치자는 쉽게 자신에 대해 다음과 같은 결론에 이르게 된다. 즉 (그가 무엇을 하든) 처벌을 받지 않는 면책권이 통치 권력에 속한다는 것이다.

13. 통치자에게 속해 있는 다른 권리들과 더불어, 평화 시기에는 [정의의] 칼을, 전쟁 시기에는 [전쟁의] 칼을 절대적으로 사용할 수 있고, 법의 제정과 폐지 권한, 모든 사법 및 [일반] 심의에 관한 논쟁에서 최고의 판결을 내리고 결정할 수 있는 권한, 모든 치안판사와 공직 대리인을 임명할 수 있는 임명권 등 이런 모든 통치권[자]의 권리들은 (왕국이 세워지기 전 모든 사람이 자신에게 좋다고 생각되는 일을 할 것인가 말 것인가를 결정하는 일에 있어서 절대적 권한을 가졌던 것 못지않게) 왕국 안에서 통치 권력을 더욱더 절대적인 것으로 만든다.

오랜 전쟁으로 인구가 줄어드는 그런 비참한 상태를 겪어보지 못한 사람들은, 자신들의 편에서 볼 때 [통치권자의] 그런 [권리] 조건을 수용하기가 너무 곤란하다고 생각해서 평화에 항상 필요했던 것으로 규정된 그런 신약과 복종을 쉽게 인정할 수 없다. 그래서 어떤 사람들은 자신들에게 적합하다고 생각하는 만큼 통치 권력을 제한하고 온건한 방식으로 왕국이 세워질 수 있다고 상상하기도 했다. 예를 들어, 어떻게 그들이 통치될 것인지를 규정하는 특정한 조항들(그들은 현재 법이라고 부른다)에 많은 사람이 동의했다고 그들은 가정한다. 그리고 더 나아가서 같은 [법] 조항들이 수행되고 실시되는 것을 확인하기 위해 어떤 한 사람 또는 소수의 사람과 동의가 이루어졌다고 본다. 게다가 그 한 사람 또는 소수의 사람이 [동의한 내용을] 수행할 수 있도록 그들에게 특정한 토지, 세금, 과태료 그리고 그와 비슷한 것에 관한 제한된 특별 조항을 지정하고 있다. (만일 그들이 [국가 재정을] 잘못 낭비했을 경우) 앞서 허용했던 사람들과 새로운 동의가 없는 한 그들은 더 이상 특별 조항의 특혜를 갖지 못할 것이다. 그리하여 사람들은 어떤 사인(私人)이 자기 안전을 위해 자신의 칼[힘]을 사용하는 것은 불법이 되는 그런 왕국을 자신들이 세웠다고 생각한다. 여기서 그들은 자신을 스스로 속이고 있는 것이다.

14. 왜냐하면 첫째, 만일 세금 수입에 관한 것이라면, 그러한 세수권(稅收權)을 가진 그[통치자]의 의지에 따라 소집되고 확보된 군대가 반드시 있어야만 한다. 그러나 세금 수입에는 한계가 있기에 군사력에도 한계가 있을 수밖에 없다. 우리가 제한할 수 없는 적의 군사력에 맞서기 위해서 [우리의] 제한된 군사력은 충분치 못하다. 따라서 저항할 수 있는 [우리의] 군사력보다 더 우월한 힘으로 [적의] 침략 행위가 발생할 때, 그리고 군대를 더 징집할 수 있는 다른 권리가 없을 때, 불가피하게 모든 사람은 각각 독자적으로 [생존]할 수 있는 최선의 준비를 하도록 허용되어야 한다. 이것이 사적인 칼(private sword)이며, 전쟁 상태로 다시 돌아가는 일이다.

그러나 사람들에게 명령할 수 있는 권리가 없이는 세수권이 평화 시나 전쟁 시에 모두 소용이 없다는 것을 고려할 때, 앞의 13절에서 가정된 특별 조항들의 집행권을 가진 그[통치자]는 개인들의 힘을 활용할 수 있는 권리 역시 가져야 할 필요가 있다. 어느 한 사람을 지배하는 권리를 통치자에게 부여하는 이유가 무엇이든 그것은 그들 모두를 지배할 수 있는 권리를 그에게 부여하는 것과 같다. 그때 그의 권리는 절대적인 것이 되는데, 왜냐하면 그들 모두의 힘에 대해 권리를 가진 그가 같은 힘을 처분할 수 있는 권리도 갖고 있기 때문이다.

다시 한번 정리해보자. 필요해서 사용하거나 부주의한 사용으로 인해 제한된 군사력과 세금 수입에 동이 났다고 가정해보자. 그리고 이들을 보충하기 위해 같은 군중들이 모여야 한다고 할 때, 그들을 집합시킬 힘, 즉 그들을 강제로 모이게 할 수 있는 힘은 누가 갖게 될 것인가? 만일 그 보충을 요구하는 그가 그들 모두에게 강요할 수 있는 권리를 가지고 있다면,

그의 통치권은 절대적인 것이 된다. 만약 그렇지 않다면 모든 개인은 마음 대로 오가며, 새로운 국가의 틀을 짜거나 포기하거나 할 것이다. 따라서 사적인 칼의 권리는 [개인들에게] 돌아가게 된다. 그러나 이 보충을 위해 그 들이 기꺼이 자발적으로 모였다고 가정해보자. 만일 그들이 [군대와 세입을] 보충할 것인지 말 것인지 여부가 여전히 그들의 선택에 달려 있다면, 국가 를 세울 것인지 말 것인지도 역시 그들의 선택에 달려 있다. 따라서 자신 들을 방어하는 데 도움이 된다고 생각하는 경우, 군사력 사용을 방해할 수 있는 어떤 시민적 의무가 그들에게 있지 않다. 따라서 시민법을 먼저 만들 고 그런 후에 국가의 본체를 만들겠다는 그들의 계획은, (마치 국가가 정책 을 수립하는 것이 아니라 정책이 국가를 수립하는 것처럼) 아무런 소용이 없다.[4]

15. 절대적 복종 (또는 혐오스럽게 말해서 노예 상태라고 부르는) 수용하기 어려운 [통치권자의 권리] 조건을 회피하기 위해서 다른 사람들은 세 가지 종류의 통치권이 혼합된 것으로 생각되는 정부[형태]를 고안해냈다. 예를 들면, 입법권은 훌륭한 민주적 의회에 주어지고, 사법권은 또 다른 집단 에 부여되고, 법의 관리행정은 제삼자 또는 어떤 한 사람에게 주어지는 형 태를 가정하고 있다. 그들은 이런 정치 형태를 혼합 군주제, 혼합 귀족정 치 또는 혼합 민주제라고 부르는데, 이는 이들 세 가지 [입법권·사법권·행 정권] 가운데 어느 것이 가장 눈에 띄게 지배적이냐에 따른 구분이다. 그리 고 그들은 이런 정부 상태에서 [자기 보호를 위한] 사적인 칼(private sword)

---

4 선법후국(先法後國)이 아니라 선왕후법(先王後法)이 홉스의 기본 생각이다. 법이 국가보다 먼저 있는 것이 아니라, 왕이 세워진 이후에야 법과 국가가 만들어진다. 여기서 왕은 한 특정 한 개인을 말하는 것이 아니라 통치권 또는 통치권자를 의미한다. 따라서 먼저 통치권이 확 립되어야 법의 제정과 집행도 가능하다는 것이 홉스의 본래 생각이다.

의 사용은 배제된 것으로 생각하고 있다.

16. 설령 정부 형태가 그렇다고 가정하더라도, 이를 통해 그들이 노예 상태라고 부르는 상황이 개선되었는가? 왜냐하면 이런 상태에서 그들[백성들]은 어느 한 사람이 스스로 심판자가 되거나, 법의 집행자가 되거나 법을 만들 수 있는 입법자가 되는 것을 허용하지 않을 것이기 때문이다. 그리고 이 세 [권력자]가 일치하는 한, 백성들은 마치 어린아이가 아버지에게 또는 자연상태에서 노예가 주인에게 하듯, 이들에게 절대적으로 복종해야만 한다. 따라서 이런 [절대적] 복종을 느슨하게 하는 일은 통치 권력의 분산을 주장했던 사람들 가운에 [의견] 불일치가 있는 게 틀림없다. 그러나 이런 불일치는 전쟁과도 같다. 분산된 통치권은 단순한 복종을 하게 만드는 일에도 아무런 효과를 발휘할 수 없거나, 아니면 사적인 칼이 다시 작동하는 전쟁을 불러일으킨다. 그러나 진실은 이미 앞의 7·8·9·10·11·12절에서 밝혔듯이 통치권은 나눠질 수 없다는 것이다. 그리고 겉으로 보기에 정부의 여러 가지 혼합은, [실제] 정부들 자체의 혼합이 아니라 우리가 누구에게 복종했는지 쉽게 알아낼 수 없게 하는 우리 이해력의 혼돈일 뿐이다.

17. 만일 통치권이 혼합된 것이 아니라면, 그것은 항상 단순한 민주제이거나 귀족정치 또는 순수한 군주제여야 한다. 그렇지만 [최고] 통치권자의 관리 안에 있는 다른 모든 종류의 행정부는 하위의 자리에 놓일 수 있다. 한때 로마에서처럼 민주제였지만 동시에 원로원 같은 귀족 평의원을 가질 수 있었고, 전쟁에서 모든 장군이 그러하듯 한동안 전체 통치권을 행사했던 독재적인 집정관 같은 하위의 군주를 가질 수도 있었던 민주제 통치권

을 생각해보라. 마찬가지로 군주제 안에서도 군주가 뽑은 사람들로 이루어진 귀족 평의원이 있을 수 있고, (군주의 허락 아래에) 왕국 내의 모든 개인이 동의해서 뽑은 민주적 평민회가 있을 수 있다. 이런 혼합은 그것이 마치 통치권의 혼합처럼 [우리를] 속이는 것이다.

따라서 베네치아(Venice)의 대평의원회(the Great Council of Venice)가 평소에는 아무 일도 하지 않지만, 치안판사, 장관, 장교, 마을의 시장, 대사, 자문단과 같은 사람들을 임명하는 일을 하기 때문에 통치권 중 이 대평의원회가 행사하는 부분은 단지 치안판사를 뽑는 일뿐이며, 전쟁을 일으키고, 평화를 이루며, 법을 만드는 일 등은 대평의원회의 업무가 아니고 대평의원회가 임명한 의원들이 맡은 부분이라고 생각할 수 있다. 반면에 그 일은 이들 [임명된] 의원들이 종속적으로 맡은 부분일 뿐, 그 일의 최고 권위는 이들을 임명한 대평의원회에 있다고 생각할 수 있다.[5]

18. 법에 복종할 의무와 다른 사람에게 [지켜야 할] 의무가 있는 모든 신약에서 벗어난 것으로 간주된 사람은, [그렇게] 복종하지 않고 취소할 수 있는 자유가 있고, 전체의 의지에 복종해야 하는 모든 구성원에 관해 원하는 만큼 오래 숙고할 수 있는 자유가 있다. 자유는 자신의 타고난 능력 외에 다른 것이 아니며, 자유가 없는 인간은 스스로 도울 수 없는 무생물보다 더 나을 것이 없다는 [이 모든 것을] 이성은 우리에게 가르쳐준다. 이와 마찬가지로 다른 체제에 종속되지 않으며, 신약에 의해 의무 지워지지도 않는 정치 체제가 어떤 종류이든 그것은 자유로워야 하며, 모든 행동을 하

---

5   베네치아 대평의원회는 1172년에서 1797년 사이 베네치아 공화국 시기에 운영되었던 정치 기구 가운데 하나다. 공화국을 운영하는 데 필요한 여러 하위 공직자들을 임명하는 일을 맡았던 최고의 정치적 집합체였다.

는 데 있어서 정치 체제는 구성원들, 즉 각자의 자리에 있는 모든 이로부터 지원을 받거나, 적어도 그들의 저항을 받지 않아야 한다는 [이 모든] 것도 가르쳐준다.

만일 그렇지 않다면 한 정치 체제[국가]의 권력은 아무것도 아니며, 어떤 혜택을 주는 정치 체제도 못 된다. (정치 체제의 본질은 그 구성원들로부터 저항이 없다는 데 있다.) 이 점은 세상에 있는 모든 민족과 국가들의 존재 목적에 의해서도 확인되고 있다. 실제로 전체를 대표하는 그 한 사람 또는 평의원회가 모든 개별 구성원을 지배하는 절대적 권력을 갖지 않는 민족이나 국가가 어디에 있는가? 또는 자기들의 전쟁에서 장군을 내세울 수 있는 힘과 권리를 갖지 못한 민족이나 국가가 어디에 있는가? 한 장군의 힘은 절대적이며, 결과적으로 국가 안에는 절대 권력이 존재하며, 국가로부터 절대 권력이 나온다. 자연인이거나 정치적 인격체(civil person)[6]이거나 간에 누구도 자신이 가진 힘보다 더 큰 힘을 다른 사람에게 양도할 수는 없다.

19. 내가 이미 설명했듯이, 각 개인이 스스로 보호할 수 있는 권리가 박탈된 [그런] 모든 국가에는 절대적 통치권이 존재하게 된다. 그러나 누구에게 또는 어느 집단에 그 절대적 통치권이 주어져 있는지는 그것을 식별하는 데 도움이 되는 어떤 표시가 필요 없을 만큼 그렇게 분명한 것은 아니다. 첫째로, 만일 어떤 다른 자연인이나 정치적 인격체가 군주를 처벌할 수 있거나 의회를 해산할 수 있는 권리가 없다면, 이는 그 한 사람 또는 의회에 절대적 통치권이 있다는 것을 보여주는 틀림없는 표시가 된다. 왜냐

---

6 여기서 정치적 인격체는 오늘날 법인이라 불리는 것과 같으며, 사람들이 집단을 이루어 하나의 조직체가 되었을 때 그 조직체는 하나의 정치적 인격을 가진 존재로 보는 것과 같다. 본문에서는 법인이라기보다는 의회를 의미한다.

하면 처벌받지 않을 권리가 있는 그[군주]는 법적으로 저항을 받을 수 없으며, 법적 저항을 받을 수 없는 그는 나머지 모든 사람을 지배할 수 있는 강제력을 가지고 있고, 그 강제력을 통해 그는 그들의 행동을 마음대로 취하고 통제할 수 있는데 이것이 바로 절대적 통치권이기 때문이다. 이와 반대로 한 국가 안에서 누구에 의해서도 처벌받을 수 있는 사람 또는 해산될 수 있는 의회는 통치자가 아니다. 왜냐하면 [군주나 의회는] 처벌되거나 해산될 수 있기보다는 처벌을 하거나 해산할 수 있는 더 큰 권력이 항상 요구되며, 그 권력보다 더 큰 권력이 있으면, 그 [작은] 권력은 통치자라 불릴 수 없기 때문이다.

둘째로, 어떤 다른 사람들의 현재 권리를 이어받은 것이 아니라 그들 자신의 권리를 가지고 마음대로 법을 제정하거나 폐기할 수 있는 그 사람[군주] 또는 의회는 절대적 통치권을 가지고 있다. 그들이 만든 법률은 정당하게 만들어진 것으로 간주되기 때문에, 국가의 구성원들은 자신들을 위해 만들어진 그 법률에 복종해야만 한다. 그리고 결과적으로 법의 집행에 저항해서도 안 된다. 이 무저항이 그 법률을 만든 그를 절대적 권력으로 만든다. 마찬가지로 치안판사, 심판관, 자문단 그리고 장관을 임명할 수 있는 고유한 권리를 갖고 있다는 것은 이 통치권의 한 징표다. 왜냐하면 그런 힘 없이는 통치권이나 정부의 어떤 행동도 수행될 수 없기 때문이다.

마지막으로 그리고 일반적으로 말해서, 자신만의 독립된 권위를 가지고 같은 국가 내에 있는 다른 사람은 [결코] 할 수 없는 어떤 행동도 할 수 있는 사람은 누구라도 통치 권력을 쥐고 있는 사람으로 이해되지 않을 수 없다. 왜냐하면 사람은 본질상으로는 평등한 권리를 갖고 있는데, 이런 [권리의] 불평등은 국가 권력에서 나온 것이 틀림없기 때문이다. 따라서 자신의 권위를 가지고 다른 사람은 할 수 없는 어떤 행동도 합법적으로 할 수 있는 그는 자신이 속한 국가의 권력에 따라 그렇게 하는 것이고, 이것이 곧 절대적 통치권이다.

2. 국가의 세 종류

1. 민주주의는 다른 모든 통치 제도보다 우선한다

2. 주권자인 국민은 그 백성과 신약을 맺지 않는다

3. 제대로 말해서 주권자인 국민은 백성에게 위해(危害)를 가한다고 말할 수 없다

4. 주권자인 국민의 결함은 투표로 자기들의 법령을 통과시키는 그 사인(私人)들의 결함과 같다

5. 민주주의는 사실상 연설가들의 귀족정치다

6. 귀족정치는 어떻게 세워지는가

7. 옵티마테스 조직이 백성에게 위해를 가한다고 제대로 언급되지 않았다[7]

8. 옵티마테스의 선출은 그들 자신의 조직에 속해 있다

9. 선출된 왕은 소유권이 아니라 사용권만 가진 통치자다

10. 조건부 왕은 소유권이 아니라 사용권만 가진 통치자다

11. 국민이라는 단어는 애매하다

12. 통치자에게서 해방됨으로써 면제된 복종

13. 그런 해방은 어떻게 이해되어야 하는가

14. 망명으로 면제된 복종

15. 정복으로 [면제된 복종]

16. 계승권에 관한 무지 때문에 면제된 복종

---

7 옵티마테스(Optimates)는 로마 제국의 공화정 시기에 원로원 중심의 통치 체제를 유지, 확장하려고 도모했던 사람들을 일컫는 용어다. 보수적인 정치적 색채를 지닌 원로원 귀족들이 대부분을 차지했다. '좋은(boni)' 또는 '최적'을 뜻하는 옵티무스(optimus)에서 따온 이름으로 평민파(Populares)와 대조되는 정치적 분파였다. 대표적인 옵티마테스는 술라(Sulla)였고, 평민

1. 나는 앞 장에서 제도화된 정치 체제에 관해 일반적으로 언급했지만, 여기서는 특별히 그 정치 체제의 종류와 이들 각각의 체제가 어떻게 제도화되었는지에 대해 말하고자 한다. 시간 순서상 이들 세 종류 가운데 첫 번째는 민주주의인데, 그 순서는 반드시 그래야만 한다. 왜냐하면 귀족정치와 군주정치는 동의를 받아 지명된 사람들이 필요한데, 여기서 동의란 아주 많은 사람 중에 다수를 차지하는 사람들의 동의가 틀림없기 때문이다. 그리고 다수의 표가 나머지 [소수의] 표를 포함하고 있다면, 그것은 실제로 민주주의다.

2. 민주주의 [체제]를 세우는 데 있어서 통치자와 백성 사이에 맺어진 신약이란 없다. 왜냐하면 민주주의 [체제]가 세워지는 동안 함께 계약(contract)을 맺을 통치자가 없기 때문이다. 다수의 군중이 자신을 주권자로 만들기 위해 자신과 계약을 맺거나, 한 사람이나 그 전체의 일부분인 몇몇 사람과 계약을 맺어야 한다는 것은 상상할 수 없기 때문이다. 또한 하나의 집합체로 간주되는 다수의 군중은 [자신들이] 이전에 갖고 있지 않았던 어떤 것도 자신에게 줄 수 없기 때문이다. 민주적 통치권은 (연합해서 통치권이 이미 확립된 것으로 추정되는) 어떤 다수의 군중이 맺은 신약을 통해 부여되는 것이 아니라는 것을 고려할 때, 같은 민주적 통치권은 모든 각각의 사람이 맺은 특정한 신약을 통해 부여된 것이라 할 수 있다. 다시 말해서, 모든 사람이 함께 자기 자신의 평화와 방어의 이익을 위해서 그리고 그것을 고려하면서, 기꺼이 특정한 시간과 장소에 모여, 전체 중의 다수 또는 그 구성원 중의 다수가 결정하고 명령하는 것은 무엇이나 지지하

파는 마리우스(Marius)였다. 옵티마테스의 번역으로는 '최적의 적임자' 정도가 적당할 것이다.

고 복종하겠다는 신약을 맺는다. 이것이 민주주의가 되게 하는 길이다. 그리스 사람들은 민주주의 안에서 통치하는 군중을 데모스(demus), 즉 국민(people)이라는 이름으로 불렀고 여기서 민주주의[8]라는 이름이 생겨났다. 따라서 모든 사람이 의지를 갖고 최고의 독립적인 의회에서 투표할 수 있을 때, 통치자는 곧 국민이라 할 수 있다.

3. 이제까지 언급된 것에서 다음은 쉽게 추론될 수 있다. 국민이 국가의 한 특정한 구성원이나 백성에게 무슨 행동을 하건 간에 그 개인에 의한 동일한 행동을 상해라고 불러서는 안 된다. 왜냐하면 첫째, (1부 16장 2절에 있는 정의에 따르면) 상해란 신약을 위반하는 것인데, (앞 절에서 언급된 바와 같이) 국민과 어떤 사인(私人) 간에 통과된 신약은 있을 수 없고 결과적으로 그것(이를테면 국민)은 그[사인]에게 아무런 상해를 가할 수 없기 때문이다. 둘째로 이 주권자(국민)가 하게 될 행동이 얼마나 부당하거나 간에 그 행동은 그[주권자]에게 복종하는 모든 사람 하나하나의 의지에 따라 이루어진 행동이다. 따라서 각 개개의 사람도 같은 죄[부당한 행동]를 범하는 것이다.[9] 따라서 만일 그들이 그것을 상해라고 이름 붙인다면 그들은 자신을 비난하는 꼴이 된다. 그리고 같은 사람이 행동하면서 동시에 [그 행동에 대해] 불만을 말하는 것은 이성에 어긋나는 일인데, 이는 그가 처음에는 사람들의 행위를 전체적으로 승인하면서도 지금은 그 행위 가운데 특별히 어떤

---

8 민주주의(democracy, δημοκρατία, dēmokratiā)는 demos(people)+karatos(rule)의 합성어다. 대중에 의한 통치를 뜻한다.

9 민주주의를 자기 지시적(self-directive) 또는 자기 규범적(self-formative) 정치 체제라고 하는 말의 의미가 바로 이런 뜻이다. 법과 제도를 만드는 주체가 국민 자신이기 때문에 자기가 자기를 해롭게 하는 법과 제도를 만든다는 것은 민주주의 안에서는 자기모순이라 할 수 있다.

행동을 허용하지 않는 모순을 내포하고 있는 것과 같다. 그러므로 '상해에 동의한 사람은 자신이 입은 상해에 대해 배상 청구를 할 수 없다(*volenti non fit injuria*)'[10]라는 말은 참이다. 그러나 문제될 것이 하나도 없다고 하더라도, 사람들이 행하는 여러 가지 행동은 일부의 자연법을 위반하는 것으로서 전능하신 하느님 앞에서는 부당한 것일 수 있다.

4. 사람들이 다수의 목소리를 통해 신의 율법 또는 자연법에 반하는 어떤 법령을 공표하거나 명령하는 일이 발생했을 때, 비록 그 법령의 공표나 명령이 그 의회에 참석하고 있는 사람뿐만 아니라 현장에 없는 모든 사람의 행위로 [간주]되지만, 그것은 법령의 불의나 모든 특정한 사람의 불의가 아니라, 자신들의 투표 행위로 법령이나 명령을 통과시킨 사람들이 저지른 불의다. 왜냐하면 한 정치 체제가 가공의 조직체인 것처럼, 그 조직체의 기능과 의지 역시 가공의 것이기 때문이다. 그러나 타고난 몸과 영혼으로 이루어진 특정한 사람을 불의한 사람으로 만들기 위해서는 거기에 자연스럽고도 실제적인 의지가 요구된다.

5. 모든 민주주의 국가에서 통치권은 사실상 [국가] 조직 전체라 할 수 있는 의회에 있지만, 그 통치권의 행사는 항상 한 사람 또는 소수의 특정한 사람들에게 있다. 모든 사람이 마음대로 참여할 수 있는 그와 같은 큰

---

10 이 법률 격언은 로마법에서 내려온 관습법의 전통에서 널리 사용되는 말이다. 어떤 사람이 기꺼이 스스로 위험한 상황에 놓이게 되고, 그로부터 어떤 상해가 발생했다 하더라도 그 행위 결과를 초래한 사람에게 손해배상을 물을 수 없다. 위험 감수의 원칙이라고도 한다. 예를 들면, 다칠 위험이 큰 럭비 경기에서 선수들은 자발적으로 위험을 감수하며 경기에 참여한다. 경기 중에 입은 상해에 대해서 상대방 선수에게 손해배상의 책임을 요구하지 않는 것과 같다.

의회에서 무엇을 할지 심의하고 조언을 줄 수 있는 길은 장시간 정해진 연설 외에 다른 방법이 없다. 이 방법을 통해 모든 사람에게 어느 정도 희망이 주어지고 그들 자신의 목적에 맞게 의회를 좌지우지하는 경향이 있다. 따라서 다수의 연설자 중에는 항상 한 사람이 홀로 탁월하거나 또는 그들 중 비슷한 소수가 나머지 사람들보다 탁월하며, 한 사람 또는 소수가 필연적으로 의회 전체를 좌지우지한다. 사실상 민주주의는 연설가들의 귀족정치에 지나지 않으며, 한 명의 연설가인 임시 군주에 의해 종종 중단되기도 한다.

6. 제도상 귀족제와 군주제의 시작이 민주주의라는 점을 생각하면, 우리는 다음으로 어떻게 귀족정치가 민주주의에서 유래되는지를 생각해 보아야 한다. 너무 멀리 거주하면서 공무(公務)를 보는 집무실로 출근하는 일에 싫증이 나거나, 자신들의 개인 사업에 [더] 신경 쓰거나, 국민의 정부에 불만을 품고 있는 국가의 특정한 구성원들이 귀족정치를 준비하기 위해 스스로 회합을 가질 때, [다음과 같은] 문제를 하나씩 해결하는 것 외에 요구되는 것은 없다. 즉 귀족정치를 구성할 사람들의 이름을 지명하고, 그들의 선출에 동의하고, 다수표를 통해 전에는 국민이 가졌던 권력을 [이제는] 지명되고 선출된 사람들에게 양도하는 문제 등이다.

7. 이런 방식으로 귀족정치가 세워지는 것을 볼 때 다음과 같은 점은 분명하다. 즉 그 소수 또는 옵티마테스[최적의 적임자]는 국가 내의 주권자이기도 한 어느 특정한 구성원들과 아무런 신약도 맺지 않았으며, 결과적으로 앞의 3절에서 설명된 바에 따라 전능하신 하느님 앞에서 아무리 그들의 행동이 사악하더라도 그들은 어느 사인(私人)에게 해를 끼칠 수 있는 어떤

행동도 할 수 없다. 더 나가서 하나의 정치 체제로서 국민은 자신들의 통치권을 양도할 생각으로 [양도받을] 귀족 또는 옵티마테스와 신약을 맺는 것도 불가능하다. 왜냐하면 귀족정치가 세워지자마자 민주주의가 소멸이 되면 그 신약은 국민에게 무효가 되기 때문이다.

8. 모든 귀족제 안에서, 통치권을 가진 의회가 종종 투표권을 행사하는 사람을 승인하는 일은 현직에 있는 옵티마테스의 의지와 명령에 달려 있다. 왜냐하면 통치자인 그들[옵티마테스]이 (앞의 장 11절에 따라) 모든 치안 판사, 장관, 국가 자문단 등의 임명권을 가지고 있으며, 이들을 선출로 뽑거나 세습제로 하거나 그들 마음대로 정할 수 있기 때문이다.

9. 이를테면 귀족정치가 민주주의에서 나온 것처럼 정치적 군주제 역시 같은 방식으로 민주주의에서 나온다. 이는 지명되고 또 다수 투표를 통해 승인된 한 사람에게 통치권을 넘기라고 하는 주권자인 국민의 명령에 따라 그렇게 되는 것이다. 그리고 만일 통치권이 정말로 양도된다면, 그 상태의 국가는 절대군주제 국가다. 군주제 국가에서 군주는 재산을 마음대로 처분하듯 [왕위] 계승도 자유로이 처리할 수 있다. 그러나 선거를 통해 세워진 왕국은 그렇지 못하다. 먼저 한 사람[군주]이 종신토록 통치권을 갖게 될 것이고, [그의 사후] 국민이 새 군주를 뽑게 되는 그런 방식으로 제정된 법령이 있다고 가정해보자. 이 경우 [주권자로서] 국민의 권력은 힘을 잃거나 그렇지 않거나 둘 중 하나다.

만일 [국민이 힘을] 잃게 되었다면, 선택된 그[군주]가 사망한 뒤에 새로운 선출을 위해 함께 출마할 사람들의 명령에 따를 의무가 있는 사람은 아무도 없다. 왜냐하면 이들은 사인(私人)이기 때문이다. 그리고 결과적으로 선왕(先王)의 통치를 이용하여 군중을 평화와 복종 아래 묶어 둘 수 있는 충분한 힘을 가진 어떤 사람이 있다면, 그에게는 합법적으로 또는 오히려 자연법에 따라 그렇게 [출마해서 명령을 내려야] 할 의무가 주어져 있다. [그러나] 만일 국민의 권력이 자신들의 종신제 왕을 선택하는 데 있어서 그 권력을 잃지 않았다면, 통치권은 여전히 국민에게 속하게 된다. 그리고 왕은 전체 통치권을 집행하기 위한 그들의 대리인일 뿐이다. 그러나 그의 시대 동안 최고의 대리인이었지만 [그의 권력은] 로마의 독재자 못지않았다.

선택된 그[군주]가 죽었을 경우, 새로운 선출을 위해 모인 그들[국민]은 그 일에 필요한 새로운 권위를 갖는 것이 아니라 이전과 같은 권위를 가진다. 왜냐하면 이 선택된 왕들은 자신의 자손들이 뒤를 잇기 위해서는 국민에게 [그 권한을] 얻어야 했는데 이런 선택된 왕들의 행위를 통해 알 수 있듯이 국민은 항상 주권자였기 때문이다. 따라서 한 사람이 국민의 권위를 통해 무엇인가를 받았을 때, 그가 받은 것은 [자기에게 복종하는] 백성으로서의 국민이 아니라 그의 주권자로서의 국민에게 받은 것으로 이해되어야 한다.

더 나가서 종신제 왕의 선출에서 국민이 그에게 종신토록 자신들의 통치권을 행사하도록 허용했음에도, 만일 그들이 [그만한] 이유를 발견하면 그들은 임기 전이라도 [왕의] 통치권을 거둬들일 수 있다.[11] 그렇지만 종신직을 부여할 수 있는 군주가 직권남용의 의심을 근거로 그 직을 마음대로

---

11 민주주의에 대한 홉스의 이해는 현대적인 시각에서 보더라도 손색이 없다. 통치권의 분열이 가져올 혼란을 피하는 데 가장 좋은 방편으로 절대왕권을 말하고는 있지만, 그 통치권의 성립 과정에 국민의 결정권을 강조하고 있다는 점은 그의 민주주의 사고를 드러내기에 충분하다. 홉스의 정치철학이 절대군주에 강조점을 두고 있는 것처럼 보이지만 실제로는 통치권의 안정적인 확보가 그의 최우선 관심사였다. 국민이 군주의 통치권을 거둬들일 수 있다는 것은 통치자에 대한 탄핵권을 의미한다.

철회할 수 있는 것처럼, 근면함과 보살핌이 요구되는 직책은 군주에게 받은 하나의 중책으로 이해되는 만큼 그 직책을 맡은 사람은 무거운 짐을 부여받는 게 된다. 따라서 그 직책에서 해임하는 일은 [그에게] 상해를 가하는 것이 아니라 오히려 호의를 베푸는 일이 된다. 그렇지만 만일 통치권을 유보할 생각으로 선출된 왕을 세우면서, 국민이 공개적으로 결정된 시간과 장소에서 스스로 회합할 힘을 갖지 못한다면, 그들이 유보한 통치권은 아무런 효력이 없다. 왜냐하면 통치적 권위 없이 스스로 모인 사람들의 법령이나 결정에 지지를 보낼 의무가 있는 사람은 아무도 없기 때문이다.

10. 위의 절은 다음과 같은 것을 보여주고 있다. 자신이 살아 있는 동안만 통치권을 행사하는 선출된 왕들은 다음 둘 중 하나의 성격을 가진다. 즉 왕을 선출하는 국민이 공개된 특정한 시간과 제한된 장소에서 [왕을 선출하기 위해] 회합할 수 있는 권리를 [국민] 자신들이 갖고 있을 때 선출된 왕은 군주가 아니고 백성[의 대리인]에 불과하다. 그렇지 않고 선출된 왕이 자기 마음대로 계승권을 폐기할 수 있고, 국민이 [왕을] 선출하는 과정에서 회합의 시간과 장소를 공표하지 않았거나, 선출된 왕이 적당하다고 생각될 때 국민을 모으고 해산하는 힘을 갖고 있을 때 그 선출된 왕은 절대군주가 된다.

(통치 권력이 어디에서나 행사되었는지 그 여부를 나는 알지 못하지만 상상할 수는 있으며, 통치권의 엄격한 집행에 대해서는 반대가 있었던) 그런 통치 권력을 사용하도록 선출될 그에게는 다른 의미의 시간제한이 있다. 그것은 국민이 조건부로 자신들의 통치권을 그에게 양도한다는 것이다. 예를 들어 국민이 그[선출된 왕]에게 준수하도록 지시한 법률을 그가 따르는 동안만 그렇게 [통치권을 양도]한다는 의미의 제한이다. 그리고 여기서 앞의 선출된

왕들처럼 그런 통치자를 세우는 일에 있어서 공개되고 제한한 시간과 장소에서 회합할 수 있는 권리를 국민이 여전히 유보하고 있는지 그 여부에 관한 의문점이 제기된다. 만일 유보하고 있지 않다면, 국민의 통치권은 해체된 것이며, 그들은 그[선출된 왕]에게 부여된 조건의 위반 여부를 판단할 힘도 갖지 못하며, 그 조건 위에서 그들이 세운 그를 퇴위시키기 위해 어떤 군대도 명령할 수가 없다. 그들이 스스로 민주주의 제도를 만들기 전에 그랬던 것처럼 그들 사이에는 전쟁 상태가 놓이게 된다. 그리고 결과적으로 선출된 통치자가 공공의 수단을 소유하는 유리한 점을 이용하여 국민에게 일치와 복종을 강요할 수 있다면, 그는 자신을 정당화할 수 있는 자연권뿐만 아니라 자신에게 부여되는 자연법의 의무도 지게 된다.

그러나 만일 국민이 왕을 선출할 목적으로 특정한 시간과 장소를 지정하여 회합할 수 있는 권리를 자신들에게 유보했다면, 그들 [국민]은 여전히 통치자이며, 자신들이 원하면 그 조건부 왕에게 설명하도록 소환할 수도 있다. 그리고 왕이 자기에게 부여된 조건을 위반하거나 다른 사유로 그럴 만하다고 판단한다면 국민은 정부를 해산시킬 수도 있다. 통치 권력은 한 백성과 신약을 맺을 수 없기에 [왕] 자신의 선을 위해서가 아니라 주권자인 국민의 선을 위해서 부여된 하나의 무거운 짐처럼 국민의 명령을 통해 감내하고 있는 책임을 계속해서 그가 지도록 할 수 있다.

11. 국민의 권리에 관해 제기되고 있는 논란들은 그 단어가 애매한 데서부터 시작되었다. 왜냐하면 국민이라는 말에는 이중적인 의미가 있기 때문이다. 한 가지 의미는 잉글랜드 사람, 프랑스 사람처럼 그들의 거주지에 따라 구별되는 다수의 사람만을 뜻한다. 이들은 어떤 계약이나 신약(그것에 의해 그들 가운데 한 사람은 나머지 사람에 대해 의무를 갖게 된다)에 대한 고

려 없이 그 지역에 거주하고 있는 특정한 다수의 사람 그 이상이 아니다.

국민의 또 다른 의미는 정치적 인격체(civil person)인데, 다시 말해 한 사람 또는 평의원회의 의지가 특별히 모든 사람의 의지를 포함하고 있거나 관계하고 있는 인격체를 뜻한다. 예를 들면 후자[평의원회]의 의미에서 국회의 하원은 권위와 권리를 가지고 그곳에 앉아 있는 동안은 모두 평민 의원들이다. 그러나 국회가 해산된 이후 거기에 남아 있더라도 그들은 이제 더는 [정치적 인격체로서의] 국민이 아니며 평민 의원도 아니다. 그들은 단지 그곳에 앉아 있는 특정한 사람들의 집합 또는 군중일 뿐이다. 그들이 내부적으로 의견의 동의나 일치를 잘 이루더라도 국민의 두 가지 의미를 서로 구분하지 않는다면, 이런 사람들은 국가나 통치권의 조직 안에 실제로 포함된 [정치적 인격체인] 국민에게만 속해 있는 그런 권리를 보통 해산된 군중에도 있다고 생각한다.

어느 나라에나 많은 사람의 권위가 함께 모여 있을 때, 그들은 대개 자신들에게 나라 전체를 [대표하는] 이름을 부여한다. 그런 의미에서 그들은 국민이 반란을 일으킨다거나 또는 국민이 [무엇을] 요구한다고 말하는데 이들이 해체된 군중에 불과할 때, 군중 가운데 어느 한 사람이 무엇을 요구한다거나 또는 무엇에 대한 권리를 가지고 있다고 말할 수는 있지만, 다수나 군중이 무엇을 요구하거나 어떤 것에 대해 권리를 갖고 있다고 말할 수는 없다. 왜냐하면 모든 사람이 명백한 자기 권리를 가지고 있는 곳에는 [별도의] 군중이 소유할 권리는 남아 있지 않기 때문이다. 그리고 각 개인이 말하길, '이것은 나의 것이고 그것은 당신 것이며, 저것은 그의 것이다'라 하고, 그들 사이에서 모든 것을 공유했을 때 그것에 관해 군중들이 '이것은 나의 것'이라고 말할 수 있는 것은 아무것도 없다. 또 그들은 '나의 것' 또는 '그의 것'이라는 이름 아래 무엇인가를 요구하는, 하나의 몸[조직체]도 아니다. 그들이 '우리'라고 말할 때 그 '우리'는 군중 [전체]가 아니라 각각의 사람을 말하는 것으로 이해되어야 한다.

　다른 한편 군중이 하나의 정치 체제 안에서 통합되고, 그렇게 함으로써 후자의 의미에서 국민이 되고, 그들의 의지가 실제로 통치자의 [의지] 안에 있게 될 때, 개인의 권리와 요구는 거기서 멈추게 된다. 통치 권력을 가진 그 또는 그들은 전에 군중으로 있을 때 '그들의 것'이라 부르던 것을 [이제는] '그의 것'이라는 이름으로 그들[국민] 모두를 위해 요구하고 주장한다.

　12. 우리는 어떻게 개인이 자신의 권리를 양도함으로써 복종의 그늘로 들어가게 되는지를 살펴보았다. 이어서 어떻게 그러한 복종의 그늘에서 벗어날 수 있는지를 생각해보고자 한다. 첫째, 만일 통치 권력을 가지고 있는 그 또는 그들이 자발적으로 그 권력을 포기한다면, 의심할 바 없이 모든 사람은 다시 한번 [그 또는 그들에게] 복종하는 것에서 자유로워진다. 마찬가지로 만일 그 또는 그들이 나머지 사람을 지배할 수 있는 통치권을 유지하면서도 어떤 한 사람 또는 몇 사람을 복종에서 면제시켜 준다면, 그 면제된 모든 사람은 복종에서 벗어나게 된다. 왜냐하면 [통치권을 가진] 그 또는 그들에게 어떤 사람이 복종할 의무가 있다면, 그 또는 그들은 [복종하는] 그를 자유롭게 놓아줄 힘도 갖고 있기 때문이다.

　13. 여기서 다음과 같은 점들이 이해된다. 즉 통치권을 가진 그 또는 그들이 한 백성에게 통치권 행사의 하나인 면제권이나 특권을 부여하면서도 통치권은 [여전히] 직접 보유하고 있을 때, 면제되거나 특권을 받은 사람 또는 사람들이 그 받은 특권의 결과를 알지 못할 때는 면제나 특권으로 인해 복종에서 자유롭게 놓여나는 것은 아니다. 왜냐하면 (1부 13장 9절에

서 말했듯이) 의지에 관해 두 모순된 의미 중에서 직접적으로 알려진 의지가 결과를 통해 추론된 의지보다 더 우선하는 의지로 이해되어야 하기 때문이다.[12]

14. 또한 영구 망명은 복종의 굴레에서 놓여나는 것이다. 그를 쫓아낸 통치권자의 보호에서 벗어나는 까닭에 그는 자신 외에 생명을 보존할 수 있는 수단이 없다. 이제 다른 방어 수단이 없는 모든 사람은 자신을 합법적으로 방어할 수 있다. 그렇지 않다면, [망명한] 어떤 사람도 국가 안에서 하는 것처럼 자발적으로 복종해야 할 필요는 없었을 것이다.

15. 마찬가지로 사람은 정복을 통해 복종에서 놓여날 수도 있다. 국가의 권력이 전복되고, 어느 특정한 개인이 적의 칼 아래 놓이게 됨으로써 스스로 포로가 되었을 때, 그는 자신을 포로로 잡은 사람에게 충성하게 되어 있다. 그럼으로써 결과적으로 이전의 [통치자]에게 향했던 복종의 의무에서 벗어나게 된다. 누구도 두 주인을 섬길 수 없기 때문이다.[13]

---

12 의지는 숙고의 마지막 단계에서 결정되는 최종적 욕구 및 혐오의 결과다. 그리고 의지는 행동으로 바로 이어진다. 이 13절은 통치자 의지의 직접성과 간접성을 구분하는 1부 13장 9절의 의미를 다시 소환하고 있다. 통치자의 면제권과 특권의 부여 의지는 직접적일 때만 의지로 간주될 수 있으며 법률적 효력을 갖는다. 추론을 통한 간접적 의지는 '의향'의 수준에 머물며 행위의 강제성이 없다. 『리바이어던』 88쪽 참고.
13 불사이군(不事二君), 두 임금을 섬길 수 없다는 통상적 의미는 앞서 섬기던 주인(군주)을 위해 새로운 군주 (대부분 정권 찬탈자나 정복자)를 섬길 수 없다는 복종 거부의 의미다. 그러나 이 절에서 홉스의 이 언급은 그와 사뭇 다르다. 기본적으로 복종은 보호의 대가가 전제되어야 한다. 사람은 자기 생명을 보호하기 위해 통치자에게 복종하는데, 보호해줄 수 없는 전임 군주에게 복종하고 섬기는 것은 자기 보호를 포기하는 일과 같다. 이는 홉스 정치철학의 대전제에 위반되는 행위다. 따라서 군주에 대한 복종의 의무는 현실적인 보호자 한 명이면 족하다는 의미에서 불사이군을 해석해야 한다.

16. 끝으로 [통치권의] 계승자가 누구인지 모르는 무지는 복종을 면제시켜 준다. 왜냐하면 그가 알지 못하는 사람에게 복종할 의무가 있다는 것을 이해할 수 있는 사람은 아무도 없기 때문이다.

3. 주인의 권력

1·2. 지배의 자격, 주인과 종의 정의
3. 쇠사슬과 다른 물리적 속박에는 신약에 의한 어떤 속박도 없다는 추정,
　노예의 정의
4. 종은 주인에 맞서서 재산을 소유할 수 없으나 다른 종에 맞서서는 재산을
　가질 수 있다
5. 주인은 자기 종을 양도할 권리를 갖는다
6. 종의 종은 그 주인의 종이다
7. 어떻게 노예 상태에서 벗어날 수 있는가
8. 중간급 영주는 최고의 영주에게 복종하는 자기 종을 해방 시킬 수 없다
9. 짐승들을 지배하는 인간의 권리

1. 많은 사람이 함께 동의해서 설립한 왕국(commonwealth institutive)
의 본질에 대해 앞의 두 장에서 설명했다면, 이제 나는 보통 세습 왕국이
라 불리는 지배권 또는 획득에 의한 정치 체제(body politic by acquisition)
에 관해 말하고자 한다. 그러나 내가 이를 다루기 전에 한 사람이 무슨 자
격으로 권리를 확보할 수 있는지, 즉 다른 사람을 능가하는 재산권이나 지
배권을 얻을 수 있는지 밝힐 필요가 있다. 한 사람이 다른 사람에 대해 지
배권을 가질 때 그곳에는 작은 왕국이 존재하게 되는데, 획득을 통해 왕이
되는 일은 많은 이를 능가하는 권리 또는 지배권을 획득하는 일이다.

2. 따라서 마치 방금 모든 남자와 여자가 동시에 창조된 것처럼, 사람

이 서로 간에 신약이나 복종 관계도 없이 다시 한번 자연상태에 놓여 있다는 것을 생각하면, 오직 세 가지 자격을 통해서만 한 사람이 다른 사람을 능가하는 권리와 지배권을 소유할 수 있다. 그중 두 가지는 현재 일어나고 있는 것으로서, 복종을 자발적으로 제안하는 것과 강제로 [권리와 지배권을] 포기하는 일이다. 세 번째 자격은 그들 사이에 자녀가 태어났다는 가정 위에서 생기는 것이다. 이들 세 가지 가운데 첫 번째 자격에 관해서는 앞의 두 장에서 다루었는데, 설립된 왕국 내에서 자기 백성을 지배하는 통치자의 권리가 이 자발적 복종에서 나오기 때문이다. 두 번째 자격에 관한 한 (그것은 사람이 죽음에 대한 공포 때문에 공격자에게 복종하는 것인데), 그렇게 함으로써 [공격자의] 지배권이 권리로서 확립된다. (이 경우에 발생하듯이)

모든 사람이 모든 사물에 대해 [자연적] 권리를 가지고 있는 한, 언급된 지배권을 효력이 있는 것으로 만들기 위해서는 정복당한 사람이 정복한 사람에게 저항하지 않겠다는 신약을 하는 것 외에 더 필요한 것은 없다. 그리하여 승자는 피정복자에 대해 절대적 지배권을 갖게 된다. 이렇게 함으로써 두 사람으로 이루어진 작은 정치 체제가 바로 만들어지게 되는데, 한 사람은 **주인**(master) 또는 영주라고 불리는 통치자가 되며, 다른 사람은 **종**(servant)이라 불리는 신민(臣民)이 된다. 이웃 [국가]들에게 확실히 침공당하지 않을 정도로 꽤 많은 수의 사람을 지배하는 획득된 권리를 한 사람이 갖고 있을 때, 이 정치 체제는 전제적 왕국이라 할 수 있다.

3. 다음과 같은 말은 이해될 만하다. 즉 전쟁에서 노획한 종은 쇠사슬이나 이와 비슷한 것 또는 감옥에 갇히는 것처럼 물리적인 속박 상태에 놓이게 되는데, 거기에는 그 종이 자기 주인에게 양도한 어떠한 신약도 존재하지 않는다. 왜냐하면 이와 같은 물리적인 속박은 신약과 같은 언어적인 구

속력을 통해 강화될 필요가 없기 때문이다. 그리고 이런 속박은 그 종이 신뢰받지 못한다는 것을 보여주고 있다. 그러나 (1부 15장 9절에서 보았듯이) 신약은 신뢰를 전제로 한다. 따라서 속박된 상태거나 감옥에 갇힌 종은 할 수만 있다면 무슨 수단을 통해서라도 스스로 속박에서 벗어날 수 있는 권리를 여전히 가지고 있다. 보통 [벗어나려는] 아무런 열정도 없는 이런 종류의 종은 **노예**(slave)라고 불린다.

로마 사람들은 [이들을 부르는] 별도의 이름을 갖고 있지는 않았지만 이들 모두를 세르부스(servus, 노예)라는 이름 아래에 포함을 시켰다. 로마 사람들은 좋아하고 신뢰를 보냈던 노예가 자유로이 다니도록 내버려 두었고, 사람들 가까이에서 그리고 해외에서 업무를 보는 사무실을 두도록 허용했다. 나머지 노예는 쇠사슬에 묶은 채 구속하거나 아니면 저항하지 못하도록 자연스러운 장애물로 감금시켰다. 이는 로마 사람들과 마찬가지로 다른 나라에서도 그러했다. 앞의 종류의 노예들은 [맺은 것으로] 추정된 신약 외에 달리 구속하는 것이 없었으며, 이런 신약 없이는 주인이 노예를 믿을 만한 이유가 없었다. 후자의 노예는 신약이 없었고, 쇠사슬로 묶거나 강제적인 구금 외에 다른 방법으로는 복종시킬 수 없었다.

4. 그러므로 주인은 그가 [현재] 구속하고 가두고 있는 종들에 대해 가지고 있는 권리 못지않게 자유로이 자신을 떠난 종들에 대해서도 지배할 권리를 가지고 있는 것으로 추정된다. 주인은 이 두 경우 모두에 대해서 절대적 지배권을 갖고 있으며, 다른 물건에 대해서 소유권을 말할 수 있는 것과 마찬가지로 그의 종에 대해서도 그의 소유라고 말할 수 있다. 그 종이 가지고 있는 것, 즉 그의 것이라고 할 수 있는 것은 무엇이든 이제 주인의 것이 된다. 왜냐하면 [종의] 몸을 처분할 수 있는 주인은 종이 처분할 수

있는 모든 것도 처분할 수 있기 때문이다. 종들 사이에는 그들의 주인이 나누어주는 것에 따라서, 그리고 주인의 이익을 위해서 내 것(meum)과 네 것(tuum)으로 서로 구분하는 것은 있을지언정, 저항할 수 없고 모든 명령을 마치 법처럼 복종해야 하는 주인과 맞서서 그 종들 누군가에게 속하는 내 것과 네 것의 구분은 없다.

5. 종과 그 종에게 맡겨진 모든 것은 주인의 재산이며, 모든 사람은 자신의 것을 처분할 수 있고 자기 마음대로 그것을 양도할 수 있다는 것을 생각하면, 주인은 종에 대해 갖는 그의 지배권을 양도하거나 그의 마지막 유언(last will)에 따라 그가 지명한 사람에게 지배권을 넘겨줄 수도 있다.

6. 만일 주인이 포로가 되거나 자발적 복종을 통해 스스로 다른 사람의 종이 되는 일이 일어난다면, 새로운 주인이 최고 권위의 주인이 된다. 종이 된 [전] 주인의 종은 최고의 주인이 허락하는 것 이상의 의무를 [전 주인에게] 지지는 않는다. [최고] 주인은 하급 주인과 그가 소유한 모든 것을 처분할 수 있고 결과적으로 그의 종들도 처분할 수 있는 까닭에, 주인이 가진 절대 권력을 제한하는 일은 자연법에서 비롯된 것이 아니라 최고 주인 또는 통치자의 정치적 법령에 따라 그렇게 된 것이다.

7. 최고 주인의 직속으로 있는 종들은 마치 설립된 왕국의 백성이 충성의 의무에서 면제되는 것과 같은 방식으로 노예 상태나 복종[의 의무]에서 벗어나게 된다. 첫 번째 방식은 해방에 따른 것이다. 왜냐하면 해방은 포로인 그가 다시 한번 자유롭게 되는 것을 말하는데, 포로가 양도한 것을 [정복자가] 수용함으로써 그는 포로가 되고, 양도한 것을 다시 돌려받

음으로써 포로는 자유롭게 되기 때문이다. 이런 종류의 해방을 **노예해방** (manumission)이라 부른다. 둘째, 추방의 방식인데, 이는 [겉으로 보기에] 종에게 주어진 노예해방과 다르지 않지만, 혜택이 아니라 형벌로서 주어진 것이다. 셋째, 새롭게 포로 상태가 되는 방식인데, 자기방어를 위해 모든 노력을 다한 종은 그렇게 함으로써 그가 이전 주인과 맺은 신약은 지킨 것이 된다. [그럼으로써 복종의 의무에서 벗어나게 된다] 그러나 생명의 안전을 위해 정복자와 새로운 신약을 맺은 종은 마찬가지로 그 신약을 지키기 위해 최선의 노력을 하도록 매이게 된다. 넷째, 사망한 주인의 후계자가 누구인지 모른다는 것은 그 종을 복종에서 벗어나게 해준다. 왜냐하면 어떤 신약이든 누구에게 복종하는지 알 수 있을 때까지이지 그 이상은 유효하지 않기 때문이다. 끝으로 더는 신뢰받지 못하고 쇠사슬에 묶이고 감시받는 종은 내면(*in foro interno*)의 의무, 즉 양심상의 의무에서는 벗어나 있으며, 만일 그가 [쇠사슬에서] 풀릴 수만 있으면 그는 합법적으로 [도망쳐서] 자기 길을 갈 수 있다.[14]

8. 비록 직속 주인에게 속해 있던 종들이 그 주인에게서 해방되었다 하더라도, 이 해방을 통해 자신들의 최고 영주에 대한 복종에서 이들이 벗어나는 것은 아니다. 왜냐하면 그 직속 주인은 자신의 권리를 이전에 [이미] 다른 사람, 즉 자신의 최고 주인에게 양도했기에 [자기 직속] 종들에 대한 소유권을 갖고 있지 않기 때문이다. 만일 수석 영주가 자신의 직속 종을 풀어줘야 한다면, 그렇게 함으로써 그 종이 지고 있는 수석 영주 자신

---

14 이 마지막의 경우는 전쟁 포로와 같다. 포로 또는 묶여 있는 노예는 언제라도 탈출할 수 있는 권리가 있다. 강압에 의한 복종은 있어 보이지만 내면, 즉 양심적으로는 복종의 의무가 없기 때문이다.

에 대한 복종의 의무까지 면제시켜 주는 것은 아니다. 왜냐하면 이런 해방을 통해 그는 전에 종들에 대해서 가졌던 절대적 지배권을 다시 회복하기 때문이며, (신약의 [구속]에서 면제되는) 해방 이후에도 그 [절대적 지배] 권리는 신약이 맺어지기 전처럼 유효하기 때문이다.

9. 정복자의 권리가 한 사람을 다른 모든 사람 위에 군림하는 주인이 되게 만드는 것처럼, 이성이 없는 피조물의 주인이 되도록 만들기도 한다. 왜냐하면 만일 한 사람이 자연상태에서 다른 사람들과 적대적 관계에 있고, 자신의 안전과 이익을 위해 자기 양심과 판단력이 제안하는 대로 [다른 사람을] 합법적으로 굴복시키거나 죽일 수 있는 자격을 갖고 있다면, 그는 짐승에게도 마찬가지로 같은 행위를 훨씬 더 많이 할 수 있다. 다시 말해 본성상 순종하려는 경향이 있고 이용하기에도 편리한 동물들은 인간 자신의 재량에 따라서 자신의 유익을 위해 이들 동물을 지키고 보호할 수 있다. 그러나 그 밖의 모든 것들은 인간에게 고약하고 해로운 것으로 간주해서 끊임없는 전쟁을 통해 죽이거나 파괴할 수도 있다. 따라서 이런 지배권은 자연법에서 온 것이지 신의 실정법(divine law positive)에서 온 것은 아니다.[15] 왜냐하면 만일 성서를 통해 하느님의 뜻이 계시되기 전에는 그러한 권리가 없었다면, 성경을 접하지 못한 사람은 누구도 자신의 음식이나 생존을 위해 그러한 피조물을 이용할 권리를 갖고 있지 않아야 하기 때문이다. 사람이 짐승을 죽일 수 있는 권리보다 사납고 야만스러운 짐승이 더

---

15 여기서 신의 실정법이란 신의 명령이라는 점에서는 자연법처럼 보이지만 실정법이기 때문에 도덕법은 아니다. 신의 실정법은 이스라엘 민족이라는 특정한 민족에게만 내린 신의 명령이다. 유대인들의 율법으로 이해하면 된다. 법의 종류를 자세하게 구분하는 것은 『법의 기초』 맨 마지막 장, 『리바이어던』 26장, 『시민론』 14장을 참고.

많은 권리를 가지고 사람을 죽일 수 있다는 것은 인류에게 견디기 힘든 조건일 것이다.

2부 정치적 조직체로서의 인간에 관하여

4. 부권(父權)과 세습 왕국의 권력

1. 자녀를 지배하는 권리는 근원적으로 어머니의 권리다
2. 남성이 탁월하다고 해서 자녀를 어머니보다 아버지에게 맡기는 것은 아니다
3. 자녀의 몸에 대한 아버지나 어머니의 자격은 그 몸을 낳았다는 데 있는 것이 아니라 그 몸을 보호하는 데 있다
4. 여종의 자식은 그 주인의 지배권 아래에 있다
5. 때로는 명시적인 신약을 통해서 어머니에게 주어지는 자녀에 대한 권리
6. 그 자격을 통해 아버지의 권력 안에 들어 있지 않은 첩의 자식
7. 부부 사이의 자녀는 아버지의 권력 안에 있게 된다
8. 자녀를 양육하는 아버지 또는 남자나 여자는 자녀에 대해 절대적 힘을 가지고 있다
9. 백성에게 자유란 무엇인가
10. 대가족은 일종의 세습 왕국이다
11. 의지에 따라 절대적으로 처분할 수 있는 통치권의 계승
12. 계승자가 선포되지 않았다 하더라도 거기에는 항상 [계승자로] 추정되는 한 사람이 있다
13. 다른 모든 사람에 앞서 자녀가 계승의 우선권을 가지고 있다
14. 여자보다는 남자[에게 우선권이 있다]
15. 다른 형제들보다는 맏아들[에게 우선권이 있다]
16. 형제는 자녀들 다음 [순서]이다
17. [통치권] 소유자의 계승은 전임자의 계승과 같은 규칙을 따른다

1. 한 사람이 다른 사람에게 복종하게 되는 세 가지 방법에 관해서는 앞의 장 2절에서 언급되었는데, 즉 자발적인 [복종의] 제안, 포로 상태 그리고

출생[에 따른 복종]이 그것이다. 이들 가운데 앞의 두 가지는 백성과 종이라는 이름 아래 언급되었다. 다음으로 우리는 자녀라는 이름 이래 세 번째 복종의 방법에 대해 생각하고자 한다. 이를테면 남자와 여자가 공동 출산해서 나온 한 아이의 소유권을 무슨 자격으로 한 사람이 갖게 되는지 생각하고자 한다. 그리고 다시 서로 간의 모든 신약에서 벗어난 사람들을 생각하면서, (1부 17장 2절에서 밝혔듯이) 자연법에 따라 모든 사람은 자신의 몸에 대해 권리 또는 소유권을 가진다는 것을 고려하면, 자식은 아버지보다는 오히려 어머니의 소유가 되어야 한다. (왜냐하면 태아는 [출산으로] 분리될 때까지는 어머니 몸의 일부이기 때문이다.) 남자 또는 여자가 자기 자식에 대해 가진 권리를 이해하기 위해서는 두 가지 사항이 고려되어야 한다. 첫째, 어머니나 다른 사람이 새로 태어난 자식에 대해 근원적으로 무슨 자격을 갖는지에 대한 사항이며, 둘째, 어떻게 아버지나 다른 남자가 어머니[의 자격]를 대신할 수 있는가이다.

2. 첫 번째로, 이 주제에 관해 글을 쓴 이들은 사람을 지배하는 자격으로서 [지배받는] 사람의 동의뿐만 아니라 그 출생을 자격[조건]으로 삼았다. 출생은 두 사람, 즉 아버지와 어머니에게 지배 자격을 주지만, 반면에 지배권은 나눌 수 없기에, 그들은 자식에 대한 지배권을 '성의 우월성을 이유로 (ob praestantiam sexus)' 아버지에게만 부여하고 있다. 그러나 나 역시 이런 [관행]에 어떤 일관성이 있는지 발견할 수 없듯이, 그들은 출생이 지배권을 부여하는지 또는 더 많은 힘을 갖고 있다는 장점이 그렇게 했는지는 [분명하게] 보여주지 못하고 있다. 대부분 남자가 여자보다 더 많은 힘을 갖고 있다는 그 이점을 빌미로 거의 아이의 소유권을 대부분 아버지에게 부여하고 어머니에게서는 박탈했다.

3. 아이를 지배할 수 있는 권리는 출생에서 나오는 것이 아니라 그 아이를 보호하는 데서 나온다. 따라서 자연상태에서 아이를 살릴 수도 죽일 수도 있는 힘을 가진 어머니는 1부 14장 13절에서 설명된 바에 따라 그 힘을 통해 그 아이에 대한 권리를 갖게 된다. 만일 그 어머니가 [자기 자녀를] 포기하거나 죽도록 내버려 두는 게 적합하다고 생각한다면, 그렇게 [죽음에] 노출된 아이를 발견하게 될 어떤 남자나 여자 누구라도 같은 이유로, 즉 출생의 힘이 아니라 보호의 힘을 이유로 그 [아이의] 어머니가 전에 가졌던 것과 똑같은 권리를 갖게 될 것이다. 그리고 비록 그 아이가 보호받았고, 시간이 지나면서 힘을 얻어 그 힘으로 자기를 보호해준 사람(그 또는 그녀)과 동등한 척 요구할 수 있다 하더라도, 그런 요구는 불합리한 것으로 생각될 것이다. 왜냐하면 그가 원기를 회복한 힘은 자기를 보호해준 사람의 선물이기 때문이며, 또한 다른 사람에게 힘을 강화해주고 이를 통해 생명을 유지할 수 있도록 제공한 사람은 바로 그 점을 고려할 때 [그로부터] 복종을 약속받은 것으로 추정되기 때문이다. 그렇지 않다면, 사람들은 자기 자식이 어른이 되었을 때 위험이나 굴종 속에서 살기보다는 갓난아기일 때 차라리 비명횡사하도록 내버려 두는 것이 더 현명한 일이라고 생각할 수도 있다.

4. 한 남자가 [아이] 어머니의 권리를 통해 아이를 지배해야 한다는 구실에는 몇 가지가 있을 수 있다. 하나는 어머니의 절대적 복종에 따른 것이고, 다른 하나는 그런 [절대적] 복종에 관한 신약보다는 못한 어머니로부터의 어떤 특별한 신약에 따른 것이다. 2부 3장 6절에 따르면, 절대적 복종을 통해 [아이] 어머니의 주인은 그녀의 아이에 대한 권리를 가지게 되는데, 여기서 주인은 아이의 아버지일 수도 있고 아닐 수도 있다. 그래서 그 종의

자식들은 영원히 그 주인의 재산이 된다.

5. 남자와 여자 사이의 복종에 해당이 되지 않는 신약 중에 어떤 것은 한시적으로 맺어지고 또 어떤 것은 평생에 걸쳐 맺어진 신약이 있다. 한시적 신약은 동거에 관한 신약이거나 아니면 단순히 성적 교환[통정]에 관한 신약이다. 그리고 후자[통정]의 경우, 자식은 특정 신약을 통해 양도된다. 아마존[16] 부족이 이웃 부족과 통정할 때 신약에 따라 아버지는 남자아이만을 취했고, 어머니는 여자아이를 보유했다.

6. 동거에 관한 신약은 잠자리의 교제[17]만을 위한 것이거나 또는 모든 사물의 공유를 위한 것이다. 만일 잠자리의 교제만을 위한 것이라면, 그때 여성은 **첩**(concubine)이라 불린다. 여기서 자식은 특정한 신약을 통해 그들의 동의 여하에 따라 남자의 소유이거나 여자의 소유일 수 있다. 대부분 첩은 자기 자식들에 대한 권리를 아버지에게 양보하는 것으로 추측되지만, 축첩제도는 그렇게 많이 시행되지 않는다.

7. 그러나 만일 동거에 관한 신약이 모든 사물의 공유, 즉 [온전한 동거]

---

16 아마존('Aμαζ̇ν, Amazon)은 그리스 신화에 등장하는 여성들로만 이루어진 부족의 이름이다. 아마조네스('Aμαζόνες, Amazones)의 단수형이 아마존이며, 이들은 전투력이 강한 여성 전사들이다. 종족을 유지하기 위해 이웃에 있는 부족의 남성들과 통정을 통해 자식을 얻었다고 한다. 아들을 낳으면 죽이거나 불구로 만들어 전투력을 가질 수 없게 만들었고, 여자아이는 한쪽 유방이 자랄 수 없게 만들어 성인이 된 후 활을 쏘는 데 방해가 되지 않도록 했다고 한다.

17 society of bed를 잠자리의 교제로 옮겼다. 잠자리뿐만 아니라 모든 것을 공유하는 동거 형태를 society of all things(모든 사물의 교류)로 옮겼다.

를 위한 것이라면, [신약 당사자] 중의 한 명이 양 당사자 모두의 공동 사물을 관리하고 처분하는 일을 [맡는 것은] 필수적이다. (전에도 종종 이야기했듯이) 이것 없이는 사회가 지속할 수 없다. 따라서 대부분 여자에게 관리를 양보받은 남자가 자식에 대한 독점적인 권리와 지배권도 거의 갖게 된다. 이때 남자는 **남편**(husband), 여자는 **아내**(wife)라 불린다. 그러나 때로는 관리권이 아내에게만 속할 수도 있고 또한 자녀에 대한 지배권도 때때로 여자에게만 있을 수 있다. 통치자가 여왕인 경우처럼 그녀가 결혼했다고 해서 자기 자녀에 대한 지배권을 상실할 이유는 어디에도 없다.

8. 따라서 아버지, 어머니 또는 누군가에 의해 양육되고 보호받는 아이들은 자신을 기르고 보호해주는 그들에게 최대한 절대적 복종을 해야 한다. 그들은 아이를 다른 사람에게 입양시키거나 종으로 팔아 넘김으로써 자신들의 지배권을 양도할 수 있다. 또는 자신들의 양심에 따라 필요하다고 생각될 때 자연법을 통해 아이를 인질로 잡아 두거나, 반란을 이유로 죽이거나 평화를 위한 희생양으로 삼을 수도 있다.

9. 자신들 사이에서 국가를 세우는 사람들의 복종은 종이 [주인에게] 하는 복종 못지않게 절대적이다. 그러나 국가 안에서 그들은 평등한 상태에 있지만, 전자[일반인]의 사람들이 품은 희망은 종들의 희망보다 훨씬 크다. 왜냐하면 강요받지 않고 스스로 복종하는 사람은 강요 때문에 복종하는 사람보다 더 쓸모 있는 사람이 되어야 할 이유가 충분하다고 생각하기 때문이다. 비록 [국가에] 종속되어 있지만 자유롭게 행동하는 사람은 스스로 **자유인**(freeman)이라 부른다. 이를 통해 알 수 있는 것은, 자유란 통치 권력에 대한 종속과 복종에서 벗어나는 게 아니라 강요와 정복을 통해 종속

상태에 있는 사람들보다 더 나은 희망을 품을 수 있는 상태라는 것이다. 이것이 라틴어로 자녀들을 뜻하는 이름인 리베리(*liberi*)가[18] 또한 자유인을 의미하는 이유였다.

그러나 당시 로마에서는 아버지가 있는 집안의 자녀만큼 다른 사람들의 권력으로부터 위해(危害)를 당하기 쉬운 존재는 없었다.[19] 왜냐하면 국가는 부모의 동의 없이 그 아이들의 생명을 지배하는 권력을 가지고 있었을 뿐만 아니라, 아버지도 국가의 어떤 보증 없이 자신만의 권위를 가지고 자식을 살해할 수도 있었기 때문이다. 따라서 국가 내에서 자유란 다른 신민들과 더불어 동등한 대접을 받는 명예에 지나지 않으며, 그 밖의 다른 지위는 노예 상태다. 따라서 자유인은 종이 되기보다는 명예로운 일의 종사자가 되는 것을 기대할 수 있다. 이것이 백성의 자유라는 말로 이해될 수 있는 전체적인 의미다. 왜냐하면 다른 모든 의미에서 자유는 종속되지 않은 사람의 상태이기 때문이다.[20]

---

18 라틴어에서 자유(*libertas*)와 자녀들(*liberi*)은 *liber*(자유)라는 같은 어근에서 나온 말이다. 자유와 자녀가 어떻게 같은 어근으로 연결되어 있는지는 알려지지 않고 있다. liberi는 libero의 복수형이다. 보통 리베로는 위치가 정해지지 않고 자유롭게 움직이는 선수를 의미하는 것도 같은 이유다. liberi를 자유인의 자녀로 해석하기보다는 법률적 지위와 상관없이 복수의 아이들 또는 동물의 어린 새끼로 해석하는 것이 더 일반적이다.

19 이 문단을 이해하기 위해서는 로마 시대의 가족 개념을 이해할 필요가 있다. 로마 시대의 가족 개념은 오늘날처럼 아버지와 어머니, 자녀로 이루어진 것이 아니라, 이 기본 구조에 노예, 종, 관리인, 소작인, 자유인 등으로 이루어진 거대 집단이었다. 따라서 가문의 정치적 힘은 넓은 의미의 가족 개념이 가진 사회, 경제적 힘과 관련이 되어 있으며, 자녀들의 힘도 그에 따라 막강할 수 있었다. 가문정치, 족벌정치에서 한 가문의 최대 정치적 적대자는 다른 가문에 속한 자녀일 수밖에 없다. 아래 10절 참고.

20 "자유란 저항(opposition)이 없는 상태를 말하는 데 여기서 저항이란 운동을 가로막은 외적인 방해(external impediment)를 말한다."『리바이어던』 21장 279쪽.『법의 기초』에서 말하는 종속과 복종도 외적인 방해의 한 형태다.

10. 이제 자식을 거느리고 있는 한 아버지가 종도 소유하고 있을 때, 그 자식도 (아동의 권리에 의해서가 아니라 부모의 자연스러운 특권 덕분으로) 같은 자유인이 된다. 그리고 아버지나 어머니 또는 양친과 자녀 그리고 종으로 구성된 전체를 **가족**(family)이라 하는데, 여기서 아버지 또는 가장(家長)은 그 가족의 통치자이며, 나머지(자식과 종은 똑같이) 그의 신민이다. 출생이나 입양을 통해 자녀가 증가하고 또는 출생, 정복, 자발적 복종을 통해 종이 늘어나서 그 가족이 스스로 보호할 수 있는 개연성이 매우 크고 높아졌다면 그와 같은 가족은 **세습 왕국**(patrimonial kingdom) 또는 획득에 의한 군주제(monarchy by acquisition)라고 불린다. 마치 정치적 제도를 통해 세워진 한 군주에게 통치권이 있듯이 이런 가족 안에서도 통치권은 한 사람에게 있다. 따라서 한 가족의 가장에게 있는 어떤 권리든 군주에게도 같은 권리가 있기에, 나는 이 둘이 더는 서로 구별되는 것처럼 말하지 않을 것이며, 다만 일반적인 군주제에 대해서만 말하고자 한다.

11. 여러 종류의 국가, 즉 민주주의, 귀족정치 그리고 군주제 국가가 어떤 권리에 따라 세워지는가를 살펴보았다. 이어서 이들이 어떤 권리를 통해 유지되는지를 보여주고자 한다. 이들 국가가 계속 유지되는 권리는 통치 권력의 계승권이라 불린다. 이들 중 민주주의에 관해서는 언급할 것이 없다. 왜냐하면 [통치자 자체인] 국민이 살아 있는 한 통치자는 죽지 않기 때문이다. 귀족정치에 관해서도 마찬가지다. 왜냐하면 옵티마테스 모두가 한꺼번에 죽지 않는 한 귀족정치는 쉽게 무너질 수 없기 때문이다. 만일 귀족정치가 그렇게 붕괴가 된다면 의문의 여지없이 국가는 와해된다. 그러므로 군주제 안에서만 계승에 관한 문제가 발생할 수 있다. 첫째, 절대적 통치권자인 군주는 자신의 권한으로 지배권을 가지고 있기에, 자신의 의지에

따라 그 지배권 또한 처분할 수 있다. 따라서 만일 마지막 유언을 통해 자신의 후계자를 지명한다면, 그 권리 역시 그 유언에 따라 이동한다.

12. 만일 [후계자] 계승에 관해 아무런 유언 없이 군주가 사망한다고 해서, 그에게는 자식이나 종과도 같은 자기 백성이 전쟁이나 [상호] 적대적 상태인 무정부 상태로 다시 돌아가는 것을 그의 유언이라고 추정해서는 안 된다. 왜냐하면 그것은 평화를 확보하고 유지하라고 명령하는 자연법을 명시적으로 위반하는 것이기 때문이다. 따라서 합리적으로 추측해본다면, 자기 백성에게 평화를 유산으로 남기고, 즉 다른 어떤 정부 형태보다는 군주제 안에서 강제력을 통해 내부 반란을 억제할 수 있도록 하는 것이 그의 의도였을 것이다. 왜냐하면 그가 [평소] 자신의 행위를 통해 [위와] 같은 군주제에 동의했다고 밝혔기 때문이다.

13. 더 나아가 계승하는 데 있어서 (명시적으로 반대 의견이 개진되지 않는 한) 다른 누구보다 자신의 친자식에게 우선권이 주어져야 한다는 것은 그의 의도로 추정된다. 왜냐하면 사람들은 자연스럽게 자신의 명예를 추구하며, 그 명예는 사후에 자식의 명예에 달려 있기 때문이다.

14. 다시 말하지만, 모든 군주는 가능한 한 오랫동안 자기 후계자들의 정부가 지속되기를 바란다는 점, 일반적으로 남자는 여자보다 더 많은 지혜와 용기를 겸비해서 이를 통해 모든 군주제가 와해되지 않도록 한다는 점을 생각할 때, 반대로 의지 표명이 이루어지지 않는 한 군주는 여러 자식 가운데 여자보다 남자를 더 선호하는 것으로 추정될 수 있다. 그뿐만 아니라 여성도 다양한 시대와 장소에서 현명하게 통치할 수 있지만, 일반

적으로 남성처럼 그 일에 그렇게 적합하지는 못하다.

15. 통치 권력은 분할될 수 있는 것이 아니기 때문에, 군주가 그것을 나누려 한다고 생각할 수는 없으며, 그 권력은 자식 중의 한 명에게 온전히 계승되어야 하는데 그 한 명은 타고난 운에 따라 첫째 자리로 정해진 장자(長子)여야 한다고 생각할 수 있다. 왜냐하면 그는 계승을 결정하기 위해 다른 뽑기 방식을 지정하지 않았기 때문이다. 게다가 형제들 사이에 어떤 능력의 차이가 있을 수 있는데, 그 우열의 차이는 원로들이 결정할 것이다. 왜냐하면 어떤 백성도 그것을 달리 판단할 수 있는 권위를 갖고 있지 않기 때문이다.

16. [통치권] 소유자에게 자식이 없는 경우에는, 그 형제가 예정된 계승자가 될 것이다. 왜냐하면 자연스러운 기준에 따르면, 혈통적으로 가장 가까운 사람이 애정도 가장 많이 받으며, 그런 사람이 우선권에서도 가장 가깝기 때문이다.

17. 계승자가 첫 번째 군주를 이어받듯이, 통치권을 소유한 아들 또는 딸이 그 뒤를 잇는다. 따라서 통치권을 소유한 사람의 자녀가 그의 아버지나 전임자의 자녀보다 더 우선권을 가진다.[21]

---

21 왕위 계승권은 대체로 직계혈통을 중심으로 주어진다. 군주에게 자녀가 있는 경우 자신의 형제로 수평 이동하거나 존속으로 상향 이동을 하지는 않는다. 예를 들면 영국 엘리자베스 2세 여왕의 사후 후계자 1순위는 장자 찰스 공작이었으며 그가 왕위를 계승했다. 이제 왕위 1순위는 그의 아들 윌리엄이며, 3순위는 윌리엄의 장남이다.

5. 여러 정부의 불편에 대한 비교

1. 국가의 유익과 그 구성원들의 유익은 같다
2. 자유의 상실 또는 통치자의 권리에 맞서는 재화(財貨)의 소유권 부족은 실질적인 불편함이 아니다
3. 가장 오래된 사례를 통해 입증된 군주제
4. 군주제는 다른 [형태의] 정부보다 정념에 덜 종속된다
5. 군주제에서 신민은 다른 [형태의] 정부보다 사인(private men)을 부유하게 만드는 일에 덜 불쾌하다
6. 군주제에서 신민은 다른 [형태의] 정부보다 폭력에 덜 위험하다
7. 군주제에서의 법은 다른 [형태의] 정부보다 변경 가능성이 덜하다
8. 군주제는 다른 [형태의] 정부보다 붕괴할 위험성이 덜하다.

1. [이제까지] 정치적 인격체[정치 체제]와 그 세 가지 종류인 민주주의, 귀족정치 그리고 군주제의 본질에 관해 설명했으며, 이 장에서는 이들 정치 체제에서 생기는 일반적이면서도 특별한 몇 가지 종류의 편리함과 불편한 점들에 관해 밝히고자 한다. 첫째, 정치 체제는 오직 개별적인 사람들의 통치와 지배를 위해서만 세워진 것이라는 점을 고려할 때, 그 정치 체제의 이익과 손해는 지배받는 사람들의 이익과 손해에 달려 있다. 확립된 한 정치 체제가 추구하는 이익은 모든 개별적인 사람의 평화와 안전에 있는데, 앞서 1부 14장 12절에서 다루었듯이 이보다 더 중요한 것은 있을 수 없다. 그리고 이 혜택은 통치자와 신민 모두에게 똑같이 확대된다. 왜냐하면 통치 권력을 가진 그 또는 그들은 개별 신민의 협조를 통해 그들의 정치 체제를 방어할 수 있으며, 모든 개별 신민은 통치자와 함께 연합함으로써 자

신을 방어할 수 있기 때문이다.

안전과 [평화 유지] 역량에 속하지는 않지만, 넘쳐나는 풍요로움처럼 그들의 복지와 즐거운 삶에 속하는 다른 혜택들에 관해서도 그것이 신민에게 속한 것처럼 통치자에게도 속해야 하며, 동시에 통치자가 향유하는 만큼 신민도 향유해야만 한다. 왜냐하면 통치자의 부(富)와 재산은 자기 백성들의 부를 능가하여 그가 소유한 지배권에 있기 때문이다. 따라서 만일 각각의 사람이 자신을 보호하고 또한 공공의 [평화와 안전을] 보존할 수 있는 수단을 가질 수 있도록 통치자가 [그것을] 제공하지 않는다면, 공동의 재화 또는 통치자의 재산은 아무런 소용이 없다. 다른 한편 그 재화가 통치 권력에 속해 있는 공동의 공적 재화가 아니라면, 사람들의 사적인 재산은 자신들을 안전하게 [보호]하거나 [평화를] 유지하기보다는 더 빨리 혼란과 전쟁에 빠트리는 데 쓰이게 될 것이다. 그러므로 통치자의 이익과 백성의 이익은 항상 같이 간다. 따라서 '한쪽에는 통치하는 사람에게 좋은 정부, 다른 쪽에는 피지배자들에게 좋은 정부로 구분하면서, 전자는 전제적(즉 오만한) 정부이고, 후자는 자유인들의 정부'라고 [둘로] 구분하는 것은 옳지 않다.

하나의 주인과 그 종들로 구성된 도시[국가]란 존재하지 않는다고 주장하는 사람들의 의견은 [의미가] 없다. 마찬가지로 그들은 한 아버지와 몇 명이 되든지 그의 자식으로 이루어진 도시[국가]도 있을 수 없다고 말할 수 있다. 종은 자녀가 없는 주인에 대해서도 모든 존경심을 마음 안에 품고 있는데, [종들의 존경심을] 위해서도 사람들은 자기 자식을 필요로 한다. 왜냐하면 자식은 그 주인의 능력이자 명예이고, 그가 종을 지배하는 데 필요한 권력은 자식을 지배하는 데 필요한 권력보다 더 크지 않기 때문이다.

2. 일반적인 정부에서 통치자에게 발생하는 불편한 점은, 한편으로는 자기 신민의 일을 계속 돌보고 문제를 해결하는 데 있으며, 다른 한 편으로는 그 자신의 몸이 위험에 빠질 수도 있다는 점이다. [우리] 두뇌가 바로 그런 부분인데, 돌보고 신경 쓰는 일도 그곳에서 하며, 적이 가장 공통으로 타격(stroke)을 가하려는 곳도 그곳이기 때문이다.[22] [신민을] 보살피는 일과 [신체적] 위험은 불가피하지만 이런 불편함을 상쇄하기 위해 통치자는 어떤 개인의 재화로도 얻을 수 없는 많은 명예, 부 그리고 마음의 기쁨을 얻을 수 있는 수단을 갖고 있어야 한다. 일반적으로 정부가 한 신민에게 가하는 불편한 점들은 잘만 고려하면 전혀 문제될 것이 없다. 그러나 겉으로 보면 신민의 마음을 괴롭힐 수 있거나 불만스러운 것이 두 가지 있을 수 있다. 그 하나는 자유의 상실이며, 다른 하나는 내 것(*meum*)과 네 것(*tuum*)을 [구분할 수 없는] 불확실성이다.

먼저 자유의 상실이란, 때때로 현재 상황 때문에 한 신민이 어쩔 수 없이 지시에 따를 때처럼 자신의 분별력과 판단에 따라 또는 (모두가 하나인) 양심에 따라 자기 행동을 더는 통제할 수 없는 상태이며, 오래전 단번에 결집된 그 의지에 따라서만 행동하도록 얽매이거나, 한 집회 내에서 다수의 의지 또는 어떤 한 사람의 의지에 옴짝달싹 못하는 상태여야만 한다. 그러나 이것은 정말로 불편한 것이 아니다. 왜냐하면 전에 살펴보았듯이 [이런 자유의 상실은] 우리 자신을 보호할 가능성을 확보하기 위한 유일한

---

22 국가의 구조와 인간 몸의 구조를 비유적으로 설명하고 있다. 통치자는 두뇌로 비유된다. 두뇌에서 몸의 모든 부분에 명령을 내리는 것은, 인공적인 혼(artificial soul)인 통치자가 국가 전체를 관리하기 위해 명령하는 최고 사령부의 기능과 같다. 관절과 신경은 그 명령을 전달받아 손발이 움직이도록 하는 고위직 관리들과 같다. 적이 결정적 타격(stroke)을 가하는 곳이 수뇌부이듯 인간도 뇌졸중(stroke)이 심하게 오면 사지가 마비되는 것도 같은 비유다. 인공인간에 대한 설명은 『리바이어던』 서론에서 잘 설명되고 있다.

수단이기 때문이다. 만일 양심 사이에 차이가 있고, 모든 사람에게 그런 자기 양심에 따를 수 있는 자유가 허용된다면, 그들은 한 시간도 함께 평화롭게 살지 못할 것이다. 그러나 이런 자유가 박탈당하는 것은 특히 모든 사람에게는 큰 불편으로 보인다. 왜냐하면 모든 사람 각자는 자유가 자기 자신 안에는 있고 다른 사람에게는 없는 것으로 생각하기 때문이다. 이 말은 다른 사람을 지배하고 통치하는 행위와 자유가 닮은 것처럼 보인다는 것을 의미한다. 왜냐하면 한 사람은 자유롭고 나머지 사람은 속박되어 있는 그런 곳에서 그 [자유로운] 한 사람은 통치권을 갖고 있기 때문이다. 이는 [자유를] 충분하게 명예로운 것으로 이해하지 못하고 단순히 명목상 자유를 요구하는 사람은 자유가 거부되는 것을 큰 불만이자 손해라고 생각한다.

내 것과 네 것에 관한 두 번째 불만 역시 겉으로 보기에만 그러할 뿐 실제로는 아무런 불만도 아니다. 이 두 번째 불만은, 관습적인 사용 외에 다른 정당한 권리를 알지 못한 채 과거에 누렸던 것을 통치 권력이 그에게서 빼앗을 때 생긴다. 그러나 통치 권력이 없으면, 어떤 사물에 대한 정당한 권리는[23] 사람들의 권리에 속한 것이 아니라 공동체 [전체]의 권리다. 1부 14장 10절에서 밝혔듯이, [공동으로 권리를 갖고 있다는 것]은 아무런 권리도 갖지 않은 것과 다를 바 없다. 따라서 통치 권력에서 나온 [소유에 관한] 정당한 권리는 통치 권력에 대항하는 것으로 주장되어서는 안 된다. 특히 통치 권력에 대항함으로써 모든 신민이 다른 신민들[의 권리를] 배제하는 자신만의 정당한 권리를 가질 때, 이는 통치 권력이 중단되는 것을 의미하며

---

23 propriety는 정당, 타당, 적부 등의 뜻을 가진 말이나 여기서는 문맥상 정당한 소유권으로 옮기는 것이 자연스럽다. 따라서 '정당한 권리' 또는 '정당한 소유권'을 필요에 따라 사용하고자 한다.

이때 신민은 이런 정당한 권리를 가질 수 없다. 왜냐하면 통치 권력이 중단되는 경우 그들은 자기들끼리 다시 전쟁 상태로 돌아가기 때문이다.

따라서 통치자가 권위를 가지고 신민의 재산에 부과하는 각종 세금은 통치자가 신민을 위해 유지하는 평화와 방어의 대가에 지나지 않는다. 만일 그렇지 않다면, 전쟁을 수행하거나 다른 공공사업을 위해 세금이나 군대를 정당하게 징수하고 징발할 수 있는 나라는 이 세상에 없다. 만일 통치권이 [부과]할 수 없는 것이라면 왕도, 민주주의도, 귀족도 그리고 어떤 땅의 영주도 부과할 수 없기 때문이다. 이 모든 경우에 [세금이나 군대 징집은] 통치권의 힘으로 부과되는 것이다. 그뿐만 아니라, 남의 땅을 빼앗는 죄를 짓지 않고서도, 그리고 항상 그랬던 것처럼 공익을 가장하지 않고서도 한 사람의 땅은 여기 세 계급²⁴을 통해 다른 사람에게 양도될 수 있다. 이 [양도하는] 일은 통치 권력을 통해 행해진 것이기 때문에 권리 침해 없이 이루어지는데, 그 힘은 통치자의 힘 못지않으며 더 클 수 없기 때문이다. 따라서 내 것과 네 것에 관한 이런 불만은 필요 이상으로 더 많은 것이 요구되지 않는 한 실질적인 것은 아니다. 통치권을 알지 못하거나 그 권리가 누구에게 속하는 것인지를 알지 못하는 사람들에게는 불만처럼 보이기 때문에, 그 불만은 권리의 침해처럼 보인다. 권리의 침해는 그 피해가 아무리 가볍다고 하더라도 마치 우리를 스스로 돕는 일에 무능력한 상태로 빠지게 만들거나, 우리에게 잘못을 저지르는 권력을 부러워하게 만드는 것처럼 항상 불만스러운 일이다.

---

24 여기서 세 계급(three estates)은 중세 서유럽, 특히 그리스도교 국가들 내에서 존재했던 사회적 계급을 지칭한다. 제1계급은 성직자, 제2계급은 귀족, 제3계급은 평민이다.

3. 일반적으로 정부가 신민에게 주는 불편한 일들에 관해 언급했기에, 이제는 세 가지 정부 형태, 즉 민주주의, 귀족정치 그리고 군주제 내에서 같은 불편한 일에 대해 생각해보자. 이 중 앞의 두 가지는 실제에 있어서는 하나다.[25] 왜냐하면 (내가 앞에서 보았듯이) 민주주의는 소수의 [선동적인] 연설가들에 의한 통치 형태다. 그러므로 군주제와 귀족정치를 비교할 것이며, 이 세상이 창조된 그대로 전능하신 한 분 하느님에 의해 통치된다는 설명은 생략할 것이다. 그리고 고대인들은 자기의 신들도 군주제의 통치 형태를 취했다고 상상해서 지어냈기 때문에, 또한 가장 오래된 고대 시대에도 모든 사람은 군주제로 통치되었다는 관습을 이유로, 모든 고대인이 다른 통치 형태보다 군주제를 더 좋아했다는 것도 [논의를] 생략하겠다. 군주제인 세습통치가 태초의 창조 때부터 확립되었으며, 인간의 반항적인 본성이 원인이 되어 군주제가 와해되고 그로부터 그 밖의 다른 정부 형태들이 나왔다는 것도, 산산이 부서진 군주 국가들이 인간의 재치로 봉합되었다는 것도 [논의를] 생략할 것이다. 나는 이 비교를 통해 신민에게 생길 수 있고, 결과적으로 이들 각각의 정부 형태에서 생길 수 있는 불편한 점들에 관해서만 주장할 것이다.

4. 한 사람에게 너무 큰 권력을 맡겨야 한다는 점이 첫 번째 불편한 점으로 보일 수 있다. 이는 마치 '다른 사람(들) 누구도 그 한 사람에게 저항하지 않는 것이 합법적일 수 있다'라는 말이 불편하게 들릴 수 있는 것과

---

25 민주주의와 귀족정치를 같은 것으로 본다는 말을 쉽게 이해하기 위해서는 의회민주주의 또는 대의민주주의를 생각하면 도움이 된다. 귀족정치란 소수의 귀족에 의한 통치인데, 이 소수가 17세기에는 귀족 계급들이었다면 오늘날에는 국민 전체를 대표하는 선출직 의원들이라는 점만 다를 뿐이다.

같다. 그리고 어떤 사람은 생각하기를 [너무 큰 권력이 한 사람에게 부여되는 것이 불편하다는] 그 말 자체(eo nomine)를 불편하게 생각할 수도 있다. 왜냐하면 그 자신이 권력을 갖고 있기 때문이다. 그러나 우리는 이런 이유를 도무지 수용할 수 없다. 왜냐하면 이런 이유는 의심할 바 없이 어떤 군주보다 더 큰 힘을 가지고 모든 사람을 지배하는 전능한 하느님의 통치를 불편하다고 말하는 것과 같기 때문이다. 따라서 이런 불편함은 권력 자체에서 나오는 것이 아니라 신민뿐만 아니라 군주까지 모든 사람에게 영향을 미치는 편견과 감정에서 생기는 것이 틀림없다. 이런 편견과 감정 때문에 군주는 그 권력을 잘못 사용하도록 흔들릴 수 있다.

귀족정치는 여럿의 귀족으로 이루어지기 때문에, 만일 그들이 함께 뭉쳤을 때 다수의 감정이 한 사람의 감정보다 더 폭력적이라면, 감정에서 생기는 불편함은 군주제보다는 귀족정치에서 더 크게 될 것이다. 그러나 큰 집회에서 어떤 일이 논의될 때 방해받지 않고 자세하게 자신의 의견을 개진하는 모든 사람은 자신이 선을 위해 제시하려는 것은 무엇이든 더 좋게 만들고자 노력하리라는 것은 의심의 여지가 없다. 그가 악한 것으로 파악한 것은 최대한 나쁜 것으로 만들고자 노력한다는 것도 의심의 여지가 없다. 결국 그의 충고는 받아들여질 수 있으며, 결코 자신의 이익이나 명예를 목표로 하지 않는 충고란 없다. 왜냐하면 모든 사람의 목적은 자신에게도 좋은 무엇인가에 있기 때문이다. 이제 이것[충고하는 일]은 나머지 사람들의 정념에 관해 파악하지 않고서는 이루어질 수 없다. 그래서 혼자서는 온건한 사람들의 정념도 함께 모이면 격렬해지는데, 이는 마치 아주 많은 석탄이 따로따로도 따뜻하지만, 함께 뭉쳐 있을 때 서로를 [뜨겁게] 불태우는 것과 같다.

5. 군주제의 또 다른 [두 번째] 불편함은 이러하다. 국가를 방어하는 데 필요한 국부(國富) 이외에 군주는 신민에게 엄청나게 많은 것을 착취할 수 있고, 그가 원하는 만큼 자기 자녀, 친족 그리고 측근을 부유하게 만들 수 있다. 만일 군주가 그렇게 한다면 이는 참으로 불편한 일이지만, 귀족정치에서는 그 불편함이 [군주제보다] 더 클 뿐만 아니라 오히려 능가할 가능성이 있다. 왜냐하면 귀족정치에서는 [군주와 같은 사람이] 한 사람만 있는 게 아니고 많은 귀족이 있고, 이들이 돌봐야 할 자녀, 친족과 친구가 많기 때문이다. 이 점에서 그들은 마치 한 사람을 대신한 20명의 군주와 같으며, 나머지 모든 신민을 억압하기 위해 상호 간에 서로의 계획으로 담합(談合)할 수도 있다. 만일 신민이 모두 동의한다면, 같은 불편함이 민주주의에서도 발생하는데, 그렇지 않으면, 그들은 더 큰 불편함, 이를테면 반란과 같은 것을 초래하기도 한다.

6. 군주제의 세 번째 불편함은 정의를 집행하는 데 있어서 면제권 [남용]에 있다. 이 면제권을 통해 군주의 가족과 친구는 벌을 받지 않고 국민에게 폭력을 가하거나 금품 강요를 통해 그들을 억압할 수 있다. 그러나 귀족정치에서는 사람들을 정의의 손에서 벗어나게 할 수 있는 권력을 [귀족] 한 사람뿐만 아니라 많은 사람이 가지게 된다. 그래서 아무도 자기 친족이나 친구가 그들의 과실에 따라 처벌받는 것을 원하지 않는다. 그러므로 그들은 자신 내부에서는 더 이상 말하지 않더라도 암묵적인 약속, 즉 '오늘은 나에게, 내일은 너에게(*Hodie mihi, cras tibi*)'로 [서로를] 이해하고 있다.[26]

---

26 이 라틴어 경구는 여러 가지 의미로 사용되고 있다. 한동일의 『라틴어 수업』(흐름출판, 2017)에서는 이 말이 로마의 공동묘지 입구에 새겨진 말이라고 전하고 있다. "오늘은 내가 죽어 이곳에 오지만 내일은 그대가 죽어서 들어올 것"이라는 경고의 의미가 담겨 있다고 한

7. 군주제의 네 번째 불편함은 법을 바꾸는 힘에 있다. 법의 변경에 관한 한, 사람들의 관습이 변하거나 나라 안팎의 모든 위기 상황이 요구하는 바에 따라 법을 바꿀 수 있는 힘은 필수적으로 있어야 한다. 그런데 상황의 변화에 따라 법을 변경하는 것이 아니라, 권위를 가지고 법을 제정한 사람(들)의 마음이 변해서 법을 바꾸는 일이 생길 때 이런 식의 법의 변경은 불편한 점이다. 바로 그 점에 있어서 한 사람의 마음은 [자주 바뀌는] 의회의 법령처럼 그렇게 변덕스럽지 않다는 점은 그 자체로 충분하게 명백하다. 왜냐하면 법령은 모두 자연스러운 변화의 과정을 겪을 뿐만 아니라, 어느 한 사람이 마음을 바꾸어 웅변과 평판 또는 청원과 당쟁을 통해 오늘 그 법을 제정하는 일이 충분하게 가능하지만, 내일 다른 사람이 같은 방법으로 그 법을 무효로 만드는 일도 가능하기 때문이다.

8. 끝으로 국가 내에서 발생할 수 있는 가장 큰 다섯 번째 불편함은 내전으로 [국가가] 해체되려는 경향이 있다는 점이다. 그리고 어떤 다른 정부형태보다 군주제가 [해체의] 영향을 훨씬 덜 받는다. 왜냐하면 한 국가의 연맹이나 단결이 한 사람을 중심으로 이루어진 곳에는 어떤 혼란도 없기 때문이며, 반면에 여러 집회에서 다양한 의견을 가지고 각기 다른 조언을 제안하는 사람들은 그들 사이에서 불화로 다투기 쉽고, 서로의 이익을 위한 국가의 [설립] 목적에도 위반하는 경향이 있기 때문이다. 그리고 자신들의 계획이 훌륭하다는 것을 증명할 수 없을 때, 그들은 자기 반대자들의

___

다. 홉스는 귀족정치의 폐해 가운데 하나를 설명하면서, 권력자들이 상호 이익을 위해 결탁하는 상황을 지적하기 위해 이 경구를 사용하고 있다. "If you scratch my back, I will yours(만일 네가 [오늘] 나의 등을 긁어주면, 나는 [내일] 너의 등을 긁어주겠다)"라는 속담도 같은 의미다.

조언이 쓸모없다는 것을 증명하기 위해 애쓴다.

이 싸움에서 반대편 세력이 여러 가지로 동등한 힘을 갖고 있을 때 그들은 곧바로 전쟁에 돌입하게 된다. 그 점에서 (이를테면) 장군 같은 절대군주는 양쪽 편 서로 간의 방어를 위해서 뿐만 아니라 각 정파 간의 평화를 위해서도 필요하다는 점을 양쪽 세력 모두에게 깨닫게 해준다. 그러나 크고 수가 많은 의회를 통해 국가 문제에 관해 논쟁을 벌였던 고대 아테네나 로마에서 그들이 그랬던 것처럼, [국가가] 해체되려는 경향은 그러한 귀족정치에서만 생기는 불편함으로 이해되어야 한다. 대규모 의회에서 치안판사와 자문단을 선임하고 국가의 많은 일은 소수에게 맡기는 것 외에 다른 일은 하지 않는, [마치] 오늘날의 베네치아 귀족정치 같은 데서는 그런 불편함이 생기지 않는다.[27] 왜냐하면 국가에 관해 논의하는 일이 양쪽 [대규모 의회와 소수의 귀족] 모두에게 거의 똑같이 주어지는 이런 경우의 귀족정치는 군주제보다 해체될 경향이 적기 때문이다.

---

27 여기서 언급한 베네치아 귀족정치는 697년부터 1797년까지 유지된 베네치아 공화국의 정치 형태를 지칭한다. 베네치아 공화국은 이탈리아어로 La Serenissima라 불리는데, 이는 The Most Serene Republic of Venice (가장 존귀한 베네치아 공화국)이란 뜻이다. 베네치아 공화국은 해양 무역을 중심으로 번창했으며, 정치 체제는 베네치아 공화국의 의회인 베네치아 대평의원회(the Great Council of Venice)와 여기서 선출된 종신제 총독(The Doge)이 권력을 분점하는 체제였다. 홉스는 베네치아 공화국이 오래 유지될 수 있었던 이유 가운데 하나를 귀족정치와 군주제(총독제)의 혼합 형태에 있다고 보았다.

종교적 쟁점들에 관한 결정은 통치 권력에 달려 있다

6. 백성은 종교에 관한 논쟁에서
자신의 사적인 판단에 따를 의무가 없다

1. 전능한 하느님에 대한 우리의 절대적 복종에서 비롯되는 사람에 대한 절대적 복종에 관해 제기된 난점
2. 이 난점은 성서 해석이 국가의 통치적 권위에 달려 있다는 것을 부인하는 그리스도교인 사이에서만 제기된다
3. 인간의 법은 양심이 아니라 그들의 말과 행동을 지배하기 위해 만들어진 것이다
4. 그리스도인은 모든 일에 있어서 자기 통치권자에게 마땅히 복종하기로 되어 있다는 것을 입증할 수 있는 성서의 여러 구절
5. 신앙의 근본적인 요점과 피상적인 것 사이의 제기된 구별
6. 근본적인 신앙의 요점에 관한 설명
7. 이들 근본적인 요점에 대한 믿음은 신앙으로서 구원에 필요한 전부다
8. 근본적이지 않은 다른 요점은 신앙의 문제로서 구원에 필수적인 것은 아니다. 그리고 신앙을 통한 한 사람의 구원에는 다른 사람[의 구원에 필요한 것]보다 더 많은 것이 요구되지 않는다
9. 피상적인 것은 그리스도인에게 필요한 신앙의 요점이 아니다
10. 신앙과 정의는 구원을 위해 어떻게 서로 협력하는가
11. 그리스도교 국가에서 하느님과 사람에 대한 복종은 거의 일치한다
12. 양심에 어긋나는 교리는 그것이 무엇이든 죄로 해석된다
13. 모든 사람은 논쟁점을 어떤 인간적 권위에 호소할 필요가 있음을 고백한다
14. 이교도 [통치자]의 지배 아래 있는 그리스도인은 구원에 필요한 믿음과 관련하여 저항하지 않음으로써 그에게 불복종하는 불의에서 벗어날 수 있다.

1. 어떤 형태의 국가든 모두 평화와 정부가 필수적으로 요구되며, 통치권이라는 이름으로 한 사람 또는 일단의 사람들에게 권력이 존재해야 하며, 같은 국가의 구성원들이 [통치 권력에 대해] 불복종하는 것은 합법적이지 않다는 것을 살펴보았다. 그런데 이제 여기에 하나의 난점이 발생한다. 만일 이 난점이 해결되지 않는다면, 누구든지 자신의 보존과 평화를 확보하는 일이 불법이 될 수도 있다. 왜냐하면 그 난점은 그에게 요구되는 대로 자신을 절대적 통치권의 명령 아래 스스로 들어가는 일을 불법적인 것으로 만들기 때문이다. 그 난점은 다음과 같다. 우리는 하느님의 말씀을 우리 행동의 규칙으로 삼고 있는데, 만약 우리가 동시에 사람들[통치자들]에게 복종하고 그들에게 명령받은 대로 행동해야 한다면, 하느님의 명령과 통치자의 명령이 서로 다를 때 우리는 통치자보다는 하느님께 복종해야만 한다. 그리고 결과적으로 통치자와 맺은 일반적인 복종의 신약은 불법적인 것이 된다.

2. 이 난점은 세상에서 아주 오래된 문제는 아니었다. 유대인들 사이에는 그런 딜레마가 없었다. 왜냐하면 그들의 시민법과 신의 율법은 하나였고, 모세의 율법과 같았기 때문이다. 율법의 해석자는 제사장들이었고, 그들의 힘은 왕의 권력에 종속되었는데, 이는 마치 아론의 권력이 모세의 권력에 종속된 것과 같다.[28] 그리스인, 로마인 또는 다른 이방인들 사이에서도 관심을 끌었던 쟁점은 아니었다. 왜냐하면 이들에게는 여러 가지 시민

---

28 아론은 모세의 형이었으며, 이들은 레위 지파의 후손이었다. 이스라엘 민족이 이집트에서 해방될 때 말을 잘하는 아론은 어눌한 모세가 파라오와 대적할 때 그를 도왔다. 아론은 후에 모세에 의해 제사장직을 부여받았으나 유대민족의 최고 지도자는 왕의 역할을 한 모세였다.

법이 규칙으로 작동하고 있었는데, 이를 통해 정의와 덕뿐만 아니라 종교와 신에 대한 외형적인 예배 의식이 정해지고 인정되었기 때문이다. 이것은 이를테면 카타 타 노미마(χατά τα νόμμα, kata ta nomima)라고 해서 시민법에 따라 '합법적으로' 신에 대한 진정한 경배로 간주되었다.

또한 로마 주교[교황]의[29] 세속적인 지배권 아래 거주하고 있는 그리스도인들도 이런 문제에서 벗어나 있다. 왜냐하면 그들은 하느님의 율법인 성서를 자신들의 통치자인 로마 주교가 자신의 판단에 따라 옳다고 생각하는 대로 해석하도록 인정했기 때문이다. 그러므로 이런 난점은 성서의 의미를 자신의 사적인 해석에 따라 취하거나 또는 공적인 권위를 통해 인정되지 않은 성서 해석을 따르는 것이 허용된 그리스도인들에게만 남아 곤란하게 만들었다. 이들은 계속해서 양심의 자유를 요구하면서 자신들의 해석을 따르는 사람들이며, 종교 문제에 있어서 정치 권력을 뛰어넘거나 적어도 그것에 의존하지 않는 권력을 요구하면서 국가의 통치자가 임명하지 않은 다른 이들의 해석을 따르는 사람들이다.

3. 인간이 만든 법[시민법]에 복종하는 일과 관련해서, 성서에 있는 하느님의 말씀을 독자적으로 해석하는 사람들이 느낄 수 있는 양심의 가책을 없애기 위해, 나는 그들의 사정을 고려하도록 제안하고자 한다. 첫째, 인간이 만든 어떤 법도 사람의 양심을 강요할 의도가 있는 것은 없으며, 오

---

29 가톨릭교회의 전통에 따르면, 교황은 베드로의 후계자로 불린다. 교황은 전 세계 가톨릭교회(보편교회)의 수장이지만 동시에 로마 교구(개별교회)의 주교이기도 하다. 전 세계에는 3,000개 가까운 교구가 있으며, 각 교구는 주교를 중심으로 어느 정도의 자치권이 보장되어 있다. 홉스는 영국 국교인 성공회에 우호적이었고 가톨릭의 교황중심주의(papalism)에 대해서는 반대 견해를 분명하게 취하고 있다.

직 행동을 규제하기 위해 만들어진 것이다. 말이나 신체의 다른 부분을 통해 행동으로 드러나지 않는 한, (오직 신 외에는) 아무도 한 사람의 마음이나 양심을 알 수 있는 사람이 없다는 점을 생각하면, 그것[양심]에 따라 만들어진 율법은 아무런 효력[강제력]이 없다. 왜냐하면 말이나 다른 행동을 통하지 않고서는 아무도 그런 율법이 지켜졌는지 또는 위반되었는지 식별할 수 없기 때문이다. 사도들은 자신이 전한 믿음과 관련해서 주제넘게 인간의 양심을 지배하려 하지 않고 오직 설득하고 가르치기만 했다. 따라서 사도 바오로는 코린토 교회의 교인들 사이에서 벌어진 논쟁과 관련해서 쓴 두 번째 편지, 「코린토2서」 1장 24절에서 '그[바오로]와 다른 사도들은 코린토 교인들의 믿음을 좌우하지 않고 그들의 기쁨을 위하여 함께 일하는 동료일 따름'이라고 말했다.

4. [둘째] 자신들의 양심에 따르는 사람들의 행동을 규제하는 것이 평화의 유일한 수단이다. 만일 그 행동들이 정의와 조화를 이루지 못한다면 하느님을 향한 정의와 사람들 사이의 평화는, '정의와 평화가 서로 입 맞추리라'[30]고 우리에게 가르치는 그 종교[그리스도교] 안에서 조화를 이루는 일이 불가능하다. 그리스도교 안에는 인간의 권위에 절대적으로 복종하도록 가르치는 아주 많은 교훈이 들어 있는데, 「마태오복음」 23장 2~3절에서 우리는 다음과 같은 교훈을 배우게 된다. '율법 학자와 바리사이들은 모세의 자리에 앉아 있다. 그러니 그들이 너희에게 말하는 것은 다 실행하고 지켜라.' 그러나 율법 학자와 바리사이는 제사장이 아니라 세속적인 권위를 가진 사람들이다. 또 '어느 나라든지 서로 갈라서면 망한다.'(「루카복음」 11장 17절)

---

30 「시편」 85장 11절. "자애와 진실이 서로 만나고, 정의와 평화가 입 맞추리라."

모든 사람의 행동이 그의 사적인 의견이나 양심에 따라 이뤄지는 곳은 그 자체로 분열된 왕국은 아니다. 그러나 그와 같은 행동들이 평화를 공격하고 파괴하는 일을 일으키는가? 또 "그러므로 하느님의 진노 때문만이 아니라 양심 때문에도 복종해야 합니다."(「로마서」 13장 5절) "신자들에게 상기시켜 통치자들과 집권자들에게 복종하게 하십시오."(「티토서」 3장 1절) "임금에게는 주권자이므로 복종하고, 총독들에게는 악을 저지르는 자들에게 벌을 주도록 임금이 파견한 사람이므로, 주님을 생각하여, 모든 인간 제도에 복종하십시오."(「베드로1서」 2장 3절, 13~14절) "저 꿈꾸는 자들도 마찬가지로 몸을 더럽히고, 정부를 경멸하며 권위 있는 자들에게 악한 말을 합니다."(「유다서」 8절) 그리고 국가의 모든 신민은 본질상 자녀와 종과 같으므로, 그들에게 내린 명령은 모든 신민에게 내린 명령과 같다. 그래서 성 바오로가 「콜로새서」 3장 20절과 22절에서 이들에게 말하고 있다. "자녀 여러분, 무슨 일에서나 부모에게 순종하십시오. 종 여러분, 무슨 일에서나 현세의 주인에게 순종하십시오." 그리고 23절에서 "주님을 위해 하듯이 진심으로 하십시오."

　　이런 구절들을 고려해보았을 때, 사람보다는 신에게 복종하는 것이 더 낫다는 근거 위에서 그리스도교 국가에 속한 사람은 누구나 공적 권위에 대해 복종을 거부할 기회가 있어야 한다고 말하는 것은 내가 보기에도 이상하다. 왜냐하면 비록 성 베드로와 사도들이 그리스도교의 전도를 금지한 유대인들의 평의회에서 그렇게 [사람보다는 신에게 복종하는 것이 낫다] 대답했다 하더라도, 그리스도를 가르치도록 명령하는 그리스도교인인 총독들에 반대해서 그들이 같은 주장을 해야만 하는 이유는 없어 보이기 때문이다. 하느님에 대한 단순한 순종과 인간에 대한 단순한 복종 사이에 모순처럼 보이는 이것을 조화시키기 위해, 우리는 그리스도인 통치자의 지배 아래에 살거나, 또는 이교도의 지배 아래에서 살아가는 그리스도교 신민에 대해 생각해보아야 한다.

5. [셋째] 그리스도인 통치자 밑에서 우리는 전능한 하느님께서 그들[통치자]에게 복종하는 것을 금지한 행동과 그렇지 않은 행동을 고려해야 한다. 우리가 그들에게 복종하지 못하도록 금지된 행동은 오직 우리의 구원에 필요한 믿음을 부정하는 듯한 그런 행동들이다. 왜냐하면 만일 [하느님이] 그런 행동을 금지하지 않는다면 [통치자에게] 불복종할 구실이 있을 수 없기 때문이다. 내세의 영원한 죽음에 대한 두려움 때문이 아니라면, 왜 사람은 윗사람을 불쾌하게 만들어 현세에서 죽을지도 모르는 위험을 초래해야 하는가? 따라서 우리는 어떤 신앙의 명제나 조항이 있는지 살펴보아야만 하는데, 이것들에 대한 믿음 없이는 아무도 구원받을 수 없다고 우리의 구세주와 그의 사도들이 선포했던 그런 것들이다. 지금 논란이 되고 있고, 마치 옛날에 바오로 편, 아폴로 편, 케파 편으로 갈라진 것처럼[31] 교황주의자, 루터파, 칼뱅파, 아르미니우스파[32] 등 종파를 구분하게 만드는 다른 모든 신앙의 요점은 그 신앙을 지키기 위해 자기 윗사람[통치자]에 대한 복종을 거부할 필요가 없는 그런 [사소한] 것이어야만 한다. 나는 구원에 꼭 필요한 신앙의 요점을 **근본적**(fundamental) 요점이라 하고, 다른 모든 것은 **피상적**(superstruction) 요점이라 부를 것이다.

---

31 「코린토 신자들에게 보낸 첫째 서간」 1장 12절에서 인용된 것이다. 케파 편이라는 말은 베드로라고 번역되는 케파에서 나온 이름이기 때문에, 베드로 편을 의미한다. 「요한복음」 1장 42절 참고.

32 아르미니우스주의(Arminianism)은 17세기 네델란드의 종교개혁가 야코뷔스 아르미니우스 (Jacobus Arminius, 1560~1609)의 추종자들에 의해 일어난 개신교의 한 종파다. 주로 칼뱅의 예정조화설에 대해 비판적인 입장이었다.

6. 모든 논란의 여지없이, 인간의 구원을 위해 다음 [명제]보다 더 필수적인 신앙의 핵심 요점은 없다. 즉 그것은 예수가 메시아, 즉 그리스도라는 것이다. 이 명제는 여러 가지로 설명되고 있지만 실제로는 그가 '하느님의 기름 부음을 받은 사람'이라는 점에서는 같다. 그것은 그리스도라는 단어를 통해 의미가 드러난다. 즉 '그는 참되고 합법적인 이스라엘의 왕이었으며, 다윗의 아들이었다. 그리고 세상의 구원자이자 이스라엘의 대속자(代贖者), 하느님의 구원, 세상에 와야만 하는 하느님의 아들이었다.' (내가 아리우스파의 새 종파에 반대해서 언급하자면[33]) [그리스도]는 '하느님의 아들'이며(「사도행전」 3장 13절, 「히브리서」 1장 5절, 5장 5절), '하느님의 독생자'이며(「요한복음」 1장 14·18절, 3장 16·18절, 「요한1서」 4장 9절), '그는 하느님'이며(「요한복음」 1장 1절, 20장 28절), '신격(神格)의 충만함이 그의 몸 안에 거하시는 분'이다. 더욱이 그분은 '죽음에서 부활하신 거룩하신 분, 하느님의 거룩하신 분, 죄를 용서하시는 분'이다. 이것은 '예수가 그리스도'라는 점에 대한 설명이자 일반적인 신앙 조항의 일부분이다.

따라서 이 핵심 요점과 그에 대한 모든 설명은 근본적이다. 또한 그것에서 분명하게 추론된 것들도 마찬가지다. 성부이신 하느님에 대한 믿음, "나를 믿는 사람은 나를 믿는 것이 아니라 나를 보내신 분을 믿는 것이다."(「요한복음」 12장 44절) "아드님을 부인하는 자는 아무도 아버지를 모시고

---

33 아리우스파에 대해 반대하는 입장이란 삼위일체설에서 예수의 신성을 부인하는 아리우스파의 주장에 대해 반대한다는 의미다. 즉 유니테리언(성부 단일주의)의 한 형식으로 성부의 신성만을 인정하며, 성자 예수는 삼위(성부, 성자, 성령) 가운데 인성으로만 제한하고 있다. 알렉산드리아의 신학자 아리우스(Arius, 256~336)와 반아리우스파의 논쟁은 초기 그리스도교 역사 안에서 치열하게 전개되었으며, 결국 325년 니케아 공의회에서 아리우스파는 이단으로 정죄되었다. 451년 칼케돈 공의회에서 교회는 예수의 신성과 인성을 모두 인정하는 교리를 확립했다.

있지 않습니다"(「요한1서」 2장 23절) 성령이신 하느님에 대한 믿음에 대해 그리스도는 이렇게 말했다. "보호자,[34] 곧 아버지께서 내 이름으로 보내실 성령"(「요한복음」 14장 26절) 그리고 「요한복음」 15장 26절에서는 "내가 아버지에게서 너희에게로 보낼 보호자, 곧 아버지에게 나오시는 진리의 영"이라고 말하고 있다. 성서에 대한 믿음을 통해 우리는 [신앙의] 핵심 요점들을 믿으며, 영혼의 불멸성에 대해서도 믿는다. 우리는 이런 믿음이 없이는 그[그리스도]가 구세주라는 것을 믿을 수 없다.

7. 이것들이 구원에 필수적인 신앙의 근본 요점인 것처럼, 그것들은 또한 단지 신앙의 문제 안에서만 필요하며, 그리스도인이라 불리는 데 필요한 유일한 본질적 요소다. 이것들은 성서의 여러 분명한 구절들을 통해 드러나고 있다. 「요한복음」 5장 39절, "너희는 성경에서 영원한 생명을 찾아얻겠다는 생각으로 성경을 연구한다. 바로 그 성경이 나를 위하여 증언한다." 그런데 여기서 말하는 성경은 구약을 의미하기 때문에(신약은 아직 기록되지 않았다) 구약에 나오는 우리의 구세주에 관한 기록을 믿는 것은 영원한 생명을 얻기 위해서는 충분한 믿음이었다.

그러나 구약성경에서는 그리스도에 관한 것은 아무것도 계시된 것이 없으나, 그가 메시아라는 것과 그에 따른 것이 근본적인 요점에 속하는 것이라는 점은 보여주고 있다. 따라서 이들 신앙의 근본적인 요점은 구원에 충분하다. "그들이 '하느님의 일을 하려면 저희가 무엇을 해야 합니까?' 하고 묻자, 예수님께서 그들에게 대답하셨다. 하느님의 일은 그분께서 보내신

---

34 보호자로 번역되는 그리스어 원전은 Παράκλητος(Paraklētos)이다. 파라클레토스는 협조자, 대변자의 뜻을 가지며 성서에서는 성령을 의미한다. 개신교 성경에서는 파라클레토스의 한자어 음역을 따서 보혜사(保惠師)로 쓰기도 한다.

이를 너희가 믿는 것이다."(『요한복음』 6장 28~29절) 따라서 믿어야 하는 요점은 '예수 그리스도가 하느님에게서 나왔으며, 그것을 믿는 사람은 하느님의 일을 하고 있는 것이다.' "살아서 나를 믿는 모든 사람은 영원히 죽지 않을 것이다. 너는 이것을 믿느냐? 마르타가 대답했다. 예, 주님, 저는 주님께서 이 세상에 오시기로 되어 있는 메시아시며 하느님의 아들이심을 믿습니다."(『요한복음』 11장 26~27절)

그러므로 이것을 믿는 사람은 결코 죽지 않을 것이다. "이것들을 기록한 목적은 예수님께서 메시아시며 하느님의 아드님이심을 여러분이 믿고 또 그렇게 믿어서 그분의 이름으로 생명을 얻게 하려는 것이다"(『요한복음서』 20장 31절) 이를 통해 이 근본적인 신앙의 요점이야말로 우리의 구원에 필요한 전부라는 것이 드러난다. "예수 그리스도께서 사람의 몸으로 오셨다고 고백하는 영은 모두 하느님께 속한 영입니다."(『요한1서』 4장 2절) "예수님께서 그리스도이심을 믿는 사람은 모두 하느님에게서 태어났습니다."(『요한1서』 5장 1절) 그리고 "세상을 이기는 사람은 누구입니까? 예수님께서 하느님의 아들이심을 믿는 사람이 아닙니까?"(『요한1서』 5장 5절)[35] 그리고 "내가 여러분에게 곧 하느님의 아드님의 이름을 믿는 이들에게 이 글을 쓰는 까닭은, 여러분이 영원한 생명을 지니고 있음을 알게 하려는 것입니다."(『요한1서』 5장 13절) "내시가 말했다. '여기에 물이 있습니다. 내가 세례를 받는 데 무슨 장애가 있겠습니까?' '마음을 다하여 믿으시면 받을 수 있습니다' 하고 필리포스가 대답하자, '나는 예수님께서 하느님의 아드님이심을 믿습니다' 하고 그가 말했다."(『사도행전』 8장 36, 37절) 그러므로 이 점

---

35 이 번역본인 퇴니스의 편집본에서는 4절로 표기되어 있으나 인용된 성서의 구절은 5절에 해당된다. 따라서 퇴니스는 오류를 수정하지 못하고 있다. 몰스워스 편집본에는 5절로 표시되어 있다.

은 사람이 세례를 받아, 즉 그리스도인이 되기에 충분했다. 그리고 "간수가 바오로와 실라스 앞에 엎드렸다. 그리고 말했다. '두 분 선생님, 제가 구원을 받으려면 어떻게 해야 합니까?' 하고 물었다. 그들이 대답했다. '주 예수님을 믿으시오.'"(「사도행전」 16장 29~31절)[36]

오순절에 성 베드로의 설교는 예수가 그리스도라는 설명에 불과했다. 그리고 그의 말을 들은 사람들이 '우리는 어떻게 해야 합니까?' 하고 물었을 때 베드로가 말했다. "회개하십시오. 그리고 저마다 예수 그리스도의 이름으로 세례를 받아 여러분의 죄를 용서받으십시오."(「사도행전」 2장 38절) "그대가 예수님은 주님이시라고 입으로 고백하고 하느님께서 예수님을 죽은 이들 가운데서 일으키셨다고 마음으로 믿으면 구원을 받을 것입니다." (「로마서」 10장 9절)

이들 구절에 추가로 다음의 것들이 덧붙여질 수 있다. 우리의 구세주 그리스도가 어떤 사람의 신앙을 승인하는 곳 어디에서나 믿음을 [고백한] 그 명제는 (만일 그것이 성서 본문에서 수집된 것이라면) 항상 앞서 언급된 [신앙의] 근본적인 요점 중의 일부이거나 이에 상응하는 것이다. 마치 「마태오복음」 8장 8절에 나오는 백인대장의 신앙이 그러한 것과 같다. "[백인대장이 대답했다] 그저 한 말씀만 해주십시오. 그러면 제 종이 나을 것입니다." 그[예수]가 전능하다는 것을 믿고 있는 혈우병을 앓고 있는 여인의 신앙은 「마태오복음」 9장 21절에 있다. "내가 저분의 옷에 손을 대기만 하여도 구원을 받겠지." 그[예수]가 메시아라는 것을 암시하며, 눈먼 이들에게 요구되었던 신앙은 「마태오복음」 9장 28절에 있다. "내가 그런 일을 할 수 있다

---

36 퇴니스의 편집본에는 성서 인용의 구절 표시가 30절로만 잘못되어 있다. 실제로 인용된 부분은 29절에서 31절의 내용이다. 몰스워스의 편집본에는 정확하게 표기되어 있다.

고 너희는 믿느냐?" 「마태오복음」 15장 22절에 나오는 가나안 여인의 신앙은 그가 메시아임을 암시하면서 "다윗의 자손"이라고 고백하는 것이었다. 그래서 우리의 구세주가 어떤 사람의 믿음을 칭찬하시는 [위에서 인용된] 구절들에는 (예외 없이) 모두 신앙고백이 들어 있다.

이런 구절들을 여기에 모두 적기에는 너무 많기에 생략하고, 나는 어떻게 보면 만족스럽지 못한 그의 심문(審問)에 대해 언급하고자 한다. 그리고 다른 신앙이 요구되지 않기 때문에, 다른 가르침도 없었다. 왜냐하면 구약의 예언자들도 다른 어떤 신앙을 가르치지 않았기 때문이다. 세례자 요한 역시 오직 하늘의 왕국, 다시 말해 그리스도의 왕국에 이르는 것에 대해서만 설교했다. 사도들의 사명 역시 마찬가지였다. "가서 하늘나라가 가까이 왔다고 선포하여라."(「마태오복음」 10장 7절) 그리고 유대인들에게 설교하는 바오로는 「사도행전」 18장 5절에서 "예수가 그리스도"라는 것을 그들에게 증언했다. 이방인들도 그리스도인들을 다른 방식으로 주목하지 않았으며, 그리스도인이라는 이름으로 그들은 '예수가 왕이 될 거라고' 믿으며 외쳤다. "온 세상에 소란을 일으키던 자들이 여기까지 왔습니다. 야손(Jason)이 그자들을 자기 집에 맞아들였습니다. 그자들은 모두 예수라는 또 다른 임금이 있다고 말하면서 황제의 법령들을 어기고 있습니다."(「사도행전」 17장 6절)

이것이 예언의 전부였으며, 마귀 같은 사람들뿐만 아니라 믿는 사람들이 한 고백의 절정이었다. 이것이 '나사렛 예수, 유대인의 왕'이라는 그의 십자가에 걸린 죄목이었다. 이것이 가시나무로 엮은 왕관, 갈대로 만든 홀(笏)과 십자가를 짊어질 사람의 이유였다. 이것이 호산나의 주제였고[37] 권

---

37 호산나의 주제(the subject of the Hosanna)란 예수가 예루살렘에 입성할 때 환영하던 유대인들이 종려나무를 흔들며 부르던 노랫말을 말한다. "호산나! 주님의 이름으로 오시는 분은 복되어라. 지극히 높은 곳에 호산나!"(「마태오복음」 21장 9절, 「마르코복음」 11장 9~10절)

한이었는데, 이를 통해 다른 사람의 소유를 가져오라고 명령하는[38] 우리의 구세주는 "주님께서 필요해서"라고 명령했다. 그리고 이 권한을 가지고 그는 세속적인 시장 바닥처럼 더럽혀진 성전을 정화했다.[39] 사도들 자신도 예수가 메시아라는 사실 그 이상으로 믿지 않았으며, 충분히 이해하지도 않았다. 왜냐하면 그들은 우리의 구세주가 부활한 이후가 될 때까지 메시아는 현세의 왕에 불과한 것으로 이해했다. 더욱이 그리스도가 메시아라는 의미는 바로 그 단어를 통해 또는 여러 구절에서 그와 동등한 의미를 갖는 다른 단어를 통해 [신앙의] 근본적인 요소로 선언되고 있다. 「마태오복음」 16장 16절에서, 베드로는 "스승님은 살아 계신 하느님의 아드님 그리스도이십니다"라고 고백하고 있으며, 18절에서 우리의 구세주는 "이 반석 위에 내 교회를 세울 것"이라 말했다. 그러므로 이 지점은 그리스도 교회의 전체 기초가 된다.

「로마서」 15장 20절에서 성 바오로는 "이와 같이 나는 그리스도께서 아직 알려지지 않으신 곳에 복음을 전하는 것을 명예로 여깁니다. 남이 닦아 놓은 기초 위에 집을 짓지 않으려는 것입니다"라고 말했다. 성 바오로가 종파로 분열되고 별난 호기심과 교설을 말하는 코린토 신자들을 꾸짖었을 때, 그는 근본적인 [신앙의] 요점과 피상적인 것들을 구분하며 이렇게 말했다. "나는 [하느님께서 베푸신 은총에 따라 지혜로운 건축가로] 기초를 놓았고, 다른 사람은 집을 짓고 있습니다. 그러나 어떻게 집을 지을지 저마다 잘 살펴야 합니다. 아무도 이미 놓인 기초 외에 다른 기초를 놓을 수 없기 때

---

38 예수가 예루살렘에 입성할 때 타고 갈 나귀를 구하는 장면에서 예수는 남의 소유인 암나귀와 어린 나귀를 끌고 오라고 명령한다. 「마태오복음」 21장 1~4절, 「마르코복음」 11장 1~11절, 「요한복음」 12장 12~19절 참고.
39 「마태오복음」 21장 12~13절, 「마르코복음」 11장 15~19절, 「루카복음」 19장 45~48절 참고.

문입니다. 그 기초는 예수 그리스도이십니다."(「코린토1서」 3장 10절) "여러분은 그리스도 예수님을 주님으로 받아들였으니 그분 안에서 살아가십시오. 그분 안에 뿌리를 내려 자신을 굳건히 세우고 믿음 안에 튼튼히 자리를 잡으십시오."(「콜로새서」 2장 6절).

8. '예수가 그리스도이다'라는 이 명제가 신앙의 근본적이고 필수적인 요점이 된다는 것을 보여주었기에, 다른 요점은 비록 그것이 참이라 할지라도 믿지 않으면 구원받을 수 없을 만큼 그렇게 필수적은 아니다. 이 점을 보여주기 위해 나는 성서의 몇 구절을 더 제시하려고 한다. 첫째, 만일 어떤 사람이 종교에 관하여 현재 벌어지고 있는 모든 논쟁의 진실성에 대해 마음에서 동의하지 않고는 구원받을 수 없다면, 나는 어떻게 살아 있는 사람이 구원받을 수 있는지 알 수 없다. 따라서 위대한 성직자가 된다는 것은 교묘하고 별난 지식으로 가득 찬 사람이 되는 것과 같다. 「마태오복음」 11장 30절에서 "내 멍에는 편하고 [내 짐은 가볍다]"고 말한 우리의 구세주가 왜 그런 어려운 문제를 요구한다고 생각해야만 하는가? 또는 「마태오복음」 18장 6절에서처럼 어떻게 이 작은 어린아이들이 믿는다고 말할 수 있는가? 또는 착한 강도가 십자가 위에서 충분하게 교리문답을 했다고 생각될 수 있는가?[40]

또는 성 바오로가 회심하자마자 그렇게 바로 완벽한 그리스도인이 되

---

40 예수와 함께 십자가형을 받은 두 강도 이야기다. 한 명은 예수를 모욕했지만 다른 한 명은 "이분은 아무런 잘못도 하지 않으셨다 (…) 예수님, 선생님의 나라에 들어가실 때 저를 기억해주십시오"라고 말하고 있다. 이에 예수는 "너는 오늘 나와 함께 낙원에 있을 것이다"고 대답한다. 홉스는 이 둘의 대화를 교리문답으로 비유하고 있다. 「루카복음」 23장 39~43절에 기록되어 있는데, 참고로 이 이야기는 「마태오복음」이나 「마르코복음」에서는 나오지 않는다. 다만 두 강도가 모두 예수를 모욕했다고 기록하고 있다.

었는가? 그리고 같은 [신앙의] 근본적인 요점이라도 암묵적으로 알고 있는 사람보다는 잘 설명된 것을 이해하고 있는 사람에게 더 많은 복종이 요구될 수 있다 하더라도, 구원을 위해 다른 사람보다 한 사람에게 더 많은 신앙이 요구되지는 않는다. 왜냐하면 만일 그것이 사실이라면, 「로마서」 10장 9절에서처럼 "누구라도 예수님은 주님이시라고 입으로 고백하고 하느님께서 예수님을 죽은 이들 가운데에서 일으키셨다고 마음으로 믿으면 구원을 받을 것"이기 때문이다. 예수가 그리스도라는 것을 믿는 사람은 누구나 하느님에게서 난 것이며, 이 점을 믿는 것이 신앙이기 때문에 그가 누구든지 구원[받기]에 충분하다. 그가 무엇을 믿든 간에 예수가 그리스도라는 점을 믿지 않는 사람은 구원받을 수 없다는 것을 고려할 때, 신앙의 문제에 있어서 한 사람이 구원받는 데 다른 사람보다 더 많은 것이 요구되지 않는다는 점이 자연스럽게 따라 나온다.

9. 그리스도인들 사이에는 여러 종파가 있지만 [신앙의] 근본적인 요점들에 대해서는 거의 논란이 없다. 그러므로 종교에 관한 논쟁점은 거의 모두가 구원에는 불필요한 것들인데, 그중에 어떤 것은 근본적인 요점들로부터 사람들이 추론(ratiocination)을 통해 제기한 교설들도 있다. 예를 들면, 실재하는 현존재의 존재 방식과 관련된 교설들인데, 그 안에는 그리스도의 전능함과 신성함에 관한 신앙의 신조가 실체(substance)와 우연성(accidents), 종(種), 기체(基體, hypostasis)와[41] 자존(自存) 그리고 이리저리 움

---

41 기체로 번역되는 하이포스타시스(ὑπόστασις, hypóstasis)는 사물이 가진 속성과는 반대로 사물의 가장 밑바탕을 이루는 하부 구조(sub-structure)를 의미한다. 실체와 동일한 의미이기도 하다. 그리스도교 신학에서 삼위일체설은 하나의 실체이면서 세 개의 기체로 설명되고 있다.

직이는 우연적인 것들의 이동 같은 아리스토텔레스와 소요학파(逍遙學派)의[42] 학설이 함께 섞여 있다. 이들 개념 가운데 어떤 것은 무의미하며 단지 그리스 궤변론자들의 관념적인 말에 불과했다. 이들 교설은 「콜로새서」 2장 8절에서 분명하게 비난받고 있는데, 거기서 성 바오로는 '그리스도 안에 뿌리를 내리고 굳건히 세우도록' 그들[콜로새 신자들]에게 권면한 후 다음과 같은 추가적인 경고를 하고 있다. "아무도 사람을 속이는 헛된 철학으로 여러분을 사로잡지 못하게 조심하십시오. 그런 것은 사람들의 전통과 이 세상의 정령들을 따르는 것이지 그리스도를 따르는 것이 아닙니다."

이런 교설은 [근본적인 신앙의] 토대와 관련이 없는 것으로서 성서의 여러 구절을 가지고 인간의 자연적 이성이 제기한 것들이며, [사물의] 원인의 원인을 찾아가는 무한 소급의 연속 과정과 하느님의 [구원] 예정설처럼 철학과도 섞여 있는 교설이며, 이는 마치 하느님이 어떤 방식으로 보고, 듣고, 말하는지 사람이 알 수 없음에도 그분이 어떻게 의도하고 예정하는지 그 방식을 아는 것이 가능한 것처럼 [잘못] 말하는 교설이다. 그러므로 사람은 이성을 가지고 [신앙의] 어떤 요점을 시험해보거나, 이성으로는 가능하지 않은 전능한 하느님의 본성에 관해 성서에서 이성을 통해 어떤 결론을 도출해서도 안 된다. 그래서 성 바오로는 「로마서」 12장 3절에서 좋은 규칙 하나를 제시하고 있다. "마땅히 생각해야 하는 것 이상으로 분수에 넘치는 생각을 하지 마십시오. 믿음의 정도에 따라 건전하게 생각하십시오."

---

42 소요학파는 아리스토텔레스가 아테네에서 제자들과 학문적 담론을 나누던 뤼케이온 (Lycaeum) 지역에서 시작된 학파를 칭한다. 아리스토텔레스는 아테네 시민권자가 아니었기 때문에 재산을 소유할 수 없었기에 뤼케이온에서 모여 함께 산책하면서 철학적 담론을 나누며 실질적인 교육을 수행했다. peripatetikos는 '걷는다'라는 뜻이 있어서 소요학파라 불린다.

그들[로마 교인들]은 이해할 수 없는 것을 이해하기 위해 어떤 교설을 세우고, 이를 위해 자기 멋대로 성서를 해석하고 추정하는 사람들이 아니다. 그리고 하느님의 예정설과 인간의 자유 의지론에 관한 이 모든 논쟁은 그리스도인들에게만 특별한 문제도 아니다. 왜냐하면 우리는 [필연적] 운명과 우연이라는 이름 아래 에피쿠로스학파와 스토아학파 사이에서 이 주제에 관해 벌였던 방대한 분량의 [논쟁 자료를] 가지고 있으며, 결과적으로 이는 신앙의 문제가 아니라 철학의 문제이기 때문이다. 앞서 언급한 [신앙의] 토대 외에 다른 점에 관한 모든 질문도 역시 마찬가지다. 하느님은 사람이 어떤 문제를 가지고 있든 그를 기꺼이 받아들인다. 유대인이면서 그리스도인인 사람이 먹지 않는 것을 이방인이면서 그리스도인이 자유롭게 먹을 수 있는가의 문제는 성 바오로의 시대에도 논쟁거리였다. 유대인들은 그렇게 먹는 이방인들을 비난했으며, 성 바오로는 이들에게 「로마서」 14장 3절에서 이렇게 말했다. "가려 먹는 사람은 아무것이나 먹는 사람을 심판해서는 안 됩니다. 하느님께서는 그들을 기꺼이 받아들이셨습니다." 그리고 6절에서는 거룩한 날[안식일]을 지키는 문제, 즉 이방인과 유대인이 서로 다른 데 따른 문제에 대해서 바오로가 이렇게 말했다. '그날을 지키는 사람도 주님을 위해서 하는 것이고, 그날을 지키지 않는 사람도 주님을 위해서 그런 것이다.'

따라서 이런 물음에 관해 [해결하려고] 애쓰면서 스스로 분파를 나누는 그들은 신앙이 열심인 사람들로 간주되어서는 안 된다. 그들이 애쓰는 모습은 세속적인 것을 위한 것일 뿐이다. 이는 성 바오로가 말한 「코린토1서」 3장 4절에서 확인되고 있다. "어떤 이는 '나는 바오로 편이다' 하고 어떤 이는 '나는 아폴로 편이다' 하고 있으니, 여러분을 속된 사람이 아니라고 할 수 있습니까?" 이것들은 신앙에 관한 질문이 아니라 [잔머리 굴리는] 재치에 관한 질문이며, 그 점에서 사람들은 세속적으로 서로에 대해 지배권을 추구하려는 경향을 지니고 있다. 예수가 그리스도라는 것 외에는 그 어떤 것도 진실로 신앙의 근본적인 요점이 아니다. 성 바오로는 「코린토1서」 2장 2절에서 이 점을 증언하고 있다. "나는 여러분 가운데에 있으면서 예수 그리스도 곧 십자가에 못 박히신 분 외에는 아무것도 생각하지 않기로 결심했습니다." 그리고 「티모테오1서」 6장 20~21절에서는 이렇게 말하고 있다. "티모테오, 그대가 맡은 것을 잘 지키십시오. 사이비 지식의 속된 망언과 반론들을 멀리하십시오. 어떤 사람들은 그러한 지식을 받아들여 믿음에서 빗나갔습니다." 「티모테오2서」 2장 16절, "속된 망언을 피하십시오. 그것은 사람들을 점점 더 큰 불경에 빠지게 합니다." 17장, "그들 가운데 히메내오스와 필레토스가 있습니다. 이자들은 진리에서 빗나가, 부활이 이미 일어났다고 말하면서 [몇몇 사람의 믿음을 망쳐 놓고 있습니다.]"

그렇게 함으로써 성 바오로는, 인간의 추론을 통해 제기되는 물음은 비록 그것이 근본적인 [신앙의] 요점들 자체에서 나온 것이라 하더라도 그리스도인의 신앙에는 필요하지 않을 뿐만 아니라 가장 위험하다는 것을 보여주고 있다. 모든 이 구절에서 나는 일반적으로 이 결론만을 내리고자 한다. 즉 종파가 다른 그리스도인들 사이에서 현재 논란이 일고 있는 요점이나, '예수가 그리스도'라는 조항에 포함된 것들을 제외하고 이후 논란에 빠질 수도 있는 어떤 요점들도 모두가 신앙의 문제로 보면 구원에 필수적인 것은 아니라는 것이다. 그러나 복종의 문제로 보면 그 [논란이 일고 있는] 요점에 대해서 사람들이 [서로] 반대하지 않을 수 있다.

10. 이미 성서를 통해 선포되었듯이 신앙의 문제인 구원을 얻기 위해서는 앞서 언급된 [신앙의] 근본적 조항을 믿는 것 외에 더 요구되는 것이 없

지만, 복종의 문제로서 보면 다른 것들이 요구된다. 왜냐하면 왕의 [명령인] 법에 복종은 하지 않고 (왕들이 가하는 형벌을 피하려고) 왕의 권리와 자격을 인정하는 것만으로는 현세의 왕국에서 충분하지 않은 것처럼, 그리스도인의 복종으로 이루어진 천국의 율법, 즉 그분의 율법에 복종하려는 우리의 노력이 없다면, 우리 구세주 그리스도께서 그리스도인의 신앙을 통해 존재하는 천국의 왕임을 인정하는 것만으로는 충분하지 않기 때문이다. 1부 18장에서 밝힌 바와 같이 천국의 율법은 자연법인 까닭에, 사람이 정의롭거나 의롭다고 불리는 이유는 신앙 때문만이 아니라 자연법에 복종하기 때문이다. (그런 의미에서 정의는 모든 죄가 없는 상태가 아니라 의로운 일을 하려는 시도와 지속적인 의지로 간주된다.)[43]

신앙만이 아니라 그 신앙의 결과로 생기는 이런 의로운 일은 회개라 불리며 때로는 [의로운 일을] 실천하는 정의가 구원에 필수적이다. 따라서 신앙과 정의가 모두 일치하며, 의롭게 된다는 말이 여러 번 수용된다는 것은 적절하게 말해서 신앙과 정의, 이 둘이 모두 정당화된다는 것이다.[44] 이 둘 중의 어느 하나라도 빠지게 된다면 그것은 제대로 말해서 비난받아 마땅하다. 왜냐하면 왕의 자격을 의심해서 그에게 저항하는 사람뿐만 아니라 무절제한 정념 때문에 [왕에게] 저항하는 사람은 처벌받아 마땅하기 때문

---

43 홉스는 정의에 대한 가장 오래된 정의(定義) 가운데 하나인 로마의 법률가인 도미티우스 울피아누스(Domitius Ulpianus, A.D. 170~223?)의 정의를 인용하고 있다. "정의는 모든 사람 각자에게 자신의 것을 갖게 하려는 지속적인 의지다." 『리바이어던』 15장 195쪽 참고.

44 이 부분은 이른바 이신칭의(以信稱義) 교리와 관련되어 있다. 오직 믿음으로만 의롭게 된다는 이 교리에 대한 다양한 해석은 가톨릭교회와 개신교 사이뿐만 아니라 개신교 내에서도 존재한다. 그리스도교 내에서 구원의 조건이 믿음뿐인가 아니면 믿음을 전제로 의로운 실천이 뒷받침되어야 하는가 하는 문제는 바오로와 야고보 사이에서도 전개되었던 문제다. 「로마서」 4장 참고.

이다. 믿음과 실천이 분리될 때, 실천 없는 믿음은 죽은 것이며 뿐만 아니라 믿음이 없는 실천 역시 죽은 실천이라 불린다. 그렇기에 「야고보서」 2장 17절에서 "이와 마찬가지로 믿음에 실천이 없으면 그러한 믿음은 죽은 것입니다"라고 말했으며, 26절에서는 "영이 없는 몸이 죽은 것이듯 실천이 없는 믿음도 죽은 것입니다"라고 했다. 성 바오로는 「히브리서」 6장 1절에서, 믿음이 없는 실천을 죽은 실천이라 부르고 있으며, 거기서 그는 '죽은 실천으로부터 회개의 기초를 다시 놓지 말라'고 말했다. 그리고 이들 죽은 실천이란 속사람(inward man)의 복종과 정의가 아니라 형벌에 대한 두려움이나 헛된 영광, 사람들에게 명예를 얻고자 하는 욕망에서 나오는 꾸며진 일(*opus operatum*) 또는 겉치레의 행동으로 이해된다. 이런 실천들은 믿음에서 분리될 수 있으며, 사람이 의롭게 되는 데 전혀 도움이 되지 않는다. 그런 이유로 성 바오로는 「로마서」 4장에서, 한 죄인이 의롭게 되는 일에서 율법의 의로움[실천]을 배제하고 있다.

사람들의 행동에 적용되고, 죄짓지 않기를 요구하는 모세의 율법에 따르면, 살아 있는 모든 사람은 처벌을 피할 길이 거의 없다. 따라서 누구도 행위로 의롭게 되지 않고 오직 믿음으로만 의롭게 된다. 그러나 만일 실천이 행위를 하기 위한 시도(endeavor)로 생각된다면, 즉 만일 그 의지가 행위를 위한 것으로 또는 외형적인 의로움을 위해 내적 의로움을 취하는 것이라면 실천은 구원에 도움이 된다. 이 점은 「야고보서」 2장 24절에서 드러나고 있다. "여러분도 보다시피, 사람은 믿음만으로 의롭게 되는 것이 아니라 실천으로 의롭게 됩니다." 그리고 「마르코복음」 1장 15절에서 "회개하고 복음을 믿어라" 한 것처럼, 이 두 가지[믿음과 실천]는 모두 구원에 함께 결합되어 있다. 「루카복음」 18장 18절에서 어떤 권력가가 우리의 구세주에게, '제가 무엇을 해야 영원한 생명을 받을 수 있습니까?' 물었다. 예수는 그에게 계명을 지킬 것을 제안했으며, 이에 대해 그 권력자가 '자기는 다 지켜왔다' 대답했을 때, 예수는 '네가 가진 것을 다 팔고, 그리고 와서 나를 따르라' 하며 그에게 믿음을 제안했다. 그리고 「요한복음」 3장 36절에서는 "아드님을 믿는 이는 영원한 생명을 얻는다. 그러나 아드님께 순종하지 않는 자는 생명을 보지 못한다"라고 말하고 있다. 여기서 그[예수]는 복종과 믿음을 명백하게 연결하고 있다.

"의로운 이들은 믿음으로 살 것이다"(「로마서」 1장 17절). 그러나 모두가 아니라 의로운 사람만 그러하다. 왜냐하면 '마귀들도 믿고 있지만 떨고 있기 때문이다.'[45] 그러나 믿음과 정의(여기서 정의란 죄가 없는 것이 아니라, 행동하기 위한 의지로 간주되는 마음의 선한 의도를 의미하는데, 이는 하느님에 의해 의롭다 불린다)가 모두 의롭게 된다고 말해지지만, 의롭게 되는 행위에서 믿음과 정의의 역할은 각각 구별되어야만 한다. 왜냐하면 정의가 의롭다고 말하는 이유는 그것이 용서하기 때문이 아니라 그가 믿음을 가질 때는 언제나 믿음이 그를 의롭다 칭하고 그에게 구원의 지위 또는 자격을 갖게 하기 때문이다. 그러나 믿음은 의롭게 하는 것, 즉 용서하는 일이라 말해지는데 이는 믿음을 통해 의로운 사람이 죄 사함을 받으며 그의 불의한 행동도 용서받기 때문이다. 그리하여 여기서 '오직 믿음만으로 의롭게 된다'는 바오로와 '사람은 믿음만으로 의롭게 되지 않는다'는 야고보의 견해는 화해를 이루고 있으며, 믿음과 회개가 어떻게 서로 일치해야 하는지를 보

---

45 「야고보서」 2장 19절. 믿음과 실천 가운데 어느 것이 구원에 더 필수적인가 하는 문제는 성 바오로와 성 야고보 사이에 놓여 있는 강조점의 차이를 잘 보여주고 있다. 실천을 강조하는 성 야고보와 믿음을 구원의 필수조건으로 본 성 바오로 사이의 차이는 화해 불가능한 것이 아니라 상호 보완적인 관계로 보아야 한다. 「야고보서」 2장 14~26절은 믿음과 실천의 관계에 대한 야고보의 견해가 압축되어 있다.

여주었다.

11. 이런 점들을 고려했을 때, 그리스도교 왕국의 통치 권력 아래에서 사람이 만든 실정법에 단순히 복종함으로써 처벌받을 위험이 하나도 없다는 것은 쉽게 드러날 것이다. 왜냐하면 그 국가 안에서 통치자는 그리스도교를 허용하고 있으며, 아무도 자신의 구원에 충분한, 다시 말해 신앙의 근본적인 요점을 부인하도록 강요받지 않기 때문이다. 그리고 [그 밖의] 다른 점들에 관해서는, 그것이 구원에 필수적인 것이 아니기 때문에, 만일 우리가 [실정]법에 따라 행동한다면, 우리는 허용된 것뿐만 아니라 우리의 구세주가 직접 가르치신 도덕법인 자연법이 명령한 것들도 실행하는 것이 된다. 그리고 이것이 바로 우리가 구원받는 일에 서로 일치해야만 하는 복종의 몫이다.

12. 자기 양심에 어긋나는 행동은 무엇이나 죄가 된다는 것은 사실이지만, 위와 같은 경우에 있어서 복종은 죄가 아니고 양심에 반하는 것도 아니다. 왜냐하면 양심은 한 사람의 [내면에] 자리하고 있는 판단이자 의견에 불과하기에, 그가 자신의 판단 권한을 다른 사람에게 한 번 양도했을 때 [양도받은] 다른 사람의 판단에 따라 그가 따라야 할 명령의 내용은 그 자신의 판단과 다르지 않기 때문이다. 따라서 법에 복종하는 데 있어서 사람은 여전히 자신의 양심에 따라 하는 것이지 자신의 사사로운 도덕심에 따라 복종하는 것은 아니다. 법이 그에게 자유 재량권을 맡겼을 때, 개인적인 양심에 반하는 일은 무엇이나 죄가 되지만 그렇지 않으면 죄가 안 된다. 그리고 한 사람이 어떤 행동을 하든지 그것이 잘못된 행동이라고 믿어질 경우뿐 아니라 잘못된 것인지 아닌지 의심스러운 경우 그것은 잘못된

행동으로 보아야 하며, 그런 경우 그는 합법적으로 그 행위를 하지 않을 수 있다.

13. 이미 입증된 바와 같이, 논란이 되는 문제들에 대해서 사람은 자신의 의견을 국가의 권위에 맡겨야만 한다. 마찬가지로 다른 점에서 그 의견에 반대하는 모든 사람도 실천을 통해 [국가의 권위에 의견을] 맡겨야만 한다. 다른 사람과 의견을 달리 하면서 자신은 옳고 다른 사람은 틀리다 생각하는 사람이 있다고 할 때, 만일 국가 전체가 허용하는 것과 자신이 같은 의견이라면 다른 사람도 그의 의견을 국가에 맡겨야 한다고 생각하는 것이 합리적이지 않은가? 아니면 만일 한 사람이나 소수의 사람이 아니라 국가 전체의 모든 성직자나 적어도 자기가 좋아하는 성직자들로 [구성된] 의회가 종교에 관한 모든 논쟁을 결정할 수 있는 권한을 가져야만 한다면 그것은 만족스럽지 못한가? 아니면 교황이나 총회, 지역 공의회 또는 자국의 장로교 노회에 자신의 의견을 맡기는 데 만족하지 않을 사람은 누구인가?

그러나 이 모든 경우에 그는 인간적인 권위보다 더 크지 않은 권위에 자신을 복종시키고 있다. 또한 어떤 사람이 성서 해석을 위해 다른 사람에게 스스로 복종하지 않으면서, 그가 스스로 성서에 복종한다고 말할 수는 없다. 또는 만일 성서 자체가 신앙에 관한 논쟁에서 재판관의 직무를 수행할 수 있다면 국가 내에 교회 정부는 왜 있어야만 하는가? 그러나 사람이 양심의 자유뿐만 아니라 행동의 자유를 추구한다는 사실은 지속적인 경험을 통해 명백하다. 그것뿐만 아니라 사람들은 자기의 견해를 가지고 다른 사람을 설득할 수 있는 더 큰 자유를 추구하며, 또한 오직 모든 사람이 바라는 것이 아니라 통치권자는 자신이 주장하는 것과 다른 어떤 의견들이 옹호되는 것을 용납해서는 안 된다.

14. 그러므로 그리스도교 왕국에서 하느님과 사람[통치자] 모두에게 복종하는 데는 어려움이 없다. [그러나] 앞서 이교도 통치자에게 스스로 복종했으면서 그리스도에 대한 신앙을 받아들인 사람이 종교 문제에 있어서 [이교도 통치자에게] 복종할 의무가 면제되는지 아닌지에 관한 문제에는 많은 어려움이 있다. 모든 복종의 신약은 사람이 자기 생명을 보존하기 위해 맺은 것이기 때문에, 만일 한 사람이 이교도의 명령에 복종하기보다는 [신앙을 위해] 저항 없이 자기 목숨을 내놓은 일에 만족한다면, 이런 곤란한 경우에 그는 복종의 의무에서 충분히 벗어났다고 생각하는 것이 합리적인 것처럼 보인다. 왜냐하면 어떤 신약도 노력하는 것 이상으로 구속하지는 않기 때문이다.[46] 그리고 만일 사람이 정당한 의무를 수행하는 일에 스스로 확신을 가질 수 없고, 그 때문에 현실적인 죽음이 확실하다면, 사람이 자기 마음에 영원히 저주받을 것이라 믿는 그런 의무를 수행하리라고는 거의 기대할 수 없다. 따라서 하느님의 율법을 스스로 해석하는 자들에게는 사람이 만든 법에 복종할 때 생길 수 있는 양심의 가책과 관련된 문제들이 많이 있다. 통치적 권위를 통해 임명받지 못한 다른 사람에게 자신의 논쟁을 맡기는 사람들이 위와 같은 양심의 가책을 느끼지 않도록 없애 주는 일이 남아 있다. 그리고 이것을 나는 다음 장에서 언급하겠다.

---

46 신약(covenant)과 계약(contract) 사이의 차이점에 주목할 필요가 있다. 구속력의 정도가 신약보다는 계약이 더 강하며, 신약은 신의 성실의 원칙을 기준으로 행동 규범을 구속하는 것이라면, 계약은 법적 구속력, 즉 강제성이 전제되어 있다. 따라서 여기서 자기 생명을 보호하기 위한 신약은 반드시 지켜야 할 구속력 있는 약속이라기보다는 지키려고 노력하는 것으로 충분하다.

7. 백성은 통치 권력에 의존하지 않은 종교에 관한 논쟁에서 [다른] 어떤 권위자의 판단에 따를 의무가 없다

1. 제기된 질문: 그리스도 왕국에서 누가 관리자인가
2. 그 질문에 관한 좋은 사례는 모세와 아론 그리고 모세와 코라 사이의 논쟁에서 볼 수 있다
3. 유대인 사이에서 세속적인 권력과 영적인 권력은 한 사람 손에 있었다
4. 이스라엘 12 족장과 12 사도의 대비(對比)
5. 70인의 원로와 70명의 제자의 대비
6. 우리 구세주[예수] 시대에 교회의 계급 질서는 12사도와 70명의 제자로 구성되어 있었다
7. 왜 그리스도는 모세처럼 희생 제사를 집전할 사제를 세우지 않았는가
8. 사도 시대 교회의 계급 질서. 사도, 주교 그리고 사제
9. 복음을 가르치는 일은 명령이 아니라 설득하는 일이었다
10. 파문. 통치자는 그리스도의 [통치] 아래에 있는 교회의 직접적 지배자다
11. 국가에 복종하는 것을 반대하는 종교에 대해 정당하다고 주장하는 사람은 아무도 없다. 하느님은 그의 대리자를 통해 사람에게 말씀하신다

　1. 앞에서 우리는 인간의 권위에 복종하는 것을 거부하는 데에 따른 여러 난점을 해결했는데 이 난점들은 우리 구세주의 자격(title)과 율법에 대한 오해에서 발생하고 있다. 둘 가운데 전자, 즉 그분의 자격은 우리의 믿음 안에 있고, 후자, 즉 그분의 율법은 우리의 정의 안에 존재한다. 이제 구세주의 자격과 율법에 관한 의견에서는 서로 다르지 않은데도, 그분의 관리자들(magistrates)과 그분이 그들에게 부여한 권위에 관해서는 서로 다

른 의견을 가진 사람들이 있다. 이런 의견이 우리 구세주 그리스도께서 이 관리권을 왕에게 주신 것이 아니라 다른 사람들에게 주신 것처럼 속이면서, 많은 그리스도인이 자신의 왕에게 복종하는 것을 거부하게 만든 원인이기도 하다. 예를 들면, 어떤 사람들은 보편적으로 교황에게 관리권이 주어졌다고 말하고, 어떤 사람들은 귀족정치 같은 시노드(synod)에,[47] 또 어떤 이는 여러 국가에서 민주적인 시노드에 주어졌다고 말하고 있다. 그리고 그리스도의 관리자들이란 바로 이들을 통해 그리스도께서 [자신의 의중을] 말하는 바로 그 사람들이다. 문제는 과연 그리스도가 교황을 통해서나 또는 주교와 성직자의 회의를 통해서 또는 모든 나라에서 통치 권력을 가지고 있는 사람들을 통해서 우리에게 말씀하고 있는가이다.

2. 이런 논쟁은 광야에서 모세에게 대항하며 일어난 두 반란 사건의 원인이기도 했다. 첫 번째 반란은 [모세가] 에티오피아 여인과 결혼한 것을 비난하기 위해 아론(Aaron)과 그의 여동생 미르얌(Miriam)이 일으킨 것이었다. 그리고 이 두 사람과 모세 사이에 있던 문제 상황은 「민수기」 12장 2절에서 이렇게 언급되고 있다. "주님께서 모세를 통해서만 말씀하셨느냐? 우리를 통해서도 말씀하시지 않았느냐? 주님께서 이 말을 들으셨다." 이 일로 미르얌은 벌을 받고, 아론은 회개해서 용서를 받았다. 이것이 통치권에 대항해서 사제권을 세운 모든 이들의 [대표적인] 경우다. 두 번째 반란은 코라, 다탄 그리고 아비람이 일으킨 것이었는데, 이들은 250명의 대장과 함께 모여서 모세와 아론에 맞서 일어났다. 그들의 쟁점은 이러했다.

---

47 시노드(synod)는 집회(assembly) 또는 회합(meeting)을 의미하는 그리스어 시노도스(σύνοδος)에서 유래했으며, 위원회(council)를 의미하는 라틴어 콘실리움(concilium)과도 유사하다. 주교들이 교회의 여러 현안을 논의하기 위해 소집한 회의를 의미하기도 한다.

'하느님이 모세와 마찬가지로 군중에게도 함께 계시지 않는가? 그리고 모세가 거룩한 만큼 모든 사람도 다 거룩한 것 아닌가?' 「민수기」 16장 3절에서 그들은 이렇게 말하고 있다. "당신들은 너무하오. 온 공동체가 다 거룩하고, 주님께서 그들 가운데에 계시는데, 어찌하여 당신들은 주님의 회중 위에 군림하려 하오?" 그리고 이것은 사적인 도덕심을 내세우며, 왕국의 통치 권력을 가진 모세 또는 모세와 아론의 손에서 종교에 관한 통치권을 빼앗기 위해 스스로 뭉친 사람들의 사례다. 코라와 그 공범자들에게 내려진 끔찍한 형벌을 보면, 하느님이 얼마나 기꺼이 형벌을 내렸는지가 드러난다.[48]

3. 그러므로 모세의 통치 아래에서는 모든 정치적·영적 권력이 그에게서 나오지 않은 것은 없었으며, 또한 왕이 통치하던 이스라엘 왕국에서도 왕에게 어떤 일을 하도록 강요할 수 있는 지상의 권력은 없었으며, 어떤 경우에도 왕에게 저항하는 일이 허용된 백성도 없었다. 선지자들은 특별한 소명을 갖고 종종 이스라엘 왕과 백성에게 경고하고 위험을 알렸지만, 선지자들은 그들을 지배할 수 있는 권위를 갖고 있지는 않았다. 그러므로 유대인들 사이에서 영적·세속적인 권력은 항상 같은 사람 손안에 있었다.

---

48 「민수기」 16장 31절 이하 참고. 백성이 모세에게 요구하는 제사에 관한 통치권은 거부되었다. 이는 제사권과 정치적 통치권을 한 사람이 가지고 있던 제정일치(祭政一致)의 시대를 반영하고 있다. 이와 유사한 백성의 요구는 모세 이후 판관기를 거쳐 사무엘 시대에 다시 제기되고 있다. "이제 다른 모든 민족들처럼 우리를 통치할 임금을 우리에게 세워 주십시오."(「사무엘상」 8장 5절) 이에 사무엘은 사울을 임금으로 세움으로써 신정정치(神政政治) 시대는 종식되고, 이스라엘에는 고대 왕권 국가가 시작되었다. 홉스는 이 부분을 『리바이어던』 3부 40장(158쪽)에서 상세하게 언급하고 있다.

4. 천국의 임금이자 특별히 유대인들의 정당한 왕이었던 우리의 구세주 그리스도는 관리자를 임명하는 데 있어서 모세가 활용했던 형태의 정치 체제를 부활시켰다. 야곱의 자녀 수에 따라 모세는 하느님의 지명에 따라 [각 지파에서] 한 사람씩, 모두 12명을 선발했다. 이들 12명은 각각 자기 집안의 우두머리였으며, 이스라엘 민족을 소집해서 사열하는 모세를 돕도록 했다(「민수기」 1장 4절). 그리고 24절에서[49] 이들 12명은 '자기 조상들의 집안을 대표하는 이스라엘의 수장들'이라 불렸으며, 「민수기」 7장 2절에서 다시 말해지길, '이들은 자기 조상들의 집안을 다스리고, 부족의 우두머리들이며 [이스라엘 민족으로] 헤아려진 사람들을 지배하는 수장들이었다.' 이들은 모두 자기들 안에서 평등했다. 마찬가지로 우리의 구세주도 권위에 있어서 자기 옆자리에 두기 위해 12사도들을 선택했다. 이들에 대해 「마태오복음」 19장 28절에서 말하길, "사람의 아들이 영광스러운 자기 옥좌에 앉게 되는 새 세상이 오면, 나를 따른 너희도 열두 옥좌에 앉아 이스라엘의 열두 지파를 심판할 것이다." 그리고 12사도 사이의 평등에 관해 우리의 구세주는 「마태오복음」 20장 25절과 26절에서 말했다. "너희도 알다시피 다른 민족들의 통치자들은 백성 위에 군림하고 (…) 그러나 너희는 그래서는 안 된다. 너희 가운데서 높은 사람이 되려는 이는 너희를 섬기는 사람이 되어야 한다." 그리고 「마태오복음」 23장 11절에서, "너희 가운데서 가장 높은 사람은 너희를 섬기는 사람이 되어야 한다." 그리고 조금 앞서 8절에서, "너희는 선생이라고 불리지 않도록 하여라. 너희의 선생님은 그리스도 한 분뿐이시고 너희는 모두 형제다." 그리고 「사도행전」 1장 [15절~26절]에서 볼

---

49 퇴니스의 편집본에는 「민수기」 1장 24절이라고 표기되어 있으나, 정확하게는 16절 또는 44절에 해당되는 언급이 있다. 몰스워스의 편집본에는 44절로 정확하게 표기되어 있다.

수 있듯이, 마티아스를 사도로 뽑는 회의에서 성 베드로가 의장 역할을 맡았지만 아무도 베드로에게 선택권을 부여하지 않았고, 그 일을 제비뽑기에 맡겼다.

5. 다시 모세는 하느님의 명령을 받았다. "네가 백성의 원로이며 관리라고 알고 있는 이스라엘의 원로들 가운데에서 나를 위해 일흔 명을 불러 모아라. 그들을 데리고 만남의 천막으로 와서 함께 서 있어라."(「민수기」 11장 16절) 모세는 하느님의 명령에 따라 그렇게 했다(24절). 그리고 같은 11장 17절에 나오는 것처럼, 이들은 통치하는 부담을 나눠 짊어지는 일에서 모세를 돕기 위해 뽑힌 사람들이다. 12지파의 족장이 야곱의 자녀 숫자에 따른 것처럼, 70인의 원로는 야곱과 함께 이집트로 내려간 사람들의 숫자에 따른 것이다.[50] 마찬가지로 우리의 구세주는 하늘의 왕국, 즉 교회 안에서 그분을 믿는 모든 사람 가운데 70명을 뽑았는데, 특별히 이들은 70명의 제자라 불렸으며 그분은 이들에게 복음을 전파하고 세례를 줄 수 있는 권한을 주었다.

6. 그러므로 우리 구세주의 시대에 교회의 계급 질서는 수장인 구세주 자신을 제외하면 12명의 제자로 구성되었으며, 이들은 자신들 안에서 모두 평등했지만 12명의 족장처럼 다른 사람들을 지배하도록 임명되었다. 그리고 70명의 제자도 있었는데, 이들 각자는 세례를 주고, 가르치고, 전체 양 떼를 관리하도록 도움을 줄 수 있는 권한을 가졌다.

---

50 "그래서 이집트로 들어간 야곱의 집안 식구는 모두 일흔 명이다." 「창세기」 46장 27절 참고.

7. 그리고 모세가 세운 왕국에서는 현직의 대제사장뿐만 아니라 사제들의 계승과 서열 제도가 있었던 반면에 우리의 구세주 그리스도는 왜 이와 같은 것을 제정하지 않았는지 물어볼 수 있다. 그 대답은 이러하다. 대제사장직은 그 권위에 관한 한 그리스도의 인격 안에 있는데, 그것은 그가 그리스도 왕(Christ-King)이기 때문이다. 모세의 시대에도 마찬가지였는데, 아론은 대리인의 역할만 수행했다. 비록 아론이 대제사장이었지만 그에게 성직을 수여하는 권한은 모세에게 속해 있었다. 「탈출기」 29장 1절에는 모든 제사 도구와 신물(神物)들이 모세를 통해 지시되었다. 그리고 요약하자면, 모든 레위법은[51] 모세의 손을 빌려 하느님에 의해 전달되었는데, 아론에게 모세는 하느님이었으며, 아론은 모세의 입이었다. 대리인의 역할을 위해서는 대제사장 자신 외에 누구도 대제사장의 성직을 부여받은 사람은 있을 수 없다. 우리의 구세주 자신이 희생 제물이었음을 생각하면, 그분 자신 외에 누가 그를 희생 제물로 드릴 수 있는가? 그리고 그 희생을 영원히 기념하기 위해 우리의 구세주는 교회를 통치하도록 임명한 사람들에게 사제직을 추가로 부여했다.

8. 우리의 구세주가 승천한 이후 사도들은 복음 전파를 위해 스스로 흩어졌다. 그리고 그들이 어느 마을이나 지방에서 계속 많은 사람을 [그리스도교] 신앙으로 개종시켰을 때, 사도들은 자신들이 생각하기에, 그리스도의 율법에 따라 친교와 삶의 문제에 있어서 신자들을 인도하고, 또 그들에게 그리스도의 신비가 육신으로 온다는 것, 즉 메시아의 직분을 널리 알리

---

51 레위법이란 제사장직을 수행하는 레위 지파들이 정하고 그 법의 실천을 관리하는 실정법 수준의 규범을 말한다. 십계명을 실천하기 위한 구체적인 규범들로 구성되어 있다.

기에 가장 적합한 사람들을 선택했다. 그 원로들 가운데 어떤 이들은 다른 사람들보다 하위직에 두었는데 이는 그들에게 성직을 부여한 사도들이 적합하다고 생각한 바에 따른 것이다. 그래서 성 바오로는 티토에게 권능을 주었고, [티토가] 크레타의 원로들을 선임하고, 잘못된 일을 바로 잡을 수 있도록 했다. 티토는 한 사람의 원로이면서 [다른] 원로들을 임명했다. "그대를 크레타에 남겨둔 까닭은, 내가 그대에게 지시한 대로 남은 일들을 정리하고 고을마다 원로들을 임명하라는 것이었습니다."(「티토서」 1장 5절) [그리스어 성경 원문 이 구절에는] 카타스티시스(καταστήσης, katastisis)라는 말이 있는데, 이는 구성한다는 뜻이다.

이로써 사도 시대에는 한 원로가 다른 원로에게 성직을 부여하고 지배할 수 있는 권위를 가지게 된 것으로 보인다. 「티모테오1서」 5장 19절에서, 원로 티모테오는 다른 원로들에 대한 고발의 지침을 내리고 있다.[52] 그리고 「사도행전」 14장 23절에서 제자들은 그들이 설교했던 도시의 모든 신자를 위해 원로를 선임하도록 요구하고 있다. [그리스어 성경 원문에 선임을 뜻하는] 케이로토니산테스(χειροτονήσαντες, cheirotonísantes)라는 말이 나오는데, 이는 손을 들어서 선출하는 것이 아니라 단순하고도 절대적인 성직 임명(ordination)을 의미한다. 대중적 통치를 받거나 과두정치의 통치를 받거나 간에 모든 그리스 사람 중에서 손을 들어 표시함으로써 행정 관리자를 뽑는 보통의 방식인 '선임'이라는 말은 어떤 방식으로 하든지 단순히 선출을 위한 것이거나 또는 임명을 위한 방식으로 간주되었다.

따라서 초대교회에서의 위계질서는 다음과 같다. [맨 위에] 사도, 그다음에 다른 원로들을 통치했던 원로들 그리고 통치는 안 하지만 가르치는 일,

---

52 "두 사람이나 세 사람의 증인이 없으면 원로에 대한 고발을 받아들이지 마십시오."

성찬례를 관리하고 사람들의 이름으로 기도와 감사를 드리는 것이 직분인 원로들이 있다. 그러나 당시 주교와 원로라는 이름 사이에는 아무런 차이가 있어 보이지 않았다. 사도들의 시대 직후에 주교(bishop)라는 이름은 원로들의 통치 기구를 장악하고 있었던 한 명의 원로를 의미하는 것으로 받아들여졌고, 다른 원로들은 주교가 하는 것과 같은 것을 의미하는 사제라는 이름으로 불렸다. 따라서 주교들의 통치 기구는 이스라엘에 12명의 족장과 70인의 원로가 있었던 것처럼, 우리 구세주의 12명의 사도와 70명의 제자와 같은 신성한 형식을 지니고 있다. 사도들의 시대에는 통치하는 원로와 그렇지 않은 원로들이 있었다.

9. 그리하여 초대교회에는 그리스도의 양 떼[신자]를 관리하는 많은 사람이 있었는데, 이들은 남성 또는 여성 대리자의 직분을 갖고 이 양 떼들에 복종하며, 신자들이 세속적인 사업과 관련된 일을 할 때 그들을 섬기게 되어 있었다. 다음으로 고려해야 할 것은 권위에 관한 것인데, 이는 우리의 구세주가 개종한 사람들이나 개종하려는 사람들보다 우선해서 그들[대리자]에게 부여한 것이다. 아직 교회가 세워지기 전에 후자, 즉 개종하려는 사람들을 위해서는 구세주가 사도들에게 다음과 같은 권위만을 부여했다. 예수가 그리스도라는 것을 양 떼에게 가르치고, 천국과 관련된 모든 점에서도 같은 것을 설명하며, 구세주의 가르침을 받아들이도록 사람들을 설득하되 어떤 사람에게도 그들[사도들]에게 복종하도록 결코 강요해서는 안 되는 그런 권위였다. 1부 18장 10절에서 보여준 것처럼, 천국의 율법은 강요와 압박에 지배받지 않는 오직 양심에만 명령을 내리기 때문에, 천국의 왕에게 복종하도록 사람들의 행동을 강요하는 것은 그분에게 어울리는 모습은 아니었고, 다만 그들에게는 충고만 할 뿐이었다. 또한 그분 율법의

최고 절정을 사랑이라고 고백하는 사람은 세속적인 처벌의 공포를 무기 삼아 우리에게 어떤 의무를 강요하지도 않는다.

따라서 성서에서는 다른 사람을 힘으로 굴복시키는 세상의 권력자들을 일컬어 사냥꾼이라 부르듯이, 우리의 구세주는 그들을 사랑으로 사로잡아 세상을 자신에게로 끌어당기도록 지명된 사람들을 어부라 불렀다. 그래서 그는 베드로와 안드레아에게 「마태오복음」 4장 19절에서 이렇게 말했다. "나를 따라오너라. 내가 너희를 사람 낚는 어부로 만들겠다." 그리고 「루카복음」 10장 3절에서 그리스도는 "가거라. 나는 이제 양들을 이리 떼 가운데로 보내는 것처럼 너희를 보낸다"라고 말했다. 그리고 늑대들 사이에 있는 어린 양의 힘보다 더 큰 힘으로 이들을 굳세게 하지 않으면서 그들에게 강요할 수 있는 권리를 주는 것은 끝이 없는 일이었다. 더욱이 「마태오복음」 10장에서 우리의 구세주는 자신의 열두 제자에게 '가서 민족들을 신앙으로 변화시켜라' 하는 임무를 주었을 때 강압과 처벌의 어떤 권한도 그들에게 주지 않았다. 다만 14절에서 이렇게 말했다. "누구든지 너희를 받아들이지 않고 너희 말도 듣지 않거든, 그 집이나 그 고을을 떠날 때 너희 발의 먼지를 털어버려라. 내가 진실로 너희에게 말한다. 심판 날에는 소돔과 고모라 땅이 그 고을보다 견디기 쉬울 것이다." 이렇게 함으로써 사도들이 자신들의 권위로 할 수 있는 모든 일은 [믿지 않는] 그들과 [영적인] 교제를 포기하고, 그들에 대한 형벌은 심판 날에 전능하신 하느님께 맡길 뿐 그 이상 없다는 것은 명백하다.

마찬가지로 하늘나라를 씨 뿌리는 사람이나(「마태오복음」 13장 3절) 누룩(「마태오복음」 13장 33절)으로 비유하는 것은 다음과 같은 것을 우리에게 알려주고 있다. 즉 씨와 누룩이 불어나는 것은 하느님의 말씀을 가르치는 사람들의 어떤 율법이나 강요가 아니라 선포된 하느님의 말씀이 내적인 작용을 일으키는 데서 시작되어야 한다는 것이다. 더 나아가서 우리의 구세주는 「요한복음」 18장 36절에서, "내 나라는 이 세상에 속하지 않는다"라고 스스로 말했다. 그리고 결과적으로 구세주의 관리자들은 이 세상에서 사람들을 처벌할 수 있는 어떤 권위도 구세주에게 부여받지 못했다. 따라서 「마태오복음」 26장 52절에서 성 베드로가 자신을 방어하기 위해 칼을 뽑았을 때 우리의 구세주가 말했다. "칼을 칼집에 도로 꽂아라. 칼을 잡은 자는 모두 칼로 망한다." 그리고 54절에서, 성경을 통해 그리스도의 왕국은 칼로 지켜지는 것이 아니라는 것을 보여주면서, "그러면 일이 반드시 그렇게 되어야 한다는 성경 말씀 [즉 수난과 죽음 그리고 부활로 완성되는 구원의 과정]이 어떻게 이루어지겠느냐?"고 말했다.

10. 그러나 이미 개종한 이들과 교회 안에 속한 이들을 지배하는 사도나 주교의 권위가 교회 밖에 있는 사람들을 지배하는 [왕의] 권위보다 더 크다고 생각하는 사람들이 있다. 어떤 사람들(로베르토 벨라르미노, 『교황론』 29장)[53]은 다음과 같이 말했다. "비록 왕들이 이교도이고 교회에 속해 있지 않더라도 그리스도의 율법은 왕의 지배권을 박탈하지 않으며, 바오로가 카이사르에게 정당하게 항소했다[54] 하더라도, 그 왕들이 그리스도인이 되고,

---

53 벨라르미노(Roberto Bellarmino, 1542~1621)는 이탈리아 예수회 출신의 가톨릭교회 추기경이었으며, 당대 최고의 신학자 가운데 하나였다. 개신교의 종교개혁 운동에 대해 가톨릭교회의 입장에 서서 반대했다. 다섯 권으로 이루어진 논쟁집 『교황론(On the Roman Pontiff)』은 당시 가톨릭교회의 교리를 가장 충실하게 담고 있다. 세속적인 일에 관한 교황의 권력을 부인한 스코틀랜드 애버딘의 신학자 바클레이(William Barclay)의 교황 권력론에 대한 반박서다. 홉스는 『리바이어던』 42장에서 벨라르미노의 주장에 대해 반론을 제기하고 있다.
54 유대인들에게 고발당한 사도 바오로는 로마 시민권자로서 예루살렘이 아니라 로마에 가서 황제에게 재판받겠다며 항소한다. 「사도행전」 25장 11절 참고.

자발적으로 복음의 율법을 받아들였을 때, 한 목자[그리스도]에 속한 양으로서 그리고 머리에 딸린 지체로서 그 왕들은 교회 위계질서 상의 고위 성직자에게 복종하게 되었다." 개종한 사람들에 대해 우리의 구세주와 그분의 사도들이 지닌 권능과 관련해서 우리는 그것이 사실인지 아닌지를 성서에서 오는 빛을 통해 검토해보아야 한다. 그러나 우리의 구세주가 자신의 관리자로 12명의 사도와 70인의 제자를 두는 일에서 유대 왕국을 모방한 것처럼, 또한 파문이라는 교회의 처벌[제도]도 그는 [유대 왕국을] 모방했다. 유대인들 사이에서 교회는 세속적인 권력을 행사함으로써 파문된 사람들을 회중에서 떠나게 할 수 있었다. 그러나 우리의 구세주와 사도들은 파문된 사람들에게 그런 권력을 행사하지 않았고, 왕이나 그 지역의 통치자가 출입을 허용한 어떤 장소와 회중 속으로 파문당한 사람이 들어가는 것도 금하지 않았다. 왜냐하면 [파문당한 사람의 출입을 금하는 것은] 통치자의 권위를 박탈하는 것이었기 때문이다.

따라서 세속 권력에 종속이 되어 있는 사람을 파문하는 것은 파문을 내린 교회의 선언에 불과하며, 그렇게 파문당한 사람은 여전히 이교도로 간주되었을 뿐 그들[교회]의 권위에 의해 어떤 모임(파문당하지 않았다면, 합법적으로 들어갈 수도 있는 모임)에서 쫓겨나지도 않았다. 이것이 바로 우리의 구세주가 「마태오복음」 18장 17절에서, "그가 교회의 말도 들으려고 하지 않거든 그를 다른 민족 사람이나 세리처럼 여겨라"고 말한 것이다. 따라서 그리스도인 군주를 파문함으로써 얻는 전체 효과는 군주를 파문한 그 또는 그들이 [파문당한 군주]의 지배권에서 스스로 떠나고 벗어나는 행위 그 이상, 그 이하도 아니다. 게다가 그들은 파문당한 왕에게 복종하는 그의 백성 가운데 누구도 그 복종의 [의무를] 면제시킬 [권한이] 없다. 왜냐하면 [복종의] 의무를 면제시킨다는 것은 왕에게서 지배권을 박탈하는 것인데,

그들은 그와 같은 일을 할 수 없기 때문이다.

우리의 구세주가 사도들에게 백성의 재판관이 될 권한을 주지 않았다는 것은 이의를 제기한 교회 밖의 사람들에 의해 인정되었고 또 앞 절에서도 증명되었다. 따라서 어떤 경우에도 국가의 통치 권력은 그리스도 자신의 권위 외에 교회의 어떤 권위에도 종속될 수 없다.[55] 그리고 그[통치자]가 천국에 대해 알고 있고, 또 스스로 교회에 속한 사람들[고위 성직자들]의 설득에 따른다고 하더라도, 그렇다고 해서 그가 그들의 통치나 규칙에 종속되지는 않는다. 왜냐하면 만일 통치자가 교회의 고위 성직자들의 설득이 아니라 그들의 권위에 의해 [통치의 무거운] 멍에를 짊어진 것이라면, 통치자는 같은 권위에 의해 그 멍에를 벗을 수도 있기 때문인데, 그러나 이는 불법이다. 만일 세상의 모든 교회가 그리스도교 신앙을 부인해야만 한다면, 교인 가운데 누구도 그와 같은 일을 할 수 있는 충분한 권위를 갖고 있지는 않기 때문이다. 그러므로 통치 권력의 소유자들은 그리스도의 지배 아래에 있는 교회를 직접적으로 지배하는 자들이며, 그 밖의 모든 사람도 그들에게 종속되어 있다는 점은 분명하다. 만일 그렇지 않고, 왕들은 죽음의 고통을 조건으로 한 가지 일을 명령하고, 사제들은 저주의 고통을 조건으로 다른 것을 명령하게 된다면, 평화와 종교가 일치하는 일은 불가능하게 될 것이다.

---

[55] 국가와 교회의 관계에 대한 홉스의 견해는 보통 에라스투스주의(Erastianism), 즉 '교회에 대한 국가 우위론'이라 불린다. 종교적인 문제에 대한 결정권은 교회보다는 국가 또는 통치권자 같은 세속 정치에 우월성이 있다는 견해다. 이 명칭은 스위스의 의사이자 신학자인 토마스 에라스투스(Thomas Erastus)에서 비롯되었으나 실제로 그는 그와 같은 주장은 하지 않은 것으로 알려져 있다.

　2부 정치적 조직체로서의 인간에 관하여

11. 따라서 그리스도가 [세속 국가] 위에 교회 국가를 세웠다는 구실로 세속 국가 통치자에 대한 자신의 복종을 철회할 만한 정당한 이유를 누구라도 가질 수는 없다. 비록 왕이 사제직을 대신하는 임무를 스스로 부여하지 않지만 (그 직이 마음에 들면 그렇게 할 수는 있지만), 그들은 성직자의 재판권을 갖고 있지 않은 단순한 평신도도 아니다. 이 장의 결론은 이러하다. 하느님은 오늘날 성서에 대한 사적인 해석을 통해서 어떤 개인에게 말씀하고 있지 않으며, 모든 왕국의 통치 권력을 뛰어넘거나 거기에 의존하지 않는 어떤 높은 권력자의 해석을 통해서도 말씀하고 있지 않기 때문에, 이제 남은 길은 하느님이 자신을 대리하는 신들[56] 또는 이곳 지상의 대리자, 즉 통치하는 왕이나 이들만큼 통치적 권위를 소유한 사람들을 통해서 말씀하는 방법뿐이다.

---

56 대리하는 신들(vice-gods)은 후에 『리바이어던』에서 절대 권력을 소유한 통치자를 필사(必死)의 신(mortal god)으로 묘사하는 것과 같은 의미다.

8. 반란의 원인들

1. 반란을 일으키는 경향이 있는 것들, 불만, 거짓 핑계 그리고 성공에 대한
   희망
2. 폭동을 일으키게 하는 불만은 부분적으로 처벌이 두렵거나 처벌이 부족
   하다는 데 있다
3. 부분적으로는 야망에 있다
4. 반란을 일으키는 여섯 가지 주된 핑계
5. 첫째, 사람은 양심에 어긋나는 어떤 행동도 해서는 안 된다. 이에 대한 논박
6. 둘째, 통치자도 자신의 법에 종속된다. 이에 대한 논박
7. 셋째, 통치권은 분할될 수 있다. 이에 대한 논박
8. 넷째, 신민은 통치자의 지배권에서 구별되는 재산을 가질 수 있다. 이에
   대한 논박
9. 다섯째, 국민은 통치자와는 구별되는 인격체다. 이에 대한 논박
10. 여섯째, 군주 살해는 합법적이다. 이에 대한 논박
11. 반란에 성공할 수 있다는 네 가지 주된 희망
12. 반란의 주동자에게 필요한 두 가지 일: 대단한 웅변술과 얄팍한 지혜
13. 반란의 주동자는 필연적으로 지혜가 거의 없는 사람이다
14. 이들은 필연적으로 웅변가다
15. 이들 웅변과 얄팍한 지혜는 그들의 공통 결과[반란]를 만들어내는 데 어
    떤 방식으로든 서로 협력한다

1. 지금까지는 사람들이 왜, 어떻게 국가를 세웠는지에 대한 원인과 방
식에 대해 살펴보았다. 이 장에서 나는 국가가 멸망하게 되는 원인과 방식
이 무엇인지에 대해 간략하게 살펴볼 것이다.[57] 이 말은 외국 군대의 침략

때문에 국가가 해체되는 것, 즉 국가의 폭력적인 죽음(violent death)에 관해 말하는 것을 의미하지 않는다.[58] 나는 단지 폭동에 대해서만 언급할 것인데, 폭동 역시 국가의 죽음과 같으나 이는 병들거나 심신이 불안한 사람에게서 흔히 일어날 수 있는 일과 비슷하다. 사람들을 선동하게 만드는 세 가지 경향은 서로 상응하며 협력한다.

첫 번째 경향은 불만이다. 왜냐하면 사람이 스스로 잘나간다고 생각하고, 자기 방식대로 지금보다 더 잘나가는 것을 현재의 정부가 방해하지 않는 한, 그는 정부가 바뀌는 것을 바라지 않기 때문이다. 두 번째 경향은 권리에 대한 거짓 핑계인데, 왜냐하면 사람이 불만을 품을 수는 있지만, 스스로 생각하기에 이미 확립된 정부에 반대해서 분란을 일으키거나 저항할 만한 정당한 이유가 없다면 그리고 자신의 저항을 정당화하거나 다른 사람에게 도움을 얻을 만한 구실이 없다면, 그는 결코 저항의 정당한 이유를 제시하지 못할 것이기 때문이다. 세 번째 경향은 성공에 대한 희망인데, 왜냐하면 희망도 없이 [반란을] 시도하는 것은 광기이며, 실패했을 때는 반역자처럼 죽게 될 것이기 때문이다. 불만, 거짓 핑계 그리고 희망 없이는 반란이 있을 수 없다. 그리고 이 세 가지가 모두 함께 있을 때, 신망이 있는 사람은 [반란을 막기 위해] 오직 기준을 세우고 이를 널리 알리는 일 외에는

---

57 국가의 붕괴, 멸망에 대한 원인 분석은 홉스의 세 작품에서 모두 볼 수 있다. 이곳 『법의 기초』 2부 8장과 대응하는 곳은 『시민론』 12장과 『리바이어던』 29장인데, 이들 사이에는 공통점과 차이점이 잘 드러나고 있다. 국가 붕괴 원인에 대한 세 작품의 비교는 김용환, 『홉스의 사회·정치철학』, 철학과현실사, 1999, 348~351쪽 참고.

58 '폭력적인 죽음'은 지속적인 공포와 함께 전쟁 상태가 초래하는 최악의 결과다. 전쟁 상태는 개인의 삶을 파괴할 뿐만 아니라 국가의 해체라는 또 다른 죽음을 가져온다. 『리바이어던』 13장에서 홉스는 폭력적인 죽음을 말하고 바로 이어서 그 유명한 구절이 이어진다. "이런 때에 인간의 삶은 고독(solitary)하고, 비참(poor)하고, 괴롭고(nasty), 잔인(brutish)하며 그리고 짧다(short)."

아무것도 필요한 것이 없다.

2. 불만에는 두 종류가 있는데, 하나는 현재 겪고 있거나 예상되는 신체적 고통에서 오는 불만이고, 다른 하나는 마음의 불편함에서 오는 것이다. (이에 대해서는 쾌락과 고통에 대한 일반적인 구분인데 1부 7장 9절에서 다루었다.) 현재 신체적 고통이 있다고 해서 그것이 폭동을 일으킬 만한 경향을 만들지는 않지만, 그 고통에 대한 두려움은 그런 경향을 만든다. 예를 들면, 아주 많은 군중이나 집단이 죽어 마땅할 만한 범죄에 가담했을 때 그들은 죽음에 대한 두려움 때문에 [힘을] 함께 합치고 자신들을 방어하기 위해 무기를 든다. 또한 궁핍에 대한 두려움 또는 현실적으로는 체포와 구금에 대한 두려움은 폭동을 일으키는 경향이 있다. 그러므로 세금 징수의 권리가 인정된다고 하더라도 가혹한 세금 징수는 엄청난 폭동을 불러일으켰다. 헨리 7세의 시대처럼 왕에게 제공하는 특별세 납부를 거부했던 콘월(Cornwall) 사람들은 폭동을 일으켰고, 오들리 경(Lord Audley)의 지휘 아래 블랙히스(Blackheath)에서 왕과 전투를 벌였다.[59] 그리고 같은 시대에 북부[요크셔 지역] 사람들은 반란을 일으켜 의회에서 허용한 특별세를 요구했던 노섬벌랜드 백작을 그의 저택에서 살해했다.[60]

---

59 1497년에 있었던 콘월 사람들의 반란을 말한다. 헨리 7세는 군사 자금을 모으기 위해 특별세를 부과하는데, 이에 콘월 지역 사람들은 마이클 조셉과 토마스 플라맹크 그리고 귀족이었던 오들리 경의 지휘 아래 반란군을 조직하여 왕에게 대항했다. 오들리 경(Lord Audley, 1463~1497)은 제임스 투쳇(James Tuchet)이 본명이며, 제7대 오들리 남작의 칭호를 갖고 있었다. 콘월의 반란군은 런던 외곽 뎁포드 다리(Deptford Bridge) 전투에서 완패했고, 오들리 경은 체포되어 웨스트민스터에서 사형 선고를 받은 후 런던 타워에서 참수되었다. 블랙히스는 뎁포드 근처의 지명이다.

60 여기서 언급된 노섬벌랜드 백작(Earl of Northumberland)은 본명이 헨리 퍼시(Henry Percy, 1449~1489)이며, 제4대 노섬벌랜드 백작을 지칭한다. 요크셔 반란(헨리 7세의 과도

3. 셋째로, 궁핍에 대한 두려움이나 폭력에 노출될 위험 없이 편하게 살 수 있는 사람들의 마음을 괴롭히는 두 번째 불만은 오직 자신들이 마땅히 받아야 할 것으로 생각하는 권력, 명예 그리고 [그것들을 입증할 만한] 증거가 부족하다고 느끼는 데서 발생한다. 왜냐하면 (1부 9장 21절에서 언급되었듯이) 이런 사람들은 자신이 비교하는 사람들보다 우위를 차지하려고 다투는 데서 생기는 마음의 모든 기쁨과 슬픔을 불만스러운 것으로 여기며, 통치에 필요한 덕목이나 역량에 있어서 더 우월하다고 생각하는 사람들한테 뒤처져 있다는 것을 알았을 때처럼 그런 상태를 슬퍼하게 될 것이기 때문이다. 그리고 그들이 노예 취급당하고 있다고 스스로 생각하는 것이다.

이제 자유와 복종이 함께 양립할 수 없다는 점을 생각할 때, 국가 안에서의 자유는 통치와 규칙에 지나지 않는다. 이 통치와 규칙은 분리될 수 없는 것이기 때문에 사람들은 누구나 그것을 공통으로 기대해야만 한다. 그리고 이것은 대중 민주주의 국가 외에는 어디에도 있을 수 없다. 그래서 아리스토텔레스는 『정치학』 6권 2장에서, 민주주의의 토대 및 목적이 자유에 있다고 말했다. 그는 다음과 같은 말로 이를 확인하고 있다. '사람들은 보통 이렇게 말한다. 누구도 자유의 몫을 나누어가질 수는 없으나 대중 [민주주의] 국가에서는 그렇게 할 수 있다.'[61] 그러므로 통치 권력이 한 사람에게 절대적으로 주어져 있는 군주제 국가에서 자유를 요구하는 사람은 누구나 (만일 [통치권이] 가장 단단한 구조로 만들어져야만 한다면) 자기 차례가

한 세금 징수에 반발한 요크셔 사람들의 저항) 때 시민들은 그를 헨리 7세의 옹호자라는 이유로 살해했다.

61 아리스토텔레스의 『정치학』 6권 2장은 민주주의의 네 가지 종류에 대해 분석하고 있다. 가장 이상적인 농경사회에서의 민주주의 형태부터 가장 나쁜 형태의 민주주의인 선동가들이 주도하는 대중 민주주의에 관해 설명하고 있다.

되었을 때 통치권의 소유를 요구하거나 또는 통치권자와 동료가 되거나 아니면 군주정치를 민주주의로 바꾸도록 요구한다.

그러나 (세련되지 못한 표현이라 미안하지만) 만일 아리스토텔레스의 이 말이 [자유를] 요구하는 사람의 의도대로 해석된다면, 그가 요구하는 것은 다음과 같은 것에 불과하다. 즉 통치자는 자격 미달인 다른 사람보다는 그 [자유를 요구하는 사람]의 능력과 자격에 주목하여 그를 고용하고 하위 관리직에 두어야 한다는 정도의 요구다. 한 사람이 요구하면 다른 사람도 그렇게 요구하듯이, 모든 사람은 자신의 공적을 최대한으로 [과대] 평가하고 있다. 만일 이들이 민주주의 국가 안에 있지 않다면 이렇게 과장된 요구를 하거나 그런 명예에 대해 야망이 있는 사람 중에서 오직 소수에게만 그런 요구가 받아들여질 수 있다. 그러면 그 나머지는 불만을 가질 수밖에 없다. 따라서 반란을 일으킬 경향이 있는 첫 번째 이유는 공포와 야망으로 이루어진 불만이 대부분이다.

4. 반란을 일으키게 만드는 두 번째 경향은 권리에 대한 거짓 핑계인데, 이는 사람들이 다음과 같은 견해를 갖고 있거나 있는 척할 때다. 즉 어떤 경우에 사람들은 통치 권력을 소유한 그[일인 통치자] 또는 그들[집단 통치자]에게 합법적으로 저항할 수 있다거나 또는 그 또는 그들이 행사할 수 있는 통치 권력의 수단을 박탈할 수 있다는 견해다. 이들 거짓 핑계에는 특별히 여섯 가지 경우가 있는데 그 첫 번째는 다음과 같다. 그 [통치자]의 명령이 [핑계 대는] 자기들 양심에 반할 때, 그들은 한 신민이 자기 양심에 따라 합법적이지 않다고 생각하는 행동을 통치자가 명령을 받아 행동하거나 행동하지 않는 것을 불법적이라고 믿는 경우다. 두 번째는 [통치자의] 명령이 법에 어긋날 때, 이들은 신민이 그런 것처럼 [그 통치자도] 자신이 만

든 법에 따를 의무가 있으며, 통치자가 자기 의무를 이행하지 않을 때 통치자의 권력에 저항할 수 있다고 생각하는 경우다. 세 번째는 이들이 [통치권력을 가진] 한 사람 또는 사람들로부터 명령을 받았을 때, 그리고 같은 것에 대해 [권력을 가진] 다른 사람들로부터 중지 명령을 받았을 때, 마치 통치 권력이 분할된 것처럼 그 [양쪽의] 권위가 동등하다고 생각하는 경우다.

네 번째는 이들이 자신의 몸[으로 할 수 있는 노동력]이나 재산을 공공 서비스를 위해 기부하라는 명령을 [통치자에게] 받았을 때, 노동력과 재산은 통치자의 지배권과는 구별되는 자신들만의 재산이기에 이들은 스스로 적당하다고 생각하는 것 그 이상으로 그것을 기부할 의무가 없다고 생각하는 경우다. 다섯 번째는 [통치자의] 명령이 국민에게 해로운 것으로 보일 때, [핑계 대는] 이들은 자신들의 의견과 의향이 국민의 그것과 같다고 생각하는 경우다. 이들은 자신의 의견에 동의하는 사람들을 국민이라 부르고, 모두 자기편에 속한 사람들이라고 부른다. 여섯 번째는 [통치자의] 명령이 가혹한 것일 때, [핑계 대는] 이들은 가혹한 일을 명령하는 그를 폭군으로 간주하며, 폭군 살해, 즉 전제 군주를 죽이는 일을 합법적이자 칭찬할만한 일이라고 생각하는 경우다.

5. 이 모든 견해는 독단주의자들의 책에서 주장되고 있으며, 다양한 견해들이 공개적인 대학 강좌를 통해 교육되고 있다.[62] 그렇지만 이런 견해

---

62 17세기 영국 대학 교육에 대한 홉스의 비판적 관점에는 애증이 섞여 있다. 무미건조하고 비생산적인 스콜라철학에 대한 비판과 통치권의 안정적 확보라는 자신의 정치철학에 반대되는 교설, 특히 『리바이어던』 29장에서 상세하게 열거하고 있는 잘못된 교설에 대해서는 비판을 하고 있다. 동시에 자신의 저술 『리바이어던』에 대해서는 이 책이 대학에서 교육되기를 희망하고 있다. 특히 『리바이어던』 2부 31장 마지막 문단에서는 자신의 정치철학이 공적으로 교육되어 사변적 진리가 실제적인 효용 가치로 전환되기를 기대하고 있다. 홉스의 대학

들은 평화나 통치와는 가장 양립할 수 없는 것들이며, 평화와 통치를 위한 필수적이며 논증 가능한 규칙들과도 모순이다. 그리고 첫 번째 [핑계]의 경우, 즉 사람이 자신의 양심에 반하는 어떤 일을 합법적으로 행동하거나 하지 않을 수 있으며, 그것에서 종교와 교회 통치에 관한 모든 선동이 일어나는 것을 볼 때, 그러한 견해가 잘못되었다는 것은 앞의 마지막 두 장에서 명백하게 밝혀졌다. 그리스도교는 [복종을] 금지하지 않을 뿐만 아니라, 오히려 모든 국가에서 모든 신민이 모든 일에 있어서 최선의 힘을 다해 국가의 통치자인 그 또는 그들의 명령에 복종해야만 한다는 것, 그리고 그렇게 복종하는 사람은 모든 논쟁에서 자신의 판단을 통치권자의 손에 맡긴 것처럼, 자신의 양심과 판단에 따라 복종할 것을 명령하고 있으며, 이 첫 번째 오류는 전능하신 하느님이 누구를 통해 무엇을 말하고 있는지에 대한 무지에서 비롯된다는 것 등을 입증하는 데 앞의 마지막 두 장은 온전히 할애되었다.

6. 신민이 그런 것처럼 통치자도 자신이 만든 법에 따라야 할 의무를 갖고 있다는 주장이 두 번째 [거짓 핑계] 견해인데, 이에 대한 반대 견해는 이미 2부 1장 7절에서 12절 사이에서 밝혀졌다. 그곳을 통해 통치 권력은 저항받아서는 안 되며, 그가 전쟁과 정의의 칼을 지니고 있으며, 사법적 논쟁과 심의가 필요한 모든 쟁점을 결정할 수 있는 권리를 갖고 있다는 것, 통치 권력이 시민법을 제정하고, 치안판사와 공직 대리자들을 임명하며, 이는 전면적인 면책권(universal impunity)을 의미한다는 것을 보여주고 있다.

교육 비판에 관해서는 김용환, 『홉스의 사회·정치철학』, 철학과현실사, 1999, 363~366쪽 참고.

[통치 권력을 가진] 그 또는 그들은 마음대로 법을 폐지하거나 처벌받는 것을 두려워하지 않고 깨뜨릴 수도 있는데, 이런 그 또는 그들이 법의 지배를 받는다고 [모순 없이] 어떻게 말할 수 있는가? 이 오류는 법과 신약(covenant)이 마치 같은 의미인 것처럼 혼동하면서 법이 무엇을 의미하는지를 제대로 이해하지 못하는 데서 생기는 것으로 보인다.

그러나 법은 명령을 의미하며, 신약은 단지 약속이다. 모든 명령이 법은 아니며, (1부 13장 6절에서 보듯) 우리가 명령받은 대로 행동하는 이유가 바로 그 명령 때문인 경우에만 명령은 법이 된다. 오직 그런 때에만 명령은 따라야 하는 행동의 이유가 된다. 따라서 행동하지 않는 것은 해(害)를 끼치는 일인데, 왜냐하면 행동하지 않는 일이 그 자체로 해를 끼치기 때문이 아니라 명령을 어겼기 때문이다. 만일 명령과는 반대로 행동하는 사람을 처벌하라고 명령을 내리는 사람에게 [처벌의] 권리가 없다면 명령과 반대로 행동한다고 해서 전혀 해가 되지 않는다. 자신의 재량권 안에 모든 처벌 권한을 가지고 있는 그 또는 그[통치자]들은 불복종 때문에 해를 입을 만한 그런 명령을 받을 수 없으며, 결과적으로 어떤 명령도 그들에게는 법이 될 수 없다. 그러므로 실제로 국가의 전체 힘이자, 그 안에 거주하는 사람 누구나 보통 최고 실력자 또는 통치자라 부르는 그 [통치] 권력이 전능한 하느님의 법 외에 어떤 법에 종속될 수 있다고 생각하는 것은 오류다.

7. 통치 권력이 분할될 수 있다는 세 번째 [거짓 핑계] 견해는 2부 1장 15절에서 증명된 바와 같이 앞의 두 번째와 마찬가지로 잘못된 견해다. 만일 통치자의 권리가 분할된 국가가 있다면, 그런 국가는 제대로 된 국가라 할 수 없으며, 훼손된 국가일 뿐이라는 보댕의[63] 견해(『국가론』 2권 1장)에 우리는 동의해야만 한다. 왜냐하면 만일 [분할된 통치 권력의] 한쪽 부분을 가진

사람들이 전체 입법권을 가지고 있다면, 그들은 자신들이 만든 그 법을 통해 [통치 권력의] 다른 쪽 부분을 가진 사람들이 평화를 유지하거나 전쟁을 일으키거나, 세금을 부과하거나, 무단으로 [다른 사람에게] 충성과 경의를 표하는 것을 마음대로 금지할 것이기 때문이다. 그리고 평화와 전쟁의 권리를 갖고 있고, 민병대를 지휘할 권리가 있는 사람들은 자신이 좋아하는 것 외에 다른 법의 제정을 금지할 것이다.

통치권이 분할된 것처럼 보여도 군주제가 오래 지속되는 것은 군주제 자체가 지속 가능한 정부 형태이기 때문이다. 그렇지만 통치권의 분할로 인해 여러 군주가 있는 경우에 자신들의 영지에서 쫓겨나기도 했다. 그러나 진실은 이러하다. 즉 통치권이란 그것을 가진 그 또는 그들이 설령 원한다고 하더라도 통치권 일부를 양보하고 나머지만을 보유할 수 있는 그런 것이 아니다. 예를 들면, 만일 로마 신민이 로마의 절대적인 통치권을 갖고 있으면서, 원로원이라는 이름의 평의회를 만들어 최고의 입법권을 부여했으면서도, 통치권의 모든 권리와 자격은 직접적이고 명시적인 용어로 신민에게 유보되어 있다고 가정한다면(이런 일은 통치 권력과 입법 권력 사이에 분리할 수 없는 관련이 있다는 것을 알지 못하는 사람들 사이에서 쉽게 일어날 수 있는 오해다) 원로원에 대한 신민의 권한 부여는 아무 소용이 없는 일이며, 입법권은 여전히 신민에게 있다. 통치권이 신민의 의지와 의도에 의존되어 있으면서도 원로원이 통치권을 쥐고 있는 것을 당연한 것으로 이해되어서는 안 된다. 왜냐하면 거기에는 모순이 들어 있으며 오류를 그냥 지나

---

63 보댕(Jean Bodin, 1530~1596)은 프랑스의 법학자이자 정치사상가다. 종교 개혁기에 프랑스 절대왕정을 위한 정치 이론을 제공한 인물이다. 『국가론(*Lex Six Livres de la République*)』은 그의 대표 작품이다. 홉스는 보댕의 절대왕권론을 옹호하며 그의 사상을 계승한 것으로 평가받고 있다.

치는 일이기 때문이다.

[이 책의] 1부 13장 9절에서 본 바와 같이, [두 개의] 모순된 약속 가운데 직접적으로 먼저 한 약속이 결과적으로 그것에 반대되는 [뒤의] 약속보다 더 우선한다. 왜냐하면 한 가지 일의 결과는 그 일 자체만큼 항상 관찰되는 것은 아니기 때문이다. 혼합된 정부(mixed government)에[64] 관한 오류는 정치 체제(body politic)라는 단어가 무엇을 의미하는지, 그리고 어떻게 혼합정부가 많은 사람의 화합이 아니라 연합만을 의미하는지에 대한 이해의 부족에서 생긴 것이다. 그리고 하위 단체들의 설립 헌장에는 한 단체가 법률적으로 하나의 인격체[법인]라는 것이 선언되었더라도, 국가나 도시의 조직체 안에서 그 인격체는 주목받지 못했으며, 수많은 정치 이론가 중의 누구도 그와 같은 연합에 주목한 이는 없다.

8. 네 번째 [거짓 핑계] 견해는, 이를테면 신민은 모든 이를 압도하는 통치 권력 덕분에 소유에 있어서 서로 간에 구별될 뿐만 아니라 통치자 자신도 침범할 수 없는 내 것(meum), 네 것(tuum), 그의 것(suum), 즉 [사유재산]을 가질 수 있다는 견해다. 이를 통해 신민은 공공을 위해 아무런 기여도 하지 않은 것처럼 위장할 수 있지만, 그들이 원하는 것[사유재산의 소유권]은 통치권의 절대성을 입증함으로써 이미 반박되었다. 특히 2부 5장 2절부터 다음과 같은 [반론의] 목소리가 들려온다. 즉 통치 권력이 세워지

---

64 여기서 혼합정부란 통치권이 분할된 정부의 형태를 의미한다. 입법·사법·행정의 삼권분립이 민주주의의 기본 형태로 확실하게 인식된 것은 로크의 시대에 와서 가능했으며, 이에 앞선 시대의 홉스는 통치권의 통합을 더 안정적 정치 체제라고 보고 있다. 홉스는 통치권의 주도권 싸움의 절정인 시민전쟁의 중심에 있었던 사람이고, 로크는 의회주의의 승리와 명예혁명 시대의 중심에 있었던 사람이다. 이런 점을 고려한다면, 이 두 철학자의 정치적 색깔이 다를 수밖에 없는 점이 분명하게 보일 것이다.

기 이전에는 내 것과 네 것이 [사유]재산을 의미하지 않으며, 모든 사람이 모든 것에 권리를 가진 공동체[자연상태]는 만인과의 전쟁 상태라는 것을 그들은 일반적으로 이해하지 못하고 있다.

9. 다섯 번째 [거짓 핑계] 견해, 즉 국민은 자신들을 지배하는 통치권을 소유한 그 또는 그들과는 구별된 조직체라는 견해인데, 이는 이미 2부 2장 11절에서 논박된 오류다. 그곳에서 다음과 같이 밝혔다. 즉 국민이 반란을 일으킨다고 사람들이 말할 때, 여기서 국민은 국민 전체가 아니라 특정한 사람들로 이해되어야만 한다. 그리고 국민이 통치 권력자의 목소리와는 다른 어떤 것을 주장할 때 그것은 국민[전체]의 주장이 아니라 특정한 사람들이 자신들의 인격을 걸고 하는 주장이다. 이런 오류는 국민이라는 애매한 단어 때문에 생기는 것이다.

10. 마지막으로 폭군 살해는 합법적이라는 [거짓 핑계] 견해인데, 여기서 폭군이란 통치권이 귀속되어 있는 어떤 사람을 의미한다. 이는 우리가 매우 존경했던 세네카(Seneca)나 그 밖의 다른 도덕 철학자들의 작품에서 자주 언급된 것처럼 인간 사회에 거짓되고 해로운 견해다. 왜냐하면 한 사람이 통치권을 가지고 있을 때 그는 이미 종종 밝혀진 것처럼 정당하게 처벌받을 수 없으며, 따라서 해임을 시키거나 사형시키기는 훨씬 어렵기 때문이다. 설령 그가 처벌을 받을 만하다 하더라도 선행하는 [처벌 여부의] 판단이 없이는 그 처벌이 부당하며, 사법적 권력 없이는 그 판단도 불공정하다. 왜냐하면 백성은 통치자를 뛰어넘는 사법적 권력을 가질 수 없기 때문이다. 그러나 폭군 살해가 합법적이라는 교설은 그리스의 여러 학파와 로마 제국의 여러 문서에서 나오는데, 로마에서는 폭군이라는 이름뿐만 아

니라 왕이라는 이름까지도 미워했다.

11. 사람들에게 반란을 일으키도록 만드는 경향에는 불만과 거짓 핑계 외에 세 번째로 요구되는 것이 있는데, 그것은 성공에 대한 희망(hope of success)이다. 여기에는 네 가지 핵심 요소로 구성되어 있다. (1) 불만을 가진 사람들은 상호 간에 정보를 갖고 있다. (2) 그런 사람들의 수가 충분하다. (3) 그들은 무기를 갖고 있다. (4) 그들이 우두머리에 대해서는 의견을 같이하고 있다. 이들 네 가지는 하나의 반란 단체를 만드는 일에 있어서 서로 협력하는데, 정보는 [지능처럼 그 단체의] 생명이며, 그 수는 팔과 다리이며, 무기는 힘을 강하게 하며, 우두머리는 단결시킨다. 이를 통해 이 네 가지는 하나이면서 같은 행동[반란]을 지향하도록 한다.

12. 반란의 주동자들, 즉 필요에 따라 다른 사람에게 반항하는 성향을 생기게 만드는 사람들은 다음 세 가지 특성을 틀림없이 갖고 있다. (1) 그들 스스로 불평불만을 품고 있고, (2) 판단력과 역량이 보잘것없으며, (3) 설득력이 있거나 말솜씨가 있는 연설가다. 반란을 일으키게 만드는 그들의 불만에 관해서는 이미 밝혀졌다. 그리고 두 번째와 세 번째 특성에 관해서는 먼저 어떻게 이 [모순처럼 보이는] 두 가지가 서로 나란히 결합할 수 있는가를 보여주고자 한다. 왜냐하면 같은 사람을 두고 [한편으로는] 속 좁은 판단력을 지닌 사람이면서 [다른 한편으로는] 대단한 웅변가 또는 강력한 연설가라고 같은 등급에 놓는 것은 모순처럼 보이기 때문이다. 그런 다음에 이들 두 가지 특성이 모두 다른 사람들을 선동으로 몰아가는 데 어떤 방식으로 서로 협력하는지를 보여주고자 한다.

13. 살루스티우스는 (일찍이 로마에서 있었던 가장 큰 반란의 주동자였던) 카틸리나에 대해, "[그는] 웅변은 충분했지만, 지혜는 거의 없었다(*Eloquentiæ satis, sapientiæ parum*)"라고 언급했다.[65] 그리고 아마도 이것은 자신이 카틸리나인 것처럼 카틸리나에 대해 말한 것이지만,[66] 그가 반란의 주동자였다는 것은 사실이었다. 이 두 가지 특성[웅변과 지혜]의 결합은 그를 카틸리나는 아니라도 선동적인 사람으로는 만들었다. 부족한 지혜와 풍부한 웅변술이 어떻게 함께할 수 있는지 이해하려면, 우리가 지혜라 부르는 것이 무엇이며, 웅변이 무엇인지에 대해 생각해야만 한다. 그러므로 나는 여기서 1부 5장과 6장에서 이미 말한 몇 가지를 다시 기억하고자 한다.

지혜(wisdom)가 지식(knowledge) 안에 있다는 것은 명백하다. 지식에는 두 종류가 있는데 그중 하나는 우리가 감각을 통해 이해한 것처럼 사물에 대한 기억과 그 사물이 서로 뒤따라 나오는 순서에 대한 기억이다. 그리고 이런 지식을 경험이라 부른다. 지식에서 생기는 지혜는 현재를 통해 지나간 것과 앞으로 올 것에 대해서 추측하는 역량인데, 사람들은 이를 분별력(prudence)이라 부른다. 그렇다면 반란의 주동자는 그가 누구든지 간에 틀림없이 분별력(prudence) 있는 사람이 아니라는 것은 명백하다. 왜냐하면 만일 우리나라[영국]나 다른 나라에서 반란을 일으키거나 주동했던 사람들이 과거에 거둔 성공한 [반란]에 관해서 자신의 경험을 정확하게 고려하고 활용했다면, 그는 [반란을 통해] 명예로운 길을 걸어간 사람은 아주 적고,

---

65 살루스티우스(Gaius Sallustius, B.C. 86~B.C. 35)는 고대 로마의 역사가이자 정치가였다. 카틸리나(Lucius Sergius Catillina, B.C. 108~B.C. 62)는 로마의 군인이자 원로원 회원이었다. 원로원 중심의 로마 공화정을 전복시키려는 반란을 일으켰다.

66 이 말은 카틸리나에 관한 살루스티우스의 언급, 즉 뛰어난 웅변가이면서 지혜가 없다는 평가가 정확하지 않을 수 있다는 것을 지적하는 말이다. 그러나 평가는 틀릴 수 있어도 카틸리나가 반란의 주동자였다는 것은 역사적 사실임을 말하고 있다.

수치스러운 종말을 맞이한 사람은 아주 많다는 것을 발견할 것이기 때문이다.

두 번째 종류의 지식은 사물의 이름이나 명칭 그리고 모든 사물이 어떻게 불리는지를 기억하는 것인데, 이는 공동의 대화에 있어서 어떻게 서로를 이해할 것인가에 관하여 그들 사이에서 맺어진 협약과 신약을 기억하는 것이다. 이런 종류의 지식을 일반적으로는 과학이라 하며, 과학에서 나온 결론은 진리다. 그러나 사람들이 일반적인 동의를 통해 사물에 어떻게 이름이 붙여졌는지를 기억하지 못하고, 실수로 이름을 잘못 붙이거나 아니면 우연히 제대로 붙였을 때, 그들은 과학이 아니라 의견만 갖고 있을 뿐이다. 그런 의견에서 나오는 결론은 불확실하고 대부분 오류다. 로마 사람들은 특별히 무엇이 옳고 그른지, 인류의 존속과 안녕에 무엇이 이롭고 해로운가에 관해 참되고 분명한 결론을 내리는 과학을 사피엔치아(*sapientia*)라고 불렀는데, 우리는 이를 지혜(wisdom)라는 일반적인 이름으로 부른다. 왜냐하면 일반적으로 기하학이나 다른 순수과학에 관한 기술을 갖고 있지는 않으나 사람들의 선과 통치에 무엇이 도움되는지를 이해하는 사람만을 지혜로운 사람이라 부르기 때문이다.

지혜라는 말의 통념으로 볼 때 반란의 주동자 누구도 현명한 사람이 될 수 없다는 점은 충분히 입증되었다. 그 가운데 반란에 대한 어떤 거짓 핑계도 옳거나 정당할 수 없다는 것도 이미 논증되었다. 따라서 반란의 주동자들은 국가의 권리에 대해 무지한 사람, 즉 현명하지 못한 사람이 틀림없다. 따라서 다음과 같이 말할 수밖에 없다. 즉 반란의 주동자들은 마치 참되고 일반적으로 동의에 바탕을 둔 명칭을 따르지 않고 사물에다 [제멋대로] 이름을 붙이는 사람들과 같으며, 그들 자신의 감정에 따르거나 또는 그들이 찬사를 보내는 아리스토텔레스, 키케로, 세네카 그리고 이와 비슷한 권위를 가진 다른 사람들의 권위에 기대어 옳음과 그름, 선과 악을 규정짓는 사람들이다. 그런데 이들 권위를 가진 사람들도 자신의 정념이 시키는 대로 옳고 그름의 명칭을 부여했거나 또는 우리가 그들의 권위를 따르듯 [이들도] 다른 사람의 권위를 추종하는 사람들이었다. 따라서 반란의 주동자는 틀린 것을 옳은 것으로, 해로운 것을 이로운 것으로 생각하는 사람이며, 결과적으로 그에게는 사피엔치애 빠룸(*sapientiæ parum*), 즉 작은 지혜만 있을 뿐이다.

14. 웅변술은 우리가 말하는 것에 대해 신뢰를 얻게 하는 힘에 지나지 않는다. 그 목적을 위해서 우리는 듣는 사람의 감정을 잘 활용해야만 한다. 진리를 증명하고 가르치려면 긴 추론과 많은 주의력이 요구되는데, 이는 듣는 사람에게는 짜증이 나는 일이다. 따라서 진리가 아니라 신뢰를 추구하는 사람들은 다른 방법을 택해야만 하는데, 이는 이미 어느 정도 믿고 있는 것에서 그들이 믿어야 할 것을 도출해낼 뿐만 아니라 [감정을] 격화시키거나 누그러뜨림으로써 그것이 그들의 필요에 따라 선과 악, 옳고 그름을 정하게 하고, 크거나 작게 보이도록 만들어야만 한다.

웅변의 힘이란 사람이 그 웅변을 통해 여러 번 반복해서 믿게 만드는 힘이며, 마치 한 사람이 아무것도 느끼지 못할 때라도 [몸이] 욱신욱신하고 상처를 입은 사람처럼 감각적으로 느낄 수 있고, 말하는 사람의 말이나 감정 안에 들어 있는 것 외에 다른 이유도 없이 격분과 분개심이 들게 만드는 것과 같다. 이것은 반란의 주동자가 해야 할 일을 함께 고려한 것인데, 그가 해야 할 일이란 사람들에게 자신들의 반란은 정당하며, 자신들이 품고 있는 불만의 근거는 크게 침해받은 권리이며, 반란이 성공할 희망이 아주 크다는 것을 믿도록 만드는 일이다. 설득력이 있고 감동을 주는 연설가가 아닌데다 (앞서 말했듯이) 지혜도 거의 없는 그런 반란의 주동자가 있을 수 없다는 것은 더 증명할 필요가 없다. 왜냐하면 설득력 있게 연설하는 능력은 열정적인 말을 조합해서 듣는 사람의 현재 감정에 적용할 줄 아는 획득된 습관에 달려 있기 때문이다.

15. 웅변술과 판단력의 부족이 반란을 부추기는 일에 서로 힘을 합치는 것을 보면, 이 둘의 어느 부분이 각각 그 안에서 작동하는가? 의문을 제기할 수 있다. 테살리(Thessaly)의 왕 펠리아스(Pelias)의 딸들은 메데아(Medea)의 조언에 따라 늙고 노쇠한 아버지를 젊음의 활력으로 되돌리고자 왕을 토막 내어, 나도 모르는 어떤 약초가 들어 있는 끓는 가마솥에 집어넣었다. 그러나 아버지를 다시 살리지는 못했다. 따라서 웅변술과 판단력 부족이 합쳐지면, 펠리아스의 딸들처럼 판단력 부족이 메데아의 주술 같은 요사스러운 말을 통해 개혁에 대한 거짓 핑계나 헛된 희망에 매달려 결국 왕국을 박살 내는 일에 동의하게 된다. 일이 벌어지면 개혁의 요구나 희망은 아무런 효과를 발휘할 수 없다.[67]

---

67 그리스 신화에 따르면 펠리아스는 이올코스의 왕이며, 바다의 신 포세이돈의 사생아다. 테살리아의 왕이었으며, 노년에 이르러 그의 딸들이 아버지의 젊음을 되찾게 해줄 수 있다는 메데아에게 속아 죽임을 당한다. 메데아는 늙은 숫양을 토막 내어 신비의 약초를 넣고 삶아 다시 어린 숫양으로 변하는 모습을 거짓으로 보여주어 펠리아스의 딸들을 속인다. 홉스는 메데아의 부추기는 웅변술과 펠리아스 딸들의 판단력 부족이 헛된 희망을 낳게 했다는 것을 강조하기 위해 이 우화를 인용하고 있다. 『리바이어던』에서는 30장에서 언급하고 있다. 통치 형태의 변형이 왕국을 와해시키고 이는 결국 십계명에서 제1계명을 어기는 한 사례로 들고 있다.

9. 통치 권력을 소유한 자의 의무

1. 통치자보다 상위에 있는 법은 백성의 안전(*salus populi*)이다
2. 통치자는 자신이 가장 신봉하는 종교를 확고히 해야만 한다
3. 비정상적인 성교, 여성에 대한 문란한 이용, 일처다부제, 혈족 내 결혼을 금지하는 것은 자연법[의 명령]이다
4. 공공의 질서를 해치지 않고 가능한 한 많은 자유를 사람에게 허용하고, 교역과 노동을 위한 수단을 규정하고, 불필요한 지출을 금지하는 것은 자연법이 명령한 통치자의 의무다
5. 내 것과 네 것이 서로 구별되도록 신민에게 기준을 세워 주는 일, 그리고 사람들의 소요 경비에 따라 부과된 국가의 부담은 자연법이 명령한 통치자의 의무다
6. 치안판사의 직권남용 [여부]를 판단하는 특별한 권한은 국가의 평화에 필수적이다
7. 현 정부를 비난하는 것 같은 대중적 선동을 억제하는 것은 반란을 피하는 데 필수적이다
8. 젊은이가 진정한 도덕과 정치 안에 뿌리내리도록 하는 것은 신민이 평화를 유지하는 데 필수적이다
9. 불필요한 전쟁을 피하는 일은 국가 방어를 위한 통치자의 필수적인 의무다

1. 지금까지는 정치 체제가 어떻게 세워지고 또 어떻게 무너질 수 있는지를 설명했다면, 이제는 그 정치 체제를 보호하는 데 무엇이 필요한가에 관해 말하고자 한다. 통치 기술의 세부 사항들을 깊이 파고들어 가려는 데 목적이 있는 것이 아니라, 그런 기술이 사용되어야 하고 통치 권력을 소유

한 그 또는 그들의 의무를 구성하는 일반적인 주요 항목들을 요약하려는 데 있다. 통치자의 의무는 국민을 위해 좋은 정부[를 만드는 데] 있다. 암묵적 의지를 통해 통치 권력자의 행위에 동의했던 신민에게는 그 행위들이 아무런 해를 끼치지 않는다 하더라도, 일반 국민에게 해를 끼치는 경향이 있을 때 그 행위들은 자연법과 신의 율법을 위반하는 것이다. 따라서 그것과 반대로 행위하는 것이 통치자의 의무이며, 전능한 하느님은 그들이 최대한의 노력을 기울이도록 영원한 죽음의 고통을 담보로 요구하는 것이다.

통치자들의 [통치] 기술과 의무가 동일한 통치 행위 안에 들어 있듯이, 그들이 [추구하는] 이익도 마찬가지로 같은 행위 안에 있다. 왜냐하면 통치 기술의 목적은 [백성의] 이익에 있으며, 백성의 이익을 관리하는 것은 2부 5장 1절에서 설명되었듯이 통치자의 이익을 관리하는 것과 같기 때문이다. 그리고 (1) 통치권을 가진 자들보다 상위에 있는 법 (2) 그들[통치자]의 의무 (3) 그들의 이익, 이들 세 가지는 하나이면서 같은 것으로 "백성의 안전이 최고의 법이다(*salus populi, suprema lex*)"라는 한 문장 안에 포함되어 있다. 이는 단순히 백성의 생명을 보호하는 것만이 아니라 전체적으로 그들의 이익과 선의 [보호로] 이해되어야만 한다. 따라서 이것이 통치자가 지켜야 하는 일반적인 법칙이며, 그들이 최선의 노력을 기울여 백성의 선을 마련해 주는 것이다.

2. 영원한 선이 일시적인 선보다 더 낫기 때문에 통치권을 가진 그들은 양심에 따라 거기[영원한 선]에 이르는 참된 길이라고 믿는 모든 교설과 규칙을 자연법에 따라 확고히 하고, 더 나아가서 모든 행동을 명령할 의무가 있다는 것은 분명하다. 왜냐하면 만일 그들이 그렇게 하지 않는다면, 진정으로 그들이 최선의 노력을 다했다고 말할 수 없기 때문이다.

3. 국민의 현세적인 선[행복]을 위해서는 네 가지 요소가 있어야 한다. (1) 다수의 인구 (2) 생활의 필수품 (3) 우리 내부의 평화 (4) 외세에 대한 방어가 그것이다. 다수의 인구에 관한 한 백성의 수를 늘리는 일은 통치권을 가지고 있는 이들의 의무다. 이는 한 남자와 한 여자만을 창조했으나 사람이 번식하고 그 후에 계속 수가 늘어나는 것이 당신 뜻이라고 선언한 전능한 하느님의 보호 아래 이들 통치자는 인류의 지배자이기 때문이다. 이런 일들은 성적 결합에 관한 법령에 따라 이루어져야 하기에, 그들은 인구를 증가하게 만드는 성적 결합에 관한 법령을 자연법에 따라 제정해야 할 의무가 있다.

따라서 통치권을 가진 사람들에게는 다음과 같은 일이 생길 수 있다. 즉 성의 자연스러운 사용에 반(反)하는 성적 결합을 금지하지 않고, 여성을 문란하게 이용하는 것을 금지하지 않고, 일처다부제를 금지하지 않고, 일정 범위의 친·인척 사이에서 결혼하는 근친혼을 금지하지 않는 일들은 모두 자연법을 위반하는 것이다. 단지 자연적 이성의 법[자연법] 아래에서 살아가는 한 사인(私人)이 위에서 말한 그런 일들을 행하는 것이 자연법을 위반하는 일인지는 분명하지 않다. 그러나 그런 행위들이 인류의 진보라고 [생각하는] 것은 심한 편견이라는 점과 이를 개선하기 위해 인류의 일부를 장악하고 있는 사람으로서 그런 행위를 금지하지 않는 것은 자연 이성의 법에 반하는 것이라는 점은 분명하다.

4. 살아가는 데 필수적인 것은 자유와 [물질적] 부유함이다. 내가 말하는 의미의 자유란, 어떤 사람이 자연법상 합법적인 일을 할 때 그것을 불필요하게 금지하지 않는 것을 의미한다. 다시 말해 자연적 자유(natural liberty)에 제한이 있는 것은 아니지만, 자유는 국가의 선을 위해 필요한 것이며,

선의를 가진 사람들이 알아차리기도 전에 올가미 같은 법의 위험에 빠지지 않는 것을 의미한다. 또한 사람이 이곳저곳 넓은 길로 다니며 험한 길 때문에 갇히거나 가로막히지 않으며, 필요한 물건을 운반할 수단이 부족하지 않은 상태도 이런 자유에 속한다.

국민의 [물질적] 부유함을 위해서는 세 가지가 갖추어져야 하는데, 질서가 잘 잡힌 교역, 노동력의 확보 그리고 의식주(衣食住) 생활에서 과도한 소비를 금지하는 일 등이 그것이다. 그러므로 통치적 권위를 갖고 국민을 통치하도록 맡겨진 모든 사람은 앞서 언급한 [현세적 선을 위한 네 가지] 요소들에 관한 규정을 자연법에 따라 제정할 의무가 있다. 불필요하게 자신의 헛된 생각으로 사람들을 노예 상태로 만들거나 위험을 감수하지 않고서는 이동도 할 수 없도록 속박하거나 또는 그들의 삶을 부양하는 것이 우리에게도 이익이 되는 [그런] 사람들을 고통스럽게 하거나,[68] 그들에게 필요한 무엇인가를 우리의 태만으로 부족하게 만드는 것은 자연법을 위반하는 것이다.

5. 반란이 일어나는 데 여러 가지 원인이 있는 것처럼, 국내의 평화를 유지하기 위해서 반드시 고려하고 정리해야 할 일들이 아주 많다. 첫째, 모든 신민에게 각자 자신의 재산을 갖게 하고 이와 별도의 토지와 재화를 소유하도록 하는 일은 필요한데, 이것들에 대해 [재산권] 행사를 할 수 있고

---

68 홉스의 이 언급은 오늘날의 개념으로 해석하면 사회복지(자선)와 정의의 원칙을 담고 있다. 사회적 약자를 보호하는 행위는 그들에 대한 시혜적 접근이 아니라 결국 공동체 전체의 유익을 위한 행위다. "자선 행위가 없는 재산은 죄이다"라는 로크의 언급과도 일맥상통한다. 사회의 최소 수혜자에 대한 보호, 즉 그들의 생존권에 대한 보호는 결국 공동체 전체가 부담해야 할 도덕적 의무에 해당한다. 김용환, 「로크의 재산권: 단서 조항과 정의론에 대한 재해석」, 『가톨릭 철학』, 제5호, 2003 참고.

자신들의 노력을 통해 이익을 확보할 수 있어야 한다. 이런 재산이 없으면 마치 아브라함과 롯의 목동들이 그랬던 것처럼, 사람들은 무리에서 떨어져 나가게 되고, 할 수 있는 만큼 최대한 공동의 이익을 침범하고 탈취하게 되는데, 사람들의 이런 경향이 [서로] 다투고 반란을 일으키게 만든다.[69] 둘째, 국가가 지고 있는 부담과 책무는 비례적으로 나누는 일이 필요하다. 모든 사람의 능력은 비례적이며, 국가에서 받는 그의 혜택도 비례적인데, 후자가 곧 자연법에 따르는 것이다.

국가에 대한 부담은 우리가 국가에서 받는 혜택을 위해 치러야 할 대가이기 때문에, 그 부담들은 [받은 혜택에 따라] 측정되어야만 한다. 그리고 두 사람이 동등하게 국가의 혜택을 입어 평화와 자유를 누리고, 자신들의 근면함을 이용하여 생계를 유지할 수 있을 때, 그중 한 사람은 절약하며 무엇인가를 비축하고, 다른 사람은 자신이 얻은 것 모두를 써버린다면 이 두 사람이 [국가에 대한] 공동의 책임을 똑같이 부담하지 않아야 할 아무런 이유가 없다. 따라서 모든 사람이 각자 자신이 얻은 것에 따라서가 아니라 각자가 소비한 것에 따라 공적인 책임 분담을 나누는 것이 가장 공평한 방법처럼 보인다. 그리고 이 [공평한 방법]은 사람들이 자신이 받은 몫에 대해 대가를 지불하는 과정에서 국가의 몫을 분담할 때 이루어진다. 이것이 가장 평등할 뿐만 아니라 최소한으로 사리에 맞으며, 몫을 치르는 사람들[납세자]의 마음을 최소한으로 괴롭히는 것이다. 왜냐하면 자신들은 세금 부담이 지나치게 크고, 자신들이 부러워하는 이웃들이 [조세 부담을 적게 하여] 자신들에게 손해를 끼친다는 생각이 들 때, 내 돈으로 세금을 내는 것만큼

---

69 아브라함과 롯의 분가 이야기는 「창세기」 13장에 기록되어 있다. 아브라함과 롯의 가축과 목동들이 좁은 공간에서 서로 다툼이 자주 발생했을 때 아브라함은 롯에게 분가할 것을 제안한다.

고통을 악화시키는 것은 없기 때문이다. 이는 사람들에게 저항하도록 만들며, (이후 그런 저항은 해악을 낳으며) 반란을 일으키게 한다.

6. 평화를 유지하는 데 필요한 또 다른 일은 정의를 정당하게 집행하는 일인데, 이는 주로 같은 정의를 집행하기 위해 통치자가 권위를 가지고 임명한 치안판사들이 자신들에게 부여된 의무를 올바르게 수행하느냐에 달려 있다. 통치자의 관점에서 보면, 치안판사도 사사로운 개인(私人)이며, 결과적으로 사적인 목적을 가질 수 있고 그로 인해 뇌물이나 친구의 알선 수재(斡旋收載) 때문에 타락할 수도 있다. 따라서 이들의 부정의 때문에 비탄에 빠진 국민이 이들에 대해 복수를 하거나 공동의 평화를 방해하지 못하도록 더 높은 권력에 의해 [처벌받을 수 있다는] 두려운 마음을 치안판사들이 갖도록 해야만 한다. 통치자 자신의 재판 권한이나 그에게 위임된 특별한 권한 없이는, 핵심적인 직속 판사들은 [처벌에 대한 두려운 마음을] 어떤 방법으로도 피할 수 없다. 그러므로 때때로 그런 경우가 있는 것처럼 재판관들과 다른 치안판사들이 그들의 권위를 남용하여 국민에게 잘못되고 불만스러운 일에 담합하는 것을 [막기] 위해서는 아주 특별한 권력이 있어야 하며, 통치권을 가진 그 또는 그들에게 [국민이] 불만을 제기할 수 있는 자유롭고도 개방적인 방법이 필요하다.

7. 억압 때문에 생기는 불만을 잠재울 수 있는 이와 같은 고려 사항들 외에도 야심 때문에 반란을 일으키려는 사람들을 억제할 수 있는 몇 가지 수단이 더 있어야만 하는데, 그것은 주로 통치자가 자기 권력을 지속해서 안정적으로 유지하는 데 있다. 통치자는 반란을 일으키려는 사람들에게 국가를 위해 봉사할 수 있도록 아량을 베풀고 다독이면서도 이들이 자기

를 고용한 사람의 권위에 대해 불평하지 않게 하는 사람이다. 특히 그 사람들이 자신들만 특정한 일에서 고통받는 것이 아니라는 것을 [믿게 하고], 반대하는 것에 대해 불쾌하고 싫어하는 모습을 계속해서 드러낼 때도 (인간으로서) 그들이 범할 수 있는 잘못이 악화되지 않도록 하면서 그들 스스로 겸손한 태도를 유지하도록 만드는 사람이 통치자다. 그리고 [통치자는] 그렇게 할 뿐만 아니라 군중 사이에서 대중적 인기와 환호에 영향을 미치는 공개적인 행위들을 규탄함으로써 가혹한 형벌을 가하기도 하는 사람이다. 왜냐하면 군중은 대중적 인기와 환호를 통해 국가 내에서 자신들이 원하는 하나의 당파를 가질 수도 있기 때문이다.

8. [반란을 억제하는 데] 필요한 또 다른 것은, 반란 행위의 권리에 대해 [거짓] 핑계를 제공하고 그것이 정당한 것처럼 보이게 하는 여러 가지 견해를 사람들의 양심에서 발본색원(拔本塞源)하는 일이다. 그 견해는 다음과 같은 것들이다. 사람이 자신의 사적인 양심에 반하여 합법적으로 할 수 있는 것은 아무것도 없다, 통치권을 가진 사람들은 시민법에 종속되어야 한다, 통치권자가 찬성하는 것을 방해하고 반대할 수 있는 어떤 권위가 신민에게 [따로] 있다, 어떤 신민이라도 국가의 지배권에서 구별되는 [사적] 소유권을 가진다, 통치 권력을 가진 자(들)이 없이도 국민의 정치 조직체는 존재한다, 어떤 합법적 통치자가 폭군이라는 이름으로 거부될 수 있다는 견해 등이다.

이런 견해는 2부 8장 5~10절에서 밝혀졌듯이 사람들에게 반란을 일으킬 마음을 생기게 하는 것들이다. 그리고 교육을 통해 얻은 이런 견해는 오랜 시간에 걸쳐 관습화된 것이기에 강제로 갑작스럽게 제거할 수 없다. 그러므로 마찬가지로 시간과 교육을 통해 제거되어야만 한다. 위에서 말한 견해는 사교육과 공교육을 통해서 나왔고, [그것들을 가르친] 교사들은 자기들이 대학에서 배웠던 근거와 원리를 바탕으로 (도덕과 정치에 관해 논증적으로 아무것도 제공하지 못했고, 대중적인 정부에 열정적으로 중독되어 설득력 있는 궤변을 통해 자신들의 견해를 주입시킨) 아리스토텔레스와 그 밖의 다른 사람들의 교설에서 배운 것이라는 것을 고려하면, 다음은 의심의 여지가 없다. 즉 만일 자연법과 정치 체제의 속성 그리고 일반적으로 법의 본질에 관한 참된 교설이 명쾌하게 확립되고 대학에서 교육되었다면, 아직 백지처럼 편견 없이 어떤 가르침도 배울 수 있는 마음을 가지고 찾아온 젊은이들은 지금 그들이 배우는 것과는 반대로 같은 교설을 더 쉽게 수용하고 이후 그것을 사람들에게 책이나 그 밖의 다른 것을 통해 가르칠 수 있을 것이다.[70]

9. 백성의 안전(*salus populi*)이라는 최고의 법에 포함된 마지막 일은 백성들을 방어하는 데 있다. 이미 언급되었듯이 방어는 부분적으로는 백성의 복종과 일치에 달려 있는데, 이를 위한 수단에는 방어 준비상 군대를 징집하고 군자금, 무기, 전함과 요새화된 지역들을 확보하는 것 등이 있다. 그리고 부분적으로는 불필요한 전쟁을 피하는 데 있다. 야망이나 헛된 영광, 또는 자신들의 이웃[국가나 군주]한테서 받은 모든 작은 상해나 치욕에 대해 복수할 생각으로 전쟁 자체를 즐기는 국가나 군주들이 스스로 망치지

---

70 홉스는 정치 교육이 정부의 안정적 유지에 필수 불가결한 요소라는 점에 주목하고 있다. 특히 거짓 교사(false teachers)와 태만한 교육(negligent education)의 폐해에 대해 신랄하게 비판하고 있다. 거짓 교사란 "자연법을 잘못 해석하거나 백성의 의무와 일치하지 않는 자신의 교설이나 구시대의 전통을 법이라고 가르치는 사람"(『리바이어던』, 384쪽)들로 보고 있다. 홉스의 교육철학에 대해서는 서양근대철학회 엮음, 『서양근대교육철학』, 「홉스: 시민교육의 모델 찾기」, 서울대학교출판문화원, 2021 참고.

만 않는다면, 그들의 행운은 틀림없이 예상할 수 있는 것보다 더 나을 것
이다.

10. 법의 본질과 종류

1. 신약, 조언, 명령은 모두 미래의 행동에 관한 생각을 표현하는 것들이다.
2. 법률과 신약의 차이
3. 한 가지 일에 대해 그가 내린 명령이 곧 법이 되면 그의 명령은 모든 것에 있어서도 법이 된다
4. 법과 조언의 차이
5. 권리(jus)와 법(lex)의 차이
6. 법의 구분: 신의 율법, 자연법 그리고 시민법, 성문법과 불문법, 단순 [도덕]법과 형법
7. 신의 도덕법과 자연법은 같은 것이다
8. 시민법은 옳음과 그름, 그리고 논쟁이 일고 있는 모든 다른 일에 있어서 공통의 척도다
9. 계엄법은 시민법이다
10. 성문법은 통치 권력의 헌법이며, 불문법은 오직 이성의 명령이다. 관습과 여론은 통치자의 암묵적 동의를 통해 법률적 구속력을 갖는다

1. 지금까지 인간의 본성, 정치 체제의 구성과 속성에 관한 것을 다루었다면, 이제 이 마지막 장에서는 법의 본질과 종류에 대해 언급하는 일만 남아 있다. 첫째로 모든 법은 행동해야 하거나 해서는 안 되는 미래의 어떤 행동에 관한 생각을 선언하는 것이 명백하다. 미래의 행동과 태만함에 관한 생각을 선언하고 표현하는 [방식은] 모두 [세 가지가 있는데] '나는 할 것이다 또는 하지 않을 것이다'처럼 약속을 선언하는 것이거나 또는 예를 들어, 만약 이것이 행해지거나 행해지지 않는다면, '[나도] 그것을 따를 것이다' 같

이 조건적인 선언이거나 또는 '이것을 하라 또는 하지 마라'와 같이 명령적 [표현]이기도 하다. 이들 표현 가운데 첫 번째 것에는 신약의 본질이 포함되어 있으며, 두 번째에는 조언, 세 번째에는 명령의 성격이 들어 있다.

2. 사람이 어떤 행동을 실행에 옮기거나 하지 않을 때, 만일 그가 오직 그 행동 자체가 선인지 악인지만을 고려하고, 그가 숙고하는 과정에서 다른 사람의 의지나 욕구에 신경을 쓸 만한 아무런 이유도 없다면, 숙고된 행동을 실행하거나 하지 않거나 간에 모두 법을 위반하는 것이 아니라는 점은 분명하다. 따라서 사람에게 법이 되는 것은 무엇이든지 그것은 다른 사람[입법자]의 의지와 그 의지에 대한 선언을 존중하는 데 있다. 그러나 신약은 한 사람 자신의 의지에 대한 선언이다. 따라서 법과 신약은 다르다. 양자 모두 이행할 의무가 있지만, 법은 그것에 복종하는 사람이 맺은 어떤 신약에 따라서만 의무가 지워진다.

이 양자는 여러 종류의 약속을 통해 의무가 지워진다. 왜냐하면 신약은 특히 지정되고 제한된 행동의 실행 여부에 대한 약속이기 때문에 의무가 부여되지만, 법은 일반적으로 복종에 대한 약속이기 때문에 [의무에] 묶이게 된다. 그에 따라 실행되거나 실행되지 않은 채 남겨진 행동은 신약을 맺은 사람의 결정에 맡겨진다. 따라서 신약과 법의 차이는 다음과 같다. 단순한 신약을 맺는 일에서는 행동을 할 것인지 안 할 것인지의 범위가 먼저 정해지고 알려진 다음에 행동하거나 하지 않겠다는 약속이 그 뒤를 따른다. 그러나 법에서는 행동하거나 하지 말아야 할 의무가 먼저 정해지고, 해야 할 일이나 하지 않을 일에 대한 선언이 그 뒤를 따른다.

3. 이런 [법의 성격]에서 다음과 같은 주장을 추론할 수 있다. 즉 한 가지

일에 대해 그가 내린 명령이 곧 법이 된다면, 그의 명령은 모든 것에 대해서도 법이 된다는 주장인데, 이것이 어떤 사람에게는 역설적으로 보일 수 있다. 그러나 한 사람이 해야 할 일이 무엇인지 알려지기 전에 그에게 복종의 의무가 있다는 것을 생각해보면, 그는 일반적으로, 즉 모든 일에 있어서 [법의 명령에 따를] 복종의 의무가 있게 된다.

4. 한 사람의 조언은 그 조언을 듣는 사람한테는 법이 아니며, 자신에게 조언하도록 다른 사람을 허용한다고 해서 그로 인해 자신이 그와 같은 조언을 따를 의무가 없다는 것도 명백하다. 그러나 사람들은 보통 조언하는 일을 통치 [행위의 하나로] 부르는데, 이들이 조언하는 일과 통치하는 일을 구분할 수 없어서가 아니라 그들이 조언자들을 자주 부러워하고 따라서 조언을 받은 사람들에게 화가 나기 때문이다. 그러나 만일 자기 조언을 [다른 사람이] 따르도록 만들 수 있는 권리가 그 조언자들에게 주어진다면, 그들은 더는 조언자가 아니며, 조언을 받는 사람들의 주인이 된다. 그리고 그들의 조언은 더는 조언이 아니라 법이 된다. 법과 조언의 차이는 다음과 같을 뿐 그 이상은 아니다. 즉 조언할 때 쓰는 표현은 '그게 최선이니 하십시오'라고 하며, 법에서는 '나는 당신에게 강제로 요구할 권리가 있으니, 하시오' 또는 '내가 하라고 말하니, 그대로 하시오'라고 표현한다. 누군가에게 충고하면서 행동의 이유를 제공해야만 하는 조언이 그 자체로 행동의 이유가 될 때, 그것은 더 이상 조언이 아니라 법이 된다.

5. 법(lex)과 권리(jus)라는 이름은 종종 혼동되어 있다. 그러나 이 두 단어처럼 서로 반대되는 말도 거의 없다. 왜냐하면 권리는 법이 우리에게 위임한 자유이며, 법은 우리가 서로의 자유를 축소하기 위해 상호 간에 동의

한 금지사항이기 때문이다. 그러므로 법과 권리는 서로 반대되는 구속과 자유[라는 의미]와 거의 다르지 않다.[71] 그리고 한 사람이 국가 안에서 살면서 무엇을 행하든지 그는 시민법(*jure civili*), 자연법(*jure naturae*), 그리고 신의 율법(*jure divino*)에 따라 그것을 행하는 것이다. 따라서 이들 법의 어느 것에라도 어긋나는 것은 무엇이든 합법적이라 할 수 없다. 왜냐하면 신의 율법(신법) 또는 자연법에 위반되는 것을 시민법이 합법적인 것으로 만들 수는 없기 때문이다. 그러므로 어떤 백성이 무슨 일을 하건 간에 만일 그것이 시민법에 위배되지 않는다면, 그리고 통치자가 어떤 일을 하더라도 만일 그것이 자연법에 위배되지 않는다면, 그는 신성한 권리를 가지고 그 일을 하는 것과 같다.

그러나 신성한 신의 율법은 또 다른 문제다. 왜냐하면 (하위법은 여전히 상위법보다 더 많은 것을 구속하고, 법의 본질은 [행위를] 느슨하게 하는 데 있지 않고 속박하는 데 있기에,) 신의 율법과 자연법은 시민법이 허용하는 것보다 더 많은 자유를 허용하기 때문이다. 사람은 자연법이나 신의 율법에 따른 명령이 아니라 시민법에 따라서만 명령을 받을 수 있다. 따라서 법의 명령에 따라 이루어진 일들 가운데에는 신법과 시민법을 구분할 수 있는 경우가 몇 가지 있다. 한 사람이 자선을 베풀거나 도움이 필요한 사람을 도울 때처럼 그런 행위를 하는 것은 시민법에 따른 것이 아니라 신법에 따른 것인데, 그 신법의 가르침이 곧 자선이다. 그러나 합법적으로 행해진 일들 가운데 만일 그것이 통치 권력을 갖고 있으며, 시민법에 종속되지 않는 이들

---

71 홉스는 법과 권리의 차이점에 대해서는 『리바이어던』 14장(177쪽)에서 언급하고 있다. "권리는 어떤 일을 하거나, 하지 않을 자유를 말하는 것이나, 반면에 법은 어떤 일을 하도록 지시하거나 하지 못하도록 금지하는 것이기 때문이다. 그러므로 법과 권리는 의무와 자유만큼 다르며, 같은 방식으로 서로 다른 말이다."

[통치자]에 의해 행해진 일이 아니라면, 그 어떤 것도 신법에 따라 행해진 것이라 말할 수 없으며 또한 시민법에 따른 것도 아니다.

6. 이들 법의 차이는 법의 창시자와 입법자의 차이 또는 공표[방식]이나 그 법에 구속받는 사람들의 차이에 따라 구분된다. 법의 창시자 또는 입법자의 차이에 따라 신의 율법, 자연법 그리고 시민법의 구분이 생긴다. 공표[방식]의 차이에 따라 성문법과 불문법의 구분이 생긴다. 그리고 그 법과 관련된 사람들의 차이에 따라 어떤 법은 단순하게 법이라 하고 어떤 법은 형법이라 부르는 구분이 생긴다.[72] 예를 들면 '너는 도둑질하지 마라'는 단순히 하나의 [도덕]법이다. 그러나 '소를 훔친 자는 네 배로 갚아야 한다'는 하나의 형법인데, 다른 사람들은 이를 사법적 법률(judicial law)이라 부른다. 단순히 [도덕]법인 전자의 법 안에서 내리는 명령은 모든 사람에게 향하는 말이지만, 형법에서의 명령은 정해진 처벌이 아직 내려지지 않았을 때 그 법률 위반에 대해 유일하게 죄를 물을 수 있는 사람인 치안판사한테 하는 말이다. 나머지 사람들에게 그 명령은 처벌의 위험을 알게 해주는 것, [예방 효과] 외에 아무런 관련이 없다.

7. 법을 신의 율법, 자연법 그리고 시민법으로 나눈 첫 번째 구분에서 앞의 두 가지 법은 하나이며 같은 법이다. 왜냐하면 도덕법이기도 한 자연법은 자연의 창조자인 전능한 하느님의 법이고, 우리의 구세주 그리스도가

---

72 홉스는 여기서 단순하게 법(simply laws)과 형법(penal laws)으로 구분하고 있는데, 후자가 재판과 처벌을 전제로 한 좁은 의미의 법을 의미한다면, 전자는 도덕법(moral law)을 의미한다. 행위를 규제하는 원리로서 구속력의 범위를 기준으로 말한다면, 법은 최소한의 도덕이라 할 수 있고, 반대로 도덕은 최대한의 법이라 할 수 있다.

가르친 하느님의 법은 도덕법이기 때문이다. 하느님 율법의 최고 명령은 다음과 같다. 너는 무엇보다 하느님을 사랑하라. 그리고 네 이웃을 너 자신처럼 사랑하라. 1부 18장에서 보여준 것처럼, 이는 자연법의 최고 명령과도 같다. 우리 구세주의 가르침은, 도덕적인 것, 신학적인 것, 교회에 관한 것 등 세 부분으로 구성되어 있지만, 앞부분인 도덕적인 가르침만이 보편적인 법의 본질을 갖고 있다. 뒷부분 [교회에 관한 것]은 시민법에서 파생되어 나온 한 곁가지다. 우리 구세주의 신성함과 왕국에 관한 여러 [신앙의] 조항들을 포함하고 있는 신학적인 가르침은 구원에 필수적인데, 이것은 도덕법을 위반함으로써 사람들이 받게 되는 처벌을 어떻게 피할 수 있는가에 대한 조언과 지도편달(指導鞭撻)이지 본질상 법의 [명령]으로 말해진 것은 아니다. 왜냐하면 (신앙이 구원에 필수적이지만) 죄를 묻는 것은 불신앙에 대한 것이 아니라, 처음에는 사람들의 마음 안에 새겨지고 그다음에는 돌판에 새겨져 모세의 손으로 유대인들에게 전달된 하느님의 율법과 계명을 위반한 것에 대한 정죄이기 때문이다.

8. 모든 사람이 스스로 재판관이 되며, 사물의 이름과 명칭이 사람마다 다르고, 이런 차이점 때문에 다툼이 발생하고 평화가 깨지는 곳이 자연상태인데, 여기에는 논쟁거리가 될 수 있는 모든 일에 대해서 공통의 기준이 있어야 했다. 예를 들면, 무엇이 옳은지, 무엇이 선이며, 무엇이 덕인지, 많고 적다는 것은 무엇인지, 무엇이 내 것과 네 것인지, 1파운드는 무게가 얼마인지, 1쿼트는[73] 양(量)이 얼마인지 등이 그것이다. 이런 것들에 대해 사

---

73 쿼트(quart, qt.)는 영국과 미국에서 부피를 재는 단위이며 두 나라가 약간 차이가 있다. 영국의 경우 1쿼트는 약 1,136리터이며, 2파인트와 양이 같다. 선술집(pub)에서 맥주를 주문할 때 1파인트(560cc) 단위를 사용하고 있다.

적인 판단은 [서로] 다를 수 있고 분쟁을 일으킬 수 있다. 어떤 사람은 말하길, 이 공통된 기준은 올바른 이성(right reason)이라고 하는데, 만일 그런 것이 실제 세계에서(in rerum naturâ) 발견되고 알려지는 것이라면 나도 그의 말에 동의해야만 한다. 그러나 일반적으로 어떤 논쟁을 해결하기 위해 올바른 이성을 요구하는 사람들이 말하는 이성은 곧 자기 자신의 [사적] 이성을 의미한다. 그러나 [공적인] 올바른 이성이 존재하지 않는다는 것을 고려하면, 어떤 한 사람 또는 사람들의 이성이 그 올바른 이성의 자리를 대신해야만 한다는 것은 분명하다. 여기서 말하는 그 한 사람 또는 사람들이란 이미 증명된 바와 같이 통치 권력을 가진 사람이다. 결과적으로 모든 백성에게 시민법은 그들 행동의 기준이 되는데, 이를 통해 그 행동이 옳은지 그른지, 유익한지, 해로운지, 유덕한지 악덕한지가 결정되며 [서로 간에] 일치하지 않고 논쟁의 여지가 있는 모든 명칭을 정의하고 사용하는 일도 이 기준들을 통해 확립될 것이다. 예를 들어, 상당히 이상하고 기형적으로 태어난 경우, 그가 사람인가 아닌가는 아리스토텔레스나 다른 철학자들이 결정하는 것이 아니라 시민법에 따라 결정된다. 시민법에는 그 안에 한 부분으로서 교회법을 포함하고 있는데 이는 2부 7장 10절에서 언급된 바와 같이 우리의 구세주가 자신의 직접적 사목 대리자인 모든 그리스도교 통치자들에게 부여한 교회의 지배권에서 나온 것이다.

9. 이미 언급되었듯이 모든 법은 자연법이거나 시민법 둘 중 하나라는 것을 고려할 때, 이런 물음이 제기될 수 있다. 계엄법 또는 로마 사람들이 군대 규범(disciplina militaris)이라고 부르는 법은 이들 중 어느 법을 말하는가? 그것은 자연법과 같은 것처럼 보일 수 있다. 왜냐하면 군대 내에서 병사를 다스리는 그 법은 동의[의 산물이] 아니라, 상황에 따라 계속 변하나

여진히 하나의 법이며, 현재로서는 이성적이며, 이성[의 명령]은 자연법이기 때문이다. 그렇지만 계엄법이 시민법이라는 것도 사실이다. 왜냐하면 군대는 하나의 정치 체제와 같으며, 그 모든 권력은 사령관에게 있으며, 계엄법은 그에 의해 만들어졌기 때문이다. 계엄법은 이성이 요구하는 대로 따르고 변화하지만, 그 이성은 (자연법에서처럼) 모든 사적 개인들의 이성이 아니라 사령관이 요구하는 이성이다.

10. 국가의 통치 권력을 가진 그 또는 그들이 국민을 통치하고 효과적으로 질서를 유지하기 위해 법을 제정하고자 할 때, 그들이 논쟁에 빠질 수 있는 모든 경우를 파악하는 것은 불가능하며, 아마도 상당히 다양한 경우들을 이해하는 것도 불가능하다. 그러나 시간이 지나 새로운 경우가 생김으로써 이들에게 때가 되었음을 알려주는 것처럼, 법 역시 종종 [새로이] 제정되어야 한다. 특별법이 제정될 필요가 없는 경우에 자연법이 그 자리를 대신하며, 치안판사는 자연법에 따라, 즉 자연적 이성에 따라 판결을 내려야만 한다. 그러므로 자연적 자유가 축소되는 통치권의 헌법은 성문법인데, 왜냐하면 다른 방법으로는 통치 권력이 세워지는 것을 알 수 없기 때문이다.

반면 자연법은 사람들의 마음 안에 새겨진 것으로 추정된다. 따라서 성문법은 [글로] 표현된 국가의 헌법이며, 불문법은 자연 이성의 법이라 할 수 있다. 관습(custom) 자체가 법을 만들지는 않는다. 그렇지만 재판관이 자신의 자연적 이성에 따라 판결함으로써 하나의 판결문이 주어졌을 때, 그 판결문이 옳거나 그르거나 간에 그 판결문은 하나의 법적 구속력을 확보할 수 있다.[74] 왜냐하면 유사한 경우에는 관습상 유사한 판결이 내려졌기 때문이 아니라 통치 권력이 암묵적으로 그와 같은 판결문을 옳은 것으로 인정했다고 추정되기 때문이다. 그렇게 함으로써 판결문은 법이 되며, 국가의 성문법 안에는 그런 것이 많이 포함되어 있다. 만일 관습이 [쌓여서] 법을 도입하기에 충분하다면, 자신들의 오류를 법으로 만드는 일은 그 입법의 정당한 이유를 살피도록 위임된 모든 사람의 권력 안에 들어 있을 것이다. 마찬가지로 레스폰사 푸르덴툼(*responsa prudentum*)[75]이라는 이름으로 통하는 그런 법들, 즉 법률가들의 전문 의견도 법이 될 수 있는데, 그것이 전문가 의견이기 때문이 아니라 통치자가 그것을 인정했기 때문이다. 여기에서 다음과 같은 생각이 정리될 수 있다. 통치자와 백성 사이에 사적인 계약이 있는 경우 이성에 반하는 선례는 통치자의 주장을 불리하게 만들지 않는다. 선례가 법이 되는 것은 아니지만 그 선례가 처음부터 합리적이라는 가정 위에서는 법이 될 수 있다.

따라서 자연법과 정치적 [실정]법의 기초 및 일반적인 근거에 관해서는 다루어야 할 것이 많다. 만국법(萬國法, law of nations)도 자연법과 같다. 왜냐하면 만국법은 국가가 세워지기 전에는 사람과 사람 사이의 자연법이었는데, 이후 통치자와 통치자 사이에 국가들의 [국제]법이 되기 때문이다.

---

74 법원의 판례 자체가 하나의 법이 되는 영국 관습법의 전통을 말한다. 보통법(common law)이라고도 한다. 영국의 법체계에 따르면, 관습 또는 선례 등이 판사나 법원에 의해 하나의 법률적 지위를 갖는다. 의회법(Act of Parliament), 아동법(Act of Children) 등 Act는 관습, 판례에 따라 법적 지위를 갖는 법률이다.

75 레스폰사 푸르덴툼은 신중한 답변이라는 뜻 그대로 고대 로마법에서 저명한 변호사나 전문 법관이 제기한 법적 문제에 대한 답변 또는 의견을 의미한다. 아우구스투스 황제 이전에는 이들이 제시한 답변이 법률적 구속력을 가질 수 없었으나 그 이후에는 이 법률전문가들의 답변이 원로원, 판사, 황제의 명령과 더불어 성문법의 일부가 되었다.

찾아보기

용어

ㄱ

가르치기 12, 162~163, 183~184, 309
가설 연역적 방법 14
감각 30, 38, 40, 43, 71, 84, 86~88,
    92~95, 97~98, 100~103, 116~118,
    120~121, 126, 130, 132~133, 150,
    154~155, 160~161, 168~169, 173,
    214, 354, 356
    쇠퇴하는 감각 95
감정(정념) 117, 125, 9장(140~158), 175,
    178, 188, 205, 212, 217, 219, 242, 302,
    356
    도덕 감정론 228
    분노의 감정 144
    비교 감정 193
    연민의 감정 146~147, 156
    혐오의 감정 17~18, 38, 203
감탄(놀라움) 154~155
거짓 평계 342~343, 346, 348~349,
    351~353, 357, 364
겸손 47, 140, 142, 157, 176, 236
경쟁심 140, 147~148, 158
경험 88, 95, 104~107, 120, 154~155,
    191, 354
    사실에 대한 경험 122

경험론 106, 112
계승권 267, 274, 293, 295
계시종교 39, 41
계약 20~22, 37, 44~45, 50, 54~55, 152,
    199, 204~205, 268, 275, 328, 375
    계약자 206~207, 209~210, 212
    사회 계약 9, 18, 20~21, 33, 41, 43,
    152~153
고통 17, 40, 92, 126~128, 131, 133, 137,
    147, 193, 215, 231, 244, 344, 359
공동의 권력 52, 245~247
공포(의 감정) 10, 20, 127~128, 142~143,
    145, 152~153, 159, 165, 180, 206~207,
    241~243, 245, 281, 337, 343
과두정치 53, 254, 335
과학 119~121, 123, 173, 185~186, 355
관성의 법칙 15, 40, 43
교만 222
교회에 대한 국가 우위론(에라스투스주의)
    22, 340
국민 59, 267, 269, 271~277, 293,
    301, 303, 342, 347, 352, 359~361,
    363~364, 374
군주제 53~55, 70, 261~263, 271~272,
    293~294, 296, 345, 350
    군주제의 불편 296~305
권력 20~21, 40, 52, 56, 65, 69, 130,

150, 155, 192, 197, 208, 215, 240, 245~247, 251, 255~259, 262, 264~266, 271~275, 277~278, 287, 292~293, 295~297, 299~303, 307, 338, 346~350, 351~352, 363, 374
　세속적(영적) 권력 329, 331, 339
권리 17, 20, 34, 45~49, 54~56, 76, 191, 193~195, 197, 206, 222~223, 226, 236, 242, 253, 257~261, 264~265, 275~276, 280~281, 285, 287, 289, 293, 299~300, 346, 349, 364, 367, 369~370
　권리의 양도(포기) 53, 56, 199, 201~205, 208, 211, 224, 247, 251, 255, 277
권위 22, 52, 54, 123, 137, 173, 221, 263, 265, 273, 276, 283, 295, 306, 308~309, 327, 329, 332, 334, 338~341, 356, 363~364
　권위 부여하기 56~59
귀류법 123, 212
귀족정치 53~54, 251, 254, 262, 267, 271~272, 293, 301~305, 330
그리스도 왕국 22, 316, 326, 328~329
기쁨 17, 126~130, 135, 145, 148~151, 155, 160, 162, 238, 345
기억 85, 94, 98~99, 104, 106~107, 109~110, 120, 133, 135, 143, 154, 157, 164, 354~355

ㄴ

내 것(네 것) 253, 257, 258, 283, 298~299, 300, 351~352, 358, 372
너 자신을 알라 153

ㄷ

다툼(말다툼) 22, 47, 51, 178, 182, 183, 218, 222, 236, 362, 372
단순 관념(복합관념) 97
달래기 188
담론 101~102, 108, 114, 134, 320
대리인 56, 59, 258~259, 273~274, 334
덕(미덕)과 악덕 114~115, 142, 147, 153, 162, 221, 222, 231~232, 367, 373
도덕법 231, 233, 285, 326, 367, 371~372
도덕철학 16~18, 186
동의 46, 50~51, 53~55, 58, 84, 178, 182~184, 190, 199~200, 207, 222, 226~227, 230, 243, 245, 247, 251, 253, 259, 263, 268, 270, 355, 359, 367, 373

ㄹ

로고스 234
로마제국 253, 267

ㅁ

망명 12, 23~24, 35, 40, 267, 278
메데아 357
메데이아 10
면책권 251, 258, 348
명사 112, 114, 185
　긍정명사와 결성명사 108, 110
명칭(이름) 40, 107, 108~114, 355~356, 372~373
무상증여(free gift) 199
민주주의 35, 53~55, 251, 254, 267~273, 275, 293, 296, 300~301, 345~346, 351
　원초적 민주제 57, 59
믿음 42, 113, 123, 146~147, 171~172,

306, 309, 311~313, 315~316, 318, 320, 322~325

ㅂ

반란 34~35, 41, 222, 243~234, 253, 276, 291, 294, 303, 330, 358, 361~364
　반란의 원인 342~357(2부 8장)
발본색원 364
배우 56
배은망덕 210, 216, 231
백성의 안전 358~359, 365
베네치아 대평의원회 263, 305
보상(처벌) 41, 54, 104, 130, 178, 182, 208~209, 213~214, 216, 218~219, 231, 237~239, 240, 257~258, 264~265, 303, 323~324, 326, 337~339, 342, 349, 352, 363, 371~372
보편적 명제(이름) 107, 108
복수심 140, 144
복종(보호) 21~22, 24, 38~39, 42, 52, 54, 57, 138, 175, 212, 226, 229, 247, 261~263, 267, 273, 275, 277~279, 281, 283~284, 287~291, 306~307, 310~311, 323, 325~329, 339, 348, 365
본인(장본인) 56, 185
분노(분개) 95, 140, 143~144, 147, 156, 158, 164, 181, 228, 356
분별력 101, 106, 122, 189, 231, 298, 354
분해와 결합의 방법 11, 14~15
불복종 306, 311, 349
불신 146, 192, 216
불평등 191, 214~215, 224, 265
불합리성 212
비교감정 193

비통 126, 130~131, 144~145, 147~148
비히모스(Behemoth) 33~34, 36, 73

ㅅ

사면 217~218
사적인 칼(private sword) 260~261
사랑(과 미움) 18, 126~127, 137, 140, 151~153, 158, 164, 166~168, 175, 213, 235, 337, 372
산만한 논의 101~103
삼단논법 115, 121
상상력 40, 43, 85, 94~98, 100, 102, 124, 128, 132, 141, 147, 149~150, 159, 166, 169~171
상해 210~216, 242, 269~270, 274, 365
서약 62, 199, 208~209
선과 악 107, 126, 130, 166, 181, 231, 258, 356
선동하기 188
선법후국(선왕후법) 261
설득하기 183
소요학파 320
숙고(deliberation) 178~179, 181~182, 187, 203, 205, 209, 246, 278, 368
시도(endeavor) 17, 142, 158, 323~324, 343
시민법 213~214, 251~252, 258, 261, 307~308, 348, 364, 367, 370~374
시민전쟁 12, 22~24, 34~35, 60, 71, 75, 351
신(하느님) 19, 22, 25, 41~42, 128, 136, 164, 166~169, 172~176, 206, 230, 233~239, 270~271, 285, 301, 306~307, 310~314, 320~321,

328~329, 337, 341, 371~372
　신의 본질 167
　영원성, 불가이해성, 전능함 167
신념(belief) 106, 109, 123~124
신민 20, 24, 281, 292~293, 296~303,
　310, 342, 346, 348, 350~351,
　358~359, 361, 364
신법(divine law) 223, 234, 235, 237~239,
　370, 371
신앙 113, 171~176, 306, 311~323,
　326~328, 334, 337, 340, 372
　신앙의 요점 306, 311, 314, 317, 322
신약(covenant) 22, 26, 45, 47, 52~54,
　56~59, 199, 204~209, 210~212,
　216~216, 224, 226~227, 230~231,
　235, 244~247, 251~252, 255~257,
　263, 267~269, 271~272, 280~282,
　284~285, 287~290, 307, 328, 349,
　367~368
신정정치 331
실정법 19, 214, 231, 258, 285, 326, 334
실체(기체) 88, 90, 168~169, 211, 319
심상(표상) 83, 85, 98, 100

ㅇ

아마존 290
아르미니우스주의 311
아이러니 212
안전 12, 21, 56, 153, 155, 175, 197,
　210, 219, 229, 240~243, 251~252,
　255~256, 259, 284~285, 296~297,
　358~359, 365
알선수재 363
양도 20, 53~55, 199, 201~205, 208, 211,

223, 247, 255~257, 264, 271~272,
　274, 277, 280~281, 283, 290~291,
　300, 326
양심 19, 119, 123~124, 221, 229~230,
　237~238, 284, 298~299, 306,
　308~310, 326, 336, 342, 346, 359, 364
언어 10, 109, 111, 114, 116~117, 120,
　136, 183~184, 187, 206, 244, 281
에피쿠로스학파 321
연민 140, 146~147, 156
연방(commonwealth) 70, 247~248
연합 52~55, 240, 245~246, 251~254,
　268, 296, 351
영(영혼) 39, 61, 72, 153, 168~172,
　174~175, 270, 313~314, 324, 329, 331
　비물질적 영 169
영감 164, 166, 171~173, 175
영광(거짓, 헛된) 140~142, 149, 156~158,
　160, 163~164, 191, 218, 228, 324, 365
오류 59, 66, 76, 84, 105, 108, 113, 116,
　118, 123, 147~148, 156, 166, 173, 184,
　187, 189, 200, 240, 251, 314, 348~352,
　355, 375
옵티마테스(optimates) 267, 268,
　271~272, 293
왕국(세습) 22, 25, 38~39, 41, 52, 251,
　255~256, 259, 263, 272, 280~281,
　283, 287, 293, 310, 316, 323, 326,
　328~329, 331, 334, 339, 357, 372
욕구(desire)와 혐오(aversion) 17~18,
　20, 38, 48, 102~103, 107, 126~131,
　141~143, 145, 150, 153~154, 157,
　160~161, 178~182, 187~188, 193,
　203, 218, 278, 368

용기 68, 76, 117, 140, 143, 158, 232, 242~243, 294

운동 15~18, 43, 49, 71~72, 75, 84~85, 87, 89~93, 94, 96, 116~117, 126~128, 132, 134, 145, 151, 161, 168, 174, 181, 211, 292

웅변술 147, 342, 356~357

유명론(nominalism) 112

율법 172, 235~237, 270, 285, 307~309, 323~324, 329, 336~339, 359, 367, 370~372

의무 19~21, 24, 39, 41, 52~55, 132, 194, 199, 203, 205~207, 211, 215, 230, 245, 261, 263, 272~275, 277~279, 283~285, 306, 328~329, 337, 339, 347, 358~359, 361, 363, 365, 368~369

의지 12, 16~17, 52~55, 139, 150, 179~182, 187~189, 193, 196, 199~207, 221, 229, 238, 240, 245~246, 252~254, 256, 260, 263, 269~270, 276~278, 287, 293, 298, 323~325, 359, 368

장기의회(단기의회) 33~35, 36

인격체 54~57, 251~253, 264, 276, 296, 342, 351

인과율 40, 106

입자 72, 87, 90

은유 113, 161

ㅈ

자기 보호(자기방어) 18~19, 153, 231, 241, 261, 278, 284

자기 확신의 결핍(diffidence) 140, 145, 192, 216

자선(charity) 114~115, 140, 152~153, 158, 174, 215, 217, 236, 361, 370

자연권(natural right) 20, 43, 46~49, 191, 193~194, 197, 199, 201, 221, 275

자연법(natural law) 18~20, 30, 38, 41, 43~52, 62, 76, 194, 198~201, 210~211, 215~232, 233, 235~239, 240~242, 270, 275, 283, 285, 288, 291, 294, 323, 358~361, 365, 367, 370~375

자연상태(state of nature) 9, 18~20, 38, 41, 43, 45~49, 52, 55, 57, 152, 194~195, 197, 205, 214, 256, 289, 352

자유 48, 63, 181, 193, 292, 326, 370
자연적 자유 196, 255, 360

잠자리의 교제 290

장자 상속권 51, 221, 225

재치 148, 152, 159~162, 186, 192, 222, 252, 301, 321

전쟁 19~20, 38, 43~44, 155, 191, 196, 198, 200~201, 207, 214, 217, 219, 224, 232, 240~242, 244, 260, 262~263, 275, 281, 284, 294, 300, 305, 343, 350, 358, 365

전쟁의 칼(sword of war)과 정의의 칼 (sword of justice) 53, 251, 256~257, 259, 348

정부의 불편 296(2부 5장)

정부 형태 39, 261, 301

정의(justice) 76, 211, 213, 223, 231~232, 234, 303, 306, 309, 323~325, 329, 361, 363
교환적 정의와 분배적 정의 210, 214~215

정치적 인격체 264, 276, 296

정치 체세 15, 30, 83, 207, 222, 240, 246~247, 252, 254, 263~264, 269~270, 280~281, 296, 305, 332, 351, 358, 365, 367, 374
제도를 통한 설립 52, 53
제비뽑기 49, 221, 225, 236, 333
제정일치 331
조언(하기) 41, 50, 138, 183, 187, 221, 227, 237, 271, 304~305, 357, 367, 369
주권자 267~269, 271~273, 275, 310
중재자 221, 226
지배 49, 52, 197, 200, 207, 222, 240, 246, 260~261, 280~283, 285, 296~297, 306
부권적(전제적) 지배 27, 39, 247
지배의 자격(지배권) 280, 287~288, 291, 293, 308, 322, 331, 338, 342, 347, 364, 373
지식 40, 72, 83~85, 87, 105, 108, 116, 119~122, 124, 136~137, 153~155, 161, 166, 170~171, 173, 191, 322, 354~355
진리 106, 115~116, 120~123, 171, 212, 313, 347, 355~356

ㅊ
최고선 18
추론 15, 40, 59~60, 72, 84, 105, 108, 115~116, 118, 120~123, 183~186, 189, 211, 228, 278, 319, 356

ㅋ
코나투스 15, 17, 127
쾌락(주의) 17~18, 21, 40, 92, 126~128, 130, 132~135, 139, 148, 150, 160, 244, 344

ㅌ
통치권자 20~21, 24, 34, 59, 65, 258, 261, 306, 327, 348, 364
통치 권력 274, 326
통치권의 분할 350

ㅍ
판단 107, 142, 159, 161, 172~173, 181, 194~195, 204~205, 258, 285, 306, 326, 329, 348, 352~353, 357, 373
펠로폰네소스전쟁 30, 219
평화, 평화애호주의 18, 20~21, 43~44, 47~48, 54, 76, 152~153, 191, 196, 198, 200~201, 210, 216~219, 222~224, 232, 234, 241~243, 245, 257, 296~297, 307, 309, 358, 361, 363, 372
평화와 안전 56, 296~297
파문 329, 339
폭군살해 347, 352
폭력적인 죽음 20, 152, 343
표시 108~110, 128, 136~139, 141~143, 156~157, 176~177, 183~184, 186, 190, 199, 201~202, 218, 251, 264

ㅎ
항상적 연결 105
해방 17, 267, 280, 283~285, 307
허영심 193
호기심 140, 154~155, 161~162, 317
호비즘 21
혼합된 정부 251, 351

환상 72, 88, 94, 98, 100
환희 126, 131, 135, 145
회개 140, 144~145, 150, 158, 217, 238,
　　323~325
획득을 통한 설립 42, 280

인명

가상디 12
갈릴레오 11, 134
그로티우스 19
베이컨 11, 115, 142
데카르트 10, 12, 18, 30, 72~73, 99, 169
라이프니츠 13
래티머 10
로버트슨 68, 73
로크 10, 22, 46, 69, 97, 195, 223, 351,
　　361
마키아벨리 10
메르센 12, 21, 72, 169
벨라르미노 338
보댕 10, 349~350
브램홀 12, 181
살루스티우스 354
세네카 352, 355
소크라테스 111, 123, 153, 171, 212
스코투스 112
스피노자 10, 18
아리스토텔레스 11, 14, 16, 31, 114~115,
　　129, 147, 155, 174, 179, 186, 195, 211,
　　221~222, 320, 345~346, 355, 365, 373
아퀴나스 16
에라스투스 340

에우리피데스 10
에피쿠로스 321
오캄 112
울피아누스 323
캐번디시 11, 75
크롬웰 12, 69~71
키케로 174, 241, 355
퇴니스 25, 33, 36, 61, 63~65, 67~68, 71,
　　73, 87, 190, 223, 238, 240, 314~315,
　　332
펠리아스 357
푸펜도르프 19
플라톤 16, 153, 155, 171
하위헌스 13, 90
해링턴 69

라틴어, 그리스어

aitia(αἰτία) 174
æqualia æqualibus 221, 223, 236
amathia(ἀμάθεια) 162
animalia politica 244
ánthropopathós(ἀνθρωποπαθώς) 168
bonum sibi 193
caeteris paribus 106
causa 129, 174
cento 164
cheirotonisantes(χειροτονήσαντες) 335
cleronomia(κληρονομία) 225
conatus 15, 127
concilium 330
convivium 153
daimon(δαίμων) 171

de futuro 203

de possibilibus 209

de praesenti 203

de voluntaris 209

disciplina militaris 373

dogmatici 187

eloquentiae satis, sapientiae parum 354

eo nomine 302

hodie mihi, cras tibi 303

homo homini lupus 19

in foro externo 229

in foro interno 229, 284

in rerum naturâ 373

inter arma silent leges 241

jucunda 126

jure civili, jure naturae, jure divino 370

jus 193, 195, 211, 367, 369

liberi 292

kata ta nomima(κατά τα νόμμα) 308

katastisis(καταστήσης) 335

lex 350, 359, 367, 369

malum culpae 231

malum poenae 231

mathematici 186

meum, tuum, suum 253, 283, 298, 351

natura deit omnia omnibus 195

nosce te ipsum 118

ob praestantiam sexus 288

oderunt peccare 213

odium 127

optimates 267

opus operatum 324

paraklētos(Παράκλητος) 313

peripatetikos 320

phronesis 122

pleovezia(Πλεοωεζια) 223

prima occupatio 225

propinqui 129

proportionalia proportionalibus 223, 236

pulchritudo 128

quad tibi fieri non vis, alteri ne feceris 228, 237

remoti 129

responsa prudentum 375

sagacitas 103

salus populi suprema lex 358, 359, 365

sapientia, sapientiae parum 355, 356

servus 282

sic volo, sic jubeo 188

stet pro ratione voluntas 188

summum bonum 18

taedium 127

turpitudo 128

utile 195

volenti non fit injuria 270

지은이

:: 토마스 홉스 Thomas Hobbes, 1588~1679

홉스는 서양 근대철학자 가운데 가장 장수한 철학자이다. 그는 91세라는 긴 생애 동안 여러 분야에 걸쳐 많은 작품을 남겼으며, 『법의 기초』, 『시민론』, 『리바이어던』의 정치철학 3부작으로 명실상부 17세기를 대표하는 근대 정치철학자가 되었다. 근대 시민사회와 민주주의 정부의 구성을 정당화하는 이론인 사회계약론은 홉스로부터 시작되었으며, 인간 본성에 관한 과학적 탐구와 기하학적 방법론을 철학에 활용한 것은 선구적이었다.

그는 기계론적 유물론자이며 윌리엄 오캄의 전통을 계승하는 유명론자이며, 쾌락주의와 심리적 이기주의 철학을 견지한 한편, 사회계약론에 근거한 성서 해석과 에라스투스주의(교회에 대한 국가 우위론)로 인해 무신론자로 오해받기도 하였다. 그러나 묘비명에 적혀 있듯이 "그는 유덕한 사람이었으며, 학문에 대한 그의 명성은 국내와 국외에서 잘 알려져 있다." 홉스는 "마키아벨리보다 더 분석적이며, 보댕보다 더 간결하며, 데카르트보다 더 역사적이며, 스피노자보다 더 통찰력이 있으며, 로크보다 더 일관성이 있으며, 아마도 이들 모두보다 더 근대적이었다."

옮긴이

:: 김용환

김용환은 연세대학교 철학과와 동 대학원을 졸업하고, 영국 웨일즈 대학교 (S.D.U.C.) 철학과에서 흡스의 정치사상으로 박사학위를 취득했다. 1985년부터 2017년까지 한남대학교 철학과에서 근대철학, 사회철학 등을 강의하였으며, 현재 종신 명예교수로 있다. 1993년 영국 에든버러 대학교 철학과 연구교수 (Research Fellow)를 지냈으며, 서양근대철학회 회장, 한국사회윤리학회 회장, 한남대학교 부총장 등을 역임하였다.

흡스철학 이외에 수행한 주된 연구 주제는 '관용(toleration)'의 문제였으며 이와 관련한 다수의 논문과 저서가 있다. 그는 '흡스 전공자'이자 '관용의 철학자'로 평가받고 있다. 저서에는 『흡스의 사회 정치철학』, 『관용과 열린사회』, 『서양근대철학』(공저), 『혐오를 넘어 관용으로』(공저) 등 다수가 있으며, 번역서로는 D. D. 라파엘의 『정치철학의 문제들』, 존슨 백비의 『흡스의 「리바이어던」으로의 초대』 등이 있다.

한국연구재단총서 학술명저번역 645

법의 기초

자연과 정치

1판 1쇄 펴냄 │ 2023년 7월 14일
1판 2쇄 펴냄 │ 2024년 10월 28일

지은이 │ 토마스 홉스
옮긴이 │ 김용환
펴낸이 │ 김정호

책임편집 │ 신종우
디자인 │ 이대웅

펴낸곳 │ 아카넷
출판등록 │ 2000년 1월 24일(제406-2000-000012호)
주소 │ 10881 경기도 파주시 회동길 445-3
전화 │ 031-955-9511(편집)·031-955-9514(주문)
팩시밀리 │ 031-955-9519
www.acanet.co.kr

Printed in Paju, Korea.

ISBN 978-89-5733-859-9   94300
ISBN 978-89-5733-214-6 (세트)

이 번역서는 2019년 대한민국 교육부와 한국연구재단의 지원을 받아 수행된 연구임
(NRF-2020S1A5A7085106)

This work was supported by the Ministry of Education of the Republic of Korea
and the National Research Foundation of Korea. (NRF-2020S1A5A7085106)